希臘羅馬
神話

永恆的諸神、英雄、愛情與冒險故事

Mythology

TIMELESS TALES OF GODS AND HEROES

Edith Hamilton

作者——伊迪絲・漢彌敦

1867~1963

出生於德國、生長於美國印第安納，是一位作家、古典文學家及教育家。七歲時，漢彌敦在父親的指導下接觸拉丁文，隨後學習希臘文、法文、德文。一九二二年，她自教育界廿多年的工作退休，開始寫作，六十三歲時出版第一本著作《希臘精神》（*The Greek Way*），獲得廣大迴響。她出版過多本希臘文明與古典文學題材的專書，並獲得多個榮譽學位與獎章，包括美國學院文藝獎（American Academy of Arts and Letters）等。一九五七年，九十歲高齡的她獲頒雅典市榮譽市民，肯定了她在希臘神話及古典文學方面的貢獻。

譯者——余淑慧

師大翻譯研究所博士，現任政大英國語文學系兼任老師。熱愛翻譯、藝術、文學、攝影、旅遊與不閒的閒晃等。曾獲第十一屆梁實秋翻譯文學獎譯詩組佳作，第十七屆梁實秋翻譯文學獎譯文組首獎。

譯有《諸神的起源》、《漂鳥集》（合譯）、《新月集》（合譯）、《摩訶婆羅多的故事》、《焚書》，以及〈「頭」的故事〉，〈革命加戀愛〉等（王德威著，收在《歷史與怪獸：歷史，暴力，敘事》）、〈蕎麥田之景：論瘂弦詩歌裡的戰爭〉（Steven L. Riep 著、與蔡永琪合譯，收在《異地繁花：海外臺灣文論選譯》）、〈儒家經典及其注疏在西方學術界的幾種新發展〉（貝克定 [Timothy D. Baker, Jr] 著，收在《中國文哲研究通訊》）等。亦有散文創作等散見國內副刊與文集。

媒體評論

經典的神話故事始終需要有一個通俗的版本，漢彌敦的這部作品正是做到此點，它既能滿足查閱的參考性，也能滿足閱讀上的刺激與愉悅。

——《紐約時報書評》

當代作家只有漢彌敦能如此生動地向我們展現「希臘榮光與羅馬壯麗」。漢彌敦從浩瀚的古典文學裡篩選出精華的故事，證明了兩千多年前的幽默與智慧，對我們的日常生活具有如此的啟發性。

——《紐約時報》

漢彌敦以一種穩當的品味與學術風範重新講述希臘、羅馬與北歐神話，有助於重現這些故事永恆與歷久彌新的本質。神話就是人類本性的寓言，其中包括了我們自己。

——《紐約客》

詳實……漢彌敦的書寫清晰、懷抱熱情，如同她的其他作品《希臘精神》、《羅馬精神》。

——《星期六晚報》

希臘羅馬神話

永恆的諸神、英雄、愛情與冒險故事

Mythology

TIMELESS TALES OF GODS AND HEROES

Edith Hamilton

伊迪絲·漢彌敦——著　余淑慧——譯

推薦序　轉世與再生——《希臘羅馬神話》的新譯與新意

文／單德興（中央研究院歐美研究所特聘研究員）

西方文明的兩大源流分別來自希伯來與希臘的傳統，而且都與宗教有關。希伯來的傳統來自聖經，呈現了其上帝的萬能、獨一無二、唯我獨尊，成為歷代信徒崇拜與敬畏的對象。相對地，希臘的傳統來自神話，其中眾神的喜怒哀樂、貪嗔痴慢不亞於世間的凡夫俗子，甚至更為強烈，實難成為景仰效法的對象，卻也因此顯得更為人性化，千百年來吸引不計其數的讀者，透過這些動人的神話故事認識希臘文學與文化的特色，也對人性（尤其是弱點）以及人的處境有了更多的領會，其中許多角色與典故流傳廣久，影響深遠，已成為人類文明的共同遺產，藉由不斷地訴說、詮釋、翻譯與再現，打動了世世代代的讀者，本書原作者漢彌敦（Edith Hamilton, 1867-1963）便是其中之一。

漢彌敦出生於德國，成長於美國，自幼父親便教她拉丁文、法文、德文、希臘文，於美國賓州的女子文理學院布林瑪爾學院（Bryn Mawr College）取得學士與碩士學位之後，獲得獎助金遊學德國。惟當時德國學風保守，女性飽受歧視，希臘文學課程著重於文法之探究，而非文學之鑒賞，令其大失所望。後來她應邀返美擔任新成立的布林瑪爾女子預備學校（Bryn Mawr Preparatory School for Girls）校長，長達二十六年，作育英才，普受敬重，於一九二二年退休。

漢彌敦自幼便是西洋古典文學與文化的愛好者，卻直到退休之後才將多年的熱愛與心得筆諸文字，先後寫出了《希臘精神》（*The Greek Way*, 1930）、《羅馬精神》（*The Roman Way*, 1932）、《以色列先知》（*The Prophets of Israel*, 1936）、《希臘三劇》（*Three Greek Plays*, 1937，翻譯）、《希臘羅馬神話》（*Mythology: Timeless Tales of Gods and Heroes*, 1942）、《希臘文學的偉大時代》（*The Great Age of Greek Literature*, 1943）、《上帝的代言人》（*Spokesmen for God*, 1949）、《見證真理：耶穌及其詮釋者》（*Witness to the Truth: Christ and His Interpreters*, 1949）、《希臘的回聲》（*Echo of Greece*, 1957），並與人合編《柏拉圖對話錄》（*The Collected Dialogues of Plato*, 1961），由此可見漢彌敦對於西方古典文明的重視與提倡，成為當時最具影響力的古典研究者之一。在她的眾多著作中，以《希臘羅馬神話》一書流傳最廣，不僅風行於英文世界，也以多種語文的譯本流通於全球。

此書與台灣的因緣也不淺。李歐梵先生在〈狐狸型學者的自我文本解讀：李歐梵訪談錄〉中對自己名字的由來有如下的說法：「在我成長的期間，偶爾看到一本希臘神話的書，我猜是漢彌敦的《希臘羅馬神話》中譯本，在裡面找到歐菲斯〔Orpheus〕的神話故事」，而他的名字便是由此希臘音樂之神之名，經父母親的留法音樂老師法譯為"Orphée"，再中譯為「歐梵」（單德興，《卻顧所來徑——當代名家訪談集》〔台北：允晨文化，2014〕，343-44）。筆者於一九七〇年代初就讀政大西語系時，必修何欣先生的「西洋文學概論」，他指定的少數課外讀物之一就是漢彌敦的《希臘羅馬神話》，記得購得的是小小的盜印本，紙質、印刷粗劣，字體小而模糊，讀來有些吃力。當時也為書中的許多神祇及其不同的希臘、羅馬名字所苦，頗有「神名為患」之感，但不到二十歲的我也深受其中許多故事所感動、震撼。此書跟隨我多年，一直找不到替代的版本。後來我自己當老師時，此書在學生之間依然風行，也有不同的中譯本、甚至中英對照本流通。換言之，在台灣至少有三代的外文系學生是讀漢彌敦的《希臘羅馬神話》或中譯本長大的，足證其影響之深遠。而在英語世界，只消搜尋亞馬遜的網頁便知這本書至今依然長銷不歇，也是數輩之間流傳的讀物。

正如神話與經典必須經由世世代代的人傳頌與詮解，賦予新意，使其不斷再生，余淑慧女士新譯的《希臘羅馬神話》是此書在中文世界的前世今生中的新生——更明確地說，是二〇一五年於台灣中譯的新生。我們可由「重譯」與「轉譯」兩個角度來看這個現象。就重譯而言，漢彌敦的原著自一九四二年問世以來便有許多不同語文的譯本流傳世界各地，中文為其中之一。班雅明（Walter Benjamin, 1892-1940）曾有翻譯是「來生」（"afterlife"）的著名比喻，因此漢彌敦的原著藉由不同語文的翻譯，得到不同的來生，而且在同一語文中也有不同的翻譯與來生。其實，愈是經典之作，愈需要由不同時代及當時通行的用語來加以詮釋與翻譯，而不同的翻譯也使得原著更為普及，益發鞏固其經典的地位。重譯除了旨在以當時流通的語文再次呈現之外，有時是出自對舊譯的不滿，納入新的研究成果，或迎合、創造新的市場，目標在於「經典再現」、「後出轉精」。

若以轉譯來看此書，則涉及另一層更複雜的現象。一般所謂的「轉譯」是指透過原文的譯本再譯，這種情形往往出現於原文為較小的語種，如中文翻譯的易卜生（Henrik Johan Ibsen, 1828-1906）作品大多透過英譯本，而非直接譯自挪威文。若就余女士的中譯與漢彌敦的英文原著的關係而言，屬於直接翻譯，殆無疑義。然而若將漢彌敦原著的書寫情境納入考量，「轉譯」之說也能成立。正如漢彌敦在〈作者前言〉中指出的：「寫一部關於神話的書，我們得參考很多材料。今日可見的材料，最早與最晚的作家相隔一千兩百年。這些作家的書寫風格截然不同。」面對如此多元複雜的文本來源，漢彌敦如此說明：「我決定用自己的方式來說故事，即使這些故事並不是我自己的，而且已經有很多偉大作家用他們認為適合的方式講過了。」至於寫作目的，她也明確指出：「我的目的很單純：我只想向讀者介紹幾位把神話傳留給我們的作家以及他們之間的差異。」簡言之，漢彌敦的目標在於把故事說完整，講明白，注意細節，留心差異。

其實，漢彌敦扮演著類似編譯的角色，自眾多作家的古希臘羅馬神話故事中，以二十世紀（女性）古典學者的角度，編譯出一本符合時人閱讀的希臘羅馬神話故事集，並且「希望能讓讀者看到這些截然不同的作家以及他們之間的差異。畢竟，讀者拿起這樣的一本書，問的不是作者到底把故事重述得多有趣，而是把故事說得多接近原作。」此處不僅將重述的故事與原作相對，並且強調「接近原作」，便可看出漢彌敦身為編譯者的角色。何況在此書之前問世的《希臘三劇》便是翻譯，足證她對翻譯、出版事務並不陌生。如此說來，她的《希臘羅馬神話》「英文編譯本」的中譯本就成了轉譯，是原先希臘羅馬神話的「再生緣」（借用劉紹銘先生的說法）。推遠一些，那些神話故事甚至在古希臘羅馬時代便流傳已久，當時的作家將它們寫下，又何嘗不涉及翻譯、再現與轉化？如此說來，更是「再生緣」的「再生緣」了。

科班出身的余女士對本書的翻譯有著高度的自省。她在〈譯者序〉中分析漢彌敦的目標與特色，指出「漢彌敦要的是純樸、直接、平實、簡約的敘述，不要冗長、誇張、感嘆、耽溺於情感的抒情；換言之，她要的是清晰明快的敘事，她在意的是把故事說清楚，講完整。」準此，譯者對於通篇的翻譯策略定位如下：「我決定以漢彌敦的主要考量作為翻譯的指標，即用我們自己當代的語言，把故事說清楚，講完整。」此外，譯者在必要時還加上譯注。凡此種種，都顯示了本書譯者的高度自覺，以及與其他譯者的差別（包括節譯、漏譯的譯者，以及沒有任何附文本〔paratext〕或採取其他策略的譯者），也印證了韋紐隄（Lawrence Venuti）在近作《翻譯改變一切：理論與實踐》（*Translation Changes Everything: Theory and Practice*）一書中所說的，源本（source text）的「選擇與策略決定於重譯者訴諸的讀者，而這些讀者會將重譯用於不同的用途」（97）。

從文化生產的角度可就此個案進一步說明。筆者多年來注重翻譯與脈絡之間的關係，並拈出「雙重脈絡化」（dual contextualization）一詞以強調原作與譯作以及其各自脈絡之間的關係。就出版者與翻譯者而言，也就是說明為何要在此時此地翻譯此書。此外，對於譯者，應邀重譯固然是機會，乘著名作既有之勢再次揚帆，開拓新域，但也是挑戰，在相較於舊譯及可能的影響焦慮（anxiety of influence）之下，推出更符合時代精神與語彙的新譯。

本書譯者余淑慧女士多年鑽研翻譯史與翻譯論，也有豐富的實務經驗，代表譯作包括國外著名漢學家與中國文學學者的論文，也曾獲得梁實秋文學獎散文翻譯組首獎。此書為她取得博士學位之後的第一本譯著，她在譯序中訴說此書的翻譯動機，並對自己的翻譯策略有所說明，充滿自省，恰為翻譯之理論與實務之結合。

筆者應邀寫序，一方面欣喜於該名著於二〇一五年的台灣以嶄新中文翻譯問世，再度獲得新生，以原作者身為教育者與古典文明的愛好者、推廣者的立場，當欣見此書以新譯本流通於中文世界，另一方面也高興於中文世界的讀者可以透過新譯者的新譯本，重讀這些神話故事，認識西洋文明重要源頭的希臘與羅馬神話，體會其中所透露的亙古人性，並反思自己的人生。

本序言作為余譯《希臘羅馬神話》的附文本，可算是對於原作與譯作的另一重再現與「翻譯」，並試圖從重譯與轉譯的角度，觀照此一新譯，不揣棉薄，略抒己見，以慶賀希臘羅馬神話在台灣的轉世與再生。

二〇一四年十一月廿八日

香港嶺南大學

譯者序

漢彌敦的《希臘羅馬神話》是西方神話入門的經典，一九四二年出版，至今仍是讀者藉以了解神話故事與英雄傳奇的最佳參考書。這也是一本難譯的書；除了資料豐富，神名人名地名極多，全書二十三章，幾乎每章都有論說、敘事、詩歌三種文體*。論說出現在每章／節起首，姑且稱之為「章前序論」，陳述該章／節的故事來源，間或評論或比較故事版本。正文以敘事為主，偶亦評論故事人物或作者，如第十一章末尾有一段尤里彼得斯的寫作評論。此外，幾乎每章都有引詩，少者一、二行，多者十數行**。徵引詩歌，雖可點明出處，增添文學趣味，卻會造成翻譯的困難，尤其又與敘事、議論並列。理論上，每一種文體都應該有不同的翻譯處理，這當然是譯者的挑戰。

難譯，並不代表不可譯。我們需要的是設定標的讀者（target audience），擬定翻譯策略。經討論後，我們把目標讀者設定為普通讀者，包括中、大學生乃至對神話有興趣的社會人士。事實上，這也是漢彌敦心目中的讀者，若參考〈作者前言〉（"Foreword"），可知她編寫此書，本來就是為了讓「不了解古典神話的讀者」能透過此書「獲得相關知識」。至於翻譯策略，我首先參考了漢彌敦編寫本書的考量。從章前序論，我發現她十分堅持把故事說完整。獨眼巨怪波利菲穆斯並不是重要角色，但她為了完整呈現巨怪的故事，分別參考荷馬、西奧克里塔斯、盧西安的著作。這三位作者相距至少一千年，文風差異極大，不易統整。這種堅持也可從她挑選參考作家的考量看出來，例如在《奧德賽》、阿波羅度斯的文本都可找到奧圖斯兩兄弟的故事；荷馬是說故事的高手，阿波羅

* 除了第一、二、二十一章例外，這三章沒有章前序論，直接進入故事。
** 第五章，第十五章例外。

度斯只是個藉藉無名的散文作家，但漢彌敦捨棄荷馬，選用阿波羅度斯的版本，只因後者的故事較完整。

漢彌敦也十分堅持把故事說清楚。漢彌敦是個很有文體意識的作者；前面提到她為了尋找完整的故事版本而捨棄荷馬，不過若有兩位作家完整地說了同一個故事，此時她的考量則是文體。戴達洛斯的故事奧維德和阿波羅度斯都寫過，但前者「過於耽溺於情感與感嘆」，因此她選了阿波羅度斯的版本。阿塔蘭達的故事奧維德也完整寫過，但漢彌敦不用，因為奧維德太「喜歡誇大其詞」。柏修斯的故事也是，這次是因為奧維德太冗長，竟「用了一百多行才殺死海蛇」，再度敗給文風「純樸直接」的阿波羅度斯。類似的例子很多。由此，我們可知漢彌敦要的是純樸、直接、平實、簡約的敘述，不要冗長、誇張、感嘆、耽溺於情感的抒情；換言之，她要的是清晰明快的敘事，在意的是把故事說清楚，講完整。

要把故事說完整，講清楚，用甚麼樣的語言來說？或譯？其實漢彌敦早已給了我們答案。埃斯奇勒斯和尤里彼得斯都寫過七雄攻打底比斯的故事，不過由於埃斯奇勒斯把故事寫成戰爭詩，所以漢彌敦選了尤里彼得斯的版本，因為尤里彼得斯的寫法「反映了我們的觀點」。此外，漢彌敦在〈作者前言〉也曾明白表示要用自己的方式來說故事；所謂「方式」，指的是語言，亦即用她自己的語言來重述流傳千年的神話。這是一個啟示：我們當然也要用我們的方式，用貼近我們時代的語言來重述／翻譯她編選的故事。

結合以上觀察，我們決定以漢彌敦的主要考量作為翻譯指標，即用我們當代的語言，把故事說清楚，講完整。落實在實際的操作上，我們首先盡量避免陳言套語，尤其意義範圍龐大的成語。譯詞方面則盡量貼近詞語使用的文化脈絡來選字，如神話世界干戈之聲頻傳，動詞 "to kill" 或類似的語詞不時出現，當然這個字可譯為「殺」也可譯為「弒」，端看雙方的身分而定，如上殺下就不能叫「弒」。在句法上則盡量保持文氣流暢，盡量把故事講清楚，說完整。

再來是細節的配合。前文提到奧維德因冗長誇張等原因而敗給阿波羅度斯，不過奧維德的細節描寫功力，如納西瑟斯（Narcissus）渡過冥河最後看一眼倒影等描寫，漢彌敦是很讚賞的。細節的掌握是故事成功的要件之一，當然也是翻譯理當注意的部分。這裡舉個例子。「花的神話」一節中，林中仙女愛珂（Echo）因說話動聽，得罪了赫拉（Hera），因此赫拉懲罰愛珂，讓愛珂永遠只能重複別人最後那句話。故事裡有一段愛珂與納西瑟斯的「對話」：

One day, however, it seemed her chance had come. He was calling to his companions. "Is anyone here?" and she called back in rapture, "Here—Here." She was still hidden by the trees so that he did not see her, and he shouted, "Come!"—just what she longed to say to him. She answered joyfully, "Come!" and stepped forth from the woods with her arms outstretched. But he turned away in angry disgust. "Not so," he said; "I will die before I give you power over me." All she could say was, humbly, entreatingly, "I give you power over me." *

這段文字的翻譯，第一須注意愛珂被罰的脈絡，第二須注意愛珂的回答一定要重複納西瑟斯最後那句話。第一句"Is anyone here?"若按漢語習慣譯成：「這裡有沒有人？」愛珂的"Here－Here"就不能譯為「這裡——這裡」，而須譯為「有沒有人——有沒有人」。但這樣譯雖顧及脈絡，卻失

* 這段文字的譯文請參閱第四章，頁一一六。

去意義；若逕自譯為「這裡——這裡」，則又失去故事脈絡。解決方法是顛倒句式，把地方副詞放在句尾，譯為「有沒有人在這裡」，這樣，愛珂即可順利說出：「在這裡——在這裡」；如此，意義與脈絡可以兼顧。

最後，引詩與格言都儘可能譯成詩或格言。這部分我要謝謝我的妹妹淑娟，淑娟在中山大學教授詞曲選讀，初稿譯完，我把詩的部分騰出來寄給淑娟，請她幫忙整韻或節奏，譯詩畢竟需要一點別才或相當的專業技能。另外，我要謝謝漫遊者文化總編李亞南女士的邀請，讓我有機會挑戰這本經典著作；編輯貝雯在文字風格與翻譯策略等各方面的協助，惠我良多，自是銘感在心。初稿譯成，雖經多次修訂，但翻譯是很妙的事，再怎麼小心都可能出現不妥之處。若有任何不妥之處，責任在譯者。最後並祈願有識者不吝指正，讓我持續改進譯事功力。

作者前言

寫一部關於神話的書，我們得參考很多材料。今日可見的材料，最早與最晚的作家相隔一千兩百年。這些作家的書寫風格截然不同，猶如《仙履奇緣》（*Cinderella*）有異於《李爾王》（*King Lear*）。要把差異如此巨大的神話材料整合在一起，這工程就像把英國文學濃縮成一本書，亦即從喬叟（Chaucer）和抒情民謠開始，緊接著莎士比亞、馬洛（Marlowe）、綏夫特（Swift）、狄弗（Defoe）、德萊敦（Dryden）、波普（Pope），最後再加上丁尼生（Tennyson）和布朗寧（Browning）。為了讓這個比較更貼切，或許還可添上吉普林（Kipling）和高爾斯華綏（Galsworthy）作結。這樣集結下來，英國文學這部書當然會比較厚，但內容材料並不會比神話這本書更繁複。事實上，喬叟跟高爾斯華綏，抒情民謠跟吉普林之間的相似之處，遠多於荷馬與盧西安（Lucian），或埃斯奇勒斯（Aeschylus）與奧維德（Ovid）之間的相似之處。

基於上述問題，我一開始就不考慮統合神話材料，因為這表示我必須以《仙履奇緣》的筆法來重述《李爾王》，或以後者的層次來轉寫前者（這顯然是不可能的）。我決定用自己的方式來說故事，即使這些故事並不屬於我，而且已經有很多偉大作家用他們認為適合的方式講過了。我並不是說偉大作家的文體可以複製，也不敢有此奢想。我的目的很單純：我只想向讀者介紹幾位把神話傳留給我們的作家以及他們之間的差異。舉例來說，以純樸真誠知名於世的賀希歐（Hesiod）很天真，甚至有點幼稚，有時還很粗糙，但其筆下的故事永保虔誠；這本書收入很多只有他講過的故事。與他形成對照的是奧維德，這本書也收入很多只有他講過的故事；奧維德的故事以巧妙精緻聞名，其中充滿技巧、個人意識，對故事的徹底懷疑。在這本書裡，我希望能讓讀者看到這些截然不同的作家以及他們之間的差異。畢竟，讀者拿起這樣的一本書，問的不是作者到底把故事重述得多有趣，而是把故事說得多接近原作。

我希望不了解古典神話的讀者除了可以藉此書獲得相關知識，也能看到當初講述這些故事的作家。這些作家各個不同，風貌獨具，而且經過了兩千多年，他們的不朽早已不證自明。

第一部　眾神、創世、早期英雄

第二部　愛情與冒險故事

第三部 特洛伊戰爭之前的英雄

第五部　神話裡的大家族

第六部　幾則次要的神話

第七部　北歐神話

序論　古典神話簡介

古希臘人與野蠻人迥然不同，古希臘人多了點捷思，少了些謬想。

——希羅多德（Herodotus）

一般的看法是，我們可透過希臘羅馬神話了解古代人類的思考和感受。根據這個看法，遠離自然的文明人可透過希臘羅馬神話回到古人的生活場域，回到人與自然仍保有密切關係的時期。換言之，神話的真正趣味是引導我們回到過去；那時，世界還很新，人與土地、樹木、大海、花朵、山丘仍保有聯繫，那時人類對事物的感受方式也跟我們不同。一般相信神話故事形成的時候，真實和虛幻尚無區分，人的想像力依然生動，還沒受到理性的管轄，所以任何人走入森林都可能看到山林女神飛奔而過，任何人彎腰在泉邊喝水都可能在池底看到水中仙女的臉。

幾乎每個碰觸古典神話的作家都有這種回到過去、回到事物仍然美好的渴望，詩人尤其是。他們認為在那無限遙遠的過去，古人可以：

> 看到海神普洛提斯從海裡現身；
> 聽到年老的崔桐吹著環形號角。

透過神話，我們也可以一窺古代那個奇麗生動的世界。

話雖如此，只要稍微觀察世界各地，古往今來未開發地區的民族，我們就很容易戳破這個美麗的浪漫泡泡。事實很清楚。不管是今日的新幾內亞（New Guinea）還是史前時代，那些生活在荒野裡的民族從來不曾住在充滿繽紛幻想和可愛景物的世界裡。潛藏在原始森林裡的是各種恐怖的事物，不是山林女神或水中仙女。原始森林的三大居民是「恐怖」（Terror）、「恐怖」的貼身隨從「魔法」（Magic）、普遍用來防禦「恐怖」的「活人祭祀」（Human Sacrifice）。人類要避開神靈怒火的主要方法，一是使用荒謬但有效的魔法，二是舉行充滿痛苦與悲傷的獻祭。

希臘人的神話故事

這幅黑暗的畫面與古典神話世界相距甚遠。我們無法透過希臘神話了解早期人類如何看待他們的環境。人類學家對希臘神話總是簡短帶過，這現象值得我們注意。

希臘人當然也有他們的原始根源。他們也曾過著野蠻、醜惡、殘酷的生活。但在我們認識他們，看到他們的神話故事之前，他們早已遠離古代那汙穢凶厄的狀態。他們的神話故事只留下極少的原始生活遺跡。

現今流傳的神話故事是何時開始被講述，我們不得而知。不過，不管始於何時，希臘人早把原始生活遠遠拋在身後。今日我們看到的神話出自偉大詩人的作品。希臘第一份文字記錄是《伊里亞德》（*Iliad*）。換言之，希臘神話始於荷馬（Homer），而荷馬的年代一般認為不會早於西元前一千年。《伊里亞德》是最古老的希臘文學（或含有最古老的希臘文學），其文辭豐富、精妙、美麗；此時距人類試圖用清晰美麗的文字來表達，應該已經有好幾百年之久，《伊里亞德》可說是文明進展無可爭議的證據。希臘神話故事不能告訴我們早期人類如何生活，卻能告訴我們早期希臘人的樣貌。

對我們來說，這一點似乎更為重要，因為就知識、藝術與政治而言，我們是他們的後裔。關於他們，我們一點也不覺得陌生。

大家時常談到的「希臘奇蹟」（the Greek miracle）是指希臘人覺醒後誕生的新世界。抑或詩人筆下所謂「舊的事物已經過去；看啊，萬事萬物已經更新」這類話語。

「希臘奇蹟」的發生原因和時間不得而知，我們只知道最早的希臘詩人開始提出新觀點，而這個觀點前所未見，之後也不曾消失。經過這一次覺醒以後，人類成為宇宙的中心，是宇宙間最重要的存在。這是思想上的突破。在此之前，人類微不足道，但在希臘，人類首次意識到自己的重要。

希臘人以自己的形象造神，這是有史以來人類從未浮現的念頭。在希臘覺醒之前，神像極不寫實，且有別於存活的生物，例如埃及有三類神像，一是高大靜止，像廟柱那樣固定在石頭裡，連想像力都無從賦予動態的雕像，雖具人形，卻故意刻得不像人類；二是形態僵硬的貓頭女身神像，暗示一種永恆、非屬人類的殘酷；最後是巨大神祕的人首獅身像，高高凌駕於所有生物之上。又如美索不達米亞有許多動物浮雕，例如鳥頭男身像、獅首牛身像，或刻上鷹翅的鳥頭男身像與獅首牛身像，全都是我們不曾看過的動物形貌。藝術家創作這些浮雕，彷彿一心只想製造那些只存在於他們腦海的形象，把現實中不可能出現的形象結合在一起。

希臘奇蹟之前，世人敬拜的對象就是這些以及類似的雕刻神像。我們只要在腦海中把這些神像與希臘任一神像並列，即可看出希臘神像美得多麼正常，多麼自然。藉此對照，即可清楚看到一個新觀念的形成。隨著這一新觀念，宇宙變成理性的世界。

聖保羅[1]曾說，不可見的事物要透過可見的事物來理解。這不是希伯來人的觀念，而是希臘人

---

1 Saint Paul，又名聖保祿，生於小亞細亞的塔爾索（Tarsus），大約是今日土耳其的中南部。他於西元六七年在羅馬殉教，

的觀念。希臘人是古代世界唯一執著於可見事物的民族，他們在現實世界尋找賞心悅目的事物，滿足他們對於美的渴望。雕塑家看著運動場上的運動員，覺得他所想像的，不會比眼前那年輕健壯的身體更美，所以他據此創作了阿波羅神像。作家在人來人往的街上發現了荷米斯（Hermes）；在他眼中，荷米斯就像荷馬說的，「像個青春正好的年輕人」。在希臘藝術家和詩人眼中，人原來可以如此壯麗、挺拔、敏捷、強壯。他們在人身上找到了美；他們不想費神去把腦海中的幻想創造出來。希臘藝術和思想的中心焦點是人。

希臘的神既然像人，他們的天堂自然而然也是個舒適親切的所在。對希臘人來說，天堂不是一個高不可及的場所。他們知道眾神在天堂的一切行事，如眾神吃甚麼、喝甚麼、在哪裡宴客、如何消遣取樂。當然他們也會害怕眾神，因為眾神很有力量，生起氣來很危險。不過只要處理合宜，人可以相當自在地與眾神相處，人甚至還可以毫無顧忌地取笑神。宙斯總是試圖掩藏自己的婚外情，但又老是出包，成為希臘人最愛取笑的對象。希臘人就是喜歡他，他越是出糗，希臘人越是愛他。赫拉是個喜劇角色，一個典型的妒妻；她用來揭穿丈夫和處罰情敵的巧計，希臘人一點也不覺得不妥。他們樂於看到赫拉，猶如今日我們樂於看到類似赫拉的角色。這些希臘故事傳達的是一種友善的感覺。在埃及的人首獅身像前，或在亞述鳥頭獸身像前，笑聲是不可想像的。但在奧林帕斯，笑聲是百分百自然的。這種笑聲讓眾神更顯親切近人。

人間諸神同樣也充滿人性和吸引力。他們以漂亮的青年或少女形象住在山林、溪流或大海，跟

但生年說法不一，有西元二、三或五年等說法。他的父母是猶太人，早年對猶太教祖傳律法極為擁護。據傳耶穌親自向他顯靈，選他為宗徒，自此保羅改宗基督，成為西元一世紀最著名、也最有成就的傳教人。編按：本書所有注釋皆為譯者注。

美麗的大地和明亮的流水和諧共處。

這個人性化的世界是希臘神話的奇蹟，人類不用再畏懼全知全能的未知神靈。在世界其他地方，人們雖仍敬拜令人畏懼而神祕的神靈，那些神靈也仍擠滿大地、空氣和海洋，但在希臘，那些可怕神祕的神靈已經沒有立足之地。這可能有點奇怪，怎麼創造神話故事的作家竟然偏愛事實，不喜歡非理性。但這是真的。不管希臘神話多麼天馬行空，任何仔細讀過的人，都會發現即使是最無稽的故事，其發生地點基本上都有一個理性現實的基礎。海克力斯（Hercules）雖然一生都在跟荒謬可怕的怪獸戰鬥，但一般都說他住在底比斯（Thebes）。阿芙羅黛蒂從泡沫中誕生的確切地點，古代旅客都可以去參觀，據說就在施提拉島（Cythera）外海。飛馬佩格索斯（Pegasus）白天在天空盡情漫遊，晚上據說都會回到科林斯，在舒服的馬廄休息。熟悉的居住地讓神話角色有了現實基礎。如果這樣的混搭看來幼稚，只要比較其他神話，就知道這確定的背景多令人安心多合理；試想想阿拉丁（Aladdin）摩擦一下神燈就會出現的精靈（Genie）好了：我們既不知那精靈打哪兒來，也不知道完成任務後，他又回哪兒去。

古典神話世界沒有可怕的非理性元素。魔法在世界各地非常流行，不論在希臘之前或之後。但古典神話世界沒有魔法，至少沒有男性角色會使用魔法，事實上，只有兩個女性角色會使用這種可怕的超自然力量。到了近年，歐洲和美洲仍有邪惡的男巫和恐怖的女巫這類故事角色，但古典神話沒有這些角色，唯一的兩個女巫是瑟西（Circe）和美蒂亞（Medea），不過她們都年輕貌美，令人喜愛，不會令人感到畏懼。從古代巴比倫到今日，占星術一直都很流行，但我們不曾在古典希臘神話看到占星術。我們看到很多跟星星有關的故事，但沒有一則提到星星會影響人的生活。那些星相，希臘人後來是用天文學來加以解釋。希臘神話也沒有可怕的祭司教人取悅或遠離眾神。我們很少看到祭司的身影，而且他們也不重要。《奧德賽》有一幕提到祭司和詩人雙雙跪在奧德修斯膝前求饒，奧德修斯不加思索地就殺了祭司，饒了詩人。據荷馬的看法，詩人擁有如此神聖的技藝，一定曾得到神的指導，所以奧德修斯不敢殺詩人。可見有力量影響上天的不是祭司，而是詩人。沒有人會怕詩人。在其他國家的故事中，鬼向來扮演很重要、很可怕的角色，但希臘神話從沒出現過鬼。希臘人不怕死者，《奧德賽》把鬼稱為「可憐的死者」。

對人來說，希臘神話世界並不可怕。眾神的心意難測，這固然沒錯。我們猜不到下一刻宙斯的雷電會打在甚麼地方。雖然如此，全體神明當中，除了極少數或極不重要的角色之外，大都擁有人性化的美麗形象。人性化的美麗形象是不會讓人感到害怕的。早期希臘神話作家把一個充滿恐懼的世界轉變成美的世界。

這個美麗的世界也自有汙點，畢竟轉變的過程十分緩慢，而且永遠不會徹底完成，而且在信仰者的心裡，眾神具有人性是一個長久且逐步轉變的歷程。當然眾神比人類更美麗，更有力量，當然也都是不死的。但他們總會做出一些正常男女不會做的事。在《伊里亞德》中，赫克特（Hector）遠比眾神高貴；人們當然喜愛安卓瑪西（Andromache）更勝於雅典娜和阿芙羅黛蒂。若用人的行為標準來衡量，赫拉從頭到尾僅僅處於及格的邊緣。每一個光輝燦爛的神都可能做出殘忍邪惡的事。眾神只擁有最低程度的是非標準，荷馬筆下的眾神是如此，荷馬之後，眾神也依然如是。

希臘神話還有其他黑暗層面：動物神的遺跡。森林之神薩提爾（Satyrs）是羊人，仙圖爾（Centaurs）長得半人半馬。赫拉常被稱為「牛面」，雖然她已經從神牛轉變成具有人形的天后，但不知為何，這個形容詞始終伴隨著她。另有一些故事清楚指出過去人們曾舉行祭人儀式。不過令人驚異的是，留存下來的野蠻信仰痕跡竟然十分稀少。

當然我們也會在神話故事看到各式各樣的怪獸：

蛇髮女妖郭珥貢，九頭蛇海濁，

可怕的獅首羊身蛇尾怪奇麥拉。

但這些怪獸的存在只為了凸顯英雄的功績。如果沒有怪獸，英雄能有甚麼作為？怪獸永遠都敗給英雄。海克力斯是神話世界裡的大英雄，我們也可把他看成希臘的隱喻。海克力斯打敗怪獸，把世界從怪獸手中救出來，就像希臘把世界從非人的可怕觀念中解救出來一樣。

希臘神話大部分由男神與女神的故事組成，但我們不能把神話看成某種希臘聖經或宗教文獻。根據最現代的觀念，真正的神話與宗教無關，而是人對自然現象的解釋，例如宇宙的萬事萬物究竟如何生成，包括人類、動物、各種樹木、各類花朵、太陽、月亮、星星、暴風雨、火山爆發、地震等所有存在的現象與發生的事物。打雷和閃電是因為宙斯扔出雷電棒。火山爆發是因為一頭可怕的怪獸被關在山裡，而牠不時想掙脫逃走。大熊星座永遠懸掛在海平面上，那是因為某位女神跟大熊星座有仇，因而命令大熊星座永遠不得落下海平面[2]。神話是早期的科學，是人類對環境提出的最初解釋。當然也有甚麼也沒解釋的所謂神話，那些故事只寫著好玩，僅供人們在長長的冬夜裡講述消遣而已，例如畢馬里翁（Pygmalion）和嘉拉蒂（Galatea）的故事就是，這則故事和自然現象一點關聯也無。找尋金羊毛、奧菲斯（Orpheus）和尤瑞迪絲（Eurydice）和其他許多故事也屬於這類型。

2 這位女神即赫拉，大熊星座是宙斯的情人卡莉斯朵變的，小熊星座是卡莉斯朵的兒子變的。故事見本書第二十一章第十則。

現在大家基本上已經接受這一事實：我們無須在每個神話女主角身上試圖找尋關於月亮或黎明的解釋，也無須在每個男主角身上找尋太陽神話。這些故事既是早期的科學，也是早期的文學。

不過神話也還是有宗教情感的，雖然存在於背景裡，但也並非隱晦不見。從荷馬到悲劇作家，甚至到了晚期，我們看到作家越來越了解人類的需求，以及人類對神明的祈求為何。

可以肯定的是，宙斯似乎曾經是一位雨神。他的地位遠比太陽神崇高，因為希臘多山，人們需要雨水更甚於陽光，所以眾神之王必須是那位能賜下寶貴的生命之水的神祇。不過荷馬筆下的宙斯並不是自然現象的投射，而是一個個體，住在文明已經上場的世界裡。這是宙斯擁有一套是非標準的原因。當然這套是非標準不會太高，而且似乎只適用於別人，不適用於自己。他確實會懲罰說謊或背誓之人；他也很氣沒有善待死者的人；他同情年老的普瑞阿摩斯（Priamus / Priam），幫他去找阿基里斯（Achilles）要回兒子的遺體。他在《奧德賽》裡達到一個較高的水準：劇裡的養豬人說窮人和異鄉人都是宙斯派來的，如果不幫助這兩類人，就會得罪宙斯。稍晚於《奧德賽》的賀希歐也提到一個人若不好好對待懇求者、異鄉人、孤兒，這個人肯定「會招致宙斯的怒火」。

自那時起，正義之神（Justice）就成了宙斯的夥伴。這是一個新的概念。《伊里亞德》裡的英雄只要冒險，不要正義。他們身強體壯，想要隨心所欲得到想要的一切，所以他們要的是支持強者的神。但賀希歐是貧窮的農家子弟，他知道窮人需要一個有正義感的神。他寫道：「魚類、野獸、飛禽互相殘殺，但宙斯給了人類正義。宙斯的寶座旁，坐著正義之神。」從這些段落看來，無助者巨大而痛苦的需求已經上達天庭，將宙斯從強者之神改變成弱者的保護神。

所以，隨著人類意識到生命對人的要求，人類對神的要求，我們慢慢在多情的宙斯、懦弱的宙斯和可笑的宙斯身上看到另一個宙斯逐漸成形。這個宙斯漸漸取代其他宙斯，成為唯一的中心人物。

套句狄奧．克里梭坦（Dio Chrysostom）寫於西元二世紀左右的話，宙斯最後變成「我們的宙斯，好禮的賜予者，人類共同的父親、救主和守衛。」

《奧德賽》談到「所有人類渴望的神聖之感。」數百年後，亞里斯多德寫道：「人類努力追求的完美。」從早期神話開始，希臘人就有一種神聖與完美結合的概念。他們渴望看到神聖完美的神；這種強烈的渴望，讓他們始終鍥而不捨，以至於最後他們把雷電之神轉變成宇宙之父。

希臘羅馬神話作家

關於古典神話故事的書，主要都參考羅馬詩人奧維德的作品；奧維德生活在奧古斯都時代，可說是神話的活百科；在這方面，古代作家沒有一個可望其項背。幾乎所有故事他都說過了，而且說得很詳細。我們透過文學和藝術知道的許多故事，其源頭就是他的作品。我這本書儘可能避免引用他的作品。他無疑是個很好的詩人，也很會講故事；他也懂得欣賞神話，知道神話是很棒的創作材料。但在觀念上，他卻與神話保持遙遠的距離；他比今日的我們更不相信神話；對他來說，神話不過就是一紙荒唐言。他寫道：

> 我隨便說點兒古代詩人的彌天大謊，
> 那些古今人眼從未親見的奇人異事。

他的意思大致是：「別管神話讀來有多蠢。我會把神話妝點起來，寫得漂漂亮亮的讓你們來讀。」

這就是他的作風。通常他也真的把故事寫得很漂亮。對早期希臘詩人賀希歐和品達而言，神話卻是事實，是嚴肅的真理；對希臘悲劇作家而言，神話承載著深沉的宗教真理。不過到了奧維德手裡，神話僅僅只是無足輕重的故事而已。在他筆下，神話時而妙趣橫生，時而詼諧機智，時而感情豐沛，有時是令人苦惱的長篇修辭。但希臘神話作家從不在乎修辭，也從不感情用事。

傳承神話的重要作家名單並不長。第一個當然是荷馬。《伊里亞德》和《奧德賽》是最古老的希臘文學，或含有最古老的希臘文學。我們無法確知兩部作品的寫作日期。對此，學者的意見十分分歧，將來應該也會繼續分歧下去。一個不太有爭議的日期是西元前一千年左右，至少就較為古老的《伊里亞德》是如此。

接下來須說明的是，除非另有聲明，我在這裡以及書內所採用的紀年都是耶穌誕生之前的日期。[3]

第二位作家是賀希歐，年代約在西元前九世紀到八世紀之間。賀希歐是個貧農，生活艱苦。他的詩與荷馬形成巨大的對比；他的詩集《工作與時間》（*Works and Days*）探討如何在艱苦的世界好好過生活，《伊里亞德》和《奧德賽》則是條理斐然的壯麗詩篇。不過賀希歐寫了很多關於眾神的故事，《神譜》（*Theogony*）是一部跟神話密切相關的詩集，通常歸在他的名下。假如《神譜》真是他寫的，那麼他就是希臘第一個對世界產生好奇的作家。雖然他是個純樸的農夫，遠離城市，住在偏僻農場，但他卻對世間萬象例如世界、天空、眾神、人類從何而來等現象試圖提出解釋。荷馬從不對任何事物感到好奇。《神譜》敘述宇宙的誕生，眾神的傳承；對神話學來說，《神譜》極為重要。

第三是荷馬頌歌，那是一組歌頌眾神的詩歌。寫作的日期無法確定，但大部分學者認為其中最

3 為了清楚表達，譯文在提及日期時，都清楚標示西元前或西元後。

早的詩可追溯到西元前八世紀末到七世紀初。這組詩歌共有三十三首，最後一首比較重要的詩出自雅典，大約寫於西元前五或四世紀。

品達是希臘最偉大的抒情詩人，大約在西元前六世紀末開始寫詩。他寫了很多頌歌，讚美希臘國家競賽慶典中的勝利者。每一首都會提到或徵引神話。在神話研究中，品達的重要性相當於賀希歐。

三大悲劇詩人當中，埃斯奇勒斯最為年長，與品達同時。另兩位詩人索福克里斯（Sophocles）和尤里彼得斯（Euripides）比較年輕。最年輕的尤里彼得斯死於西元前五世紀末。埃斯奇勒斯的《波斯人》（*Persians*）是為了慶祝希臘人在薩拉米（Salamis）打敗波斯人而寫，除此之外，所有希臘悲劇的題材都是神話。除了荷馬，悲劇詩人的作品是了解神話最重要的依據。

生活在西元前五世紀末到四世紀之間的喜劇作家亞里斯多芬（Aristophanes）時常提到神話。另外兩位散文作家也是如此：歐洲第一位歷史學家希羅多德和哲學家柏拉圖（Plato）；希羅多德與尤里彼得斯同時代，柏拉圖則比他們晚一個世代。

亞歷山大詩人（the Alexandrian poets）是一群生活在西元前二百五十年左右的希臘詩人。他們得此稱號是因為當時希臘的文學中心已經移到埃及的亞歷山大（Alexandria）。羅德斯島的阿波羅尼（Apollonius of Rhodes）詳細地講了找尋金羊毛的故事，間中插入許多其他相關神話。除他之外，還有三位也寫神話故事的亞歷山大詩人，他們是田園詩人西奧克里塔斯（Theocritus）、畢翁（Bion）、莫庫斯（Moschus）。整體說來，他們已經沒有賀希歐和品達那種對神話的單純信念，也沒有悲劇詩人那種跟宗教有關的深度和肅穆。不過他們的態度還是比奧維德莊重。

兩位時代較晚的作家對神話也頗有貢獻，他們是羅馬人阿普留斯（Apuleius）和希臘人魯西安

（Lucian），兩人都是西元二世紀人。丘比特與賽姬的故事僅見於阿普留斯的作品，其風格很像奧維德。魯西安的文體獨特，無人可與他相比，他擅長嘲諷諸神。在他的時代，眾神已經成為笑柄。雖然如此，他也順便提供不少諸神的資料。

阿波羅度斯（Apollodorus）也是希臘人。他是古代書寫最多神話故事的作家，數量僅次奧維德，但風格與奧維德截然有別：他很實事求是，文筆頗枯燥。他的生卒年代不詳，學者的說法差距也很大，有人說是西元前一世紀，也有人說是西元九世紀。英國學者法拉茲（Sir J. G. Frazer）認為他大概生於西元第一或第二世紀。

希臘的鮑撒尼亞斯（Pausanias）是個大旅行家，著有第一本旅遊書。每到一個神話故事發生的地點，他都會記下相關資料。他至晚生活到西元第二世紀。他從來不曾質疑神話故事，全部以一種嚴肅的態度寫成。

維吉爾是最傑出的羅馬作家。他跟同代詩人奧維德一樣，也不相信神話故事。不過他在神話人物身上發現人性，把他們寫得栩栩如生，除了希臘悲劇詩人，沒人曾有如此成就。

至於其他羅馬作家，卡圖勒斯（Catullus）曾提到幾則神話，賀拉斯（Horace）也是，但兩人在神話這一領域都不甚重要。對羅馬人來說，所有希臘神話故事都離他們十分遙遠，僅僅是個影子罷了。要了解希臘神話，最好的嚮導還是希臘作家，他們對筆下所寫的故事深信不疑。

第一部　眾神、創世、早期英雄

第一章　眾神

古代榮光奇詭的故事片段，
神界家族最後遺留的傳奇；
他們散發著來處那遙遠的氣息，
失落的天堂，奧林帕斯的空氣。

古希臘人不相信宇宙是眾神創造的。剛好相反，他們認為先有天地，才有眾神。天地成形於眾神之前，所以天地是眾神的第一代祖先，泰坦神（Titans）是天地的兒子，眾神是天王地母的孫兒孫女。

泰坦神與奧林帕斯十二主神

泰坦神通稱「古神」（the Elder Gods），自開天闢地無可計數的歲月以來，他們就是天地間的至尊。他們身軀龐大，力氣驚人，數目眾多，但只有少數幾位出現在神話故事裡。泰坦神當中，最重要的是**克羅納斯（Cronus）**，羅馬人稱他為**薩頓（Saturn）**；克羅納斯是泰坦族的王，後來被兒子宙斯（Zeus）推翻下台。宙斯的拉丁名字是朱比特（Jupiter），據羅馬人的說法，朱比特登上王位後，薩頓就逃往義大利。薩頓統治義大利期間，當地居民享有和平快樂的生活。那是義大利的黃金時代。

其他著名的泰坦神有：環繞地球的水神**奧西安**（**Ocean**）與妻子**蒂西斯**（**Tethys**）；太陽、月亮與黎明之父**哈波力昂**（**Hyperion**）；記憶之神**敏莫絲妮**（**Mnemosyne**）；通常被視為正義之神的**提密斯**（**Themis**）。**伊亞匹特士**（**Iapetus**）因兩個著名兒子而留名神史：**阿特拉斯**（**Atlas**）兩肩挑起世界，**普羅米修斯**（**Prometheus**）拯救了人類。宙斯繼位後，大部分泰坦神逃的逃，放逐的放逐，只剩這幾位碩果僅存的泰坦神，而且他們的地位也大不如前。

繼泰坦神後，出現了十二個地位崇高的奧林帕斯神。他們之所以被稱為奧林帕斯神，主要是因為他們住在奧林帕斯。不過奧林帕斯究竟是甚麼，這卻很難回答。一開始，大家認為奧林帕斯一定是在希臘最高的山上，即希臘東北部，帖撒利（Thessaly）境內的奧林帕斯山（Mt. Olympus）。但這想法後來慢慢有了轉變，如希臘最早的史詩《伊里亞德》曾提到一個看法：奧林帕斯遠高於世間任何一座山，是一神祕的區域。《伊里亞德》有一段描寫宙斯「從山脊連綿的奧林帕斯山頂」對眾神說話。由此看來，奧林帕斯顯然是一座山。但隔不了幾行，宙斯又說只要他願意，他就能把大地和海洋掛在奧林帕斯的尖塔上。這麼看來，奧林帕斯似乎又不是一座山了。不管怎樣，奧林帕斯也不是天堂。在荷馬筆下，波賽頓（Poseidon）說他統治海洋，黑帝斯（Hades）統治冥界，宙斯統治天界。不過從故事看來，奧林帕斯似乎是這三界共通的某處所在。

無論奧林帕斯位於何處，其入口有一座巨大的雲門，由四季女神負責看守。進入大門，即是眾神的居所。眾神在這裡起居坐臥，享用仙饌瓊漿，聆聽阿波羅（Apollo）彈奏七弦豎琴。那是一處蒙受神恩的完美居所。據荷馬描述，那裡從不起風，不下雨也不飄雪；那裡只有無雲的穹蒼，只有明亮的陽光永遠照著宮牆。

十二位奧林帕斯神的仙家成員如下：

一、**宙斯**，拉丁文為**朱比特**，眾神之王；

二、**波賽頓**，拉丁文為**涅普頓**（**Neptune**）：宙斯的兄長；

三、**黑帝斯**，拉丁文為**普魯托**（**Pluto**）：宙斯的兄長；

四、**赫斯提亞**（**Hestia**），拉丁文為**維斯塔**（**Vesta**）：宙斯的姊妹；

五、**赫拉**（**Hera**），拉丁文為**朱諾**（**Juno**）：宙斯之妻；

六、**阿瑞斯**（**Ares**），拉丁文為**馬爾斯**（**Mars**）：赫拉和宙斯的兒子；

七、**雅典娜**（**Athena**），拉丁文為**米娜娃**（**Minerva**）：宙斯之女；

八、**阿波羅**，拉丁文亦稱阿波羅：宙斯之子；

九、**阿芙羅黛蒂**（**Aphrodite**），拉丁文為**維納斯**（**Venus**）：宙斯之女；

十、**荷米斯**（**Hermes**），拉丁文為**墨丘利**（**Mercury**）：宙斯之子；

十一、**阿特蜜斯**（**Artemis**），拉丁文為**黛安娜**（**Diana**）：宙斯之女；

十二、**赫費斯托斯**（**Hephaestus**），拉丁文為**霍爾坎**（**Vulcan**）：赫拉之子，另一說是赫拉與宙斯之子。

宙斯／朱比特

宙斯跟兩個兄長抽籤分配宇宙的統治權。波賽頓抽中大海，黑帝斯抽中地底世界，宙斯則成為最高的統治者；他是天空之神，也是雨神，掌管可怕的雷電。他的權力至高無上，眾神的全部權力加總起來也比不上他。在《伊里亞德》中，他對他的家人說：「我的力量最強大。不信，你就來試試看。來，各位男神女神，綁一條金繩在天庭，用力拉緊。看吧，你們沒辦法把我宙斯拉下來。不過，如果我想拉下你們，你們一個也別想站在這裡。如果我把這條金繩綁在奧林帕斯頂峰，宇宙就會懸在空中。沒錯，整塊陸地懸空，連大海也懸空。」

雖然如此，宙斯卻不是全能全知的神，他有時會遭到抗拒，也會上當受騙。我們在《伊里亞德》就看到他被波賽頓愚弄，赫拉也欺騙過他。據說他也無法反抗神祕的命運女神。在荷馬的詩裡，我們即看到赫拉以輕蔑的口氣問他是否有本事從命運女神手裡把死人救回來。

宙斯／朱比特
眾神之王

在史詩與歌謠裡，我們看到宙斯不斷愛上凡間女子。為了掩飾婚外情，他一次又一次施展詭計，化身下凡。宙斯是眾神之王，本是眾神當中最神聖莊嚴者，為何竟有如此荒唐行徑？據學者解釋，原來宙斯的歌謠與故事是由其他男神的故事編輯而成。宙斯崇拜一旦傳入某座新城鎮，宙斯就慢慢與該城鎮原有的主神合而為一，那位主神的妻子就轉嫁給宙斯。這樣組合出來的成果實在令人十分遺憾，後來的希臘人也不太欣賞宙斯那些沒完沒了的風流韻事。

儘管如此，早期記載裡的宙斯卻是顯赫威武的。在《伊里亞德》中，阿格門儂（Agamemnon）對宙斯獻出禱文：「宙斯，你是最神聖，最偉大的雲神！你高居天庭之上。」宙斯不只要人類祭祀他，也要人類行為公正。在特洛伊（Troy），希臘軍隊聽到的訓誡是：「眾神之父宙斯從不幫忙騙子和背信者。」在很長的一段時間裡，宙斯同時擁有上述兩種形象，既是尊貴的眾神之王，也是風流的浪蕩子。

宙斯的護胸甲是望之令人生畏的艾吉斯神盾；他的聖鳥是老鷹，聖樹是橡木。橡樹之鄉的多多納（Dodona）有他的神殿，祭司透過傾聽橡樹發出的沙沙聲，向世人傳譯宙斯的神諭。

赫拉／朱諾

赫拉是宙斯的妻子，也是他的姊妹。赫拉是泰坦神奧西安和蒂西斯撫養長大的。她是婚姻的保護神，尤其關心已婚婦女。詩人筆下的赫拉並不迷人。早期有一首詩如此描寫她：

眾神之后高坐在金色寶座。
豔光四射，魅力無人可及，
高聳的奧林帕斯她備受尊崇，
只有宙斯的地位可與她相比。

一旦我們細讀她的故事，就會發現她大部分時間都在懲罰宙斯愛上的女子。那些女子會和宙斯在一起，有的只不過是受到宙斯的壓迫或欺騙，但赫拉才不管這些。在她眼裡，這些女子全都是情敵，她才不管她們有多不情願，也不管她們有多無辜。她總是怒火中燒，既無

赫拉／朱諾
天后，宙斯之妻

法放過她們，也饒不過她們的孩子。任何傷害，她都牢牢記住。特洛伊戰爭本來可以打成平手，和平光榮地結束，但因為有一個特洛伊人冒犯了她，判定她的美貌不及另一位女神，所以她非得看到特洛伊陷落，淪為廢墟，這才甘心罷手。

尋找金羊毛是個重要的故事。赫拉在這一則故事裡顯得和藹可親，她保護英雄，激發他們的勇氣，促使他們創造英勇事蹟。但她在其他故事裡可不是這樣子。雖然如此，她仍然受到每個家庭的崇拜；她是已婚婦女的保護神。她的女兒是助娩女神伊莉提亞（Illithyia）或艾蕾提亞（Eileithyia）。母牛是她的聖獸，孔雀是她的聖鳥，她最愛的城市是阿果市（Argos）。

波賽頓／涅普頓

波賽頓是大海的統治者，宙斯的兄長，神界地位僅次於宙斯。愛琴海兩岸的希臘人靠海為生，對他們來說，海神至關重要。波賽頓的妻子是泰坦神奧西安的曾孫女安菲翠緹（Amphitrite）。波賽頓在海底有一座美輪美奐的宮殿，但他更常在奧林帕斯出沒。

除了統治大海，波賽頓是第一個賜予人類馬匹的神，而這兩者使他得到人類的尊敬與感激。

海神波賽頓，這是你賜的禮，
駿馬幼駒以及駕馭大海的能力。

波賽頓／涅普頓
海神，宙斯的兄長

大海會不會出現暴風雨，這要看波賽頓的心意：

他一聲令下，暴風雨生起，

海上掀白浪，波濤滾滾。

雖然如此，當他乘坐金車馳過海面，咆哮的海浪立即平息，隨著平穩車輪而來的是寧靜。通常他被稱為「大地的動搖者」，總是拿著三叉戟現身。三叉戟是他的武器，可以用來搖撼或擊碎任何他要毀滅的事物。

跟他有某種聯繫的動物是公牛和馬，不過其他神祇也和公牛有關。

黑帝斯／普魯托

在奧林帕斯眾神當中，黑帝斯排行第三。他抽籤分到地底世界，負責統治亡靈。他的另一個名字是普魯托，意思是掌管地底珍寶的財富之神。希臘人和羅馬人都以這個名字稱呼他，但羅馬人有時把普魯托翻譯成狄斯（Dis），意即財富。黑帝斯有一頂遠近馳名的帽子，任何人只要戴上，即可隱形。他不常離開他的黑暗國度到奧林帕斯或人間行走。事實上，人類或眾神也不太期待他的到訪。他是一個不受歡迎的訪客。不過他雖然冷酷無情，卻公正無私；他令人畏懼，卻不邪惡。

他的妻子是波瑟芬妮（Persephone），拉丁文稱普洛瑟菲妮（Proserpine）。一日，他把波瑟芬妮從地面擄走，帶回冥府，納她為冥后。

黑帝斯統治亡靈，但他卻不是死神；希臘人的死神另有其「神」，稱陶納陀斯（Thanatos），羅馬人則呼之為歐爾庫斯（Orcus）。

雅典娜／米娜娃

雅典娜是宙斯的女兒，但她沒有母親。當她從宙斯頭上跳出來或「生」出來時，她已經長大成人，還穿著一身甲冑。關於她的早期記載，例如在《伊里亞德》裡，她是個兇暴且殘忍的戰爭女神。不過在後來的詩歌裡，她的形象稍有改變，只在保護家國，抵禦外敵的時候，她才會動手開戰。她是城市之神，保佑文雅的生活方式，照顧手工業和農業。她首先發明馬勒，以之馴服馬匹，供人類使用。

雅典娜最得宙斯的疼愛與信任，她獲准帶著宙斯的艾吉斯神盾和雷電，前者是宙斯的護身圓盾，後者是宙斯火力強大的武器。

最常用來描述雅典娜的辭彙是「灰眼」，有時也譯成「閃亮之眼」。神話世界有三位處女神，雅典娜居首，通常被稱為巴特農少女神（Maide Parthenos）。她的神殿是巴特農（Parthenon）。她在後來的詩歌裡成為智慧、理性與純潔的化身。

雅典娜／米娜娃
城市之神，宙斯之女

雅典是她專屬的城市。橄欖樹是她創造的，也是她專有的樹。她的聖鳥是貓頭鷹。

阿波羅

阿波羅是宙斯與麗朵（Leto/Latona）的兒子，出生在一座名叫德洛斯（Delos）的小島。阿波羅被稱為「諸神中最有希臘格調」的神祇。在希臘詩歌裡，他的形象優美；他擅長音樂，一彈起金色七弦琴，歡樂頓時傳遍奧林帕斯神殿。他也是弓箭之神，持有一把射程很遠的銀弓。他又是個療癒師，首先教導人類醫療技術。除了這幾項美好的稟賦之外，他也是光之神，他身上找不到一絲黑暗面。他也是真理之神，永遠口吐真言。

> 喔弗依布斯，從你的真理寶座，
> 從世界中心你所居住的地方，
> 你對世人說話。因宙斯之命，
> 你口中說不出謊話，也沒有
> 陰影會來遮蔽你的真理之言。
> 宙斯以永恆的正義保證
> 阿波羅的榮譽，眾人皆以
> 堅固信心，信他所言必真。

阿波羅
太陽神，宙斯與麗朵之子

德爾菲（Delphi）在巴爾納斯山（Parnassus）山腳下，那是阿波羅發布神諭的所在，在神話故事中佔據重要的地位。流經這裡的聖河叫柯菲索斯（Cephissus），聖泉叫卡司塔利亞（Castalia）。

在世人眼中，德爾菲是世界的中心，擁有許多來自希臘與外國的信徒。世間沒有任何一座神殿能與德爾菲相提並論。急切的信徒來這裡找尋真理的答案，而他們所問的問題，阿波羅透過女祭司來回答。女祭司開口說話之前，會先進入恍惚的狀態。相傳女祭司的座位，即三角凳下面的岩石有一道很深的裂縫，從這道裂縫冒出來的蒸汽會讓女祭司陷入恍惚的狀態。

阿波羅的小名很多。因為在德洛斯出生，他又名德洛斯神（Delian）。巴爾納斯山下的洞穴曾出現一條怪蛇，阿波羅跟那蛇展開激烈的纏鬥，靠著百發百中的箭術，阿波羅最後贏得勝利，由於那條怪蛇名叫匹松（Python），因此也有人叫他匹松神（Pythian）。他還有一個名字叫「利西安神」（Lycian），這名字的解釋很多，計有狼神（Wolf-god）、光之神（God of Light）與利西亞神（God of Lycia）。《伊里亞德》稱他為鼠神（Mouse-god），但卻沒說他為何得到這稱號，究竟是因為保護老鼠還是殺死老鼠，不得而知。通常他也是太陽神。他的小名弗依布斯（Phoebus）就是「光明」或「閃亮」的意思。但是正確說來，太陽神其實是泰坦神哈波力昂的兒子赫利歐斯（Helios）。

德爾菲的阿波羅是一股純善的力量，是眾神與人類的直接聯繫。他引導人類了解神意，指導人類如何與眾神和平共處。此外，他也能滌除人類的罪，包括弒親的血罪。雖然如此，也有幾則故事把他描寫得又無情又殘酷[4]。就像其他眾神，阿波羅身上也有兩種力量相互較勁，一種原始殘酷，另一種詩意美麗。但他身上只留下極少許的原始力量。

月桂是他的聖木。許多生物都可用來祭祀他，但最主要是海豚與烏鴉。

4 例如第二十章「艾斯庫拉皮斯」一則，阿波羅對自己的信使和情人柯若妮絲（Coronis）都很無情。

阿特蜜斯／黛安娜

因其出生地在德洛斯的辛特斯山（Mount Cynthus），別號亦稱辛西亞（Cynthia）。

阿特蜜斯是阿波羅的雙胞胎姊姊，宙斯和麗朵的女兒，也是奧林帕斯三位處女神之一：

> 金色的阿芙羅黛蒂以愛勾起萬物的情愫，
> 惟三位女神得以免疫：純真處子維斯塔，
> 灰眼的雅典娜只關心戰爭與工匠巧藝，
> 阿特蜜斯只愛森林和山間的狩獵遊戲。

阿特蜜斯／黛安娜
月神，宙斯與麗朵之女

她掌管野生生物，也是眾神的主要獵手，雖然女子擔任這任務有一點奇怪。像所有優秀的獵人，她很細心保護幼小動物；在任何地方，她都是「朝霧般的生命的保護者」。神話往往會出現驚人的矛盾之處，她的故事也不例外，例如她阻擋希臘艦隊開往特洛伊，直到希臘人獻祭一位少女她才放行[5]。在其他故事裡，她的表現兇惡，有仇必報。如果有某個女人死得突然且安詳，大家都認為她是被阿特蜜斯的銀弓射死的。

5 這位少女即阿格門儂的女兒伊菲吉妮亞，相關故事見本書第十三章。

小名弗依布斯的阿波羅是太陽神，阿特蜜斯則是月神，小名弗伊碧（Phoebe）和瑟立妮（Selene），拉丁文稱露娜（Luna）。但這兩個希臘名字本來都不是她的：弗伊碧本來是某泰坦神的名字，瑟立妮則是古月神的名字。但這位古月神和阿波羅沒有關係，她是古太陽神赫利歐斯的妹妹。不過赫利歐斯本來就常與阿波羅混為一談。

後來的詩人也常把阿特蜜斯和海卡蒂（Hecate）混為一談。此所以阿特蜜斯有三個面向，可謂三神一體：瑟立妮在天界，阿特蜜斯在陽間，海卡蒂則在冥界和陽間任何黑暗的場所。海卡蒂本是黑月女神，掌管月亮遭受隱蔽的那段時間；她和黑暗事物有關，是一位岔路女神。一般相信岔路是可怕的場所，是邪惡魔法作祟的所在。總之，海卡蒂是一位讓人害怕的女神。

來自地獄的海卡蒂法力強大，
足以震撼一切堅固頑強之物。
聽！聽！她的獵犬正吠遍城鎮。
看！她就站在三叉路的交會處。

這種轉變是很奇怪的。想想阿特蜜斯本來是在森林裡飛奔的可愛女獵人，或灑下月光使夜晚變美的月神，或純潔的少女神。有一首詩如此描寫這位處女神：

心靈純潔之人，任誰都能
採集樹葉、果實與花朵。

惟邪惡不貞者永遠不准。

我們在她身上清楚看到善與惡的不確定性；很顯然的，我們在每一位神祇身上多少都可以看到這種不確定性。

祭祀她的樹有絲柏。所有野獸都是她的聖獸，鹿尤其是。

阿芙羅黛蒂／維納斯

她是愛神，也是美神，能騙倒所有神明和凡人。她也是愛笑的女神，對那些中了她的詭計的人，她總是報以甜蜜或嘲弄的微笑。她的魅力無法擋，連智者都對她無可奈何。

在《伊里亞德》裡，她是宙斯和戴歐妮（Dione）的女兒。但在後世的詩歌裡，她誕生於大海的泡沫；她的名字意即「從泡沫中升起」，「阿芙羅」（Aphros）就是希臘文中的「泡沫」。從施提拉（Cythera）附近的海域，她慢慢漂流到賽普路斯（Cyprus），後來這兩座島都恭奉她為島神。除了阿芙羅黛蒂，她也時常被稱為施提拉女神或賽普路斯女神。

有一首荷馬頌歌稱她是「美麗的金色女神」：

西風的氣息吹動著她，
飄過濤聲滾滾的海，來到
波浪環繞，她的賽普路斯島，
她站起來，從細細的泡沫中。

四季女神用金色花圈，
歡歡喜喜上前迎接她。
為她披上女神的衣裝，
引領她到眾神面前。
紫蘿蘭花冠的辛提麗雅，
眾神紛紛為她感到驚豔。

羅馬人也用這樣的筆調來描寫她。有她在的地方就有美。在她面前，風停止吹拂，暴風雨不見蹤影，芳香的花朵點綴著大地，海裡的浪花露出笑顏。她在亮光裡漫步。不論在何處，有她就有歡樂，就有可愛的事物。這是詩人最愛用來描寫她的意象。

阿芙羅黛蒂／維納斯
美神，傳說自海中泡沫誕生

但她也有另一面向，如她在《伊里亞德》裡的表現就很差勁。不過由於《伊里亞德》的主題是英雄的戰爭，她表現差勁自然無可厚非。在這篇詩文裡，她是個柔弱的角色，連凡人都敢攻擊她。在後來的詩歌裡，她通常以狡詐和邪惡的姿態出現，對男人具有致命的影響力。

大部分故事都說她嫁給了赫費斯托斯（拉丁文為霍爾坎），一個跛腳而醜陋的金工之神。她的樹是桃金孃。她的鳥是鴿子，有時麻雀和天鵝也是。

荷米斯／墨丘利

荷米斯的父親是宙斯，母親是阿特拉斯的女兒瑪依亞（Maia）。由於一座著名的雕像，我們非常熟悉這位神祇的容貌。荷米斯的行動優雅而迅速，腳上穿著有翼涼鞋。他的低冠帽和雙蛇魔杖

（Caduceus）也都長有雙翼。他是宙斯的使神，飛行速度「快如思想」，迅速執行指令。眾神當中，他最精明，也最狡猾；事實上，他可是個賊王，出生才一天就開始行竊生涯。

那寶寶破曉才誕生，
不到黃昏，就盜走
阿波羅的牲畜。

宙斯命令他把家畜還給阿波羅，他就順便也把剛剛才發明的龜甲豎琴送給阿波羅，換取阿波羅的諒解。這舉止也許和他早期的故事有關；在早期，他是商業與市場之神，也是商人的保護神。與前述形象產生奇怪對比的是：荷米斯也是死者莊嚴的嚮導，負責帶領亡靈到冥界安息。比起其他諸神，他最常出現在神話故事裡。

阿瑞斯／馬爾斯

他是戰神，也是宙斯和赫拉的兒子。據荷馬的說法，宙斯和赫拉都很討厭他。事實上，《伊里亞德》雖然是戰爭史詩，但阿瑞斯這位戰神從頭到尾都很討人嫌。眾位英雄偶爾才會「享受阿瑞斯戰場的樂趣」，但他們更常做的是「逃避戰神無情的怒火」。荷馬說他嗜殺、血腥，是人類永世的詛咒。奇怪的是，戰神也是一個懦夫，受點輕傷就痛得大叫，還落荒而逃。不過在戰場上，他所帶領的一隊人馬卻足以激勵人心，使人產生鬥志。這群跟在他身邊的成員有：他的妹妹愛莉絲（Eris）（意思是傾軋[Discord]）、愛莉絲的兒子斯崔弗（Strife）、戰爭女神恩佑（Enyo，拉丁文是貝羅娜[Bellona]），跟在恩佑後面的是「恐懼」、「顫抖」、「驚慌」。這一隊人馬走過，戰場上立即響起痛苦的呻吟，地上立刻血流成河。

羅馬人比希臘人喜歡阿瑞斯。在羅馬人眼中，他從來不是《伊里亞德》裡面那個可惡、老是碎碎念的神。相反的，他穿著閃亮的盔甲，是個偉大的、令人敬畏、無敵的神。羅馬英雄史詩《伊尼亞德》（*Aeneid*）裡的英雄非但不躲避他，反而因能「走入馬爾斯著名的戰場」而欣喜；他們「邁向光榮的死亡」，覺得能「死於戰爭，無比甜蜜」。

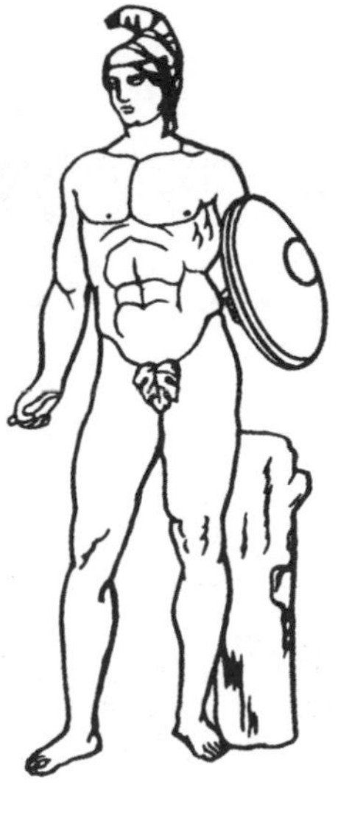

阿瑞斯／馬爾斯
戰神，宙斯與赫拉之子

神話故事很少描寫阿瑞斯。有一則故事提到他和阿芙羅黛蒂談戀愛，被後者的老公赫費斯托斯告上天庭，因而遭到眾神唾棄。但大部分詩歌裡，他只是戰爭的象徵。不像荷米斯、赫拉、阿波羅，戰神不是一個顯著的角色。

世間沒有一座城市供奉他。希臘人含糊說他來自希臘北部的瑟雷斯（Thrace），那裡的人民既粗魯又兇暴。

禿鷹是他的鳥，這一選擇很恰當。但狗就很倒楣了，竟然也被選來作為他的動物。

赫費斯托斯／霍爾坎

他是火神。有人說他是赫拉與宙斯的兒子，有人則說他是赫拉之子，因為赫拉要報復宙斯「生」

了雅典娜，所以她也自己生了赫費斯托斯。漂亮完美的眾神當中，唯有赫費斯托斯醜而跛足。《伊里亞德》有一處說他那無情的母親見他生得畸形，竟然把他扔出天庭。但另一處又說他是為了維護赫拉，激怒了宙斯，這才被宙斯扔出天庭。第二個故事比較有名，因為詩人米爾頓（Milton）為這件事寫了詩，這幾行著名的詩提到赫費斯托斯：

遭受憤怒的朱比特丟棄，他飛出
水晶城垛，從天庭陡然掉落。
從清晨到中午到起露的黃昏，
他與夏日太陽一起落下，猶如
殞落的星辰掉入尼穆斯河，
落在愛琴海裡的一座島。

然而這起事件應該是發生在遙遠的過去，因為在荷馬的詩歌裡，赫費斯托斯已經沒有被趕出奧林帕斯的危險。他是眾神的巧匠，備受眾神的尊敬。他為眾神打造甲冑和鐵器，替他們蓋房子、造家具、鑄武器。在他的工作坊裡，他用黃金打造了幾個行動自如的侍女幫他工作。

晚期的詩歌常說他的鐵工廠位在火山下面，不時引

赫費斯托斯／霍爾坎 火神，赫拉之子，另一說是赫拉與宙斯之子

起火山爆發。

他的妻子是《伊里亞德》裡提到的美儀女神葛瑞斯姊妹（the Graces）之一。賀希歐說她的名字是葛拉依雅（*Aglaia*），但《奧德賽》（*Odyssey*）則說阿芙羅黛蒂才是他的妻子。

赫費斯托斯是個善良和氣的神，在天庭或人間都備受尊敬。跟雅典娜一樣，他是都市生活的重要神祇。兩位神都是手工藝和農業的保護神，而手工藝和農業是文明生活的支柱。他保護鐵匠，雅典娜則保護織工。年輕人正式加入都市工業組織時，入會儀式要敬拜的神就是赫費斯托斯。

赫斯提亞／維斯塔

她是宙斯的姊妹，與雅典娜、阿特蜜斯同列為處女神。她沒有顯著的個性，也沒在神話故事裡扮演重要角色。事實上，她是爐灶女神，是家庭的象徵，新生兒被接納為家庭的一員之前，必須抱到她面前繞一圈。每一餐飯，無論餐前餐後都要供奉她。

赫斯提亞，妳在人類與諸神的宅邸，
享有至高榮耀。謹奉上甜美的酒，
餐前與餐後，都按時給妳傾注。
沒有妳，人與諸神的宴飲無從舉行。

每座都市都有公共爐灶祭祀赫斯提亞，爐裡的火永遠不得熄滅。如果有人發現殖民地，移民們得帶著母城爐裡的煤炭，到殖民地的新爐灶點火之後，方可安居。

在羅馬，赫斯提亞的爐火由六位處女祭司照管，她們被稱為維斯塔侍女。

奧林帕斯的次要神祇

除了十二位主神，奧林帕斯還有幾位次要的神，其中最重要的是愛神艾若斯（Eros），拉丁名字是丘比特（Cupid）。荷馬不曾提及愛神，但詩人賀希歐認為：

> 不朽的男神中，他最英俊

在早期的故事裡，他是個俊美嚴肅的少年，喜愛贈送好禮給男子。希臘人的這一看法，說得最好的不是詩人，而是哲學家柏拉圖（Plato）。柏拉圖指出：「愛神棲息於男子的心，但並不是每顆心他都會居住，人心變硬時，他就會離開。他最大的榮耀是不做壞事，也不允許壞事發生；暴力從來不曾接近他。所有男子都以自己的自由意志服侍他。愛神眷顧的男子永遠走在光明裡。」

早期故事裡，愛神並不是阿芙羅黛蒂的兒子，僅僅是她偶爾的伴侶。後來的詩人才把愛神寫成美神的兒子，而且總把他寫成調皮搗蛋的屁孩。

艾若斯／丘比特 愛神，後來的詩人把他寫成阿芙羅黛蒂的兒子

邪惡的心，甜蜜的嘴。真理
全不懂的調皮鬼。殘忍是他的遊戲。
小小的手，射出的箭倒比死神遠。
小小的箭，高高飛上了天。他的禮
千萬別碰，裡頭有詐還包藏了火。

他常常以蒙著眼的形象出現，因為愛情通常是盲目的。常在他身邊出現的三位神，第一個是**安蒂若絲（Anteros）**，她有時是愛情的擁護者，有時卻是愛情的反對者；再來是**西莫若斯（Himeros）**，意即「渴望」；最後是婚宴之神**海門（Hymen）**。

赫蓓（Hebe）是青春女神，宙斯與赫拉的女兒。有時她是眾神的司酒女神，但這個職掌有時由甘米德（Ganymede）擔任，這位俊美的特洛伊王子是宙斯的老鷹抓來奧林帕斯的。除了嫁給海克力斯（Hercules），赫蓓沒有其他故事。

赫蓓
青春女神，宙斯與赫拉的女兒

伊瑞絲（Iris）是彩虹女神兼信使。她是《伊里亞德》唯一的信使。《奧德賽》首次出現另一信使荷米斯，但荷米斯並未取代伊瑞絲，因為眾神會輪流召喚兩人為他們傳訊。

奧林帕斯還有兩群迷人的姊妹，即文藝女神繆斯姊妹和美儀女神葛瑞絲姊妹。**葛瑞絲姊妹**共有三位：葛拉依雅，意即「光明」；尤弗羅絲妮（Euphrosyne），意即「歡樂」；陶麗雅（Thalia），意即「讚美」。她們的父親是宙斯，母親是泰坦神奧西安的女兒尤瑞諾美（Eurynome）。除了荷馬與賀希歐曾提到葛拉依雅嫁給火神赫費斯托斯之外，三姊妹總是在一起。她們是優雅與美麗的化身，她們隨著阿波羅的七弦琴翩翩起舞，眾神看了都很歡喜。她們眷顧的男子也是快樂的。她們給「生命帶來朝氣」。與她們的友伴繆斯姊妹一樣，她們都是「歌后」，宴會要是少了她們就不能盡興。

繆斯姊妹共有九位。她們的父親是宙斯，母親是記憶女神敏莫絲妮。一開始，她們就像葛瑞絲姊妹，缺乏獨特的個性。賀希歐說：「她們同心一意，心思放在歌

繆斯女神 從左起分別為：掌管歷史的克萊歐，管理喜劇的陶麗雅，負責情詩的埃瑞朵，掌管詩歌的尤特碧，處理祭神聖歌的波麗西米雅，負責史詩的卡萊雅碧，掌管舞蹈的托西克麗，掌管天文的尤蕾妮雅，掌管悲劇的梅波繆妮

謠。她們的精神自由。繆斯所愛的人是快樂的。憂傷悲痛的人，只要聽到繆斯姊妹開口歌唱，就會立刻忘掉憂鬱，拋棄煩惱。這就是繆斯姊妹給人的神聖禮物。」

後期的詩歌裡，每位姊妹都各有自己的職司。克萊歐（Clio）掌管歷史，尤蕾妮雅（Urania）掌管天文，梅波繆妮（Melpomene）掌管悲劇，陶麗雅管理喜劇，托西克麗（Terpsichore）掌管舞蹈，卡萊雅碧（Calliope）負責史詩，埃瑞朵（Erato）負責情詩，波麗西米雅（Polyhymnia）處理祭神的聖歌，尤特碧（Euterpe）掌管詩歌。

赫立貢山（Helicon）是繆斯姊妹最愛的一座山，詩人賀希歐就住在那附近。她們也喜歡派立亞（Pieria）附近的派魯斯山（Pierus），那是她們的出生地；除此之外，她們當然也很喜歡巴爾納斯山和奧林帕斯山。有一天，繆斯姊妹現身在賀希歐面前跟他說：「我們知道如何說出似是而非的話，只要我們願意，我們也知道怎麼說真話。」她們和葛瑞絲姊妹一樣，是真理之神阿波羅的夥伴。詩人品達說阿波羅的七弦琴也屬於她們：「舞者步隨的七弦琴屬於阿波羅，也屬於佩戴紫蘿蘭花冠的繆斯姊妹。」得到繆斯姊妹啟發的男子，遠比任何祭司都神聖。

隨著宙斯的身分日益尊貴，他座位旁就多了兩個莊嚴的形體，一是**提密斯**，意即「正義」或「神的正義」，另一個則是**迪克**（**Dike**），亦即「人的正義」。這兩個形體從未具象化，成為人格神。荷馬與賀希歐都寫詩描寫過兩種最崇高的情感，一是**尼宓斯**（**Nemesis**），一是**埃圖斯**（**Aidos**）。尼宓斯通常譯為「正義之怒」，希臘人雖然常用到埃圖斯這一語詞，但這卻是個很難翻譯的字，大約指某種阻止人作惡的敬意和羞恥心，也指幸運兒看到有人遭逢不幸時，他心裡該有的一種感覺，不見得是同情，而是覺得自己與不幸者之間不該有如此大的差異。

不過，尼宓斯和埃圖斯似乎並不跟眾神同住。賀希歐的詩提到：只有人類變得邪惡，這兩位神才會以白衣遮住美麗的臉，離開廣闊的世間，加入眾神的行列。

人間不時有凡人肉身升天，但他們一到奧林帕斯就消失在文學之中。他們的故事稍後再談。

✣ ✣ ✣

水神

波賽頓／涅普頓：大海（地中海）和友善之海優辛尼（Euxine）的統治者，優辛尼即今日的黑海。地下的河流也歸他管轄。

奧西安：泰坦神，掌管環繞地球的奧西安河，他的妻子蒂西斯也是泰坦神。他們的女兒統稱為奧西安妮（Oceanids），是奧西安河上的水神。大地上所有男性水神都是他們的兒子。

龐圖斯（Pontus）：這名字的意思是「深海」，他是大地之母（Mother Earth）的兒子。他的兒子尼勒沃斯（Nereus）也是水神，其地位遠比他重要得多。

尼勒沃斯：外號「地中海老人」。在詩人賀希歐筆下，他是個「靠得住的神，而且脾氣溫和」，「他的思想純正，心地善良，而且從不說謊。」他的妻子名叫朵莉絲（Doris），是奧西安的女兒之一。尼勒沃斯和朵莉絲育有五十個可愛的女兒，都是水神，統稱為尼勒伊德絲（Nereids）。姊妹當中，緹蒂絲（Thetis）是阿基里斯（Achilles）的母親，安菲翠緹則嫁給了海神波賽頓。

崔桐（Triton）：大海的號手。他的號角是個大海螺，父母是波賽頓和安菲翠緹。

普洛提烏斯（Proteus）：有人說他是波賽頓的兒子，但也有人說他是海神的隨從。他有預言能力，也能隨心所欲變換外形。

納依雅德絲（Naiads）：水澤女神，住在溪流、泉水和噴泉裡。

柳柯托娥（Leucothoë）：與其子帕賴蒙（Palaemon）本是凡人，死後化為海神。葛勞科斯（Glaucus）也有類似遭遇。但這三位水神並不重要。

冥界

冥界是死者的國度，由黑帝斯和妻子波瑟芬妮統治。黑帝斯又稱普魯托，是奧林帕斯十二主神之一，這個名字有時也用來指稱冥界。據《伊里亞德》描述，冥界位於地下某些神祕地點，《奧德賽》則說冥界位於海洋之外，世界的盡頭。後世詩人筆下，大地有各種入口可通向冥界，如地洞或湖岸。

幽冥世界有時可分兩區：一稱塔爾塔茹斯（Tartarus），一稱埃瑞布斯（Erebus）。塔爾塔茹斯比較深，是安置大地之子巨人族的監獄；埃瑞布斯是人死後必須通過的地方。不過這兩區塊通常差別不大，不管提及哪一區，指的都是整個幽冥世界，尤其提到塔爾塔茹斯的時候。

荷馬詩中的冥界是模糊的，僅指一個鬼魂居住的影子世界。在那裡，一切都是虛幻縹緲。假如有鬼魂存在，那麼荷馬筆下的鬼魂就像一個悲慘的夢。到了後世詩人筆下，冥界變得越來越清楚，成為一個惡者受懲，善者得賞的地方，雖然希臘詩人從來不曾這樣看待冥界。羅馬詩人維吉爾（Virgil）把這一概念描寫得極為詳盡，其中惡者受到的折磨，善者得到的獎賞都有詳細的描寫。他也是唯一把冥界的地理環境清楚寫出來的詩人。冥界這條路，據說首先會來到苦河阿柯容（Acheron）與慟河柯庫圖斯（Cocytus）匯流的交界。這裡有個名叫卡榮（Charon）的老船夫。如果死者依禮下葬，且家人記得在死者唇上放一枚買路錢，那麼卡榮就會把死者的靈魂載到冥府，即塔爾塔茹斯堅實的大門前。

冥府的大門守衛是**柯爾柏若斯（Cerberus）**，那是一隻長有三個頭和一條龍尾的狗。亡魂到此，只能進，不准出。進入冥界大門後，每個亡魂都會被帶到三位判官之前，接受審判。這三位判官是瑞達曼托斯（Rhadamanthus）、米諾斯（Minos）和埃阿科斯（Aeacus）。經過他們的審判，惡人被送去承受永遠的折磨，善人則被帶到蒙福之地，即以利西安樂園（Elysian Fields）享福。

除了苦河與慟河，還有三條河把人間與冥界區隔開來：火河（Phlegethon）、神明藉以發下重誓的斯提克斯河（Styx）及忘川（Lethe）。

冥王普魯托的宮殿就在冥界這個廣闊地區的某處。不曾有作家描寫過這個地方，只除了聽說冥宮有很多門，而且總是擠滿賓客。冥宮的四周有寬廣的荒原，陰暗且冰冷，還有一片草地長滿了長春花，這花想必也長得奇形怪狀，沒甚麼顏色吧。除了這些之外，我們就甚麼都不知道了。歷代詩人對冥宮這陰暗的居所沒甚麼興趣。

復仇女神（Erinnys/the Furies）：羅馬詩人維吉爾說她們住在冥界，負責懲罰惡人。希臘詩人的想法不同，他們認為復仇女神是在人間追捕犯人。她們鐵面無私，非常公正。希臘哲人赫拉克利圖斯（Heraclitus）曾說：「不是太陽不跨越他的軌道，而是正義使者復仇女神會超越『追捕』他。」人們認為她們有三位：緹西芬（Tisiphone）、梅佳艾拉（Megaera）及艾樂克圖（Alecto）。

睡神（Sleep）跟他孿生的兄弟**死神（Death）**也住在幽冥世界。夢神（Dream）也從冥界上來，進入人心。夢神必須通過兩道門，才能到人間。若通過角狀門，人的夢就會成真；若通過象牙門，人的夢就會落空。

睡神與孿生兄弟死神住在陽光無法抵達的冥界

次要的人間眾神

大地本身被稱為萬物之母，但她並不是真正的神。她從來不曾與實際的大地分離，也不曾化身為人格神。希臘羅馬神話故事中，有兩位最崇高的神住在人間，一是五穀女神**黛美特**（**Demeter**），拉丁名字是**柯瑞絲**（**Ceres**），她是克羅納斯與瑞亞（Rhea）的女兒；另一位是酒神**戴奧尼索斯**（**Dionysus**），又名**巴克斯**（**Bacchus**）。兩位神祇的故事見下一章。相對來說，其他住在人間的神就比較不重要了。

潘恩（**Pan**）是較重要的人間眾神。他是荷米斯的兒子，一首荷馬頌歌說他酷愛熱鬧，是個歡樂的神。不過他長得半神半獸，頭上長有羊角，腳上生有羊蹄。他是牧羊人的守護神，也是山林女神的好舞伴。所有荒野之地都是他的家，如叢林，森林或山間皆是。但他最喜歡的還是他的出生地阿卡迪（Arcady）。他是很棒的音樂家，手中的蘆笛能吹出像夜鶯那麼甜美的曲調。他總是愛上女神，但因為他長得其貌不揚，總是被拒絕。

驚慌的旅人晚上在野地裡聽到的聲音，一般都認為是潘恩發出來的；由此，我們不難想像「驚慌」（"panic"）一字的詞源。

西勒努斯（**Silenus**）的身世不明，他有時是潘恩的兒子，有時是潘恩的兄弟，即荷米斯的兒子之一。他是個快樂的胖老頭，通常騎著驢子，因為他總是醉醺醺的，無法走路。他跟牧神有親，跟酒神也有關聯，事實上，他是酒神小時候的老師。但從他老是醉酒看來，他後來反而成為酒神的忠誠信徒。

除了上述幾位神祇，人間還住有一對著名的兄弟：**卡斯托**（**Castor**）和**波魯克斯**（**Pollux**）。大部分的故事都說他們一半時間待在人間，一半待在天上。這對兄弟是**麗妲**（**Leda**）的兒子，而且通常被視為神，專門保護水手：

> 他們守護疾行的船，
> 在暴風雨肆虐的海上。

他們也是戰場上的保護神；羅馬人特別尊敬他們，崇拜他們：

> 這對偉大的孿生兄弟，是所有羅馬人祈禱的對象。

雖然如此，他們的故事往往矛盾百出。有時波魯克斯被獨尊為神，卡斯托僅只是個凡人，由於波魯克斯深愛他的兄弟，所以卡斯托才贏得半人半神的資格。

麗妲是斯巴達國王廷達瑞斯（Tyndareus）的

化身天鵝的宙斯使麗妲懷孕，產下的一顆蛋孵化出波魯克斯和特洛伊戰爭的女主角海倫

妻子。一般故事都說她跟廷達瑞斯生了兩個凡人兒女：卡斯托與後來嫁給阿格門儂的克萊婷（Clytemnestra）。宙斯愛上麗妲，曾化身為天鵝來找她，所以麗妲也跟宙斯生了一對兒女，即波魯克斯和特洛伊戰爭的女主角海倫（Helen）。儘管如此，還是有人把卡斯托和波魯克斯同稱為「宙斯的兒子」；事實上，他們最廣為人知的希臘名字「迪歐斯庫瑞」（Dioscouri），其意即「宙斯之子」。另一方面，也有人稱他們為「廷達瑞斯之子」（Tyndaridae）。

在故事裡，他們存活於特洛伊戰爭之前，與雅典王子翟修斯（Theseus）、傑森（Jason）以及阿塔蘭達（Atalanta）同時。他們跟卡律東（Calydon）一起獵過野豬，也出現在尋找金羊毛的故事裡，而且他們還從翟修斯手中救回海倫。但在這些故事裡，他們都不是重要的角色。他們唯一重要的故事是描寫卡斯托死後，波魯克斯所展現的兄弟之愛。

在這個故事裡，兄弟倆不知為了甚麼原因，來到牛場主人艾達斯（Idas）和林瑟斯（Lynceus）的勢力範圍。據詩人品達描述，艾達斯不滿卡斯托批評他的公牛，一氣之下，竟把卡斯托刺死了。其他作家則說這場爭端是為了琉西普國（Leucipus）的兩位公主。為了替卡斯托復仇，波魯克斯刺死林瑟斯，宙斯則以雷電劈死艾達斯。即使報了仇，卡斯托之死還是讓波魯克斯非常傷心。波魯克斯向宙斯祈禱，請宙斯賜死。宙斯可憐他，所以允許他跟卡斯托分享永生。

一半時間住冥界，一半
時間住天庭的金色家園。

據這個故事版本，兄弟倆從此再也不分開了。他們一天住幽冥世界，一天住在奧林帕斯，永遠都在一起。

希臘晚期作家盧西安（Lucian）提出另一個故事版本。他說這對兄弟分別住在人間和天上，兄弟倆一個住天上，另一個在人間，兩人永遠無法再相見。在盧西安短短的諷刺詩文中，我們看到阿波羅問荷米斯：「欸，卡斯托和波魯克斯為甚麼從來不曾一起出現？」

「這個嘛，」荷米斯答道：「他們太愛對方了，當命運要他們一個死，一個永生，他們決定分享永生。」

「荷米斯，這個決定太不高明了。這麼一來，他們究竟能做甚麼正經事？我預言未來，艾斯庫拉皮斯（Aesculapius）能治療疾病，你是個好信差。但那兩個傢伙，他們難道要一直無所事事下去嗎？」

「不會啦！他們在波賽頓那裡幫忙，工作是拯救船難。」

「你總算說句像樣的話。我很高興他們有個好工作。」

有兩顆星星被認為是他們的星宿：雙子星。他們總是騎著雪白高大的馬現身，不過荷馬認為卡斯托比波魯克斯懂馬。荷馬如此寫道：

卡斯托是馴馬師，波魯克斯是好拳手。

席勒尼（Sileni）是一群半人半馬的生物，但他們是用兩條腿走路；他們通常都長有馬蹄，不是人腳。有些則長有馬耳，但他們全部都有馬尾巴。詩文中找不到他們的故事，希臘古瓶上倒是常看到他們的身影。

薩提爾（Satyrs）跟潘恩很像，長得半人半羊，也以大地和荒野為家。

與前述各種非人非獸的醜陋神祇相反，住在山林間的女神都有漂亮的少女形象。歐瑞雅斯（Oreads）是山嶺女神，德瑞雅斯（Dryads）是林木女神，有時又稱為哈瑪德瑞雅斯（Hamadryads），她們的生命與各自管理的樹木息息相關。

埃歐洛斯（Aeolus）是眾風神之王，他也住在人間，就在一座稱為埃歐利亞（Aeolia）的小島上。嚴格來說，他是眾風神的代理，也是諸風神的監督。有四位主要的風神：**玻瑞阿斯（Boreas）**是北風神，拉丁名字叫**阿奎羅（Aquilo）**；**澤費魯斯（Zephyrus/Zephyr）**是西風神，拉丁名字是**法弗尼斯（Favonius）**；南風神的名字分別是**諾圖斯（Notus）**與**奧斯特爾（Auster）**；東風神的希臘名字與拉丁名字都叫**尤瑞斯（Eurus）**。

此外，人間還有一些非人非神的存在，他們當中最著名的有：

仙圖爾（Centaurs）是半人半馬的族群，他們大半都是野蠻生物，比較像野獸而不像人。當中有一個名叫紀戎（Chiron）的人馬例外，他以仁慈智慧聞名於世。

仙圖爾
半人半馬的族群，性情野蠻且好酒色

郭珥貢（Gorgons）也住在人間。她們共有三位，其中有兩位長生不死。她們長有翅膀，樣子像龍。只要看她們一眼，人就會石化。她們的父親弗西斯（Phorcys）是大海與地母的兒子。

葛瑞依雅（Graiae）是郭珥貢的姊妹。那是三個灰色的女人，三人共享一顆眼睛。她們住在奧西安河遙遠的彼岸。

賽蓮女妖（Sirens）住在海中小島上。[6]她們迷人的歌聲往往會把水手誘向死路。沒人知道她們長甚麼樣子，看過她們的人，沒一個回來過。

命運女神（the Fates）在神話裡很重要，但沒人知道她們的住處。她們的希臘名字是莫拉娥（Moirae），拉丁名字是巴爾嘉（Parcae）。據詩人賀希歐的說法，人類一出生，她們就把命定的福禍賜予人類。三女神當中，克洛莎（Clotho）負責紡織生命之線；拉綺絲（Lachesis）安排命數，規劃人類的命運；雅托普絲（Atropos）無法轉身，人一旦瀕臨死亡，她就拿起可怕的剪刀，把人的生命線剪斷。

6 此說並非事實，奧德修斯從特洛伊返鄉途中，既見過也聽過賽蓮女妖的歌聲，他覺得女妖的歌聲固然動聽，但歌詞更迷人。見本書第十五章。

羅馬人的神祇

前文提到的奧林帕斯主神後來全被轉化為羅馬諸神。在羅馬，希臘藝術和文學力量的影響極大，羅馬古代諸神於是發生轉變，漸漸與對應的希臘諸神變得十分相像，接著就被看成同一位神。在羅馬，大部分希臘諸神都有拉丁名字。他們是朱比特（宙斯）、朱諾（赫拉）、涅普頓（波賽頓）、維斯塔（赫斯提亞）、馬爾斯（阿瑞斯）、米娜娃（雅典娜）、維納斯（阿芙羅黛蒂）、墨丘利（荷米斯）、黛安娜（阿特蜜斯）、穆希柏（Mulciber）或霍爾坎（赫費斯托斯）、柯瑞絲（黛美特）。

有兩位神保留希臘名字：阿波羅和普魯托。但在使用上，羅馬人和希臘人有一個小差異，希臘人常用黑帝斯來稱呼普魯托，但羅馬人從不用這個名字。羅馬人也會以巴克斯稱呼酒神，但從不叫他戴奧尼索斯，酒神在羅馬有個拉丁名字，叫利柏（Liber）。

接收希臘諸神是件簡單的事。很明顯的，羅馬人自己沒有人格化的神。羅馬人是很有宗教情感的民族，但他們缺乏想像力。他們自己無法創造像奧林帕斯神那樣的神明，並賦予每一位神獨特、鮮明的個性。在接收希臘神祇之前，他們的神面目模糊，不過就是「那些在天上的」。而「那些在天上的」全被統稱為**努米納神（Numina）**，意思是「力量」或「意志」，也許就是「意志力」也說不定。

希臘文學和藝術進入義大利之前，羅馬人並不覺得自己需要那些又美麗又充滿詩意的神。他們是務實的民族，他們不在乎那些「賦予創造歌謠的靈感，披著紫羅蘭鬈髮的繆斯」，也不在乎「用七弦琴彈出美妙旋律的阿波羅」或任何類似的東西。他們要的是有用的神。舉個例子，他們最看重的其中一個神就是搖籃守衛神，另一位則是管理孩童食物的神。沒有任何故事提到努米納神，基本上我們也不知道他們是男是女。與他們有關的，都是日常生活的簡單事務，而努米納神讓羅馬人敬愛的，也是這些日常事務。然而這些日常生活的芝麻綠豆，希臘諸神可不管，雖然也許黛美特和戴奧尼索斯例外。

羅馬神祇當中最重要的有**拉爾神**（**Lares**）和**培納特神**（**Penates**）。每戶羅馬家庭都有一位拉爾神以及好幾個培納特神，前者是祖先的靈魂，後者是爐灶與倉庫的守衛神。這是每個家族自己的神，僅屬於一個家族；事實上，這些神祇是家族最重要的一部分，負責保護和捍衛整個家族。羅馬人敬拜這些神明，但不是在神殿，而是在自己的家裡，他們每餐都會以食物供奉神明。羅馬人也有公共拉爾神和培納特神，其職責是保護城市，猶如其他家神之保護家庭。

許多努米納神跟家庭生活密切相關，如**特爾蜜努斯**（**Terminus**）是邊界守衛神；**普瑞亞布斯**（**Priapus**）是生殖神；**巴列斯**（**Pales**）是家畜興旺神；**希華努斯**（**Sylvanus**）保佑農人與伐木工。這張名單可以列很長。每件重要的農事都有一個神或良善力量來保佑，但這些力量從來沒有被賦予一個固定的形象。

薩頓本來也是努米納神，保護播種者和種子，他的妻子奧普絲（Ops）則助人收成。後來有人說他就像希臘的克羅納斯，是朱比特的父親。就這樣，他變成人格神，產生許多跟他有關的故事。為了紀念他統治義大利的那段黃金時代，每年冬天羅馬人都會舉行盛大的農神祭典（Saturnalia）。在冬季舉行盛典的理由是，盛典一結束，黃金時代就會重回人間。在這段時期，人們不能宣戰、奴隸和主人同桌用餐、死刑延遲執行、人們互贈禮物；此外，這慶典也提醒人們記得平等這個概念，記得曾有一段時期人們處於同一階層。

簡努斯（Janus）本來也是努米納神，一個「良兆之神」，保證一切事物都有好結果。在某種程度上，他多少已經有點擬人化。他的神殿是以東西走向蓋成，跟一天的開始與結束保持平行。殿裡有兩道門，兩道門之間立著他的塑像。塑像有兩張臉，一張年輕，一張年老。這兩道門只有在羅馬和平時期才會關上。羅馬建國最初的七百年間，這門關了三次。一次是明君魯瑪（Numa）統治期間，一次是西元前二四一年，羅馬人在第一次普尼克戰爭打敗了迦太基（Carthage），最後一次是奧古斯都（Augustus）統治期間。其時，米爾頓寫道：

> 舉世無有一人聽見，
> 戰爭或沙場的聲響。

他的紀念月份是一月，所以一年的開始自然就是一月了。

法努斯（Faunus）是薩頓的孫子。他是個農神，有點像羅馬的潘恩。他也會預言，並在夢裡跟人們說話。

法恩（the Fauns）是指羅馬的羊人。

奎立努斯（Quirinus）是建國者羅慕勒斯（Romulus）成神之後的名字。

瑪尼（**the Manes**）是幽冥世界裡的善靈；有些善靈會被視為神明，得到人們的祭祀。

勒木爾（**the Lemures**）或**拉爾維耶**（**Larvae**）是惡靈，為人所懼怕。

卡米娜神（**Camenae**）一開始是有用而實際的女神，專門照顧泉水和水井，消除疾病，預言未來。希臘神祇引進來後，卡米娜神竟和繆斯女神合而為一，即使繆斯女神只管藝術和科學，一點也不實際。艾格麗雅（Egeria）曾教過魯瑪國王，有人說她就是一個卡米娜神。

魯希納（**Lucina**）是生子女神，有時被視為羅馬的艾蕾提亞，但通常生子女神這一稱號是用來稱呼朱諾和黛安娜。

波摩娜（**Pomona**）和**維達諾斯**（**Vertumnus**）一開始是努米納神，專門保佑果園和花園，但後來他們擬人化為人格神，並有故事描述兩人相愛的過程。

第二章　兩位偉大的大地神祇

對人類來說，眾神大抵沒甚麼好處。不只沒好處，通常還會給人類帶來害處：宙斯是人間少女的危險情人，他要起可怕的雷電也毫無節制；阿瑞斯製造戰爭，基本上是個討人厭的神；赫拉一打翻醋罈子就忘了正義為何物，何況她一天到晚都在吃醋；雅典娜也是戰爭的製造者，用起閃電那銳利的長矛，也跟宙斯一樣任性。阿芙羅黛蒂施展魅力，主要用在誘陷他人。無可諱言，眾神又美麗又獨特，他們精彩的事蹟是很棒的故事題材。不過，即使他們並非一無是處，他們卻也十分任性善變。一般來說，沒有他們，人類會過得更好。

雖然如此，他們當中有兩位是人類最棒的朋友。這兩位神截然不同，他們是穀物女神黛美特和酒神戴奧尼索斯。黛美特的拉丁名字是柯瑞絲，父母是克羅納斯和瑞雅。戴奧尼索斯又叫巴克斯，是個酒神。黛美特較戴奧尼索斯年長。這很合情理，因為人類學會種植穀物的時間遠早於種葡萄。世間出現第一片麥田，人類才開始在地球上展開安定的生活。葡萄田是後來才出現的。再者，把掌管穀物生長的神奇力量賦予女神，這想法也很有道理。原來當初男性的工作是打獵和打仗，女性的工作是管理田地。女性在犁田、播種、收割之時，她們覺得女神最能了解和幫助她們，她們也比較了解女神。她們不用男性喜歡的血腥祭品來祭拜女神；她們只是謙卑行事，讓農地長出作物，以此來禮敬黛美特。因為黛美特，穀田變成聖地，長著「黛美特神聖的穀粒」。打穀場也受到她的護佑，穀田和打穀場都是她的神殿，任何時候她都可能現身：「在神聖的打穀場裡，她們正簸去糠皮，而金髮如熟穀般的黛美特，正親自分開穀粒和穀皮；飄揚在風中的穀皮漸漸成堆，變成白色。」收割者如此祈禱：「黛美特手持麥稈和罌粟花，笑著站在聖壇旁，願此刻我的家人就在旁邊，拿著大篩子，在穀堆裡簸穀。」

黛美特的主要慶典在收割季。在早期，這是收割者的感恩日，她們以禱文，以感恩的心，分食由新穀烘焙出來的麵包，感謝女神賜予人類這份維持生命最好最必要的禮物。簡單的感恩日後來演變成神祕的崇拜儀式，每五年的九月舉行一次，連續九天。這幾天是最神聖的日子，日常活動全部暫停。基本上，這是歡欣的日子，人們以歌舞和遊行來祭祀黛美特。這些是公開舉行的活動，可在許多作家的作品裡看到。但這個慶典最主要的儀式是在神殿裡舉行，那裡頭的活動不曾有人描寫。曾看過該典禮的人都發誓守密，而他們保密的功夫也很到家，至今我們對該儀式的認識十分有限。

黛美特的神殿坐落在雅典附近的小鎮依琉西斯（Eleusis），其崇拜儀式就叫依琉西斯的穀神祕儀（Eleusinian Mysteries）。不論希臘人羅馬人都特別崇敬這個儀式。西塞羅（Cicero）在基督誕生前一百年寫道：「這些祕儀最為崇高，我們的個性因之而甜美，風俗因之而溫厚；我們的生活也因之而脫離野蠻，趨近真正的人性。我們不僅學會快樂生活，也學會懷抱更好的希望死去。」

即使這些儀式既神聖又莊嚴，但還是有某些特質點出了儀式的來由。我們所能掌握的少許資料中，其中有一段提到在最莊嚴的時刻，參與崇拜儀式的人看到「一支在沉默中收割下來的麥穗」。沒人知道酒神戴奧尼索斯是在何時或如何來到依琉西斯，並與黛美特平起平坐，共享「職位」。

鐃鈸響起，戴奧尼索斯長髮飛揚
登上寶座，就坐在黛美特身旁。

這兩位神並列一起，接受崇拜，其實也是理所當然的事。他們賜予人類大地所能產出的最好的禮物，他們也出現在人類生命賴以維持的日常活動裡，例如分食麵包，共飲美酒。酒神的慶典也是在收割日，其時，葡萄被送進了壓汁機：

戴奧尼索斯，你是快樂的神，
葡萄堆裡閃爍的純淨星子。

但酒神的快樂並不長久，黛美特也不是永遠快樂的夏季女神。兩位神嘗過快樂，也經歷過痛苦。在這方面他們極為相像，他們都是受苦的神。其他神祇從來不知道痛苦，他們「高居奧林帕斯山，風不吹，雨不下，連一片雪花也無。他們每天都很快樂；他們飲瓊漿，食仙果，聽阿波羅彈奏銀色的七弦琴，聽繆斯女神甜美的嗓音和琴而歌，看美儀女神、赫蓓、阿芙羅黛蒂翩翩起舞。他們的四周有燦爛的光輝照耀。」不過這兩位大地神祇不同，他們都曾嘗過撕心裂肺的痛苦。

收割季節過後，黑色的霜降臨大地，凍死地裡的綠色植物。這時，穀物和葡萄樹的植株會發生甚麼事？這是人們心中的疑問。人們開始說出第一批故事，解釋他們看到的神祕現象，解釋流經他們眼前的日夜、四季、星辰。黛美特和戴奧尼索斯在收割季節雖然快樂，但是到了冬季，他們顯然並不如此。相反地，他們受苦，大地哀愁。古人想了解這種轉變，因此他們嘗試說故事來加以解釋。

黛美特／柯瑞絲

這個故事僅見於一篇很早期的荷馬式頌歌，時間大約是西元前八世紀到七世紀初。原詩具有許多希臘詩歌的特質：簡潔、直接、盛讚世界的美麗。

黛美特的獨生女波瑟芬妮（拉丁文為普洛瑟菲妮）是司掌泉水的青春女神。一日，黛美特的女兒不見了。在極度傷悲中，她收回了賜予人類的禮物。大地於是變成結冰的荒地，綠地和開花的草地冰封一片，了無生氣。

事情的經過是這樣。原來波瑟芬妮看到一叢奇異的水仙花，於是離開同伴，走過去看個究竟。就在這時，冥界的統治者乘著黑馬車從地上的裂縫竄出來，他伸手把波瑟芬妮拉到他的身邊坐好，然後把她帶回冥界去了。波瑟芬妮的哭聲迴盪在高山與大海之間。黛美特聽見了，飛奔迅速如鳥，來到海邊和草地尋找女兒。但「沒有人也沒有神，甚至也沒有鳥兒派來的信使」願意告訴她實情。黛美特流浪了九天，一滴瓊漿，一口仙糧都無法下嚥。最後她去找太陽神，終於得知女兒已經遠在地底之下，置身於死者之間。

黛美特／柯瑞絲
穀物女神黛美特，保佑人們的農地長出作物

黛美特覺得十分傷心。她無法待在奧林帕斯，於是下凡到人間。她易服而行，因此沒人認出她。其實凡人要認出神祇也很難。在孤獨的旅行中，她來到了依琉西斯，在路邊一口井旁坐下。她看來就像在大戶人家照顧小孩或看管倉庫的老婦。四個美麗的年輕姊妹到井邊取水，看到了她，很同情她，於是問她為何坐在路邊。黛美特說她剛從海盜手中逃出來，那些海盜本來打算把她當奴隸賣了，而她現在來到異地他鄉，不知找誰求助才好。那群姊妹說鎮上任何一戶人家都很歡迎她，但她們很想帶她回家，如果她願意等一會，先讓她們回家稟報母親。黛美特點頭同意。那群女孩把閃亮的水瓶裝滿水，就急忙趕回家稟報母親。她們的母親美達尼娜（Metaneira）聽後，立刻叫她們去把那位陌生人請回家。她們回到井邊，發現那位老婦還在，只見她蒙著面紗，長長的黑袍直拖到地，蓋著她纖細的雙足。黛美特於是跟著那群姊妹回家，這時那位母親正抱著小兒子，坐在玄關處等她們。女神一跨過門檻，那位母親看到門內出現一陣亮光，不禁感到一陣恐懼。

但她還是邀請黛美特上座，親自給客人倒了蜜酒。但客人不喝，只要一杯加了薄荷的麥茶，那是農人收割時節用來解渴的飲料，也是崇拜者在依琉西斯祕儀裡喝的神聖飲料。喝過飲料後，黛美特把小孩抱入懷裡，小孩的母親看了很高興。這小孩名叫德摩豐（Demophoön），是美達尼娜與希琉斯（Celeus）的兒子。從此，黛美特就在希琉斯家當保母。在她的照顧下，那小孩長得像個小神，因為每晚黛美特都用仙糧餵他。為了讓那小孩獲得不朽的青春，她每晚都讓那孩子睡在爐火的中心。

不知怎地，小孩的母親就是有點不安。一晚，她特地起來察看，沒想到竟然發現小孩躺在爐火中心。她嚇得大叫。黛美特非常生氣，一把抓起孩子，摔在地上。她本來想賜給他永遠的青春，但現在不可能了。不過那小孩曾躺在她的膝上，也曾睡在她懷裡，所以他一生都會過著光榮的生活。

黛美特這時現出女神的真身。她看來既美麗又芬芳，身上散發著一種光，把偌大的屋子照得光輝燦爛。她表明身分，說她正是穀神黛美特，接著吩咐那位嚇壞的母親給她在依琉西斯城外附近蓋一座神殿，以此換取她的歡心。

黛美特說完就走了。美達尼娜倒在地上顫抖，嚇得說不出話來。第二天，美達尼娜把事情經過跟希琉斯說了，希琉斯立刻召集人民，傳達女神的指示。大家都很願意替黛美特蓋神殿。神殿完工之日，黛美特回來坐鎮。只見她孤獨地坐在那裡，遠離奧林帕斯的同伴，因思念女兒而日益消瘦。

那一年，人類的生活極為艱苦。地裡甚麼都長不出來。耕牛一遍遍犁田，但一切都是徒勞，田裡連一顆種子都沒發芽。眼看人類就快死於饑荒了。宙斯知道自己這下非出手不可了。他派出一個又一個神祇，輪流下凡去勸黛美特息怒。但黛美特聽不進去。除非先看到女兒，否則她絕不讓地上長出果實。宙斯於是知道他的兄弟必須讓步，就派荷米斯下到冥界，請冥王讓波瑟芬妮回到黛美特身邊。

荷米斯看到冥王和波瑟芬妮並肩而坐。不過波瑟芬妮坐立不安，不停往旁邊退縮，她不想跟冥王坐在一起，她只想要她的母親。一聽到荷米斯的話，她高興地跳了起來，馬上就想離開。冥王知道自己必須服從宙斯的命令，讓波瑟芬妮回到人間。但他請波瑟芬妮記得他的好處，不要因為自己嫁了眾神當中的冥王而感到傷悲。接著他要波瑟芬妮吃下一顆石榴種子，心知波瑟芬妮若吃了那種子，她終究還是會重回冥府。

冥王讓人把金車準備好，請荷米斯權充車夫，送波瑟芬妮到黛美特的神殿。黛美特聽到女兒回來了，飛也似地跑出神殿，就像酒神女信徒梅依娜（Maenad）跑下山坡那麼快。波瑟芬妮投入她的懷抱，她也緊緊地抱著女兒。母女倆互相訴說別後的遭遇，說了一整天。聽到女兒吃了石榴種子，黛美特心裡一陣傷悲，深知自己畢竟無法永遠把女兒留在身邊。

這時宙斯派來另一位使者，她不是別人，正是宙斯尊貴的母親瑞雅，年紀最大的神。瑞雅從高高的奧林帕斯迅速下凡，降臨寸草不生的大地，來到黛美特神殿前。她站在門口對黛美特說：

來吧，我的女兒！高瞻遠矚的宙斯請求妳

重回諸神共處的殿堂，與諸神共享榮光，
妳的女兒會回到妳身旁，撫平妳的傷悲，
就在每年年終、冬季結束的時候。
冥界每年僅能留她三分之一的時間。
其餘時間妳和其他快樂的神將跟她共享。
別氣了！賜給人類唯妳能給的生命吧！

黛美特沒有拒絕，雖然瑞雅的建議聽來也不是甚麼太大的安慰，因為一年當中，她還是有四個月見不到女兒，還是得眼睜睜看著可愛的女兒走入冥界。但她心地仁慈，人們也總是叫她「好心的女神」；她對自己引起的荒蕪感到很抱歉，所以她再次讓田地長滿纍纍的果實，讓大地開滿鮮豔的花朵，樹上長滿綠葉。接著她來到依琉西斯城，選了崔普托勒穆斯（Triptolemus）王子當她的特使，要他教導人們種植麥子。她也把她的神聖儀式傳授給王子、希琉斯和其他人。那是「任何人都不得宣說的神祕儀式，深沉的敬畏杜絕了口舌。任何看過儀式的人都會蒙受祝福，未來的命運注定美好。」

依琉西斯芬芳的女王，
賜予大地各式好禮，
喔，黛美特，請賜我恩惠！
還有妳，最美麗的波瑟芬妮，

最可愛的少女，我向妳
獻唱一曲，祈求妳的憐憫。

✣ ✣ ✣

黛美特和波瑟芬妮的故事主題主要是傷悲。黛美特固然是一位讓大地豐收的穀物女神，她也是個傷心的母親，不得不看著女兒年年死去。波瑟芬妮是春夏之間最容光煥發的少女，她輕巧的腳步只要走上乾燥褐色的山坡，就足以讓山坡重拾生機，綻放美麗的花朵。女詩人莎芙（Sappho）寫道：

我聽見開花的春天的腳步聲……。

那正是波瑟芬妮的腳步聲。不過波瑟芬妮知道這種美是短暫的，所有果子、花朵、葉子，所有大地長出來的美麗植物，寒冬一來就會死去，就像她自己無法抗拒冥王的力量一樣。自從冥王把她擄走之後，她就不再是那個無憂無慮的開心少女，終日在開花的草地上閒晃嬉戲。每年春天，她確實都會從死者的國度回到人間，但她也帶來了冥界的記憶。她雖然光彩照人，美麗無比，但總有一絲奇異的恐怖。通常，她是大家口中「那個名字不能說的少女」。

奧林帕斯眾神都是「快樂的神」，「不死的神」，遠離凡人的種種苦難。但注定一死的凡人，在傷心與死亡來臨的那一刻，他們至少可以在兩位也會傷心與死亡的女神那裡得到安慰。

戴奧尼索斯／巴克斯

酒神戴奧尼索斯的故事與黛美特不同。他是最後一位進入奧林帕斯的神，荷馬的眾神名單沒有他。早期資料中，他的故事也很少。西元前第八或第九世紀，詩人賀希歐稍微提到他。他與海盜船的故事，僅見於一首寫於西元前四世紀的荷馬式頌歌。他與彭透斯（Pentheus）的衝突見於尤里彼得斯（Euripides）最後一部劇作，時間約在西元前第五世紀。尤里彼得斯是思想最現代的希臘詩人。

戴奧尼索斯生於底比斯（Thebes），是宙斯與底比斯公主瑟美莉（Semele）的兒子。奧林帕斯眾神當中，只有他具有半神半人的血統。

凡女生養不朽神
此事僅見底比斯。

宙斯愛上的凡間女子當中，瑟美莉的遭遇最慘。這當然也是赫拉的算計。宙斯愛瑟美莉愛得昏了頭，竟說他願意為她做任何事，還在斯提克斯河發下連他自己也無法逆反的重誓。瑟美莉說她最想看到宙斯的本尊（這念頭當然也是赫拉事先注入她腦子的），宙斯知道沒有凡人可以看到他現身而還能活著，但他也沒辦法，他已

酒神戴奧尼索斯（右）與森林之神薩提爾

經在斯提克斯河發了誓，只得依照情人的意願以天神的形象現身，並眼睜睜地看著情人死於烈焰之下。他唯一能做的，就是把瑟美莉即將分娩的胎兒搶救出來，藏在身邊。等胎兒成熟，順利出生之後，他命荷米斯把孩子送去尼莎山谷（Nysa），請當地的仙女照顧。尼莎山谷是世上最優美的谷地，但是沒人看過、也沒人去過那裡。據說尼莎仙女就是後來變成星星的許阿德絲姊妹（Hyades），這幾顆星星一靠近地平線，老天就會下雨。

熾熱的炎陽讓葡萄成熟，雨水讓葡萄成長，此所以酒神誕生於大火，由掌管雨水的女神撫養長大。

長大後，戴奧尼索斯出外流浪，遠至許多陌生的地方：

遍地黃金的利地亞，以及
菲瑞吉亞國；陽光普照的平原
波西亞；長城林立的巴特利亞。
風雨橫掃的米蒂亞國；還有
蒙受至福的阿拉比。

每到一處，他就教人種植葡萄，傳授神祕的酒神儀式，各地人們也待他以神明之禮。只是當他逐漸靠近自己的家鄉，情況卻有所不同。

一天，一艘海盜船航向希臘。海盜看見岸邊大岩石上有個英俊的青年，一頭濃密的深色長髮披肩，結實的肩膀上披著紫色披風，看來就像個王子。他父母一定付得起大筆贖金！海盜想得興起，高興地衝上岸把他抓回船上。一上船，他們就找來一綑粗繩，想把他綁起來。但怪事發生了，繩子竟綁不住他。繩子只要一碰到年輕人的手腳就自動散開。而那年輕人只是坐著，黝黑的眼睛笑瞇瞇地看著他們。

海盜當中只有舵手了解這是怎麼一回事。他大叫說那年輕人是神，他們得馬上放了他，不然大禍就要臨頭。但是船長不聽，反而笑他是個笨蛋，命令船員趕緊起帆。風灌滿了帆，船員把帆拉緊，準備啟航。奇怪的是，那船動也不動，神奇的事倒是一件接一件發生：香氣襲人的葡萄酒在甲板上流淌；一株掛滿串串果實的葡萄藤爬上船帆；一株深綠色的長春藤植物繞著桅杆生長，藤上還開著許多小花，長著美麗的果實，把桅杆纏成了花圈。看到這景象，海盜嚇壞了，忙叫舵手回航。太遲了，他們話一說完，那年輕人已經變成獅子，口中狂吼，目露兇光。看到情況不妙，海盜紛紛往海裡跳。沒料到在跳的過程中，他們一一變成了海豚。唯一的例外是那位善良的舵手，酒神對他特別施恩，一把捉住他，叫他別怕，因為他已贏得神的歡心，而這位神正是宙斯與瑟美莉的兒子戴奧尼索斯。

戴奧尼索斯前往希臘途中，曾經過瑟雷斯地區，該地區的國王萊克爾庫斯（Lycurgus）很反對新的酒神崇拜，還出言汙辱酒神。起初，酒神避開衝突，甚至還躲到了海底。不久，他就回來把萊克爾庫斯打敗，並施予薄懲。

囚禁他，關他在石洞裡，
直到他最初的盛怒逐漸
平息，直到他終於了悟，
他嘲弄的究竟哪一位神。

不過其他神祇對他的懲罰可沒這麼輕，例如宙斯就打瞎萊克爾庫斯的眼睛。不久，萊克爾庫斯就死了，沒有人可以得罪神還妄想長命百歲。

在流浪期間，酒神有一次遇到克里特島（Crete）的公主雅瑞安妮（Ariadne）。當時公主的處境十分淒涼。原來她之前救了雅典王子翟修斯，但好心沒好報，王子在返鄉途中把她遺棄在納克蘇斯島（Naxos）。酒神很同情公主，他不僅救了公主，後來還愛上公主，娶公主為妻。公主死後，他把他送給公主的皇冠放在群星之間。[7]

酒神沒見過自己的母親，但他從沒忘記母親。由於實在太想念母親了，他於是冒險到冥界尋母。找到母親後，他跟死神挑戰，要死神放了他母親。死神最後同意了，讓酒神把母親帶離冥界。不過酒神並沒有把母親送回到人間，相反的，他把母親帶到奧林帕斯山。雖然他的母親是凡人，但眾神還是同意接納她，因為她是神的母親。

酒神雖然仁慈，但有時也很殘忍，足以誘使人們犯下可怕的罪行。通常他是讓人發瘋。他的女信徒統稱梅依娜，有時也叫巴霑娣（Bacchantes）。那是一群發酒瘋的女人，而她們一發起酒瘋，就飛也似地穿過森林、爬上山巔、尖聲大叫、揮舞著尖端飾有松果的手杖。沒人擋得了她們，她們力大無窮，遇到野獸，她們就直接把野獸撕成碎片，把血淋淋的生肉吞下肚子。她們唱道：

喔，山上多麼愜意

7 雅瑞安妮公主遭翟修斯遺棄的故事還有另一個版本。見本書第十章。

不停的舞蹈與歌唱，
還有瘋狂的奔跑。
累極倒地，感覺如此寫意。
喔，追捕且擒服野山羊，
飲生血，食紅肉，何等暢快。

奧林帕斯眾神喜歡乾淨整齊的祭品和神殿。但梅依娜這群瘋女人沒有神殿，她們在野外，在遙遠的山間或森林祭拜酒神，彷彿想保留一項古老的傳統，回到人們還沒有想到要給眾神蓋神殿的時代。她們離開灰塵滿天，擁擠的城市，回到純淨沒有人煙的山間或森林。在那裡，酒神賜予她們飲食：植物、漿果、野山羊奶。她們在柔軟的草地，枝葉茂密的林下或鋪滿層層松針的地上入睡。一覺醒來，她們覺得心靈平靜清新，然後到清澈的溪流裡洗澡。這種露天的崇拜帶給她們種種可愛、良善、自由與喜悅之感。不過這種野地崇拜也往往會發生可怕的血宴。

酒神崇拜主要聚焦在兩個差異極大的概念：一是自由狂喜，一是血腥野蠻。酒神給崇拜者的，可能是兩者當中的任何一個。綜觀酒神一生行為，可知他有時帶給人類幸福，有時又帶給人類苦難。所有算在他頭上的故事當中，發生在他母親故鄉底比斯的事件最可怕。

為了建立酒神信仰，戴奧尼索斯來到了底比斯。一如既往，他身邊跟著一群女人，她們一面唱歌，一面跳舞；她們穿著長袍，披著鹿皮，揮著飾有長春藤的手杖。她們看來似乎樂瘋了。她們唱道：

來吧！巴克斯的信徒！

啊，來吧！
來歌頌戴奧尼索斯。
跟著聲音渾厚的鈴鼓，
讓我們歡欣讚美他，
帶來快樂的他。
神聖啊，一切都神聖
音樂正在呼喚：
到山裡去，到山裡去，
飛奔吧，歡樂的信徒，
撒開飛快的腳步
喔，快快跑吧。

彭透斯是底比斯城的王，也是瑟美莉的妹妹的兒子。他無論如何也想不到，眼前這位帶著一群瘋女人的傢伙竟是他的表兄弟。他不知道瑟美莉死時，宙斯救了她的小孩。這群又唱又跳，舉止怪異的陌生人令他很反感，覺得非阻止她們不可。他命令守衛把她們抓起來，關進牢裡，尤其那個帶頭的，那個「滿臉通紅，一身酒氣，根本就是從利地亞（Lydia）來騙人的巫師」。話一出口，他就聽到身後傳來嚴厲的警告：「你要逮捕的人是一個新神。他是瑟美莉的兒子，宙斯救下來的孩子。他和黛美特一樣，是世間最偉大的神。」說話的是盲眼的老先知提瑞西亞斯（Teiresias），他是底比斯聖人，也是唯一了解神意的人。不過彭透斯回頭一看，看見提瑞西亞斯打扮得像個野女人：白髮上繞著一圈長春藤，肩上披著鹿皮，顫抖的手握著形狀古怪的松木手杖。他於是嗤地一笑，用厭惡的口氣命令老人滾開。就這樣，彭透斯為自己帶來了災禍，因為他不聽神的話。

士兵把戴奧尼索斯帶到彭透斯面前。他們說戴奧尼索斯並沒有打算逃走或反抗，反而極為合作，讓他們輕易完成任務。他們覺得很不好意思，只好跟酒神說他們只是奉命行事，並非真的想拿他入獄。他們也跟國王報告：之前下獄的女子全都逃入山裡，因為腳鐐銬不住她們，牢門也一直自動打開。他們對國王說：「這人來了底比斯後，我們看見許多奇怪的事……。」

但彭透斯除了自己的憤怒和鄙視，甚麼也看不見。他粗聲粗氣地跟戴奧尼索斯說話，但戴奧尼索斯的回答卻極為溫柔，彷彿想打動彭透斯內在的真我，打開他的眼，讓他了解自己面對的可是一位神。他說彭透斯無法囚禁他，因為「主神會釋放我」。

「主神？」彭透斯嘲弄道。

「是的，」酒神答道：「祂就在這裡，看著我受苦。」

「我的眼睛可沒看見！」彭透斯說。

「祂就在我所在的地方，」酒神答道：「你看不見祂，因為你不純潔。」

彭透斯命士兵拿下酒神，把他關入大牢。酒神跟著士兵走了，一面說：「你得罪了我，等於得罪了眾神。」

牢房當然關不住酒神。他走了出來，回頭又去找彭透斯，試圖勸他信服眼前明顯的奇蹟，並接受一個偉大的新神。但彭透斯給他的回應卻是汙辱和威脅。最後酒神只得離開，讓彭透斯自己去承受他的命運。那可是最可怕的命運。

彭透斯親自到山裡去追捕酒神的追隨者，即那群從牢裡逃走的女人。那群女子往山間逃的時候，很多底比斯城的婦女也加入她們的行列，連彭透斯的母親和姊妹也不例外。就在這場獵捕的行動中，酒神露出了他最可怕的一面：他讓那群女子發了瘋。那群女人把彭透斯看成一頭山獅，全都衝過去，想把山獅殺死，彭透斯的母親還衝在最前頭。看到那群女子朝他衝過來，彭透斯終於知道自己小命休矣，知道自己得罪的真的是一位神。那群女子把彭透斯撕裂後，酒神這才回復她們的理智，彭透斯的母親這才看到自己闖了大禍。看到她的傷心，所有女人都清醒過來，舞不跳了，歌不唱了，手杖也不揮了，她們彼此說道：

諸神以奇異而神祕的方式降臨人間。
許多我們放棄的事，諸神為我們實現，
許多我們渴望的事，走到相反的方向。
從沒想要走的路，諸神偏給我們指出。
事情就是如此這般發生了。

✣ ✣ ✣

講故事是為了傳達概念。酒神故事所傳達的概念，乍看之下，似乎很矛盾。例如在某一故事裡，他是個快樂的神。

金色絲帶綁著鬈鬈長髮，

巴克斯的臉散發紅光，
他是酒神女信徒的夥伴；
高舉的火炬，歡樂閃耀。

在另一則故事裡，他變得無情、野蠻，充滿獸性：

臉帶嘲弄的笑，
他追捕獵物，
與信徒一起誘惑
折磨獵物至死。

這兩種矛盾的概念之所以會產生，其實只是因為他是酒神。酒有害處，也有好處。酒能鼓舞人心，帶來溫暖，也會讓人昏醉。希臘人是個把現實看得很清楚的民族，他們無法閉上眼睛，假裝沒看見酒後的不堪，只看令人愉快的一面。戴奧尼索斯是個酒神，所以他有時會讓人犯下可怕與兇殘的罪行，而且無人可以防禦阻擋，如彭透斯遭受攻擊的時候，沒人試圖出來阻攔。不過希臘人對自己說：一旦人喝了酒，發起酒瘋，那樣的事確實真的會發生。但這個事實也沒讓他們盲了眼，看不見另一個事實，亦即酒是「歡樂製造機」；酒讓人放鬆心情，讓人覺得優游自在與歡樂。

戴奧尼索斯的酒，

送走人類心頭
煩憂。帶領人類
行旅到無何有之鄉。
貧者轉富，富者佈施。
葡萄釀的長矛所向無敵。

戴奧尼索斯的形象之所以會前後不同，一是因為酒有雙重特質，一是因為他是酒神。他是人類的福星，同時也是人類的煞星。

仁慈的時候，他不只帶給人們快樂，他的酒還有如下功用：

給予生命，治癒所有疾病。

總之，在他的影響下，人的勇氣倍增，恐懼消散。他鼓舞他的追隨者，他讓他們覺得自己可以成就本來不可能做到的事。當然所有歡樂、自由與自信，在酒醒或酒醉的那一刻都會消失。不過，只要所有這些感覺存在，他們就會覺得有某種比自己更大的力量推動著他們。人們因此對酒神有一種特殊的感情。酒神不止是一個外在於他們的神祇，他也存在於他們裡面；他們感覺自己正在轉變，變得跟酒神一樣。酒帶來短暫歡欣，而這種感覺給人一種暗示，即人內在的力量，遠遠多於他們所知道的，或「他們自己也有可能成神」。

這種想法與過去的舊觀念有別。過去，人們認為禮敬酒神就是多喝幾杯，讓自己變快樂、變自由或乾脆醉倒。不過事實上，我們也看到有些酒神信徒是滴酒不沾的。過去的酒神信徒透過醉酒來獲得短暫解脫，如今人要得到解脫，則是透過靈感。這兩種觀念的差異極大，但這種轉變何時發生，我們不得而知。這個想法產生一個了不起的結果：酒神在後世成為希臘最重要的神祇。

依琉西斯穀神祕儀一向用來祭祀黛美特，是個非常重要的祭拜儀式。好幾百年來，這個祭拜儀式幫助了很多人，誠如西塞羅所說，人們「不僅學會快樂生活，也學會懷抱更好的希望死去。」但是穀神祕儀並沒有流傳很久，可能是因為沒人可以公開教導祭儀的內容，也沒人把看到的儀式寫下來。到最後，穀神祕儀就只剩下朦朧的記憶。酒神祭儀的情況完全不同。在酒神慶典上，一切都是公開的，而且到今天仍有影響力。希臘沒有一個慶典可與之相比。酒神祭典在春天舉行，在葡萄樹開始開枝長葉的時候，一共舉行五天。那五天，人們沉浸於絕對的和平與喜樂當中。日常一切事務全都停擺。無人下獄，囚犯甚至可以暫時出獄，與大家共享歡樂。人們禮敬酒神的地點不再是荒野，也沒有嚇人的野蠻行為或血腥盛宴；甚至也不是在神殿裡，沒有整齊的祭品，也沒有神職人員舉行儀式。禮敬酒神的地點竟是劇院，儀式則是戲劇表演。希臘最偉大的詩歌，全都為了酒神而寫，其中有些還是世界上最偉大的詩歌。寫劇本的詩人，參與演出的演員與歌者都是神的僕人。表演是神聖的；看戲的人，還有劇作家，演員等都參與了禮拜酒神的儀式。人們相信戴奧尼索斯就在現場，他的祭司就坐在貴賓席上。

很明顯的，酒神這一新形象遠比早期形象重要得多；他如今是賦予神聖靈感的神，讓人寫出光榮的劇本，演出光榮戲劇的神。最初的希臘悲劇，除了莎士比亞，無人可與之比擬，而這些悲劇都寫於酒神的劇院裡。那裡的劇院也出產喜劇，但悲劇的數目遠多於喜劇。這是有原因的。

酒神是個奇異的神，他是歡樂的浪子、殘忍的獵手、崇高靈感的賜予者，但他同時也是一個受苦的神；他和黛美特一樣遭受痛苦的折磨，但他不是為他人的痛苦而受折磨，如黛美特，他是為自己的痛苦而受折磨。其他果樹不用剪枝，但他是葡萄樹，葡萄樹的分枝全都會被剪去，只留下光禿禿的主幹。到了冬天，那光禿禿的主幹看來簡直就像個死物，一段多節瘤的殘枝，看來甚至連葉子都長不出來。就像波瑟芬妮，酒神隨著冬天的到來而死去。但與波瑟芬妮不同的地方是：酒神的死狀很慘，他是被撕成碎片而死。有些故事說是泰坦神下的手，有的則說是赫拉下的命令。不過酒神總是被救活，總是死而復生。他的復活是一件歡樂的事，劇場慶祝的正是這個。但那些與他密切相關的可怕事件，不管是別人施加於他，或他施加於人，全都令人難以忘懷。他不僅是個受苦的神，還是一個悲劇之神。其他諸神沒有一個像他那麼淒慘。

他還有另一個面向。他活生生地證明了死亡並不是一切的結束。他的崇拜者相信他的死而復生，顯示了人的肉身固然會死，但靈魂會繼續存在。這信仰也是依琉西斯穀神祕儀的一部分。起初祭儀的重點是放在波瑟芬妮身上，因為她每年春天都會從死者的國度回返人間。但波瑟芬妮是個冥后，即使在明亮的世間，她本身也帶著某種奇異可怕的暗示。隨時提醒人們注意死亡的波瑟芬妮，如何可能成為復活的象徵？相反地，戴奧尼索斯從來不會讓人想到冥界。描寫波瑟芬妮在冥界的故事很多，但描寫酒神下冥界的故事只有一個，即他下冥界救母的故事。因此，他的復活象徵生命強於死亡。因而後來戴奧尼索斯取代了波瑟芬妮，漸漸成為永生信仰的中心。

大約在西元八十年，偉大的希臘作家普魯塔克（Plutarch）離家在外，一日，他接到家書，提到他的一個小女兒死了。那是他最溫柔的小女兒。給妻子的回信裡，他寫道：「親愛的，關於那些你聽到的傳言，說甚麼靈魂一離開身體就會消失不見，也沒有任何感覺。我想你是不會相信的，因為我們相信酒神，酒神祭儀給了我們神聖而可信的保證。我們牢牢相信這一信仰，這是無可懷疑的真理，我們的靈魂不會敗壞，我們的靈魂永生。我們應該要如此思念死者：他們去了一個更好更快樂的地方。且讓我們依照這一信仰來生活與行事。在外，我們要好好整頓我們的生活；在內，我們要變得更純潔、更有智慧、更加無可摧毀。」

第三章　世界與人類的誕生

這一章的故事來源，除了普羅米修斯遭受懲罰那一段取自西元前五世紀的埃斯奇勒斯（Aeschylus），主要取材自賀希歐的著作。賀希歐至少比埃斯奇勒斯早了三百年，他是起源神話最主要的權威。他的文字樸質、純真，這兩種特色分別見於克羅納斯的故事與潘朵拉（Pandora）的故事。

太初唯有渾沌，唯有不可測的深淵，
沉沉如大海，黝黑、貧瘠、荒涼。

這是米爾頓的詩，但很精確地呈現希臘人對萬物起源的看法[8]。遠在眾神出現之前，遠在無可計數的過去，天地間只有無形無體的渾沌（Chaos），懸浮在純然的黑暗裡。最後，有兩個小孩從渾沌這片無形無體的虛空中誕生了。至於誕生的經過如何，沒人曾試圖提出解釋。這兩個小孩一個是夜神耐特（Night），一個是埃瑞布斯，意即供死者居住、深不可測的深淵。除此之外，宇宙間甚麼也沒有，只有一片黑暗、寂靜及空無。

接著發生的事，可說是神奇中的神奇。從無涯的虛空中，一件最好的事物以某種神祕的方式出現了。偉大的詼諧劇作家亞里斯多芬（Aristophanes）寫過這件事物的誕生經過；這段經常見引的文

8　米爾頓（John Milton, 1608-1674）是英國十七世紀詩人，著有《失樂園》（*Paradise Lost*），其時代距離希臘已經十分遙遠，此所以作者言「但很精確地呈現希臘人對萬物起源的看法」。

字是：

……黑翼的夜神耐特
飛入埃瑞布斯黝深的胸懷，
生下隨風騰升的卵。季節流轉；
眾人盼望的愛神於焉誕生，
背上生有閃亮的金翅膀。

從黑暗與死亡之中，愛神誕生了。隨著愛神的出生，秩序與美開始上場，盲目的混亂逐漸退卻。愛神接著創造了光神（Light），還有光神的夥伴日神（Day）。

緊接著就是大地的創造。至於經過如何，同樣也沒人試圖加以解釋。總之，大地就這麼出現了。想當然耳，這世界有了愛，有了光，接下來應該自然而然出現的就是大地。至於事物如何開始，第一個嘗試提出解釋的是希臘詩人賀希歐：

美麗的地母升起。她胸懷
廣闊，是萬物堅實的根基。
她首先生下星子密佈的天空，
跟她相等大小的星空將她環繞——
那是幸福諸神永久的家園。

這些跟創世有關的早期思考，大地和人類其實還沒有明確區分。換言之，一切還沒有被擬人化。地母（Earth）就是堅實的大地，勉強具有一點模糊的人性。天父（Heaven）就是人類頭上的藍天，偶爾會出現人類才有的行為表現。對講故事的人來說，整個宇宙是活的，像人類一樣擁有生命。後來，講故事的人意識到自己是個獨立的個體，所以他們就把自然界明顯具有生命跡象的事物個別予以擬人化。所謂具有生命跡象，其實是指自然界中那些會移動和改變的事物，如冬季和夏季的大地、天空、流星、永不停息的大海等等。但此時事物被擬人化的程度並不深，任何含糊巨大的事物，只要會移動且會帶來改變，那麼這些事物就是活的。

當講故事的人進一步談到愛和光，他們其實已經在為人類的上場預先設下背景。因此在這個階段，事物的擬人化程度開始變得較為精確，比如此時講故事的人開始賦予自然力量一個明確的外型。前一階段的天父地母僅僅具有含糊的人性，但此時他們把自然力量想像成人類的前導，更為清楚地把自然力量描繪成獨特的個體。在他們筆下，自然力量的行為一如人類，例如會走路、飲食等。前一階段的天王地母是不會做這些事的，這很明顯。所以天地與自然力量之擬人化顯然分屬兩個階段。假如前一階段的天地是活的，也是以他們自己的方式活著。

第一批有生命的事物是地母蓋亞（Gaea）和天父烏拉諾斯（Ouranos）生的。那是一群怪物。希臘人跟我們一樣，相信地球最早住有巨大的怪物。不過他們倒是沒把那些巨怪想像成大蜥蜴或毛象，而是某種介於人類與動物之間的巨怪。這些巨怪具有像地震、颶風、火山那樣驚人的毀滅力量。從他們的故事看來，這些巨怪似乎並不真正活著，倒比較像某種初階生物，只擁有抬山舉海的蠻力而已。希臘人顯然是這樣想的，因為在故事裡，那些巨怪雖然會走會動，卻擁有稀奇古怪的外形，一般正常活著的人，絕不會長成那種樣子。

那些怪物非常高大強壯，每個都有一百隻手和五十個頭。另外三個巨怪則被稱為賽克羅普斯（Cyclops），意即「車輪眼」（Wheel-eyed），因為他們只有一顆大如車輪的眼睛長在額頭中間。這群獨眼怪物同時也是巨人，他們高大壯碩有如山壁，充滿驚人的毀滅力量。獨眼巨怪之後，接著上場的是泰坦神。泰坦神的數目眾多，論體型和力氣，他們一點也不輸給巨人族。不過他們並非個個都是壞蛋。有幾個泰坦神甚至可說是仁慈的。事實上，其中一個泰坦神還救了人類，使人類免於滅絕。[9]

當世界尚新，人們自然而然會把前述巨怪想像成地母的孩子，即大地黝黑的深淵中冒出來的產物。但把這些巨怪也想像成天父的孩子，這可就奇怪了。無論如何，希臘人是這麼說的。在他們筆下，天父還是個很不稱職的父親。這位父親痛恨那些生有五十個頭和一百隻手的怪東西，儘管他們都是他的兒子。所以地母生一個，他就關一個，把那些怪東西全都關進地底某個祕密地點。不過他倒是放過了獨眼巨怪和泰坦神，任他們在大地四處閒蕩。地母不滿意自己的孩子遭到虐待，所以向獨眼巨怪和泰坦神求助。他們當中只有一個有勇氣反抗父親，即克羅納斯。克羅納斯埋伏等待，然後趁天父不注意的時候，把天父打成重傷。天父流出來的血，分別生出一群巨人族（Giants）和復仇女神。巨人族是地球上第四代怪物，復仇女神則專門追捕罪犯、懲罰壞人，人稱「那些走在黑暗中的」。復仇女神長得十分恐怖，頭髮是扭動的蛇，眼睛流著血。最後，巨人族被趕出大地，復仇女神留了下來。只要世間還有罪惡，她們就不會被驅離。

9 這位拯救人類的泰坦神就是普羅米修斯，在希臘人的想像中，普羅米修斯的角色相當於基督宗教那位創造亞當與夏娃的天父。

從那時起，克羅納斯（薩頓）[10]和他的妹妹兼王后瑞雅（奧普絲）成為宇宙的主人。過了無可計數的年月，他們其中一個兒子宙斯（朱比特）開始起來反抗，進而把克羅納斯推翻。宙斯如此做，自有他的理由。原來克羅納斯預知自己其中一個兒子會推翻他，所以瑞雅每生一個孩子，他就把那孩子吞下肚，心想這樣可以改變命運。瑞雅生第六個小孩，也就是宙斯的時候，她成功地把宙斯藏在克里特島，然後用布包著一塊大石頭，帶去給她丈夫。克羅納斯不疑有他，一口把石頭吞下。宙斯長大後，他和地母蓋亞（亦即他的祖母）聯手，逼他父親把之前吞下的五個小孩吐出來，包括那塊石頭。那塊石頭後來被安置在德爾菲神殿。過了無數年代，大約在西元一八〇年，一個名叫鮑撒尼亞斯（Pausanias）的大旅行家經過德爾菲，他寫下他看到的石頭：「石頭不甚大，德爾菲祭司每日為之塗油。」

接下來發生了一場戰爭。原來克羅納斯聯合泰坦神，向宙斯六兄妹宣戰。這場戰爭幾乎毀了宇宙。

巨響驚動了無邊大海。
大地發出駭人的呼嘯。
寬廣的天庭顫抖呻吟。
奧林帕斯遠遠脫離基地，
永生的神祇發動攻擊，
黑暗地獄開始顫抖不停。

10 人物名括號內的名字為拉丁名，以下同。

結果是宙斯他們打敗泰坦神。宙斯獲勝的部分原因是他釋放了百手巨怪。百手巨怪於是用他們所向無敵的武器，即雷電和地震協助宙斯打仗。另一個原因是泰坦神伊亞匹特士的兒子投靠了宙斯。這位兒子不是別人，正是最有智慧的普羅米修斯。

戰勝後，宙斯重重懲罰他的敵人：

重重的鎖把他們囚禁在遼闊的地底，
大地離天庭多遠，大地離地獄就有多深，
甚至比大地距離天庭更深更遙遠。
鐵砧從天上落下九天九夜，
到了第十天才著地。鐵砧得再落
九天九夜，才會落入鐵鑄的地獄。

普羅米修斯的兄弟阿特拉斯受到的懲罰最重。原來阿特拉斯必須

永遠背負世界
殘忍的重壓，
天空的屋頂。

阿特拉斯
遭宙斯處罰在西方撐住天空

他的雙肩挑起
分天開地的大樑，
一個難擔的大任。

阿特拉斯承受如此重擔，永遠站在夜神與日神互打招呼的屋前。那裡雲霧繚繞，一片黑暗。夜神與日神從來不曾同時出現在那屋裡，他們總是一個離開，一個留在屋裡。他們一個擁有光，可以賜給地上的人類，一個手裡則抱著睡神和死神。

宙斯雖然打敗且撲滅了泰坦神，但他也還沒贏得徹底的勝利。地母後來又生了一個兒子，而且這次生下的兒子最恐怖，比過去所有孩子都恐怖。他的名字叫泰風（Typhon），他是：

一個百頭的噴火怪物，
起而反抗所有神祇。
死亡從他口中呼嘯而出，
熊熊烈火在他眼中閃耀。

不過宙斯現在學會了使用雷電，而且雷電早已成為他專屬的武器。所以他用雷電把泰風擊倒在地：

永遠清醒的閃電，

永遠燃燒的雷霆。
火焰直燒泰風心臟，
化其力量為灰燼。泰風
頓時委靡，成了廢物。
倒在爆發的艾特納山邊。
熾熱的火河不時張開大口
狠狠吞沒西西里平原，
吞噬平原上的花果穀物。
那是泰風的怒火，
他熊熊燃燒的火焰槍。

過了一段時期，世間又發生另一場戰爭：巨人族起來反抗宙斯，想把宙斯推下寶座。但這時候，宙斯與眾神已經十分強大，而且他們又有海克力斯的幫助。海克力斯是宙斯的兒子，生得力大無窮，巨人族當然不是對手。最後，巨人族全被打入地府最深處，即塔爾塔茹斯。從那時起，光輝的眾神取得全面的勝利，地上野蠻的勢力全部根除殆盡。從那時起，宙斯與他的兄弟姊妹開始統治宇宙，成為萬物無可質疑的主人。

此時人類還沒上場，不過這時大地已經沒有怪物，可說已經很適合人類居住了。大地現在是個相當舒適安全的地方，人類不用害怕會突然遇見泰坦神或巨人。在希臘人的想像中，大地是一個圓盤，由希臘人口中的「大海」分成兩個等分；所謂的「大海」，一個指今日的地中海，另一個指黑海。希臘人最初把「大海」稱為亞辛（Axine），意思是「不友善的海」，後來也許他們跟「大海」混熟了，於是給「大海」另起一個名字，叫優辛（Euxine），意思是「友善的海」。有些人認為希臘人會給「大海」改個好聽的名字，主要是想取悅「大海」，希望「大海」不要跟他們作對。環繞著大地的是奧西安大河。那是一條永遠平靜的河，沒有風，也沒有暴雨滋擾。奧西安河遙遠的彼岸住著一個神祕的民族，叫辛莫力安人（Cimmerians）。世間極少有人踏足那塊土地，至於這個民族究竟住在那塊區域的東、西、南、北，就無人知道了。那個地方終年雲霧繚繞，永遠不見天日。太陽不論是在黎明的星空中升起，還是從黃昏的天空落向大地，陽光從來不曾照到那裡。那裡住著憂鬱的人民，永遠活在無止無盡的夜裡。

奧西安大河另一岸的人民卻是幸運兒。這一岸又稱極北之地，遠至北風之神的背後，那裡有一塊福地，住著北國人（Hyperboreans）。只有少數陌生人和大英雄曾造訪該地。不管坐船走路，很少人找得到通往那裡的路。據說繆斯女神的住處離他們不遠。北國人的生活充滿歡樂：到處都有少女跳舞，到處都聽得到清亮的七弦琴和笛子高亢的曲調。他們用金色月桂葉裝飾頭髮，舉辦歡樂的宴會。這個神聖的民族從來不知道疾病與年老。大地最遙遠的南方則住著伊索匹亞人（Ethiopians），我們只知道眾神寵愛這群人，常常到他們的客廳與他們一起歡快宴飲。

奧西安大河的岸邊也是蒙福的死者的居所。那裡不下雪，不颳大風，也沒有暴雨，只有從奧西安河那頭吹來的溫柔西風，不時吹過來提振人的靈魂。生前不曾作惡的人，死後便可來這裡安居。

　　他們的恩賜是永遠免除勞役的生命。

他們堅強的雙手，無須再碰觸
土地和海水；無須再勞作不休，
只為了取得永遠不足的食物。

現在他們得到諸神的護持，
過著不再有淚水的生活。
住在幸福的島嶼，享受海風
吹拂，欣賞樹上的金色花朵，
海面上閃爍的金色光芒。

大地這時已經就緒，只等人類上場了。好人壞人死後要去的地方都已安排妥當，創造人類的時候到了。關於創造人類的故事，我們至少可以看到兩個版本。一說眾神把這任務委託給普羅米修斯和他的弟弟伊比米修斯（Epimetheus）。普羅米修斯這名字的意思是「遠慮」，他是個很有智慧的神，甚至比眾神更有智慧。但伊比米修斯的意思是「追悔」，所以這位弟弟是個沒甚麼大腦，總是衝動行事，不時改變主意的神。連創造人類這等重要的任務，他也是如此行事。原來伊比米修斯在創造人類之前，他已經把最好的禮物都給了動物，包括力量、迅捷、勇氣、機靈、毛皮、羽毛、翅膀、甲殼等等。等到他終於著手創造人類時，他已經沒剩下甚麼東西可以給人類，既無保護的毛皮，也沒有任何一項特質可以讓人類對抗野獸。太遲了。他最後只好向哥哥求救。普羅米修斯於是接手創造人類。他想出一個方法讓人類比動物強大：他給人類設計一個較高貴的外型，讓人直立行走，就像眾神一樣。然後他到天庭找太陽神「借」一把火，帶回人間送給人類。火是人類最好的保護，比毛皮、羽毛、力量、迅捷等東西都好。

人類儘管脆弱命短，
如今有了燃燒的火，
從而習得技藝多種。

至於另一個故事版本，我們看到眾神自己動手創造人類。首先，他們用黃金打造人類。金人固然會死，卻過得像眾神那樣無憂無慮，遠離操勞與痛苦。他們的麥田自動長滿麥子，他們的家畜也很興旺。而且他們很得眾神的寵愛。他們死後會變成純潔的精靈，成為保護人類的善靈。

這個故事版本中的眾神似乎打算用各種金屬來做實驗。奇怪的是，他們使用金屬的秩序是顛倒的，即從最好到次好到最低劣。試過了黃金，他們就用銀。銀人比金人低劣極多，他們幾乎沒甚麼腦子，總是無法避免互相殘害。不像金人，銀人死後的精靈無法永生。下一批實驗人類是銅人。這是一群可怕的男人，他們極為強壯，喜歡打仗和暴力，最後他們全部毀於自相殘殺。這些實驗畢竟是有好處的，因為在金人銀人銅人之後，眾神接下來創造的是一群宛如諸神的英雄人物。這群英雄為光榮的戰爭而奮鬥，從事偉大的冒險；他們立下的豐功偉業日後都成為人類講說故事與歌唱的題材。他們死後就住到各個蒙福的仙島，永遠享有至福。

第五種人就是目前住在地球上的人類：鐵人族。這一支人族活在邪惡的時代，本身的天性也是邪惡的，所以他們永遠無法免除操勞和憂傷。他們一代不如一代，兒子總是不如父親。一旦變得邪惡，他們就會開始崇拜權力。這種時刻注定會降臨：那時他們不在意強權，不再尊敬良善。最後，當人類對惡行不再感到憤怒，或看到不幸事件不再覺得羞恥，那時宙斯就會把他們全數殲滅。話說回來，即使到了那個地步，假如尋常百姓能起而抗爭，推倒壓迫的君主，人類的命運其實也還是有挽回的餘地。

✣ ✣ ✣

神的五代人族實驗與普羅米修斯兄弟的造人故事，這兩則故事表面看來似乎不同，卻有一個共通點。在一段很長的時間裡，至少在整段快樂的黃金時代裡，世間只有男人，沒有女人。女人是後來才出現的，而且是宙斯在氣頭上創造的，目的是報復普羅米修斯太過於關心人類。原來普羅米修斯不僅偷火送給人類，他還動了一點手腳，讓人類得到比較好的祭品，把比較差的祭品留給神。事情是這樣的：普羅米修斯切了一頭公牛，分成兩堆，其中一堆藏有可食的部分，上面堆滿內臟作為掩飾，另一堆則內藏骨頭，上面再巧妙地蓋滿閃亮的油脂，裝飾得十分好看。佈置妥當，他請宙斯在兩堆祭品做一選擇。宙斯選了油脂白亮的那堆。等到後來宙斯看到油脂下面只有一團巧妙堆砌的骨頭，不由得氣炸了。不過他已經做了選擇，只得遵守自己的決定。從此，人類祭神只需在祭壇上焚燒骨頭與油脂，其餘可食的好肉則留給自己。

宙斯是人類與眾神的主人，他才不甘心忍受這種待遇。他發誓一定要報復。他首先對付人類，接著才對付人類的朋友普羅米修斯。宙斯決定為人類打造一份災禍，但是表面上，那份災禍必須看來甜美可愛，楚楚動人。他要眾神送災禍各種禮物，如銀亮衣裳、繡花面紗、彩色花環，還有美麗的金色頭冠。因為那些漂亮的禮物，眾神給災禍取了一個名字：潘朵拉，意思是「大家的禮物」。等這份美麗的災禍完工，宙斯把她帶到眾神與人類面前，當然大家都看呆了。潘朵拉是第一個女人，自她開始，世間有了女人一族。基本上，女人是男人的禍根，女人的本性也愛作惡。

還有另一個關於潘朵拉的故事。在這個故事裡，人類的禍源並非來自於潘朵拉邪惡的本質，而是她的好奇心。原來諸神送給她一個盒子，盒子裝滿了各種有害的東西，並囑咐她絕不能打開盒子。接著眾神把她送給伊比米修斯。伊比米修斯很高興地收下她。普羅米修斯曾警告他弟弟不要收下宙斯送的任何東西，但伊比米修斯不聽。等潘朵拉那危險的災禍屬於他的時候，他才了解哥哥的勸告其實都是忠言。潘朵拉就像所有女人那樣充滿好奇心。她就是得知道盒子裡裝的東西。一天，她打開了盒蓋。結果盒子裡飛出無數的瘟疫、憂患、災害。在恐懼之中，潘朵拉急忙關上盒子。太遲了。盒子僅剩下一項東西存在，亦即「希望」（Hope）；事實上，「希望」是盒子裡唯一的好東西，直到今天，「希望」仍是人類在苦難中的唯一安慰。也直到此時，人類才知道他們是不可能鬥贏宙斯，更不可能欺騙他。智慧過人與充滿同情心的普羅米修斯此時也了解了這點。

把女人送給人類，完成對人類的懲罰之後，宙斯這時轉而對付他最大的敵人。平心而論，宙斯其實欠普羅米修斯很多，因為普羅米修斯曾幫他打敗泰坦神。不過

潘朵拉　世上第一個女人，在好奇心的驅使下打開了諸神給她的盒子

宙斯此時忘了這筆債。他命令他的僕人孚斯（Force）與華稜（Violence）把普羅米修斯押到高加索山（Caucasus），然後把普羅米修斯綁在那裡。

高聳入雲的岩石上，
綁著鐵鍊，牢固無人能解。

綁好後，他們跟普羅米修斯說：

無可忍受的現狀將永久折磨你。
能救你解脫的人尚未出世。
你愛人類，你的酬報就是如此。
身為神祇，你不顧宙斯的憤怒，
只顧給人類他們不應得的好處。
你因此必須看管這無趣的石頭——
不眠不休，沒有片刻的喘息。
呻吟是你的言語，悲歎是你的文字。

宙斯對普羅米修斯施加這樣的苦刑，其實並不只是為了懲罰普羅米修斯，還想逼普羅米修斯說出一個祕密。這個祕密對宙斯至關重要，原來宙斯知道自己命裡注定要被兒子推翻，屆時，所有奧

宙斯將普羅米修斯綁在高加索山的岩壁上，白天令禿鷹啄食他的肝臟

林帕斯神全都會被趕出天家。而那個兒子的母親是誰，只有普羅米修斯知道。所以當普羅米修斯痛苦地困在石頭上時，宙斯派荷米斯來找普羅米修斯。荷米斯懇求普羅米修斯說出祕密。但普羅米修斯說：

去勸服海浪別碎落散去，
那比勸服我容易得多。

荷米斯警告他，如果他堅持不說，那麼他將會遭到更可怕的折磨。

一隻血紅的鷹即將到來，
這赴宴的不速之客，整天
忙著把你的身體撕成碎片，
狂吃你那色澤變暗的心肝。

不過沒有任何東西能讓普羅米修斯屈服，威脅不能，折磨也不能。他的身體雖然受困，但他的靈魂是自由的。他拒絕向暴力和強權低頭。他知道他對得起宙斯，也知道同情無助的人類是對的選擇。他受苦絕對是不公平的，但他絕對不會向暴力低頭，不管要付出甚麼代價都一樣。他跟荷米斯說：

任誰都無法逼我開口。
讓宙斯擲出燃燒的雷電，
落下白翼的雪花紛紛，
加上雷電震震，地動山搖，
儘管來撼動這失序的世間。
我的心志不會因此改變。

荷米斯聽了，大叫道：

你這是什麼話！你瘋了嗎？

荷米斯說完就走了，留下普羅米修斯獨自承受苦難。幾個世代過去了，我們知道普羅米修斯最後得到釋放。但他為甚麼會被釋放，如何被釋放，始終找不到清楚的解釋。有一則奇怪的故事提到一位名叫紀戎的馬人，本來也是長生不死的，但他自願替普羅米修斯受死，而且還被允許了。荷米斯當年請普羅米修斯對宙斯讓步的時候，也曾談到這件事，但他說的方式，讓人覺得這是一個非同小可的犧牲。

這痛苦你別預期會有終結，除非
出現一位神祇，自願替你受罰，

自願承擔你的痛苦，代替你
墜落到日光轉為暗夜的所在，
走下死亡那黝黑的萬丈深淵。

雖然如此，紀戎還是自願替普羅米修斯受死，宙斯似乎也同意他這麼做。另外，我們還看到海克力斯殺了那老鷹，救了普羅米修斯的故事。對此，宙斯似乎也沒表示反對。但宙斯為何改變心意，普羅米修斯獲釋後有沒有透露那個祕密，我們就不知道了。有一件事倒是可以確定的：不管怎樣，兩位神算是和解了。普羅米修斯自始至終都不曾讓步。作為一個反抗不公與強權的偉大叛逆者，他的名字流傳千古，從希臘時代一直流傳到今天。

✣ ✣ ✣

另有第三個故事提到人類的誕生。從五代人族的故事版本，我們知道現在人類是鐵人族的後裔。在普羅米修斯的故事版本中，我們看不出他拯救的人類是鐵人還是銅人的後裔。但是不論哪一族，人類都很需要火。在這第三則故事裡，人類是石頭族的後裔。這個故事始於大洪水（the Deluge）。

大地上的人類變得越來越邪惡，最後宙斯決定毀了他們。

調動狂風和暴雨，席捲無邊大地，
給地上的凡人一個徹底的終結。

他派出洪水，並召喚他的兄弟海神波賽頓來幫忙。兩人聯手，把如注的雨水從天上灌下，讓河水肆無忌憚地流向整個大地。最後，兄弟倆終於把大地淹沒了。

滾滾白水淹沒了黑色大地。

大水一直淹上所有高山的頂峰，只有最高聳的巴爾納斯山沒完全被淹沒。那一小塊乾地救了人類，使人類免於毀滅。下了九天九夜的雨後，有一個看來像大木箱的東西飄向那塊乾地。大木箱很安全，裡面有兩個人，一男一女。他們是琉克里翁（Deucalion）和碧拉（Pyrrha），前者是普羅米修斯的兒子，後者是伊比米修斯和潘朵拉的女兒，也就是普羅米修斯的姪女。普羅米修斯是宇宙最有智慧的神，他知道如何保護自己的家人。原來他早知道大洪水會來，所以他叫兒子造一個大木箱，箱子裡放滿補給品，然後跟妻子一起躲入箱裡。

幸好這件事沒觸怒宙斯，因為琉克里翁和碧拉都是虔誠敬神的人。大木箱抵達陸地，他們倆走了出來，看見大地了無生機，只有一片洪水洶湧。宙斯可憐他們，所以把水抽乾。大洪水像退潮的海水那樣慢慢退去，大地再度從水裡露出來。琉克里翁和碧拉是這片死寂世界唯一活著的生物，他們走下巴爾納斯山。接著他們找到一座神殿，雖然殿裡到處都是泥濘和青苔，但還沒有全毀。於是他們進去祭拜神明，感謝神明讓他們死裡逃生，並且向神明求助，請求神明幫他們克服這可怕的孤獨。他們聽到一個聲音說：「用面紗蓋住頭，把你們母親的骨頭向後扔。」這個命令嚇壞了他們。碧拉說：「這種事我們做不出來。」琉克里翁不得不同意妻子的顧慮。但他一方面也試圖思考那句話背後的意思，最後他懂了。他跟妻子說：「大地是所有人的母親，她的骨頭就是石頭。把石頭往背後扔，應該不會給我們帶來甚麼麻煩。」所以他們就這麼做了。說也奇怪，那些石子一落地，全都化成了人。他們被稱為石頭族。沒錯，他們是一支堅強，懂得吃苦的民族。事實上，他們也需要具有這些特質，因為大洪水過後，大地一片荒蕪；要把荒蕪的大地重新救回來，他們得非常非常懂得吃苦。

第四章　早期的英雄故事

普羅米修斯與愛奧

這則故事取材自希臘詩人埃斯奇勒斯和羅馬詩人奧維德的作品。兩位詩人的年代差距四百五十年，但兩人的才氣和性情差距更大。他們的作品是這則故事最好的資料來源，而兩人講故事的風格很容易分辨：埃斯奇勒斯嚴肅直接，奧維德輕快有趣，情人謊言那一段尤具奧維德的特色，徐綾絲（Syrinx）的小故事也是。

普羅米修斯把火賜給人類之後，不久他就被綁在高加索山。一日，山上來了一位奇異的訪客，只見那訪客十分笨拙地爬上山崖，慌慌張張地朝他飛奔而來。表面上，那是一頭母牛，但說起話來，卻是個慘兮兮的少女。她看到普羅米修斯，突然停下腳步，脫口叫道：

我眼前這個形體——
被綁在石頭上，
遭受暴風雨襲擊。
你做錯了甚麼？
這是你的懲罰嗎？
我究竟在哪裡？

竟跟落魄的流浪漢說話。
夠了——我已經受夠了——
我四處流浪——長途流浪。
可我還沒找到地方
擺脫我的不幸。
看我頭上長了一雙牛角。
跟你說話的，卻是個少女。

普羅米修斯認識這少女。他知道她是伊納可斯（Inachus）的女兒，還有她的遭遇。於是他說出愛奧（Io）的名字。

妳是愛奧，伊納可斯的女兒。
宙斯為了妳，心中愛火燃燒，
赫拉恨妳，讓妳踏上流亡
之路，走向無止境的旅途。

愛奧十分驚奇，竟停止了躁動。她嚇呆了，動也不動地站著。她的名字……她竟在這孤絕的地方，從這怪人口中聽到自己的名字。她問普羅米修斯：

受苦的人，你是誰？竟對

另一個受苦的人說出真相？

普羅米修斯答道：

妳看到的，正是賜火救世的普羅米修斯。

愛奧聽過這名字，也知道他的故事；她滿懷驚奇地問：

你——你就是救了全人類的神？

你——你就是勇敢的普羅米修斯？

兩人於是開懷暢談。普羅米修斯談起宙斯如何對待他，愛奧則述說她會淪落到這個地步，背後的因素也是宙斯。過去，她是個快樂的公主；現在，她變成

一頭野獸，飢餓的獸，

跳著躍著，癲狂奔跑。

天啊，真是丟臉……

表面上，她所有的不幸都是赫拉造成的；事實上，她的不幸可以直接溯源到宙斯。宙斯愛上她，老是在夜裡進入愛奧的夢境；他

夜裡不斷託夢
到我少女的閨房，
一再溫柔地勸我：
「喔，快樂的女孩，
為何待在閨中這麼久？
欲望的箭射穿了宙斯，
他對你的愛燃燒如火。
他想跟妳一起抓住愛。」
總有這樣的夢，夜夜纏我。

愛奧 長相貌美而受宙斯喜愛，為了逃避赫拉的追擊而變成母牛、離開家鄉

宙斯的愛固然強烈，但他更怕善妒的赫拉。身為眾神與人類之王，他掩飾婚外情的技巧實在笨得可以；為了把自己和愛奧藏起來，他竟然用又黑又厚的雲包住地球，彷彿一團黑暗突然趕走白日的亮光。這麼不尋常的事件，赫拉知道一定有詐，她馬上懷疑是宙斯在搞鬼。她在天庭找不到宙斯，立刻迅速飛到人間，喝令烏雲退散。宙斯的反應也很快。赫拉看到他的時候，他正站在一頭最漂亮的小白牛旁邊。那母牛當然是愛奧變的，但宙斯發誓他從來沒見過那母牛，他說那牛剛剛才從地裡冒出來。寫到這裡，詩人奧維德說情人說謊不會得罪神。不過從這件事看來，情人的謊言也不太管

用，因為赫拉一個字也不信。她說那小母牛非常漂亮，請宙斯送她當禮物。宙斯很為難，但他知道自己如果拒絕，情事馬上就會曝光。他有甚麼理由拒絕呢？不過就是一頭無關緊要的小母牛……。他很不情願地把母牛送給赫拉，而赫拉也很清楚知道怎樣使他無法再接近愛奧。

赫拉把母牛交給阿古斯（Argus）看管。對赫拉來說，這是個很棒的計畫，因為阿古斯有一百隻眼睛，一部分眼睛睡著的時候，仍有一部分醒著。遇到這樣的守衛，宙斯也無計可施。他看著愛奧變成畜獸，遠離家園，但他一點也不敢出手相助。最後，他去找他的兒子荷米斯，要荷米斯想辦法除掉阿古斯。使神荷米斯是最聰明的神。他一到人間，就藏起神明的特徵，化身成鄉下人，然後一面吹著蘆笛，一面朝阿古斯走去。笛音優美動人，阿古斯聽了很歡喜，就叫那笛子手走近一點。「你不妨過來跟我坐在這塊石頭上，」他說：「你看，這裡有樹蔭，正適合牧人。」沒有甚麼比這更合荷米斯的心意了。他於是就坐在阿古斯身邊繼續吹著笛子，吹完笛子就跟阿古斯聊天。他不停地說呀說的，想盡辦法把話說得越無趣越單調越好。果然，阿古斯的部分眼睛睡著了，但還有一部分醒著。雖然如此，荷米斯的最後一個故事還是奏效了，因為本來不睡的眼睛也合上了。那是潘恩的一個小故事，話說潘恩愛上一位名叫徐綾絲的仙女。徐綾絲奮力逃跑，就在潘恩快抓到她的時候，她的仙女姊妹把她變成蘆葦。潘恩沒死心，他說：「即使如此，妳還是我的。」他摘了那根蘆葦，把徐綾絲變成：

一支牧人的笛子，
蘆身以蜜蠟黏合。

這故事並不特別無趣，但阿古斯顯然是這麼想，因為他所有眼睛都睡著了。當然，荷米斯立刻殺了阿古斯。後來赫拉取下阿古斯的眼睛，用來裝飾愛鳥孔雀的尾羽。

這下愛奧似乎自由了，其實不然，因為赫拉接下來馬上派出一隻牛虻來折磨愛奧。那牛虻把愛奧螫得都快瘋了。愛奧跟普羅米修斯說：

那牛虻追我，沿著長長的海灘。
我不能停下來喝水也不能吃東西。
我甚至也無法入睡與休息。

普羅米修斯試著安慰愛奧，但他也只能要愛奧把希望寄託在遙遠的未來，因為目前還有很多險惡的土地等著愛奧去流浪。可以確定的是，愛奧首先狂奔而過的那片海域將會以她的名字命名，被稱為愛奧尼亞（Ionian）以及博弗若斯（Bosphorus），意即「牛灘」，用以保存她涉水而過的往事。等她到了尼羅河，她就會得到真正的解脫。那時宙斯會把她變回人形。她會跟宙斯生一個兒子，叫埃帕弗斯（Epaphus）。此後她就會永遠過著快樂而備受尊敬的生活。普羅米修斯又說：

要知道妳的後代會出現
一個擅長弓箭的英雄。
他會釋放我，還我自由。

愛奧的這位後代就是最偉大的英雄海克力斯。論及勇氣，少有神祇能與他相提並論。多虧了他，普羅米修斯才重獲自由。

歐羅芭

這則故事很像文藝復興時期人們心目中的古典文學，充滿幻想，精雕細琢，色彩豔麗。全篇取材自莫庫斯（Moschus）的作品，莫庫斯是西元前三世紀的亞歷山大詩人，到目前為止，把這個故事說得最好的就是這一篇詩作。

除了愛奧，另一個因宙斯的愛而名留大地的女子是歐羅芭（Europa）。歐羅芭是席頓（Sidon）國王的女兒，她的名聲遠比愛奧響亮。愛奧付出極大的代價才得到這一殊榮，但歐羅芭幸運多了，她幾乎沒受到甚麼折磨；她只不過在騎牛入海，橫渡大洋時受到一點點驚嚇而已。這則故事並未提到赫拉，顯然赫拉當時並未保持戒備，以至於宙斯可以隨心所欲，做他想做的事。

一個春日早晨，宙斯在天庭悠然自得地瞭望人間，突然看到一幅最迷人的景象。歐羅芭那天起得很早，和愛奧一樣，她也是被一個夢煩醒，只是她夢到的不是神

歐羅芭 在海邊嬉戲時被化身白牛的宙斯載到克里特島，產下宙斯之子米諾斯等

的求愛，而是兩個化身為女人的大洲都想把她佔為己有。亞洲說她生了歐羅芭，因此歐羅芭是她的，另一個當時還沒有名字的女人則說宙斯會把歐羅芭賜給她。

歐羅芭是在黎明時分被這奇怪的夢吵醒的。黎明時分做的夢通常都會成真。歐羅芭決定不要再睡了，她起床召集同伴一起到海邊那片繁花盛開的草原去玩。她的同伴都是跟她同年的貴族少女，海邊草原是她們最愛的聚會地點，她們喜歡聚在那裡跳舞，在出海口游泳或採集草地上的花朵。

這次大家都帶了花籃，因為她們知道這個時節花開得正好。歐羅芭的花籃是黃金打造的，雕工精細。只是很奇怪的是，上頭刻著的竟是愛奧的故事，包括愛奧化成母牛的流浪生活、阿古斯之死、宙斯以神靈之手輕點愛奧，讓愛奧恢復女身等情節。這件作品雕工精妙，工法一點也不輸給奧林帕斯眾神的工匠赫費斯托斯。

花籃很美，草原上的花朵也同樣漂亮。那裡有香氣甜美的水仙、風信子、紫蘿蘭，還有黃色的番紅花。最為豔麗的，卻是那紅色的野玫瑰。少女們愉快地採集花朵，在草原上這裡走走，那裡走走，每一個都是佳人當中的佳人。即使如此，歐羅芭還是豔冠群芳，猶如愛神一出來，美儀姊妹的風采就為之失色那樣。接下來發生的事，恰恰就是愛神的傑作。眾神之中，只有愛神能征服宙斯。原來愛神跟她頑皮的兒子丘比特聯手，趁宙斯遙望草原美景的時候，在宙斯的心上射了一箭。宙斯當下就瘋狂愛上歐羅芭。即使當時赫拉不在，宙斯還是決定小心為妙。他先化身成公牛出現在歐羅芭面前。但那可不是你在畜欄或在田野裡看到的那種嚼著草的牛，而是一頭你前所未見的漂亮公牛：紅棕色的身體，額頭上有個銀圈，一雙牛角宛如新月。少女們看到這頭美麗溫馴的牛，一點也不害怕，紛紛走過來撫摸牠。牠散發出一種天堂的香氣，比繁花盛開的草原更甜美。還有，牠那旋律優美的哞哞聲，其音調之美，沒有哪支笛子可與之比擬。

那頭牛在歐羅芭腳邊蹲了下來，似乎要讓歐羅芭看牠寬闊的背。歐羅芭呼叫大家跟她一起騎上牛背。

他必定會背我們在他背上，
他如此溫馴、可愛、溫柔。
不像牛，倒像個真正的好人，
只除了不會說話。

歐羅芭於是就笑著跨上了牛背。其他少女雖然很快跟上來，但來不及了，那頭牛跳了起來，全速奔跑，衝向大海。但牠不是衝入海中，而是飛奔在寬廣的海面上。凡牠經過之處，浪花全部止息。一列隊伍從深海裡浮現，跟在牠後面，裡頭有許多奇異的海神，如騎著海豚的水神尼勒伊德斯、大海的號手崔桐，還有宙斯的兄弟，亦即魁梧的海神波賽頓。

歐羅芭既怕那些奇妙的生物，也怕在她身邊流動的海水。她一手緊抓住牛角，一手拉著她紫色的裙子，以免弄濕。陣陣海風吹來：

吹漲了裙子的深褶，猶如
船上拉緊的帆。那風
就這樣輕輕把她吹送。

一頭牛不可能有這能耐，歐羅芭心想，這一定是神。於是她懇切地求那牛可憐可憐她，千萬不要把她獨自留在某個陌生的地方。那頭牛說她猜對了，並要歐羅芭別害怕，因為他就是眾神之王宙斯。而他之所以這麼做，完全是出於愛。宙斯說要帶她去克里特島，那是他的島，他出生之後，他的母親把他藏在那裡，不讓克羅納斯把他吃掉。在那裡，歐羅芭會為他生下

身分顯赫的兒子，他們將
統治所有地球上的人類。

當然宙斯說的事，每一樣後來都如期發生了。克里特島到了，他們上了岸。奧林帕斯的守衛四季女神來給歐羅芭打扮，準備婚禮。她的兒子都是名人，不僅在世間有名，也聞名於冥界：瑞達曼托斯和米諾斯在人間以正義行事，死後被選為冥界的判官。不過比較起來，還是歐羅芭自己的名聲最顯著。

獨眼巨怪波利菲穆斯

這故事的第一部分取材自《奧德賽》；第二部分僅見於西元前三世紀亞歷山大詩人西奧克里塔斯（Theocritus）的作品；第三部分除了西元二世紀諷刺詩人盧西安，無人寫得出來。故事的開始與結尾差距至少一千年。三位作者各以其作品顯示了希臘文學的進程：荷馬說故事的魄力和本領，西奧克里塔斯的美麗幻想，盧西安伶俐的譏諷詩作。

百手怪物與巨人族這些最早出現的生命體被奧林帕斯神打敗後，幾乎全數遭到驅逐，唯一的例外是獨眼巨怪。不知為何，這些巨怪得到允許，可以重返人間，而且後來還成為宙斯的寵匠。他們的手工很棒，專門為宙斯打造雷電。起初只有三個，但後來數目大增。宙斯賜給他們一塊豐饒的土地，讓他們在那裡生活。那裡的葡萄園和穀田無須耕作與播種就會長出作物，他們還有大群綿羊與山羊，生活十分優游自在。不過他們兇猛野蠻的脾氣一點也沒改；他們沒有法律，也沒有法庭來維持正義，一個個高興怎麼過日子就怎麼過日子。對陌生人來說，那可不是一個友善的國度。

普羅米修斯遭受懲罰之後的數百年間，受他幫助的人類子孫慢慢發展出文明的生活，他們學會了造船，可以出海遠行。一天，有個希臘王子把船停靠在那危險國度的岸邊。這位希臘王子是奧德修斯（Odysseus，拉丁名字是尤里西斯 [Ulysses]），正從特洛伊城返航歸鄉。他和希臘大軍經過數年苦戰，剛把特洛伊摧毀。特洛伊的戰場雖然兇險，他也不曾像這次那麼靠近死亡。

船員把船牢牢拴在岸邊。離船不遠的地方有個很高的山洞，洞口面向大海，看來似乎有人居住，因為洞口築有一道牢固的圍籬。奧德修斯帶了十二個人上岸勘查。他們很需要補充食物，所以他帶了一只山羊皮袋醇烈的美酒，準備送給招待他們的人。圍籬的門開著，所以他們就逕自走入山洞。裡面沒有人，但山洞的主人看起來十分富有。沿著山壁而蓋的羊欄擠滿了小羊和剛出生的羊羔。山壁的架上擺滿了乳酪，還有一桶桶滿溢的羊奶。看到這景象，船員高興極了，他們坐下來又吃又喝，一面等主人回來。

山洞的主人終於回來了。竟然是個長相可怕，高大如山的巨人。那巨人把羊群趕入山洞，然後就用一塊沉重的石板封在洞口。他環顧四周，看到那幾位陌生人，他大聲叫道：「你們是誰？竟然擅自闖進波利菲穆斯（Polyphemus）的家？你們是商人？還是偷東西的海盜？」他的聲音洪亮，十分嚇人。奧德修斯等人本來已經被他高大的身形嚇壞了，這下聽到他可怕的聲音，一時都說不出話來。但奧德修斯勉強振作，冷靜答道：「我們是遇到船難的戰士，剛從特洛伊城過來。我們也是你的客人，受到宙斯保護的懇求者。」波利菲穆斯大聲咆哮，說他才不管甚麼宙斯。他比任何神都高大，他一個也不怕他們。說完，他伸出強壯的手臂，一手抓住一個船員，然後把他們的腦袋往地上砸碎，坐下來慢條斯理地把他們吃得一乾二淨。吃飽後，他就心滿意足地橫躺在山洞裡睡著了。他不怕奧德修斯等人會攻擊他，因為只有他搬得動洞口的大石頭，如果那群船員鼓起勇氣和卯足力氣把他殺了，那他們就會永遠困在山洞裡。

那個可怕的長夜裡，奧德修斯想著剛才發生的可怕事件，意識到假如他不馬上想法子逃出山洞，同樣的事也會發生在他們每一個人身上。不過，一直到天亮，一直到羊群齊聚洞口把巨人吵醒，他都還沒想出甚麼法子。他不得不看著另外兩個船員死掉，因為巨人的早餐內容和晚餐相同。吃過早餐，巨人移開大石頭，把羊群趕出山洞，接著再把大石頭搬回原位，就像人開關箭筒蓋那麼輕鬆。奧德修斯一整天關在山洞裡不停地想。他已經折損四位船員，難道他們每一個都要走上那條可怕的路嗎？最後他終於想到了一個計畫。畜欄附近有一根又長又大的木頭，就像二十槳船的桅杆那麼長。他砍下合用的一段，然後跟船員一起動手把那段木頭削尖，放在火裡一面旋轉一面烤，把木頭的尖端烤硬。巨人回來時，他們已經把木頭烤好藏了起來。接下來，同樣可怕的吃人事件再度重演。等巨人吃完，奧德修斯倒了一杯他帶來的酒給巨人。波利菲穆斯很開心地一飲而盡，還跟奧德修斯多要了幾杯。奧德修斯於是不停地給巨人倒酒，直到他醉倒睡著為止。這時，奧德修斯示意船員拿出那根木頭，把尖端放在火裡烤，直烤得快要冒煙的時候，他們心裡不知哪來的一股瘋狂，或一股勇氣，總之，他們把那燒紅的木頭插入巨人的獨眼。獨眼巨人大叫一聲，猛力拔出木頭，狂亂地在山洞裡四處揮舞，搜尋刺傷他的人。但是因為他已經瞎了，奧德修斯等人每次都能躲開他的攻擊。

最後，巨人推開洞口的石門，在門口坐下來，伸開手臂擋著門口，以為這樣就可以抓住奧德修斯等人。奧德修斯早已想到這一點了。他吩咐每個船員選出三隻多毛的公羊，用強韌的樹皮帶子把牠們綁在一起，然後等待黎明。天亮了，羊群聚在洞口，推推擠擠地走出去。當牠們走過時，波利菲穆斯伸手摸摸牠們的背，以免有人坐在羊背上離開洞穴。他沒想到要檢查羊腹，奧德修斯等人其實就躲在中間那隻羊的腹下，緊緊抓住牠的厚毛。一旦脫離險境，他們立刻滾落到地上，衝向船，推船下水，然後登船出海。奧德修斯一肚子悶氣。竟然得這麼不聲不響地離開。所以船一離開岸邊，他就在海上朝洞口的巨人大聲喊道：「看來你這個獨眼巨怪還不夠強壯，連弱小的人類都無法吃光？你這麼怠慢去你家做客的旅人，受到這麼一點懲罰是你罪有應得。」

這話刺傷了獨眼巨人波利菲穆斯的心。他跳了起

波利菲穆斯
獨眼巨怪，海神之子

來，從山壁扯下一塊大石頭，往船的方向丟去。那大石差一點點就打中船頭。盪起的大浪反向地把船推向岸邊。船員使出全力猛划，這才把船划向大海。奧德修斯看到他們已經安全離開岸邊，又再叫道：「波利菲穆斯，你聽好，我是毀城無數的奧德修斯，是我弄瞎你的眼睛，有人問起，你就這麼告訴他吧！」這時他們的船已經離開岸邊很遠，那巨人甚麼也不能做，因為自己看不見而坐在岸邊生悶氣。

波利菲穆斯這則故事流傳了很多年。過了好幾個世紀，他依然是個龐大盲眼的可怕的怪物。不過最後他總算有了轉變，猶如醜惡與邪惡的事物，最後總會隨著時間的流逝產生改變與淡化。或許有些說故事的人覺得盲眼巨人頗值得同情，因為他被奧德修斯丟在海邊，無助地坐在那裡受苦。總之，巨人在下一個故事裡看來還滿討喜的。他一點也不可怕，相反地，他是個最可笑、最笨拙的怪物。他知道自己長得醜、舉止粗野、令人生厭。因為有此自知，更顯得他處境悲慘，因為他瘋狂愛上了最迷人，也最愛嘲弄人的海中仙女葛拉緹雅（Galatea）。這時，巨人是住在西西里島的牧人，而且他的眼睛也長回來了，但是他得回眼睛的原因和方式則不得而知。也許是藉由某種魔法吧！因為在這則故事裡，他的父親是海神波賽頓。這位害相思病的巨人知道葛拉緹雅永遠不會愛他。有時他會痛下決心不去理會葛拉緹雅，並且告誡自己：「珍惜你所擁有的，何必去惹躲開你的？」不過葛拉緹雅不放過他；看到巨人不追求她了，那淘氣的仙女就會悄悄走過來，丟幾顆蘋果驚擾他的羊群，然後笑他是個愛情大笨蛋。巨人起身追她，葛拉緹雅早已跑走了，邊跑邊笑他這麼慢吞吞，怎麼追得到她。巨人毫無辦法，只能悲慘而無助地坐在海邊。這次他沒有發脾氣亂丟石頭，而只是哼著悲傷的情歌，希望藉歌聲軟化他的心上人。

另一則時代再晚一點的故事裡，波利菲穆斯情歌裡的那位美麗、嬌小、白皙的葛拉緹雅變得仁慈多了。但這位仙女也不是愛上了波利菲穆斯，而是考慮到波利菲穆斯畢竟是海神的愛子，不該輕視他。總之她是這樣告誡她的姊妹朵麗絲（Doris）的。朵麗絲私下雖然希望能得到巨人的愛，不過她跟葛拉緹雅談起話來，語氣卻十分輕蔑：「大家都在說妳跟那個西西里牧羊人的事！好一個優雅的情人！」

葛拉緹雅：「拜託別這麼說。他可是波賽頓的兒子。」

朵麗絲：「是宙斯的吧？不過我才不管呢！有一件事倒是確定的，他是個醜而無禮的禽獸。」

葛拉緹雅：「朵麗絲，妳聽我說，他其實也頗有男子氣概。他只有一隻眼睛，這倒是真的，不過他看東西也看得很清楚，就好像他有兩隻眼睛一樣。」

朵麗絲：「聽起來妳好像愛上他了！」

葛拉緹雅：「我愛上——波利菲穆斯！不可能！但是我當然猜得到妳為何這麼說。妳很清楚他從沒正眼看過你，他眼裡只有我。」

朵麗絲：「一個獨眼的牧羊人看上了妳，還真是一件值得驕傲的事！總之妳將來也不用為他做飯，他只要隨便抓個旅人來吃就飽了。」

波利菲穆斯後來也沒贏得葛拉緹雅的芳心。葛拉緹雅愛上了一位年輕俊美的王子阿奇斯（Acis）。阿奇斯後來被忌妒的波利菲穆斯給殺了。只是這故事的結局還不錯，因為阿奇斯後來化為水神。至於波利菲穆斯，我們就不知道除了葛拉緹雅之外，他有沒有再愛上其他仙女，或有無任何仙女愛上他。

花的神話：納西瑟斯（Narcissus）、海亞辛斯（Hyacinth）、阿多尼斯（Adonis）

第一篇水仙花創生的故事僅見於西元前第七或第八世紀一篇早期荷馬頌歌。第二篇取材自奧維德的作品。這兩位作者的差異極大，兩人不僅相距六或七百年，而且還具有一個根本性的差異，亦即希臘人與羅馬人的差異。荷馬頌歌的焦點是故事，筆調客觀、純樸、沒有一絲雕琢。奧維德心裡總是想到讀者。不過他把這個故事講得很好，鬼魂渡過冥河俯身看河中倒影的那一段寫得很精妙，非常具有奧維德風格。不過沒有一個希臘作家會這麼寫就是。至於「海亞辛斯節」的故事，尤里彼得斯講得最好，雖然阿波羅度斯（Apollodorus）和奧維德也都講過這個故事。假如我的敘事還算生動，我們可以放心地把這歸功於奧維德，阿波羅度斯從來不曾擁有這一特色。阿多尼斯的故事取材自兩位西元前三世紀的詩人：西奧克里塔斯和畢翁（Bion）。這則故事充滿亞歷山大詩派的特色：柔軟、溫和、品味高雅精妙。

希臘有很多漂亮的野花。那些花朵若長在任何其他地方，就只是尋常的野花，但希臘沒有肥沃豐饒的土地、寬廣的草原、長滿果實的田野，野花因此變得非比尋常。希臘的道路充滿岩石，山丘堆滿石頭，到處都是崎嶇的山地，住在這樣的地方，細緻鮮豔的野花是：

滿溢的喜悅，
炫目的亮彩。

盛開的野花，猶如一個個驚喜。荒涼的山地披上鮮豔的彩色花毯，灰黯峭壁的每道縫隙都開滿了花朵。這份歡樂與絢麗的美，跟周遭那種線條分明，樸素無華的壯麗形成強烈對比。在其他地方，人們或許不會注意到野花盛開，但這絕不會發生在希臘。

這一現象，過去如此，現在也還是這樣。在古老的年代裡，當希臘神話故事開始逐漸成形，人們發現春天鮮豔的花朵是一種奇蹟與喜悅。那些人跟我們相距數千年，我們完全不認識他們，但他們的感覺和我們是一樣的：每一朵花都那麼精巧，但聚在一起時，卻像覆蓋群山的彩虹地毯，漫山遍野。那真是一種最可愛的奇蹟。希臘最初講故事的人，講了一個又一個花的故事，描述那些花朵如何創生，為何如此美麗。

把花與眾神聯想在一起，這是再自然不過的事了。天上人間，所有事都被某種神聖的力量聯繫在一起，美麗的事物尤其如此。一般的想法是，神會創造某一種精緻的花朵，背後必然有個直接的理由或目的。這就是水仙花的創生故事。當然這裡的水仙花並不等於我們平常看到的那種也叫做水仙的花，而是一種豔紫銀亮的美麗花朵。據說冥王愛上了穀神黛美特的女兒波瑟芬妮，宙斯為了幫冥王，因而親自創造了那朵水仙。當時，波瑟芬妮跟同伴到恩納山谷（Enna）採集花朵，那裡有柔軟的草地，四處長滿了薔薇、番紅花、漂亮的紫蘿蘭、鳶尾花和風信子。突然她看到一朵從沒見過的花，比她之前所見過的花都美。那是花國奇異的榮光，是神祇與世人眼裡的奇蹟。那花大約有一百朵，從花莖直接長出來，香味甜美。看著這枝奇花，連遼闊的天空，廣袤的大地以及海裡的浪花都會為之展開笑顏。

所有女孩當中，只有波瑟芬妮看見那朵花，她的同伴都在草原的另一端。波瑟芬妮雖然害怕落單，但宙斯早料到她想要把那朵花放進籃子裡的欲望會勝過她的恐懼。果然，波瑟芬妮一面強忍著害怕，一面悄悄地走近那花。她才剛剛伸出手，幾乎快碰到那朵花的時候，她腳下的草地突然出現一道裂縫，一匹漆黑的馬從地裡冒出來，只見牠拉著一輛馬車，車上坐著一個陰沉、嚴肅、高貴的英俊男子。那男子一把抓住波瑟芬妮，把她緊抱在身邊，然後立刻馳離春天的大地，回到他所統治的冥界去了。

水仙的創生故事不只這一則，我們還有另一則同樣神奇，但性質卻全然不同的水仙故事。故事的主角是個英俊的少年，名叫納西瑟斯。納西瑟斯實在太美了，見過他的女孩，每個都想當他的女友。不過納西瑟斯一個都看不上眼，即使最漂亮的女孩想盡辦法要引他注意，他也視若無睹，毫不在乎地走過。他一點也沒把那些為他心碎的少女放在眼裡，連最美麗的林中仙女愛珂（Echo）為他憂傷終日他也不在乎。愛珂是森林與野生動物女神阿特蜜斯最喜愛的仙子，不過她卻不小心得罪了更強大的女神赫拉。一日，赫拉到林中勘查宙斯的行蹤。她懷疑宙斯正在跟其中一個林中仙女戀愛，所以她就到林中看看，想揪出情敵。但是愛珂愉快的談話讓赫拉分了心，就在赫拉愉快地聽著愛珂說話的同時，其他仙女紛紛溜走了。赫拉找不到讓宙斯移情別戀的究竟是哪一個仙女。一如往常，她把脾氣發在愛珂身上。愛珂變成另一個被赫拉懲罰的倒楣女孩：她永遠無法說自己想說的話，只能重複別人最後一句話。赫拉說：「妳無法說出第一句話，妳永遠只能重複別人最後那句話。」

這個懲罰很重。但最讓愛珂難過的是，她也像其他害相思病的女孩那樣愛上了納西瑟斯。她可以跟著納西瑟斯，但無法跟他講話。不能講話，她如何讓正眼從不看任何女孩的納西瑟斯注意到她？有一天，她的機會似乎來了。納西瑟斯正在呼叫他的同伴：「有沒有人在這裡？」愛珂很高興地喊道：「在這裡——在這裡。」她那時躲在樹林裡，納西瑟斯沒看到她，所以他大叫道：「來吧！」這正是愛珂渴望聽到的話。她很高興地答道：「來吧！」然後張開雙臂，從林中走了出來。不過納西瑟斯卻氣沖沖地轉過頭去，厭惡地說：「別這樣。我寧可死，也不要讓你支配我。」愛珂唯一能做的，只能謙虛而懇切地說：「要讓你支配我。」但是納西瑟斯早已走了。孤單的她，只能羞愧地躲在山洞裡，誰也安慰不了她。至今她仍然住在這樣的地方，據說她因為渴望而日漸消瘦，最後只剩下一縷聲音。

就這樣，納西瑟斯繼續他的殘忍行徑，繼續蔑視愛情。最後，某個被他傷害的仙女向眾神祈禱：「願不愛別人的他愛上自己。」她的祈求得到眾神的回應，並由偉大的女神尼密斯（意即正義之怒）實現這一禱告。一天，口渴的納西瑟斯俯身在一座清澈的池塘喝水，他看見了自己的影子，並且愛上了那影子。他叫道：「我現在終於知道別人為了我所承受的痛苦。我瘋狂愛上自己的影子，但我要怎樣才能接近水裡那個可人兒呢？我不能離開他。看來只有一死我才能得到解脫。」一語成讖。他日夜守在水邊，痴痴地看著水裡的影子，最後因憂傷而日漸憔悴。愛珂就在他附近，但她也無可奈何。她唯一能做的，只是重複納西瑟斯臨死前對影子說的「別了——別了」，作為最後的告別。

據說當納西瑟斯的靈魂渡過冥河時，還彎身俯向船邊，再看冥河中自己的影子最後一眼。

他生前鄙夷的林中仙女畢竟是仁慈的；他死後，她們前來尋找他的遺體，想好好安葬他。但她們找不到他的遺體，只在他生前躺過的地方找到一朵剛剛開放的美麗花朵。她們以前沒見那花，所以她們就以他的名字為那朵花命名：納西瑟斯，即水仙花。

風信子的創生也與英俊少年的死亡有關。同樣的，神話裡的風信子跟我們日常所見的風信子有別，據說那是一種形如百合的美麗花朵，顏色一說是深紫色的，一說是鮮紅色的。那位年輕人死得十分悲壯，人們每年都舉行慶典紀念他。

海亞辛斯節竟日舉行，
直到靜夜，直到天明。
一日他與阿波羅
競技，不幸身亡。
原來兩人比賽鐵餅，
阿波羅迅速投擲，
鐵餅卻越過目標

射中海亞辛斯的額頭，把海亞辛斯打成重傷。海亞辛斯是阿波羅最親密的夥伴，兩人擲鐵餅也只是因為好玩，純粹只是比一下誰擲得遠，並無競爭或仇恨之意。阿波羅看到血從他朋友額頭上噴出來，簡直嚇壞了。海亞辛斯倒在地上，臉色死白。阿波羅的臉色也是一片死白，他抱起好友，試圖為他止血。太遲了。海亞辛斯的頭垂下來，猶如花梗斷了的花朵。他死了。阿波羅跪在旁邊哭泣，海亞辛斯還這麼年輕，這麼漂亮，怎麼就死了，而他自己竟然就是兇手。雖然這僅只是一場意外，他還是哭叫道：「喔，我真想用我的生命來跟你交換，或者跟你一起死。」就在他說話的時候，染血的草地逐漸變成綠色，並且就在那個地點長出一朵奇異的花。這朵花使那少年永遠留名於世。阿波羅親自在花瓣上刻字，有人說他刻的是海亞辛斯名字的第一個字母，也有人說是兩個希臘字母，意思是「哀哉」。不管刻甚麼，全都是最悲傷的紀念。

另有一個故事則說害死海亞辛斯的是西風之神澤費魯斯。原來澤費魯斯也非常喜歡海亞辛斯，不過看到海亞辛斯比較喜歡阿波羅，在妒恨交集中，澤費魯斯將鐵餅吹偏方向，打死了海亞辛斯。

✣ ✣ ✣

這幾個故事很迷人：可愛的年輕人在生命最華美的時刻死了，然後恰如其分地化成春花再生。不過這類故事可能有個黑暗背景，暗示在遙遠的過去，人們曾犯下可怕的罪行。在沒有任何故事傳述、沒有任何詩歌傳誦，或甚至在更早，早於說故事的人和詩人之前，這些可怕罪行是很有可能發生的。例如某個村子的穀子在該發芽的時候不發芽，村人或許就會殺個人，把他或她的血灑在貧瘠的土地上。當時的人還不知道奧林帕斯神不喜歡可怕的祭人儀式。人類當時只有一個模糊的感覺，認為他們的生命既然完全依賴播種與收穫，那麼他們與天地之間必然有個密切的聯繫，既然人類的血有賴穀物滋養，那麼在必要的時候，人類的血必然也能滋養大地。假如一個漂亮的男孩因此被殺了，村人把後來地裡長出來的水仙或風信子想像成男孩的復活，把花想像成他的化身，這想法不是很自然嗎？所以他們就這樣告訴彼此，說這樣那樣的奇蹟發生了。可愛的奇蹟總是會讓殘酷的死亡看來不那麼殘酷。隨著時光流逝，人們不再相信土地需要人血的滋養，故事裡發生的殘酷事件也就隨之停止，最後遭到遺忘。沒人記得那些可怕的事件曾經發生過。他們會說海亞辛斯的死不是因為族人需要取得食物，而是因為一起令人傷心的意外造成。

人死化身為花的這幾則復活故事當中，阿多尼斯的故事最著名。每年希臘少女都會為他悼亡；她們看到鮮紅的秋牡丹再度盛開，就會舉行慶典，慶祝阿多尼斯的重生。愛與美的女神阿芙羅黛蒂愛上阿多尼斯，她雖然不時把愛神的箭射入凡人與神祇的心，讓凡人或神祇備嘗愛的傷痛，但她自己也注定要為阿多尼斯承受這樣的傷痛。

阿多尼斯 女神阿芙蘿黛蒂喜愛的美少年，在狩獵時遭遇山豬襲擊身亡

✣ ✣ ✣

阿多尼斯一出生，阿芙羅黛蒂就愛上他，並決定把阿多尼斯佔為己有。她把阿多尼斯帶去給波瑟芬妮照顧。但波瑟芬妮後來也愛上阿多尼斯，不肯把阿多尼斯還給美神，即使美神親自到冥界去要人也不還。因為兩位女神都不肯讓步，最後宙斯只好親自出馬調停。據他的判定，阿多尼斯秋冬住在冥界陪伴波瑟芬妮，春夏則到人間陪伴美神。

跟阿多尼斯生活的期間，阿芙羅黛蒂一心一意討好他。阿多尼斯喜歡打獵，所以美神就一身獵裝，跟著他在崎嶇的林間小路奔走。換了平日，她通常是乘著天鵝拉著的車子，在天空優雅自在地滑行。一天，她剛好沒跟在阿多尼斯身邊，當時阿多尼斯正在追捕一頭大野豬。他帶著獵犬，把野豬逼到死角，然後丟出長矛，不過他的長矛僅僅讓野豬受傷而已。他還來不及跳開，那頭因受傷而痛得發瘋的野豬就朝他衝過來，以巨大的尖牙把他戳傷。乘著天鵝車在天上滑行的美神聽到情人痛苦的呼叫，急忙飛下來看他。但阿多尼斯的生命已經隨著他的呼吸緩緩消失了，深色的血染紅了他雪白的皮膚，他的眼睛變得沉重而混濁。美神親吻著他，但阿多尼斯已經沒有感覺。他死了。他的傷口固然可怕，但美神心裡的傷更深更重。她一直跟阿多尼斯說話，即使阿多尼斯已經聽不見了。

「啊，你死了，我的最愛，
我的愛已經飄逝如夢。
隨你消失的，還有我的美，
只是我得活著，我是女神，
我不能跟你一起死去。
再深吻我一次吧，最後一次。
讓我印你的魂在我雙唇，
讓我把你的愛全部深吞。」

群山呼喚，橡樹回應，
啊，悲哉阿多尼斯。他死了。
愛珂哭著回應：啊，悲哉阿多尼斯。
戀人和繆斯女神都為他同聲一哭。

但是此時阿多尼斯已經去了黑暗冥界，再也聽不到天地的哀悼之聲，也看不到朵朵鮮紅色的花，就在他鮮血滴落之處一一冒了出來。

第二部　愛情與冒險故事

第五章　丘比特與賽姬

這故事只有西元二世紀的羅馬作家阿普留斯（Apuleius）寫過，所以這裡使用眾神的拉丁名字。阿普留斯把這個故事說得很巧妙，頗有奧維德之風，不過他雖然寫得十分愉快，卻一個字也不相信故事裡的一切。

很久以前，有位國王生了三個女兒，每一個都很美，不過最小的賽姬（Psyche）特別出眾。賽姬的美遠遠超過兩個姊姊，姊妹三人若站在一起，看來就像一個女神伴著兩個凡人。大家到處傳誦賽姬那超凡入聖的美，仰慕者從世界各地湧來，帶著無限的驚奇與愛慕向她致敬，彷彿她真的就是女神。他們甚至說賽姬的美，連維納斯都比不上。來瞻仰她的人越來越多，最後再也沒人想到維納斯。維納斯的神殿冷冷清清，神壇上堆滿灰塵；她的城市被人遺棄，淪為廢墟；她一度享有的尊榮，現在全被一個注定會死的凡間女子搶走了。

可想而知，維納斯絕對不會甘心忍受這種對待。就像以前那樣，她一有麻煩就去找兒子搬救兵。她兒子是個漂亮的年輕人，有人叫他愛神，有人叫他丘比特。總之，他的神箭天下無敵，不管凡人或神祇都無法抵禦。維納斯把委屈跟兒子說了，做兒子的當然隨時準備為母親效勞。「用你的力量，」維納斯吩咐道：「使那個女的愛上全天下最邪惡、最可恥的怪物。」假如丘比特沒看過賽姬，他當然就會遵照維納斯的命令執行任務。但維納斯被憤怒與忌妒沖昏了頭，她讓丘比特先看了賽姬一眼。她怎麼可能料到愛神也會愛上賽姬呢？丘比特一看到賽姬，就覺得好像被自己的箭射中了一樣，但他甚麼都沒跟他母親說。事實上，他連一個字都說不出來。毫不知情的維納斯很高興地離開了，她相信丘比特一定很快就把賽姬給毀了。

後來發生的事遠遠超乎她的意料。賽姬並沒有愛上任何恐怖的怪物，事實上，賽姬根本沒愛上任何人。更奇怪的是，竟然也沒人愛她。那些男子似乎只是來瞻仰、讚嘆、崇拜她的美貌而已，瞻仰崇拜過後，他們都各自和別的女子結婚去了。賽姬兩個姊姊的美貌雖然不及她，但都嫁得很好，兩人都分別嫁給了國王。美麗的賽姬卻一直待字閨中，過著傷心與孤單的生活。大家似乎只欣賞她的美，但都不愛她，而且似乎也沒有任何一個男子想娶她為妻。

她的父母當然覺得很困擾。她的父親最後只好到阿波羅的神殿，請求神明指點，幫賽姬找個好丈夫。阿波羅是回應了，但神諭卻很可怕。原來丘比特事先已經知會阿波羅，並請阿波羅幫他牽線。阿波羅當然答應幫忙。他在神諭中要求賽姬的家人給她穿上喪服，然後把她送到一座石山頂峰，讓她獨自留在那裡。時候到了，她命裡注定的丈夫就會來娶她為妻，還說她的丈夫是一條有翼的大蛇，力大無窮，連眾神都不是對手。

賽姬的父親把這可怕的消息帶回家後，大家的傷痛可想而知。他們依神諭把賽姬打扮起來，心情彷彿在辦賽姬的喪禮，然後把她送到阿波羅指定的山頂。大家都很傷心，彷彿那座山頂就是她的墳墓。賽姬倒是很勇敢。她說：「都是我的美，才招引上天的忌妒。要哭，你們以前早就該為我哭了。你們走吧，我現在很高興，因為要來的終於來了。」賽姬的家人只好絕望地離開，留下那無助的少女，獨自面對不可知的命運。他們回家把宮門全關了起來，整天為她悲悼。

在高聳的山頂上，賽姬獨自坐在黑暗裡，等著不知名的怪物來把她抓走。就在她默默掉淚的時候，一陣輕柔的風朝她吹來。原來是西風之神澤費魯斯，世上最甜蜜最溫柔的風。賽姬覺得自己被那陣風托起，慢慢飄離石頭山頂，降落在柔軟的草地上。那草地柔軟有如床鋪，散發著花香。四周安靜極了，她所有煩惱頓時消失不見，不久就睡著了。醒來時，她發現身邊有一條明亮的小河。河岸上有一間高大華麗、宛如神殿的房子，金柱銀牆，地板上鑲有各色寶石。但那房子悄然無聲，似乎無人居住。賽姬鼓起勇氣，走向那屋子。一看到那屋子如此華麗，她不禁目瞪口呆。她在門口猶豫，不知道是否該進去。就在這時，她耳邊突然聽到一個聲音。她看不到人影，不過那聲音說的話她卻聽得清清楚楚。那聲音說眼前的屋子是為她蓋的，要她別怕，請她進去洗澡休息，接著他們會為她準備餐點。那聲音接著說：「我們都是妳的僕人，妳想要甚麼，儘管吩咐。」

賽姬洗了生平最愉快的澡，吃了生平最美味的一餐。用餐時刻，耳邊傳來最悅耳的音樂，似乎還有一支合唱隊和著豎琴而歌。但她只聽得到歌聲，看不到歌者。一整天，她都是一個人，只有聲音這奇異的伴侶陪伴她。但是不知為何，她知道到了夜晚，她的丈夫就會來找她。果然。到了夜晚，賽姬感覺丈夫就在她身邊，聽到丈夫在她耳邊低語。奇怪的是，賽姬的恐懼頓時消失無蹤；不用看到丈夫，她也知道她丈夫不是怪物，而是她長久等待的情人。

這種不明確的「半」侶關係當然無法滿足她。但她是快樂的，因此時間過得飛快。一天晚上，她從未見過的丈夫突然很嚴肅地警告她，說危險即將到來；而他所謂的危險，指的竟是賽姬的兩個姊姊。「她們即將到妳失蹤的山頂為妳哭泣，」他說：「但妳不能讓她們看到妳，不然妳就會給我帶來巨大的憂傷，也會毀了妳自己。」賽姬保證她不會這麼做。第二天，她卻哭了一整天，她想她的姊姊，想著自己竟然無法安慰她們。當晚她丈夫回來時，她眼裡還淌著淚，即使他的愛撫也無法讓她停止哭泣。最後她丈夫傷心地讓步了。「妳想做甚麼就做吧，」他說：「但妳這麼做等於毀了妳自己。」接著他再次警告賽姬不要聽信他人，也不要試圖看他的長相，不然他們就永遠無法在一起了。賽姬哭著說她寧可死一百次，也不要失去丈夫。「不過這次就讓我見見我姊姊吧，」她說：「讓我快樂一下下。」丘比特很傷心，但還是答應了。

第二天，賽姬的姊姊來了，西風把她們從山頂帶到賽姬的宮殿。賽姬在宮外等著，心裡又高興又緊張。她們三個已經很久沒講話了。她們實在太高興了，一見面就抱在一起掉眼淚。最後她們終於攜手走進宮殿，兩位姊姊看見殿裡珍奇的珠寶，嚐著豐盛的佳肴，聽著奇妙的音樂，心裡不禁湧起一陣強烈的忌妒與好奇。這一切榮華富貴究竟屬於誰？妹妹的丈夫究竟長得如何？不過賽姬信守諾言，她跟姊姊說她的丈夫是個年輕人，現在出門打獵去了。離別的時候，她給兩位姊姊塞了滿手的黃金和珠寶，令西風把兩人送回山頂。兩位姊姊很愉快地離開了，但心裡卻充滿了忌妒。她們所有的財富加起來，比起賽姬，根本不值一提。忌妒的怒火在她們心裡滋長，最後她們決定設計毀了賽姬。

當晚，賽姬的丈夫再度提出警告，要賽姬別再讓她姊姊來了。但賽姬聽不進去。她提醒她丈夫：她已經無法看到丈夫，難道她連別人，即使是自己的姊姊也不能見面嗎？聽見這話，丘比特只得再度讓步。兩個壞心腸的姊姊很快再度來訪。這一次，她們帶來了精心策劃的計謀。

她們早就知道賽姬沒見過她丈夫，也根本不知道她丈夫是人是妖，因為一問及她丈夫長甚麼樣子，賽姬就面有難色，說話也漏洞百出，自相矛盾。但她們沒點破賽姬，只是假意責罵賽姬為何對姊姊隱瞞她可怕的處境。又說她們甚麼都知道，因為阿波羅的神諭說賽姬的丈夫不是人，而是一條可怕的大蛇。他現在當然對賽姬很好，不過將來他一定會露出真面目把她吞掉。

賽姬聽了大吃一驚，對丈夫的愛頓時消失殆盡，只留下恐懼。她之前也一直感到疑惑，為甚麼不能看丈夫的樣子。這當中一定有可怕的理由。關於她丈夫，她究竟知道些甚麼？假如他不是長相嚇人，那麼他一直避不見面就是一種殘忍。在極度悲傷、躊躇與徬徨之中，賽姬對姊姊坦言相告，承認她無法否認姊姊的話，因為她向來都跟她丈夫在黑暗中相處。她啜泣著說：「他這樣躲著白天的日光，一定有問題。」於是她請求兩位姊姊幫她想想辦法。

辦法兩個姊姊早就想好了。她們要賽姬當晚在床邊先藏好一把利刀和一盞油燈。等她丈夫睡熟了，她必須起床點燈並拿起刀子。燈一亮，她一定會看到一頭可怕的怪物。這時，她必須鼓起勇氣，迅速刺死怪物。她們說：「我們就在附近，等怪物死後，我們就來帶妳離開。」

然後她們就走了，留下賽姬在那裡心煩意亂，不知如何是好。她愛她的丈夫，他是她親愛的丈夫；不，他是可怕的大蛇，她討厭他。她會殺了她丈夫；不，她不會。她一定要確定；不，她不要確定。一整天，她的思緒紛亂，一下決定這樣，一下決定那樣。到了黃昏，她終於決定不要再掙扎了。有一件事她決定要弄清楚：她要看看她丈夫究竟長甚麼樣子。

那晚，等她丈夫終於安靜入睡，賽姬鼓起所有勇氣，下床點了油燈。她高舉油燈，躡手躡腳走近床邊，看看躺在床上的究竟是甚麼怪物。喔，釋然與狂喜充滿了她的心。燈光下哪有甚麼怪物？那是天下最美、最甜蜜的一張臉。一照及那張臉，連燈光似乎也變得更亮了一些。賽姬忍不住為自己的愚蠢和缺乏信心感到羞恥。她跪坐在地，假如不是因為顫抖的手握不住刀子，她倒是很想用那把刀殺了自己。但她顫抖的手固然救了她一命，不料卻洩漏了她的祕密。就在她高舉油燈，為丈夫的美感到心醉神迷而無法轉移目光之際，好幾滴油不小心潑了出來，滴在丘比特的肩上。丘比特嚇醒了，看見油燈，知道賽姬沒有信守諾言，就一言不發地飛走了。

賽姬追了出去，追到宮門外的黑夜裡。她看不到丘比特，但聽得到他的聲音。丘比特表明自己的身分，然後傷心地跟她告別。「愛神無法在懷疑裡生活，」說完他就飛走了。「愛神！」賽姬想道：「我的丈夫竟然是愛神！而我，愚蠢的我竟然不相信他。他永遠離開我了嗎？不管怎樣，」她鼓起勇氣對自己說：「我願意用一生的時間來尋找他。如果他已經不愛我了，但我至少可以向他證明我有多麼愛他。」賽姬於是展開旅程，四處尋找愛神。她其實也不知道該去哪裡，只知道她永遠不會放棄尋找他。

愛神這時回家找他母親，請母親照顧他的傷。維納斯一聽到兒子愛上賽姬，氣得掉頭就走，留他獨自在家療傷。連兒子都無法抵擋賽姬的美色，維納斯這下更加忌妒了。她決定親自去找賽姬算帳，讓她知道惹惱女神的後果。

賽姬在絕望的旅程中，一直不停地想方設法，想贏得眾神的歡心。她不時熱烈禱告，但眾神都不願幫她，因為大家都不想得罪維納斯。賽姬意識到這樣下去不是辦法，因為不管在天上人間她都找不到協助。最後她決定孤注一擲，直接去找維納斯：她願意當維納斯的僕人，保持謙卑，為維納斯服務，希望藉此平息女神的怒火。「誰知道呢，」她想：「也許丘比特就在他母親家裡。」所以她就動身去找維納斯。她不知道剛好維納斯也正要找她。

看到賽姬出現，維納斯大聲笑了出來。她語帶輕蔑，問賽姬是不是要另找一個丈夫，因為她原來的丈夫已經不想理她了，因為她差不多快把自己的丈夫給燒死了。「不過說真的，」女神說：「妳長得這麼醜，這麼討人厭，除非妳勤勉工作，不然是永遠找不到情人的。為了表示我的好意，我會給妳一點訓練，讓妳學會勞苦工作。」說完，她拿出一袋袋最小的植物種子，例如小麥、罌粟、小米等等，然後把所有種子混在一起。「妳今晚必須把種子分門別類揀好，」她說：「為了妳著想，可千萬認真揀喔。」說完，她就走了。

賽姬獨自坐著，靜靜地看著那堆種子。她思緒混亂，不知如何應付這殘忍的任務。明知那是一件不可能達成的任務，根本不用動手去做，因為沒有意義嘛。在這種人神都對她置之不理的悲慘時刻，賽姬卻得到田野裡最小的昆蟲的同情。一群螞蟻呼朋引伴地說：「來吧，可憐可憐這個女孩，我們來幫忙揀吧！」瞬間來了一批又一批螞蟻，只見牠們分工合作，很快就把那堆混雜的種子揀好，分門別類地堆成一堆堆的，每一堆只有一種種子。這就是維納斯回來所看到的景象。她看了更生氣了。「妳的工作還沒結束呢，」她說。接著她給賽姬一塊乾麵包，要賽姬睡地上，自己卻到柔軟芳香的臥榻去睡。維納斯打的主意是：如果讓賽姬辛苦工作，又讓她處於半飽狀態，那麼賽姬那可恨的美貌就會消失不見。但是在賽姬的美貌消失之前，她得好好把正在療傷的丘比特關在房裡。想到這裡，維納斯高興起來，對這樣的發展感到很滿意。

第二天，她設計了另一項比較危險的任務給賽姬。她說道：「河邊有一叢灌木，那裡住了一群金毛羊。妳去找一些金羊毛回來。」疲憊的賽姬一走近河邊，看著輕柔流動的河水，她突然很想跳進河裡，了結她的痛苦和絕望。就在她俯身朝向河水，準備跳進去時，腳邊突然傳來一個微弱的聲音。她低頭一看，原來是一根綠色的蘆葦在跟她說話。那蘆葦說她不用投水自盡，事情並沒有那麼糟。那些羊是真的很兇，但是假如賽姬可以等，牠們不久就會走出灌木叢到河岸休息，那時她再走入灌木叢，就會看到尖銳的荊棘上到處都是金羊毛。

賽姬聽了蘆葦那仁慈溫柔的建議，果然給維納斯帶回許多閃亮的金羊毛。女神收下羊毛，露出一抹邪惡的微笑。「有人幫妳，」她尖聲說道：「妳自己不可能做到，永遠不可能。不過我會再給妳一個機會，讓妳證明妳真的有這麼勇敢和能幹。妳看到那道黑水瀑布嗎？那就是恨水，也就是斯提克斯河的源頭。妳到那裡去把這長頸瓶給裝滿吧。」賽姬一走近瀑布，就知道這是到目前為止最艱難的任務。瀑布四周都是高聳的岩石，上面還長滿滑溜溜的青苔，除非她長了翅膀，不然根本不可能靠近那瀑布，而且那一衝而下的水流也很可怕。不過，讀到這裡，我想讀者都已知道（或許賽姬心裡也很清楚），儘管她的任務一個比一個艱難，但她總有辦法得到幫助，順利完成任務。這一次，來幫她的是一隻老鷹。那老鷹飛到她身邊，叼走那長頸瓶，裝滿了黑水後再叼回給她。

不過維納斯沒有罷手。我們不得不說她真的有點愚蠢。這所有事件唯一的結果竟然是讓她一試再試。這次她交給賽姬一個盒子，叫賽姬拿到冥界去找普洛瑟菲妮，跟普洛瑟菲妮要一點美麗祕方。她必須告訴普洛瑟菲妮，說維納斯真的很需要補充一點美麗，因為照顧受傷的兒子讓她變得十分憔悴。一如既往，順從的賽姬出去尋找通往冥界的路。經過一座高塔時，她找到了嚮導。那嚮導給了她詳細的方向：她首先得進入一個大洞，然後一直走到分割陽世與陰間的河，然後她必須給船夫卡榮一枚硬幣，卡榮才會載她渡河。過了河，就條條大路通冥宮了。冥宮的大門有一條三頭狗守著，柯柏魯斯固然很兇，不過她只要給牠一片蛋糕，牠就會變得友善，而且會讓她通過。

當然事情就如高塔嚮導所說的，一一如期地發生了。普洛瑟菲妮非常樂於幫助維納斯。賽姬順利完成任務，心裡也很高興。她帶著那盒子往陽間走，回返的速度大大超過她去的速度。

賽姬的下一個考驗完全出自她的好奇心或虛榮心。她覺得她一定要看看盒子裡的美麗祕方，搞不好她自己也可以用上一點。她跟維納斯一樣，清楚知道自己的容貌因經歷之前的各種考驗，已經逐漸憔悴，而且她一直想著或許哪一日她會突然遇到丘比特，如果她能為丘比特變得更漂亮一點就好了！她實在無法抵禦盒子的誘惑。她打開了盒子。但讓她失望的是，盒子看來似乎是空的，裡面甚麼都沒有。奇怪的是，她突然感到一陣倦怠，不禁倒在地上睡著了。

在這緊要關頭，丘比特親自上場了。他的傷這時已經好了，而且他很想念賽姬。愛神是關不住的，維納斯雖然鎖了門，但房子裡有很多窗戶。丘比特唯一要做的就是飛出去找他的妻子。賽姬差不多就倒在維納斯神殿的附近，丘比特用不了多少時間就找到了她。他把睡意從賽姬的眼皮上抹下，放回盒子裡。接著他用箭尖把賽姬喚醒，小小地責罵賽姬一下，怪她幹嘛那麼好奇。然後他要賽姬把盒子帶回去給維納斯，並跟賽姬保證接下來一切都會變好。

快樂的賽姬匆忙趕回去交差的時候，愛神飛到了奧林帕斯。他必須確定維納斯不會再來找他和賽姬的麻煩，所以他直接去找人神之父朱比特。朱比特馬上答應他的要求，他說：「雖然你過去給我帶來很多麻煩，嚴重傷害我的名聲和尊嚴，害我一下變成公牛，一下變成天鵝。不過，你的要求我無法拒絕。」

朱比特接著召集所有神祇，跟大家（包括維納斯）宣佈丘比特與賽姬正式結婚的消息，而且他建議賜予賽姬不死的生命。使神墨丘利把賽姬帶到奧林帕斯，朱比特親自賜飲仙漿，使賽姬得到永生。這一來情況頓時改觀，賽姬已經變成神，維納斯再也沒有理由不接納她。這個聯姻顯然是很恰當的。當然維納斯也想過，住在奧林帕斯陪伴丈夫和小孩的賽姬，應該再也沒有時間到人間去吸引世間男子的注意，干擾到人們對她的祭祀了。

大家皆大歡喜。愛神與賽姬（亦即靈魂之意）經過種種痛苦的考驗，彼此互相尋覓，而且也都找到了對方，這樣的結合永遠都不會改變。

第六章　愛情短篇八則

這則故事只有奧維德寫過，深具奧維德傑作的特質：行文流暢，夾著幾則自白，順便發表一點關於愛情的看法。

畢拉穆斯與緹絲碧

很久以前，桑葚不是深紅色的，而是像雪那麼白。桑葚改變顏色的緣由說來十分令人感慨，原來是兩位年輕戀人的死造成的。

這對戀人分別叫畢拉穆斯（Pyramus）和緹絲碧（Thisbe），一個是世上最英俊的男子，一個是東方最美麗的少女。他們住在巴比倫史美拉密絲女王（Queen Semiramis）管轄的城市。這座城的房子蓋得很密，兩家共用一道牆是常有的事，他們的家就是如此。因為這樣，兩人從小就愛上對方。他們渴望結婚，但他們的父母不允許。不過，愛是無法禁止的。越是受到壓抑的愛情，情火燒得越旺。另外，愛總是有辦法找到出口。兩顆熱情如火的心不可能被分開。

兩家共用的牆壁有一道很小的裂縫。以前沒人注意到那裂縫，但戀人的眼睛是雪亮的，他們發現了那道裂縫，並透過那道裂縫互傳甜蜜的情話。緹絲碧在這一邊，畢拉穆斯在另一邊，那道可恨的牆雖然把兩人分開，卻也是兩人靠近對方的媒介。「因為你，我們不能擁抱親吻，」他們對那牆說：「但至少你給了我們一個通道，讓情話可以傳到情人的耳裡。這一點我們還是十分感謝你。」所以他們時常隔牆聊天。當夜晚來臨，他們必須分開的時候，兩人都會在牆上留吻，即使知道那吻不可能穿透牆縫，落在另一個人的唇上。

每天早上，當黎明女神收回星星，陽光曬乾草上的白霜，他們就偷偷來到牆縫旁邊相互低語，一下訴說熾熱的情話，一下感嘆多舛的命運。有一天，他們覺得再也無法忍受下去了。他們決定當晚就要溜出城門，走向開闊的鄉野。在那裡，他們將會得到自由，可以自由自在地生活。他們約在很有名的尼弩斯之墓（Tomb of Ninus）相見，那裡有一棵長滿雪白果實的桑樹，附近還有一道冒著泡泡的冷泉。這約定讓他們很開心，恨不得白天快點結束。

終於太陽沉入海面，夜來了。緹絲碧在黑暗中偷偷離家，悄悄來到尼弩斯之墓。畢拉穆斯還沒來。緹絲碧就靜靜坐在樹下等他，愛讓她變得十分勇敢。但她突然看到月光下有一頭母獅正從遠處走來。那母獅剛殺了獵物，爪子上沾滿鮮血；牠已經吃飽了，想走到冷泉喝水解渴。那母獅距冷泉還很遠，緹絲碧還有足夠的時間逃走。不過她走得匆忙，不小心掉了斗篷。那母獅喝了水，在返回林子的途中，踩到了那斗篷。牠咬著斗篷，把斗篷撕個粉碎才走回巢穴。幾分鐘後，畢拉穆斯來了。看到地上那堆沾血的斗篷，還有沙地上明顯的獅子腳印。他的結論很清楚，他一點也不懷疑自己的判斷，他認定緹絲碧已經死了。他竟然讓緹絲碧一個年輕嬌嫩的少女獨自來到如此危險的地方，他竟然沒能提早來保護緹絲碧。他說：「是我殺了妳。」他捧起地上的碎斗篷，一面吻著，一面走到桑樹下。「現在，」他對那斗篷說：「現在該我流血了。」他拔出劍，刺入身側。血噴了出來，灑在桑樹上，把雪白的桑葚染成血紅。

緹絲碧雖然怕那頭母獅，更怕對情人失信。她於是冒險回到墓地，尋找那棵白光點點的桑樹。但她怎麼也找不到。那裡雖然有棵樹，但連一顆白色的果實也沒有。就在她疑惑地盯著那棵樹的時候，她看到樹下有甚麼東西在動。她嚇得渾身顫抖。但過了一會，她知道那是甚麼了。那是畢拉穆斯，只見他渾身是血，眼看就要死了。她飛快奔向畢拉穆斯，把他抱在懷裡。她吻著畢拉穆斯冷冷的唇，求他再看她一眼，再跟她說話。「是我，你的緹絲碧，」她叫道：「你最愛的緹絲碧來了。」聽到她的名字，畢拉穆斯張開沉重的眼皮看她一眼，接著就永遠合上了。

緹絲碧看著那把從他手裡掉下來的劍，還有他身邊染血的斗篷，馬上明白了一切。「你的手，」她說：「還有你對我的愛殺了你。我也可以很勇敢。我也可以愛。只有死亡能把我們分開。但現在連死亡也無法分開我們了。」說完，她一劍刺入自己的心臟，劍上還留著畢拉穆斯的血。

看到這樣的結局，眾神也不禁為之唏噓，畢拉穆斯和緹絲碧的父母也是。深紅色的桑葚是兩人永遠真愛的見證。兩人的骨灰後來裝入同一個甕，這下真的連死亡也無法分開兩人了。

奧菲斯與尤瑞迪絲

只有西元前三世紀的希臘詩人，即羅德斯島的阿波羅尼（Apollonius of Rhodes）寫過奧菲斯（Orpheus）在阿果號的故事。其餘部分出自羅馬詩人維吉爾與奧維德的手筆。兩位羅馬詩人的書寫風格類似，故事也講得最好。本篇出現的眾神，因此都用拉丁名字。維吉爾深受阿波羅尼的影響。事實上，三位詩人都有能力把這故事完整說完。

眾神是最早的音樂家。雅典娜在音樂方面雖然並不出色，也從不吹長笛，不過長笛卻是她發明的。阿波羅的七弦豎琴是荷米斯送的禮物，他一彈起七弦琴，優美的旋律總讓眾神聽得如痴如醉。荷米斯後來也給自己做了一把旋律迷人的牧笛。潘恩用蘆葦做了一支蘆笛，笛音甜美，有如春天的夜鶯。繆斯女神並無特定的樂器，但她們的歌聲美妙，無人能比。

凡人當中也出了幾個傑出的音樂家，他們的技巧超凡入聖，差不多和前述幾位神仙樂師不相上下，其中的佼佼者是奧菲斯。他並不僅僅只是一個凡人而已，其實他的母親是其中一位繆斯，父親是瑟雷斯王子。繆斯女神給了他音樂天分，他的家鄉則滋養了這天分。瑟雷斯是希臘最多音樂家的地區，但不論在家鄉或在任何地方，不論演奏樂器或歌唱，奧菲斯都所向無敵。人類和事物都抗拒不了他的音樂。

在瑟雷斯山間，在幽深的樹林
奧菲斯彈著七弦琴，領著樹木，
也引領著荒野中的走獸和飛禽。

聽到他的音樂，所有東西，不論有無生命，都會跟著他走。他的音樂力量足以移動山上的石頭，足以改變河道。

奧菲斯的婚前生活幾乎無人知曉。但他婚後的不幸生活卻比他的音樂更為知名。他婚前唯一著名的事蹟是參加傑森尋找金羊毛的探險隊。他在阿果號上充分發揮音樂天分，以此證明他是其中最有用的隊員。當亞果號的英雄感到疲累，尤其當他們沒有力氣划船時，奧菲斯就彈七弦琴來提振他們的精神，使他們手中的槳，配合著音樂，整齊劃一地擊海划行。假如英雄發生口角，他就奏出最溫柔、最撫慰人心的曲子，讓最憤怒的船員也平靜下來，忘記爭吵。事實上，他也曾把英雄從賽蓮女妖的手中救回來。一天，遙遠的海邊傳來陣陣美妙的歌聲，那歌聲是那麼醉人，船員一聽甚麼都忘了，只想趨前再多聽一些。他們偏離了航道，划向賽蓮女妖居住的島嶼。奧菲斯見狀，急忙拿起七弦琴，奏出一段清晰嘹亮的曲調，掩蓋了賽蓮女妖致命的歌聲。船員這下才如夢初醒，急忙划回原來的航道，海風也挺幫忙，把船急速吹離那片危險的海域。假如阿果號上沒有奧菲斯，船員大概都要埋骨賽蓮女妖居住的島嶼了。

奧菲斯與尤瑞迪絲（Eurydice）相遇相戀的故事，我們一無所知，因為沒人寫過。但很明顯的是，世間大概沒有任何少女拒絕得了他的情歌。總之他們結了婚。不過他們的歡樂卻很短暫。婚禮過後，新娘和伴娘走過草原時，一條毒蛇把新娘咬死了。奧菲斯非常傷心。他無法忍受喪妻的悲痛，所以決定到冥界一趟，把尤瑞迪絲救回來。他對自己說：

我要用我的歌聲
迷倒黛美特的女兒，
我要迷倒死者的國主，
我要動搖他們的心。
讓他們把我妻子還我。

為了愛，他比世間任何男子都敢冒險犯難。他踏上可怕的旅程，走入冥界。到了冥界，他奏起七弦琴。冥界無以計數的幽魂一聽到琴聲，全都停止了活動。地獄的守門犬柯柏魯斯放鬆了戒備；伊克西翁（Ixion）的飛輪停止轉動；薛西弗斯（Sisiphus）坐在石頭上休息；譚塔洛斯（Tantalus）忘了口渴；三位復仇女神首度流下淚水。冥王黑帝斯與冥后走過來聽他歌唱。奧菲斯唱道：

啊，統治這黝黑世界的神啊，
凡女人生的，最終都要來報到。
世間種種的美，最終都歸於你。
你們是永遠都收得到帳的債務人，總能收回債務。
我們在世間短短的逗留，馬上
就會來做你們永久的居民。
但我要找一個太早來的人，就像
蓓蕾太早摘下，來不及綻放的花。
我試過了，但這喪妻之痛實在難忍。
愛神的力量太強大。冥王呀，這你了解；
如果傳說的那則老故事是真的，如果
世間的花曾看到你劫走普洛瑟菲妮。
請為尤瑞迪絲再紡一次太早
從織布機上剪斷的生命之線。
你看，我求的只是一件小事，
只有你能把她借我——不是給我，
年壽終了，她必然會再度回來這裡。

奧菲斯的歌聲充滿魔法，無人能拒絕他的要求，任何要求。他歌聲的效力無窮，只見：

普魯陀臉頰流下鐵灰色的淚，
令獄卒應許愛神提出的請求。

他們把尤瑞迪絲交給奧菲斯，但有一個條件：走回人間的整個過程中，他都不能回頭看尤瑞迪絲一眼。一直要等到回返人間，他才能回頭看他的妻子。於是夫妻倆穿過冥界大門，踏上返回光明的路，一路不停地向上爬。奧菲斯知道妻子就在身後，他非常努力，強忍著想回頭看一眼確定一下的渴望。現在他們就快到了，四周的黑暗漸漸轉成灰色。現在他滿心歡喜，一腳踏出灰暗地帶，站在日光之下。然後他就轉身找他的妻子。轉得太快了。他的妻子還在洞穴裡，還在昏暗的光線中。他看見妻子，伸出雙臂去抱她。可是就在那一瞬間，她不見了；她已經掉入黑暗的甬道。奧菲斯唯一聽到的是他妻子一聲微弱的「別了」。

情急之下，奧菲斯衝入洞穴，想跟他妻子下去冥界。不過他被擋住了。他還沒死，眾神不允許他進入冥界兩次。他只好帶著極度的寂寞，獨自回返人間。後來他離群索居，在瑟雷斯地區的荒野流浪。他痛苦萬分，唯一的安慰是彈七弦琴，他每天不停地彈。他唯一的夥伴是山間的岩石、河流、樹木，這些夥伴很樂意聽他演奏。後來他遇到一群酒神女信徒。她們就跟以前殺死彭透斯的那群女信徒一樣瘋狂。奧菲斯雖然和氣溫柔，她們還是把他給殺了。她們扯開他的四肢，把他的頭丟入湍急的賀布魯斯河（Hebrus）。沿著河水，奧菲斯的頭顱流出河口，流到雷斯碧（Lesbian）海邊，完好如初。繆斯女神在海邊撿到他的頭，然後把他的頭埋在島上的聖堂墓地。她們把他散落的肢體找回，埋在奧林帕斯山下的墳墓裡。直到今日，那裡的夜鶯唱起歌來，遠比任何夜鶯的歌聲還甜美。

希茲與阿爾柯妮

奧維德是唯一講過這則故事的詩人。暴風雨的誇張描寫是羅馬文學的特色。睡神寢宮迷人的細節顯示奧維德高超的描寫能力。故事裡的神，當然都用拉丁名字。

希茲（Ceyx）是帖撒利國王。他的父親是曉星或光的賜予者路西弗（Lucifer）。他也像他父親那樣，臉上永遠充滿喜悅與光明。他的妻子阿爾柯妮（Alcyone）也頗有來歷，正是風神之王埃歐洛斯的愛女。這對夫妻的感情很好，從來不曾想過離開對方。雖然如此，有一天希茲決定離開妻子，出海到遠方旅行。在這之前，國內發生許多事情，讓他十分困擾，像所有遭逢困境的人，他因此決定出一趟遠門去請示神諭。阿爾柯妮知道他要出海，覺得又傷心又害怕。她流著淚，哭著跟丈夫說了一些尋常人不會知道的事。她說海上的風極為危險，打從小時候開始，她就在父親的宮殿裡親眼目睹各路風神暴烈的聚會，看到他們召來烏雲和紅色的閃電。她說：「我還時常在海灘上看到破船的木頭，隨著海浪漂流到岸上。天啊，求求你，不要走。如果我勸不動你，至少帶我一起走吧。只要跟你在一起，任何苦我都可以忍受。」

希茲非常感動，因為妻子愛他，就像他愛妻子那麼深。不過，他的去意已決；他知道要了解神諭，自己非走一趟不可，因此不願再聽妻子講那些旅途風險。阿爾柯妮最後只好屈服，讓他上路。她的心情沉重，說再見的時候，彷彿已經知道他們不會再見了。她一直站在岸邊，直到看不見丈夫的船為止。

那晚，海上颳起大風。各路風神匯集海上，形成可怕的颶風。海浪揚起，像山那麼高。大雨傾盆而下，好像整個天空掉了下來，海浪不停地高高躍起，似乎要逃向天空。船員擠在不停搖蕩、不斷遭受打擊的船上，全都嚇瘋了。希茲是唯一的例外，他不停地想著阿爾柯妮，很高興知道她現在是安全的。當船沉入海中，海水淹沒他們的時候，他口中還喊著妻子的名字。

阿爾柯妮每日都在倒數。她盡量讓自己保持忙碌。她首先為丈夫織了一件袍子，等他回來要送給他。又給自己織了一件，希望丈夫第一眼看到她時，她是漂漂亮亮的。她每天禱告好幾次，主要是向朱諾禱告。她的禱告打動了朱諾，因為朱諾知道希茲早就死了，而他妻子竟然還在為他禱告。朱諾於是召來使神伊瑞絲，令伊瑞絲去找睡神，要睡神託個夢，讓阿爾柯妮知道她丈夫的遭遇。

睡神的家靠近辛莫力安人聚居的黑暗國度，那是一座深谷，陽光從沒照進來過，所有事物都籠罩在沉沉的暮光裡。那裡沒有雞啼；沒有看門狗的吠叫；沒有樹枝在微風中的窸窣作響；沒有喧鬧的人語破壞平靜。唯一的聲音是忘川那緩緩流動，十分誘人入睡的水聲。睡神門前有罌粟花盛開，還種有很多讓人昏昏欲睡的香草。在屋內，睡神躺在毛茸茸的黑色軟榻上面。伊瑞絲穿著彩色斗篷，橫越天空，留下一道彩虹曲線；她走入睡神家裡，那間黑暗的屋子頓時被她的彩衣照得閃閃發亮。即使如此，伊瑞絲還是很難叫睡神張開沉重的眼睛，讓睡神了解朱諾的命令。不過一旦她確定睡神已經清醒，而且了解他的任務之後，伊瑞絲馬上奪門飛走，擔心自己會陷入永恆的睡眠。

老睡神搖醒兒子摩爾菲斯（Morpheus），要兒子執行朱諾的命令。摩爾菲斯的本領是他可以化身成任何人；他接過命令，便展開無聲的翅膀，穿過黑暗，站在阿爾柯妮的床邊。他化身為淹死的希茲，赤裸著濕淋淋的身體，在榻前彎身對阿爾柯妮說道：「我可憐的妻子，看，妳丈夫回來了。

妳還認得我嗎？還是我死後的臉已經變了？阿爾柯妮，我已經死了。海水淹沒我的時候，我一直呼喚著妳的名字。我已經沒有希望了。請為我哭泣吧，別讓我在前往冥界的路上，無人為我哭泣。」阿爾柯妮在夢裡呻吟，伸手想拉住他。她大聲哭叫：「等等我。我跟你一起走。」這一哭把她自己吵醒了。醒來後，她知道自己的丈夫已經死了。她相信剛才看到的不是夢，而是她丈夫本人。「我看到他了，他就站在那裡。」她自言自語道：「他看來好可憐。他死了，我也應該快快跟他一起死。他死去的身體仍然在大海漂流，我怎能還留在這裡？我的丈夫，我不會離開你；我不會想辦法活下去。」

黎明剛露出第一道曙光，她已經走到海邊，走到突入海中那塊高起的崖岸，當時她就在那裡送丈夫啟航出海。她凝視海面，看到遙遠的海面上似乎有東西漂了過來。隨著潮汐，那東西越來越近了。最後，她發現那是一具屍體。她憐憫地看著那屍體漂向她。現在那屍體已經漂向她站立的崖岸之下，幾乎就在她身旁。就是他，希茲，她的丈夫。她馬上跳入水裡，哭著說：「是你嗎？親愛的！」就在這時候，喔，奇異的事情發生了。阿爾柯妮並未落水，相反地，她發現自己飛在水面上。她長出了翅膀，身體長滿了羽毛。原來她已經變成了一隻鳥。眾神是仁慈的。他們也把希茲變成小鳥。當阿爾柯妮飛到希茲附近，希茲已經不見了。希茲跟阿爾柯妮一樣，他也化成了小鳥，跟她一起飛行。不過，雖然他們的肉身已經改變，他們的愛卻沒變。他們永遠在一起，在水面上飛行。

每年，大海連續七天安靜無風，那是阿爾柯妮在海上孵蛋的日子。等小鳥孵出來，海上那種奇異的平靜魔法就消失了。每年冬天，當這種奇異的平靜日子到來，人們就依她的名字命名，把這段時日稱為阿爾柯妮日（Alcyon），或另一個更為常見的稱呼，即海柯妮日（Halcyon）。在海柯妮日，人們看見：

平靜的小鳥漂浮在平靜的海面上孵蛋。

畢馬里翁和嘉拉蒂

這則故事只有奧維德講過，所以故事裡的愛神自然是維納斯。這是一個很好的例子，顯示奧維德把神話寫得活靈活現的本事。關於這方面的討論，請看〈序論：古典神話簡介〉。

賽普路斯有個年輕的天才雕刻家，名叫畢馬里翁（Pygmalion）。這位雕刻家很討厭女人；他極端厭惡上天賦予女人的種種缺點。

他於是決定永不結婚。他跟自己說他有藝術就夠了。話雖如此，他用盡才情，雕塑的卻是一尊女像。他究竟打甚麼主意，誰也不知。要麼是他也許能夠把女人輕鬆趕出生活，但卻無法趕出腦海，要麼他決意形塑一個完美的女人，讓世人看看他們在日常生活要忍受的究竟是甚麼。

不管怎樣，他花了很多時間，專心雕塑那尊雕像，完成一件最精緻的藝術作品。那尊雕像雖然美麗，他卻無法釋懷，一直持續工作。在他的巧手之下，那尊雕像日益美麗，沒有任何女人或雕像可以跟他這尊雕像相比。當雕像臻至完美，再也無法增減一分的時候，一件奇怪的事發生了：他竟然愛上了那尊雕像，無可救藥地愛上他的創作。當然這裡必須解釋的是：那尊雕像看起來一點也不像雕塑；沒人會認為那是由象牙或石頭打造的，大家都覺得那是溫暖的、有血有肉的人體，這人體只不過暫時靜止一下下而已。這位高傲的年輕人就是擁有這種神奇的能力，可以讓藝術品看來栩栩如生。那是最高超的藝術技巧。

從那時起，畢馬里翁所討厭的女人彷彿都報了仇。沒有一個絕望的情人會像畢馬里翁那麼頹喪，那麼不快樂。他親吻雕像迷人的唇，那唇無法回吻；他撫摩雕像的手和臉，那手和臉沒有反應；他把雕像抱入懷裡，那雕像冷冷冰冰，毫無反應。有一段時日，他試圖假裝雕像有生命，就像孩子假裝玩偶有生命那樣。他給雕像穿上華美的袍子，試穿一件又一件或精緻或鮮豔的袍子，並想像雕像會很高興。他還給雕像買了一般少女都會喜歡的禮物，例如小鳥、豔麗的花朵、閃亮的淚形琥珀等，夢想著雕像會熱情地感謝他。到了晚上，他把雕像抱上床，給她蓋上又軟又暖的被子，就像小女孩玩娃娃那樣。但他畢竟不是小孩，他無法一直假裝下去。最後他放棄了，承認自己愛上的是個沒有生命的雕像。他根本就是徹徹底底地完全沒有希望。

這種奇異的單戀無法久藏，維納斯很快就知道了一切。維納斯對少見的事物向來深感興趣，其中包括新類型的戀人。她決定幫助這位有能力去愛，而且愛得很奇特的年輕人一把。

在賽普路斯，維納斯的節日當然會特別予以慶祝，因為維納斯從泡沫中誕生之後，首先接納她的就是賽普路斯人。人們以雙角鑲著黃金的白母牛供奉她，島上到處都是她的祭壇，飄散著宛如天堂的香氣。她的神殿擠滿了人。每一個悽苦的戀人都帶著禮物來向維納斯祈禱，希望維納斯讓他的情人回心轉意。這些人當中，當然少不了畢馬里翁。他不敢要求太多，只求愛神讓他找到一個長得跟雕像相似的少女。不過愛神了解他真正的心願，所以她讓畢馬里翁面前的燭火跳動三次，表示她喜歡畢馬里翁的禱告。

畢馬里翁很關心這個吉兆，他急忙回家找他的「戀人」，也就是他一手創造並且深深愛上的雕像。他看見她站在座台上，豔光四射。他撫摸她，但是不禁嚇得往後退。是他的錯覺嗎？還是雕像真的變溫暖了？他親吻雕像的唇，感覺這一次那唇變得越來越柔軟。他碰觸她的手臂、肩膀，發現雕像本來的硬度不見了，反而像是太陽底下慢慢變軟的蠟。他抱住雕像的腰，覺得有脈搏在躍動。維納斯，他想，這一定是維納斯的功勞。他張開雙臂抱著他的情人，心裡有說不出的感激和喜悅。他低頭看著他的愛，發現她正微笑地看著他，臉頰一片紅暈。

維納斯親自參加他們的婚禮，為他們祝福。但是他們後來怎麼了，我們卻不知道，只知道畢馬里翁給他的情人命名為嘉拉蒂（Galatea），給他們的兒子取名為巴弗斯（Paphos），並以這個名字給維納斯最喜愛的城市命名。

包姬絲和菲列蒙

奧維德的作品是這則故事唯一的來源。這個故事也充分顯示奧維德對細節的偏愛，還有他那種可以把童話寫得栩栩如生的本領。這則故事裡的眾神，當然都用拉丁名字。

菲利吉亞（Phrygia）是個多山的國家，這裡有兩棵樹，遠近農人都說那是偉大的奇蹟。這個傳說並不奇怪，因為那兩棵樹有一棵是橡樹，一棵是菩提樹，但那兩棵樹卻只有一枝主幹。這個故事的傳誦，主要是證明神祇無可度量的能力，也顯示謙虛與虔誠的人都將得到神的眷顧。

當朱比特吃厭了仙果瓊漿，或者也有點聽膩了阿波羅的七弦琴，有點看膩了美儀姊妹的舞蹈，他有時候會化身下凡，到人間找點冒險的樂趣。他最喜歡的同伴是墨丘利，因為墨丘利不僅風趣伶俐，而且見多識廣。一次，朱比特想下凡了解菲利吉亞人的好客精神；對朱比特來說，好客是十分重要的價值，因為在異地他鄉尋求庇護的旅客都是朱比特保護的對象。

兩位神祇於是化身為窮人，在菲利吉亞境內四處徒步旅行。他們敲遍了境內窮人與富戶的大門，祈求一點食物和住宿。但沒人理會他們。他們每一次都被無禮地驅趕，甚至有人就直接在他們面前拴上大門。他們試了幾百次，每次的結果都是如此。最後，他們來到一間最簡陋的小茅屋前，這是他們見過最破落的屋子了，屋頂只用蘆桿紮成。不過他們一敲門，大門竟然開了，裡面還傳出愉快的聲音，招呼他們進去坐。大門很低，他們必須彎下腰才能進去，不過屋裡十分舒適乾淨。一對慈祥的老夫婦友善地歡迎他們，鬧哄哄地忙著招呼他們。

老人搬來長椅，放在爐火邊，叫他們躺下來休息。老婦接著給他們蓋上柔軟的被子。她一面忙，一面跟兩位陌生旅客聊天。她說她叫包姬絲（Baucis），她先生叫菲列蒙（Philemon），結婚之後，他們就一直住在那間茅屋裡，而且一直都很快樂。「我們是窮人，」她說：「如果你願意承認自己窮，窮並沒有甚麼不好。當然知足的心也很有幫助。」她嘴裡說著話，手裡可沒停下來。只見她蹲在深色的壁爐旁，掮著灰燼裡的煤炭，直到爐火開始燃燒起來。接著她在爐火上方掛起一個裝滿水的小鍋。鍋裡的水滾了，她丈夫正好拿了一顆新鮮的高麗菜進來。她把那顆高麗菜丟入鍋裡，外加上一條原本吊在屋樑上的豬肉乾。煮這鍋菜肉的同時，包姬絲顫抖的手開始擺桌。桌腳有一根太短了，她找來一片碎碗把桌腳墊高。她在桌上擺了橄欖、蘿蔔、幾枚放在灰燼裡烤熟的雞蛋。高麗菜肉煮好後，老人推來兩張搖搖晃晃的長椅，請客人上座用餐。

一會，老人給客人拿來櫸木杯子和一個陶製調酒甕。甕裡裝著酒，不過那酒嚐起來比較像醋，還稀釋了大量的水。只是菲列蒙顯然很高興，也很自豪，因為他們還請得起客人喝酒。一看到客人的酒杯空了，他馬上又給客人斟滿。家裡有客人，兩個老人家都很高興，也很興奮，所以直到很久很久之後，他們才意識到事有蹊蹺。酒甕怎麼一直都是滿的，不管他們倒了幾杯，裡面的酒一直都是滿滿的。看到這一奇蹟，兩人面面相覷，不禁感到一陣恐懼。他們立刻閉上眼睛，默默禱告，然後顫抖著請求兩位神原諒他們粗糙的食物。「我們有一隻鵝，」老人說：「本來是應該殺來恭奉兩位的。如果兩位可以等，我們馬上可以煮好。」抓那隻鵝顯然超出他們的能力。不管他們怎麼試，那隻鵝總有辦法逃走。結果鵝沒抓著，兩位老人家卻累癱了。朱比特和墨丘利看著都覺得十分有趣。

最後，兩位老人家不得不放棄追鵝，停下來不斷喘氣。這時，兩位神祇覺得該出手了。他們真的很仁慈。「你們剛剛接待了神，」他們說：「所以你們應該得到獎賞。這個國家的居民對陌生人非常不友善，因此他們必須接受嚴厲的懲罰。不過你們兩位例外。」接著兩位神帶他們走出屋外，叫他們環顧四周。他們看了都嚇一跳，因為放眼望去，到處都是水。整座村莊全都不見了，四周變成一個大湖。雖然鄰人平日對他們並不友善，兩人還是為鄰人掉下眼淚。突然，他們的眼淚被另一個奇蹟抹乾了，原來兩人住了一輩子的小茅屋也不見了，變成一座雄偉的神殿，有高大的柱子、雪白的大理石地板、黃金打造的屋頂。

「兩位好心人，」朱比特說：「你們有甚麼願望，儘管說吧。你們的願望都會實現。」兩位老人家低聲商量了一會，然後菲列蒙說：「讓我們當祭司，管理這座神殿。對了，我們在一起很久了，請不要讓我們任何一個孤獨活著。請讓我們死在一起。」

兩位神很高興地同意了。兩位老人家在神殿裡服事很久。故事沒交代他們是否想念他們舒服的小茅屋和溫暖的壁爐。有一天，他們站在宏偉的神殿面前，忍不住談起了過去。那些日子多辛苦，可是他們多快樂啊，而現在兩人都非常非常老了。就在這時，他們突然看到對方身上長出葉子。樹皮迅速覆蓋了他們，兩人只來得及說：「別了，老伴。」話才出口，兩人已經變成樹，仍然在一起的樹。原來他們分別變成橡樹和菩提樹，但共享一根樹幹。

大家從四面八方湧過來，瞻仰這一奇蹟。樹上總掛著花圈，紀念這對虔誠忠實的伴侶。

艾迪米安

這則故事取材自西元前三世紀希臘詩人西奥克里塔斯的作品。他以真正的希臘風格講述這則故事，文風純樸簡約。

這位年輕人極為著名，生命卻非常短。有的詩人說他是國王，有的詩人說他是獵人，多數人則說他是牧羊人，不過大家都提到一點：艾迪米安（Endymion）擁有稀世的美貌，這美貌為他帶來獨特的命運。

牧童艾迪米安，
守護他的羊群，
月之女神瑟立妮
對牧童一見生情，
下凡來把牧童尋。

她到拉特穆林地，
親吻陪伴那牧童，
牧童的運命蒙受祝福，
永遠進入夢鄉，
不翻身也不轉身。
牧童艾迪米安。

艾迪米安從此不再醒來，也看不到高掛在他上方的銀色月亮。所有關於他的故事都這麼說：他永遠沉睡，長生不死，沒有意識。躺在山邊，他看來美得出奇。但他動也不動，表情冷寂如死，只除了身體還是溫暖柔軟的。夜復一夜，月神瑟立妮都來找他，以親吻覆蓋他。有人說他那神奇的睡眠是月神造成的，因為月神誘他入睡，以便永遠都找得到他。也有其他詩人則說月神付出的感情，只給她自己帶來無限痛苦和嘆息。

黛芬妮

只有奧維德說過這則故事，事實上，也只有羅馬人寫得出這樣的故事。希臘人從來不曾想到要給林中仙女穿上優雅的禮服，梳個漂亮的髮型。

神話故事有很多個性獨立，痛恨婚姻與愛情的年輕女獵人，黛芬妮（Daphne）即是其中之一。

據說她是阿波羅的初戀。但她之所以逃離阿波羅也不奇怪。神話中那些被神愛上的不幸少女，她們最後不是偷偷殺死寶寶，就是賠上自己的性命。被神看中的少女都沒有好下場，最好的結局就是流放他鄉。可是很多女人都覺得流放他鄉比死還可怕。一群海中仙女曾到高加索山探訪普羅米修斯，她們說出了當時最普遍的常識：

願你永遠別看到
天神跟我共枕同眠。
但願天上的神
永遠別靠近我。
天神看上的凡人，
躲不過神的情眼，
願這青睞與我永無緣。
與天界情人的鬥爭
不是鬥爭，是絕望。

她們這番話，黛芬妮一定不會有異議。事實上，她連凡間戀人也不想要。許多英俊合格的青年來求婚，她都拒絕了。她的河神父親彼內斯（Peneus）曾試圖勸她，還責罵過她，並且悲歎道：「我永遠都沒有孫子可抱嗎？」但黛芬妮抱著她父親，哄著他說：「最最親愛的爸爸，讓我像黛安娜那樣吧。」作父親的也只好作罷。而她則奔向濃密的森林，逍遙自在去了。

最後阿波羅看到了她。這一眼，結束了黛芬妮的一生。當時黛芬妮正在打獵。她的連身裙短至膝蓋，雙臂裸露，頭髮凌亂。即使如此，她還是非常漂亮迷人。阿波羅心想：「如果她打扮起來，穿上適當的衣服，好好梳一下頭髮，不知道會有多漂亮呢。」他本來已經為黛芬妮著迷了，這一想，更讓他心中的愛火燒得更旺。他追了上去。黛芬妮見狀立刻逃跑。她跑得很快，連阿波羅一開始也趕不上。不過他是神，他很快就追上黛芬妮。他一面跑，一面朝黛芬妮呼叫，勸黛芬妮安心。「不要害怕，」他叫道：「停下來看看我。我不是粗魯的鄉巴佬或牧羊人。我是德爾菲的主人，我愛妳。」

黛芬妮這下更害怕了，但她還是繼續往前跑。假如追她的真的是阿波羅，那她這一生算是完了。無論如何，她打算奮鬥到最後一刻。不過要來的終究會來：她感覺到阿波羅的呼吸已經就在她的頸脖之間。就在這時，她看到眼前的樹林豁然開朗，而她父親的河就在前面。她求救道：「救我，爸爸，救救我。」話一出口，她突然感到全身一陣痲木。她的腳本來跑得飛快，現在似乎根植在土裡。樹皮將她包裹起來，她頭上長出了葉子。原來她已經變成了一棵月桂樹。

阿波羅很傷心地看著黛芬妮的轉變。「最美麗的少女，我終於失去了妳，」他嘆道：「但至少妳是我的樹。我的勝利者會用妳的葉子作成花圈，戴在頭上。我的勝利，妳也有份。不論歌謠還是故事，阿波羅與月桂樹將永遠綁在一起。」

月桂樹閃亮的葉子在風裡愉快地搖著，彷彿點頭同意阿波羅的建議。

阿瑞菟莎與阿爾費斯

只有奧維德完整講過這個故事，但他的寫法並無特殊之處。末尾的詩取自亞歷山大詩人莫庫斯。

奧逖吉亞（Ortygia）是座島嶼，屬於西西里大城敘拉古（Syracuse）。島上有一道聖泉，叫阿瑞菟莎（Arethusa）。不過在這之前，阿瑞菟莎並不是泉水，也不是林泉仙女，而是一個年輕漂亮的女獵人，阿特蜜斯的追隨者。跟阿特蜜斯一樣，阿瑞菟莎也不想跟任何男子來往，她只愛打獵和自由的森林。

一天，她追捕動物追累了，而且很熱。她走到一條清澈的溪邊，溪邊長滿了濃密的銀色楊柳。再也沒有比這更好的游泳地點了，阿瑞菟莎於是脫了衣服，滑入冰涼的水裡。在全然的寂靜裡，她懶洋洋地來回游了一會。接著她覺得水中深處似乎有甚麼東西在動。她嚇壞了，急忙跳上岸。就在那時，她聽到一個聲音叫道：「漂亮的小姐，幹嘛急著離開？」阿瑞菟莎頭也沒回，迅速逃離溪邊，奔向森林。恐懼生出一股力量，使她跑得飛快。但追在她後面的，也許跑得沒她快，但體力顯然比她好。那位陌生人叫她停下腳步，說他是河神阿爾費斯（Alpheus），說他愛她，所以才跟著她。但阿瑞菟莎不想跟他糾纏，她只有一個想法：逃。那是一段長跑，但局勢很明顯：河神比她跑得久。阿瑞菟莎最後累癱了，她呼叫阿特蜜斯救她。阿特蜜斯回應她的呼救，把她變成一道泉水，然後劈開地面，在海底開出一條連接希臘和西西里的通道。化成泉水的阿瑞菟莎流入地下，在奧逖吉亞冒出來，形成一道汩汩流泉。那裡正是祭祀阿特蜜斯的聖地。

即使如此，阿瑞菟莎也未能逃開阿爾費斯。一則故事提到阿爾費斯變回河水之後，一路追著她穿過海底通道，追到泉水湧出的地方，他的河水與阿瑞菟莎的泉水在那裡合而為一。有人說希臘的花常常會從泉水中冒出來，又說如果在阿爾費斯河丟一個木杯，那杯子將會在西西里的阿瑞菟莎泉再次浮現。

阿爾費斯的河水深深流入地層，
流向阿瑞菟莎，帶著鮮花綠葉的聘禮。
愛神那頑童真是奇怪的愛情教師，
竟以神奇魔力，教會了河神潛水。

第七章　尋找金羊毛之旅

尋找金羊毛是一篇長詩的標題，此詩流行於古典時代，作者是西元前三世紀希臘詩人羅德斯島的阿波羅尼。這裡整段尋寶過程皆取自他的作品，只除了傑森與佩里阿斯（Pelias）相見的情節例外。這段情節我參考品達寫於西元前五世紀前半葉的一首著名頌歌。阿波羅尼的作品只寫到英雄回返希臘即戛然而止，所以我另外參考尤里彼得斯寫於西元前五世紀前半葉的一部作品，增添傑森與美蒂亞（Medea）回到希臘之後的故事；傑森和美蒂亞的故事是尤里彼得斯寫得最棒的一部劇作。

這三位作者的文風迥然不同。我們永遠無法以散文重述的方式再現品達，唯一可能展現的，也許只有他那獨特、生動、充滿細節的描寫。讀過《伊尼亞德》的讀者應該會從阿波羅尼聯想到維吉爾。尤里彼得斯筆下的美蒂亞、阿波羅尼的女主角、維吉爾的狄兜（Dido），此三者之間的差異，就某種程度而言，可作為「希臘悲劇是為何物」的判準。

尋找金羊毛的首領傑森是歐洲第一個展開長途旅行的大英雄。據說他比希臘最著名的旅行家，亦即《奧德賽》的主角早一個世代。他走的當然是水路；當時沒有陸上交通，所以河流、湖泊、大海就是唯一的交通要道。即使如此，旅行者要面臨的危險水陸皆有。當時的船晝行夜伏，晚上停靠的地方，可能住有妖怪或術士，而妖怪或術士有時比暴風雨和船難更具殺傷力。總之，旅行需要極大的勇氣，離開希臘國境之後更是如此。

阿果號遠航尋找金羊毛的經歷最能說明這一點。事實上，我們挺懷疑是否真有那麼一趟旅程會讓船員遇到種類如此繁多，如此稀奇古怪的考驗。不過阿果號的船員鼎鼎有名，有些甚至是希臘最著名的英雄，那些考驗他們還應付得來。

這個故事要從希臘國王阿塔瑪斯（Athamas）說起。這位喜新厭舊的國王趕走第一任妻子聶斐烈（Nephele），另娶伊諾（Ino）公主為妻。聶斐烈非常擔心她的兩個孩子，尤其擔心伊諾可能會謀害她的小兒子弗瑞科索斯（Phrixus），好讓自己的兒子繼位。她的擔心是對的。這位後母的家世顯赫，父親是底比斯（Thebes）名王卡德摩斯（Cadmus），母親以及三個姊妹都是清白善良的好女人；但伊諾不同，她決定施計謀害丈夫的前妻之子[11]。她設法取得穀種，並把種子烤熟。烤熟的種子不會發芽，地裡當然甚麼也長不出來。這是嚴重的災難，於是國王派遣使者去請示神諭，尋找方法，解決全國的大歉收。使者可能被伊諾勸服，也可能收受伊諾的賄賂，總之他變造神諭，說解決歉收的唯一方法是把小王子殺了，獻祭給神。

害怕饑荒的人民迫使國王執行神諭。時代稍晚的希臘人跟今日的我們一樣，覺得殺人祭祀很恐怖；如果這類祭祀是故事部分情節，時代稍晚的希臘人往往會改寫情節，這一則故事就是如此。那男孩被帶上祭壇後，一隻神奇的金羊突然出現，背著兄妹倆飛走了。原來荷米斯聽到他們母親的禱告，派了金羊來救他們。

當金羊飛到歐、亞海峽上空，名叫赫蕾（Helle）的女孩竟從羊背滑落，掉入大海淹死了；那道海峽後來以她的名字命名，叫赫蕾之海（Hellespont）。男孩則安全飛抵惡海（今日的黑海，當時還未被稱為友善的海）東岸的科爾基斯（Colchis）。科爾基斯人生性凶悍，但他們對弗瑞科索斯很好。國王艾厄特斯（Æetes）還把其中一個女兒嫁給他。為了感謝宙斯的救命之恩，弗瑞科索斯殺了金色公羊獻給宙斯，把寶貴的金羊毛送給國王艾厄特斯。那隻羊救了他一命，結果竟被他殺了，這件事

11　卡德摩斯王與妻女的故事，詳見本書第十八章〈底比斯王室〉。

我們可能會覺得無法理解，但他就是這麼做了。

弗瑞科索斯有個叔叔；按理，這個叔叔應該是希臘某地區的國王，但他的王位卻被侄子佩里阿斯奪走。國王的兒子當時還小，為了他的安全，國王就把他送到某個安全的地方。小王子長大成為一個勇敢的年輕人；身為正統的王位繼承人，小王子決定返鄉要回他應得的王位。

篡位者佩里阿斯早從神諭得知自己會死於親人之手，而且他必須留意只穿一隻涼鞋的人。過了一段時間，這樣的人終於出現了。只見那人一隻腳光著，另一隻腳穿著涼鞋。在其他方面，那人的穿著其實十分得體：強壯的身體罩著一件合身的外衣，肩上圍了一條防細雨的豹皮，一頭明亮的鬈髮不加修剪，長長地披在肩上。他逕自走入城裡，無畏無懼地走進人山人海的市場。

沒人認識他。大家十分好奇，互相猜測與詢問道：「那是阿波羅嗎？還是阿芙羅黛蒂的丈夫？一定不是波賽頓的兒子，他兒子全都死了[12]。」就在這時，接到消息的佩里阿斯喘著氣趕過來。看到那隻涼鞋，他十分害怕。但他努力抑制恐懼，對那陌生人說道：「你是哪國人？請你別跟我說些令人討厭和敗德的話。請告訴我實話。」那陌生人溫和地答道：「我現在回到了我自己的家鄉，我要來復興家族古老的榮譽，宙斯把這個國家賜給我父親，但現在這個國家並未得到恰當的治理。我是你堂弟，大家叫我傑森。你我必須用正確的方法來面對這問題，不必訴諸刀劍或長矛。你可以留下所有財富、牛羊和田地，不過權杖和王位你得還給我，我們不要為了這件事爭吵。」

佩里阿斯輕聲答道：「就這麼辦。但有一件事必須先處理。弗瑞科索斯死前要我們找回金羊毛，帶他的靈魂回家。神諭是這麼說的。但我老了，你比我年輕，正當盛年，你能走一趟嗎？我以宙斯

12 波賽頓的兒子在神話故事裡泰半都死了，例如貝勒洛豐（詳本書第八章），但他有一個兒子沒人說過他的結局如何，即獨眼巨人波利菲穆斯，詳本書第四章。

為誓，接下來我就把國家和統治權還給你。」話是這麼說，可他根本不相信傑森這一去還能活著回來。

傑森喜歡出外冒險。他同意去找金羊毛，並向全國公告這趟旅行。希臘的年輕人都很樂於參與，他們從四方八面來報到，全都出身最輝煌高貴的家族：最偉大的英雄海克力斯來了，音樂大師奧菲斯來了，卡斯托和波魯克斯兩兄弟，阿基里斯的父親佩琉斯（Peleus）和其他許多人都來了。天后赫拉暗中幫了傑森一把，她把冒險犯難的渴望注入每位英雄心中，使他們不屑於留在母親身邊過舒適的生活；即使這一去的代價是死亡，他們也要跟其他英雄一起共飲這杯舉世無雙的勇氣之酒。他們於是都登上了阿果號。傑森手持金杯，把酒倒入海裡祭神，呼求宙斯保佑他們旅程順利。

前方有許多可怕的危險等著他們，不少人為了共飲這一杯勇氣之酒而賠上寶貴的性命。他們第一次靠岸的地方叫連諾斯島（Lemnos），島上只有女人，沒有男人，因為男人都被反抗的女人殺光了。只有老國王例外，他的女兒許普夕琵蕾（Hypsipyle）是首領之一，她讓老國王坐在空箱裡隨海漂流，最後老國王終於抵達安全之地。不過這一群悍女挺歡迎阿果號船員，臨別還送了他們許多食物、美酒和衣服。

離開連諾斯島不久，海克力斯就與他們失散了。原來海克力斯有一個親近的隨從，是他的箭童名叫許拉斯（Hylas），這位少年拿著長頸水壺到泉邊取水，水中仙子看到他玫瑰色的俊臉，就伸出手臂抱住他的脖子想親吻他，結果許拉斯被拉入水裡，從此消失了蹤影。海克力斯瘋了似的到處找他，他一面叫一面往森林深處走去。他一心一意只想找到許拉斯，結果離海邊越來越遠；他忘了金羊毛，也忘了阿果號的同伴。他一直沒回來，傑森他們只好丟下他，繼續啟程前進。

他們接下來遇到的是人鳥妖（Harpies）。人鳥妖有若彎勾般的喙和爪，飛過之處，就會留下一股讓所有生物都要生病的惡臭。阿果號這一次靠岸的地方住著一個孤單的可憐老人，永不說謊的阿波羅曾賜給他預言能力，所以他能預告未來，正確無誤。宙斯不喜歡他的這種能力；宙斯喜歡隱藏行蹤，方便做他想做的事。當然，所有認識赫拉的人都了解宙斯為甚麼要這樣搞神祕。總之宙斯懲罰那老人，每當老人要進食的時候，他派出的人鳥妖就會俯衝下來，把老人的食物薰臭。那種惡臭，光聞就讓人受不了，別說是吃下去了。這位老先知叫菲尼斯（Phineus），阿果號的英雄看到他的時候，他已經瘦得像一個沒有生命的幻夢，全身僅剩下皮包骨，只能勉力地匍匐，而且還一直顫抖。他歡迎船員上岸，也請他們幫他。靠著他的天賦，他知道船上有兩個人可以幫他，而且也只有這兩人幫得了他，那是北風之神玻瑞阿斯的兩個兒子。大家都很同情他的遭遇，而那兩兄弟則保證一定會幫他到底。

其他船員為他準備餐點，玻瑞阿斯的兒子持劍守在他旁邊。當他的嘴就快碰到一小口食物的時候，那些可恨的怪物突然從天上俯衝而下，不只吞掉所有食物，還留下難聞的惡臭。北風之神的兒子急忙追上去，揮劍攻擊人鳥妖。假如眾神的使者伊瑞絲沒從雲端滑下來阻止，兩兄弟肯定會把人鳥妖斬成碎片。伊瑞絲說他們不能殺宙斯的手下；同時她也指著斯提克斯河發誓，保證人鳥妖今後不會再找菲尼斯麻煩。兩兄弟知道眾神憑斯提克斯河發下的誓言無可逆反，所以就回去安慰菲尼斯。那老人很高興，跟大家慶祝了一整晚。

他也提供了有用的建議，教他們如何避開危險，尤其如何避開游離岩或辛沛夾石（Symplegades）的撞擊。他說一旦海水開始產生波濤，那兩塊岩石就不斷地相互撞擊，唯一通過的方法是先用鴿子試一下，假如鴿子飛得過去，他們就有機會通過。假如鴿子被撞死了，他們就必須回頭，永遠放棄找尋金羊毛的念頭。

第二天，他們帶著一隻鴿子出發。不久，他們就看到那兩塊巨石，看來似乎不可能在那兩塊岩石之間找到出路。不過他們還是放了鴿子，看看鴿子是否通得過。幸好，鴿子安全地飛了過去，只有尾羽稍稍被夾到，掉了幾根羽毛而已。看到這情形，船員立刻用力划船跟上。岩石分開了，划手就奮力往前衝。當然他們也安全通過了，只有船尾最末端的裝飾物被夾斷。真險，只差那麼一步，他們就要葬身大海。奇怪的是，他們通過之後，那兩塊巨石就固定不動，永遠不再危及其他海員。

離游離岩不遠，有一個叫亞馬遜的女戰士國。這群女戰士的母親是酷愛和平的森林女神哈默妮（Harmony），父親是可怕的戰神阿瑞斯。她們仿效的對象顯然不是母親，而是她們的父親。阿果號的英雄倒是很樂意停船跟她們打一仗，由於她們不是溫柔的敵人，所以這一仗不可能不見血。不過風很順，所以阿果號就不靠岸，只管趕路去了。匆匆而過的瞬間，他們看到高加索山上的普羅米修斯，還聽到老鷹拍著巨翅的聲音。不過阿果號一刻也沒停。當天黃昏，他們就到了擁有金羊毛的國家科爾基斯。

當晚，他們就在科爾基斯靠岸；他們不知道會遇到甚麼考驗，不知道除了勇氣，他們還能向誰求助。他們也不知道的是：奧林帕斯眾神正為了他們而開會。赫拉擔心他們遇險，就去找美神阿芙羅黛蒂求助。阿芙羅黛蒂感到很意外，因為她跟赫拉並不熟，談不上是朋友。不過天后來求她幫忙，她還是答應盡力相助。討論的結果是：她們決定請美神的兒子丘比特施展魔力，讓科爾基斯國王的女兒愛上傑森。這個計畫對傑森很有利。科爾基斯國王的女兒叫美蒂亞，美蒂亞有很強的法力，假如她願意使用魔法幫忙，阿果號一定可以平安脫險。於是阿芙羅黛蒂就去找丘比特，並答應事成後賞給他一顆嵌有深藍色琺瑯的金球。丘比特很高興，他馬上拿起弓箭，穿過廣袤無垠的天空，從奧林帕斯山迅速飛向科爾基斯。

這時，英雄已經往王城出發，準備跟國王說明來意。一路上他們都很安全，也沒人看見他們，因為赫拉用濃霧裹著他們。一直到王宮入口，那團濃霧才消散。守衛看到門口突然來了一群年輕的陌生人，而且個個器宇軒昂，於是很有禮貌地請他們進門，並連忙派人去通知國王。

國王很快就過來歡迎他們。宮裡的僕人也隨之開始忙碌起來，生火燒水讓客人洗澡，還有準備食物等等。一片忙碌當中，美蒂亞公主偷偷走進來，想知道來了甚麼客人。當她看到傑森時，丘比特立刻朝她心口射了一箭。那箭深深穿透她的心，在她心裡燃起一把火。甜蜜的痛苦融化了她的靈魂，她的臉白一陣紅一陣的，在驚異與羞愧之中，她偷偷返回寢宮。

客人都洗過澡，用過餐，國王才詢問他們的身分與來意。這是當時的禮節，如果有人不先招待客人就問東問西，那是很失禮的。傑森說他們來自希臘，都是貴族世家或眾神的兒孫，他們願意為國王效勞，例如幫忙打仗、擊退敵人，或任何國王希望他們幫忙的事，希望藉此換取金羊毛。

國王聽後，心裡升起一團怒火。希臘人討厭外國人，但他比希臘人更討厭外國人，他根本不希望有任何外國人來訪。他心想：「如果這些人不曾在我家用餐，我一定會馬上殺了他們。」他默不作聲，想著該如何對付這群人。不久，他果然想到一個計畫。

他跟傑森說他不是對勇者有意見，只是金羊毛不能白白送人，除非他們能通過考驗，證明他們真的是一群勇者。「至於考驗，」他說：「必須是我曾經通過的考驗。」這表示他們必須給兩隻長有銅足的噴火牛套上牛軛，並駕馭這兩頭牛犁田。接著他們必須把龍牙撒入田裡。龍牙一落土，馬上就會長出一群全副武裝的武士。他們必須馬上「收割」，殺死這群武士，不然就會被武士所殺。這種收割還真可怕。「這些我都親自做過，」他說：「只有比我更勇敢的人，才配擁有金羊毛。」傑森沉默坐著。這看來一點勝算也沒有，他們沒人有那樣的力氣。過了一會兒，他答道：「我接受這次考驗，即使這考驗很可怕，即使這可能會讓我送命。」說完，他就帶船員回船上過夜。公主的心也一路跟著他回到船上。傑森的人雖然已經離開王宮，但美蒂亞一整夜似乎還能看到傑森，看到他的美、他的優雅，還能聽到他講的每句話。她擔心傑森的安危。不過這種擔心也讓她深受折磨，因為她多少已經猜到她父親的用意。

眾英雄回阿果號開會商討對策。與會的每位英雄都求傑森讓他們上場接受考驗，但傑森不同意。就在這時，國王的其中一個孫子來求見。傑森曾救過他，因此他來告訴傑森脫險的方法；他說美蒂亞公主會魔法，世間沒甚麼事是美蒂亞辦不到的，即使要星星甚至月亮停下來都有可能。如果他們能得到美蒂亞的幫忙，她一定有辦法讓傑森打敗噴火牛和龍牙武士。大家都覺得這是唯一可行的計畫，所以就催那位王子回宮幫忙遊說美蒂亞。其實不勞他們費心，愛神早就幫他們贏得美蒂亞的心了。

美蒂亞獨坐在房內哭泣，一面責怪自己羞死了，怎麼那麼關心一個陌生男子，還想屈服於瘋狂的情感，背叛自己的父親。她說：「還是死了算了。」她手裡有個精美的小盒子，裡頭藏著致命的草藥。只是她忍不住想到生命，想到世間種種美好，而這一想，陽光似乎比往昔任何時候都更加甜美了。她於是放下藥盒，決定不要再三心二意，決定用她的天賦來幫助自己所愛的人。她有一種藥膏，任何人只要塗上，那一天都會安全無虞，因為任何力量在那一天都無法傷害他。製作這藥膏的草十分難找，那是普羅米修斯的血滴在地上化生的第一株草。她把藥膏放入懷裡，出去找她的侄兒，即傑森救過的那位王子。不一會兒，她就找到那位王子，正巧那位王子的要求，全都是她本來就要做的事。所以她馬上一口答應，並請那位王子到船上去找傑森，叫傑森趕快到某一特定地點見她。

傑森一接到通知，就馬上出去找美蒂亞。赫拉在他身上施了魔法，使他看起來神采奕奕，優雅迷人，所有看到他的人都投以欽羨的目光。他一走向美蒂亞，美蒂亞就覺得自己的心好像已經離開了自己，不住地朝傑森飛去；她覺得一陣黑霧蒙住她的眼睛，她連動一下的力量都沒有。兩人面對面沉默地站著，就像兩棵高大的松樹；有風吹過，松樹才會簌簌作響，他們倆也是如此；一股愛的氣息在他們周遭流轉，他們注定要向對方傾訴自己的一切。

傑森首先開口。他請求美蒂亞好好待他，又說這本來是他的非分之想，不過美蒂亞如此美麗，他於是忍不住懷抱希望，因為如此美麗的人，心也一定很好。美蒂亞不知道如何回答，雖然她真的很想對他傾訴一切。最後，她默默拿出那盒藥膏交給他。如果傑森開口，如果可以，她會連靈魂也一併交給他。但現在兩人都只是尷尬地看著地上，只是偶爾偷偷看對方一眼，露出飽含愛意的微笑。

最後，美蒂亞終於開口教傑森如何使用那盒藥膏，又說把藥膏敷在武器上也有同樣的效果，也會讓該武器在那一天戰無不勝。又說如果太多龍牙武士衝過來攻擊他，那他就丟一顆石頭在他們中間，這樣龍牙武士就會自相殘殺，直到戰死為止。「我得要回王宮了，」她說：「你如果平安回家，請記得美蒂亞，就像我會永遠記得你一樣。」傑森激動地答道：「不管白天夜晚，我永遠都不會忘記妳。如果妳願意來希臘，妳會因這一切而受人尊敬。除了死亡，沒甚麼可以阻隔妳我。」

兩人互道晚安。美蒂亞回到王宮，為自己的叛父而哭泣。傑森則回到阿果號，派了兩位同伴去跟國王拿龍牙種子。他決定先試一下藥膏。果然，才一碰到那藥膏，他就覺得有一股不可抗拒的強大力量湧現。船員看見了，都覺得歡欣鼓舞。雖然已經萬事俱備，他們一進入會場，看到國王和所有科爾基斯人，看到兩頭噴火牛衝出圍欄，還是忍不住感到恐懼。不過傑森鼓起勇氣擋著那兩頭火牛，就像海中巨石擋著海浪。他接著強迫那兩頭牛跪下來，給牠們套上牛軛。看到傑森制服了噴火牛，大家都對他的英勇嘖嘖稱奇。他驅策兩頭牛犁田，把犁頭穩穩地壓入土裡，然後把龍牙種子播入犁溝。他一犁完田，剛剛播下的「作物」已經從地裡跳出來。那是一群全副武裝的戰士，每一個都朝他衝了來。傑森想起美蒂亞的話，馬上丟一塊石子在那群戰士之間。說也奇怪，那群戰士馬上回頭自相殘殺，紛紛死在自己人的矛下。他們流的血，把犁溝全都染紅了。這場考驗結束，傑森贏得勝利，國王則是滿心氣苦。

國王回王宮後，繼續另想辦法對付他們；他發誓絕不讓金羊毛落在他們手上。不過他不知道他注定敵不過眾英雄，因為眾英雄背後有赫拉撐腰。赫拉讓心煩意亂的美蒂亞做了一個決定：跟傑森私奔。美蒂亞當晚偷溜出王宮，疾行在黑暗的路上，往阿果號奔去。阿果號的船員正在慶祝他們的好運，全然沒想到危險和邪惡已經慢慢逼近。美蒂亞在英雄面前跪了下來，請求他們帶她一起走。她還說他們必須馬上去取金羊毛，然後馬上離開，不然他們全都會沒命。有一隻可怕的蛇看守金羊毛，但她會把蛇催眠，所以那蛇無法傷害他們。美蒂亞說得很悲痛，但傑森卻聽得很高興。他上前把美蒂亞扶起來，把她抱入懷裡，保證一回到希臘，他就娶美蒂亞為妻。他們給美蒂亞在船上安置一個地方之後，立刻按照美蒂亞的指示，來到一座神聖的灌木林。金羊毛就掛在那叢樹上。守衛的蛇看來十分恐怖，但美蒂亞勇敢地走向牠，輕輕唱起一支甜蜜神奇的催眠曲，那蛇漸漸睡著了。傑森立刻取下金羊毛，急忙趕回阿果號。當時天漸漸亮了。他們動用了所有最強壯的船員，迅速把船划向出海口。

這時，國王已經知道事情生變。他要兒子阿比圖斯（Apsyrtus）帶領一支艦隊追捕阿果號。那艦隊如此龐大，阿果號小小一隊人馬看來既無法打敗他們，也無法逃出追捕。美蒂亞再次救了他們。這次美蒂亞犯下了最可怕的罪行：殺死自己的兄弟。至於過程，一說她派人傳話給阿比圖斯，說她想回家，並且已經奪回金羊毛，希望阿比圖斯當晚在某個地點跟她相見。阿比圖斯毫無戒心地赴約，但他一到那裡就被埋伏在旁的傑森打倒。阿比圖斯死後流出的黑血爬向美蒂亞銀色的長袍，嚇得她不住地往後退。首領一死，整支艦隊就散了，出海口的航道於是敞開在阿果號面前。

另一說比較離奇。美蒂亞跟她的兄弟阿比圖斯都上了阿果號。至於為甚麼，我們不得而知，因為沒人曾加以解釋。追捕他們的是國王本人。當國王的船快要追上的時候，美蒂亞親自殺了阿比圖斯，然後把他的屍體切成塊狀丟入大海。國王不得不停下來撿兒子的屍塊。就這樣，阿果號逃出了科爾基斯。

阿果號的冒險此時差不多已接近尾聲。不過在通過光滑的巨石席拉（Scylla）和卡瑞伯狄斯漩渦（Charybodis）時，他們又遇到一次考驗。那一段海域的海浪特別洶湧，海水不停地噴湧、咆哮，捲起的浪濤噴向天際，幾乎直上雲霄。幸好他們有赫拉一路保佑，原來赫拉曾交代海中仙女隨時給英雄指引方向，讓阿果號安全返鄉。

他們的下一站是克里特島。如果沒有美蒂亞隨行，他們本來打算在那裡靠岸。但是美蒂亞說那裡住著最後一個古代銅人，名叫塔魯斯（Talus）。塔魯斯渾身是銅，刀槍不入，足踝是他唯一的死穴。美蒂亞還沒說完，塔魯斯就出現了，果然長相驚人。他命令阿果號後退，如果再靠近，他就把船砸碎。阿果號船員停下手中的槳。美蒂亞跪下來禱告，召喚黑暗力量摧毀塔魯斯。邪惡的黑暗力量聽到了她的禱告。就在塔魯斯舉起大石頭，準備丟向阿果號的時候，一股黑暗的力量讓塔魯斯擦傷足踝。只見鮮血不停地噴湧而出，直到塔魯斯倒下死去才停止。一解除了危險，船上人員於是靠岸休息，預備面對下一段旅程。

阿果號回到希臘就解散了，英雄們各自回家。傑森和美蒂亞帶著金羊毛去找佩里阿斯。但他們發現了一件可怕的事：傑森的父親被迫自殺，傑森的母親不久也因為憂傷而死去。傑森決定替雙親報仇，所以他向美蒂亞求助。到目前為止，美蒂亞還不曾讓他失望過。美蒂亞用一個巧計解決了佩里阿斯。她跟佩里阿斯的幾個女兒說她有一種返老還童的祕密魔法。為了證明她所說屬實，她在她們面前肢解了一頭老公羊，把肉塊放入一鍋沸騰的熱水裡。接著她念了一串咒語，不久，沸水裡果然跳出一隻小羊，活蹦亂跳地跑走了。佩里阿斯的女兒全都相信了。美蒂亞給佩里阿斯服下強力的安眠藥，然後把他女兒叫來，要她們把佩里阿斯切成塊狀。雖然當女兒的很希望父親變年輕，但把他肢解還是很可怕，實在難以下手。猶豫了很久，她們最後還是做了。她們把屍塊放入水裡，然後回頭找美蒂亞，希望她念咒語能讓佩里阿斯復活與回春。但美蒂亞已經走了，她不在王宮，也不在城裡。佩里阿斯的女兒這才驚恐地發現她們殺了父親。傑森總算報了仇。

另一則故事則說美蒂亞使傑森的父親復活回春，還把永遠青春的祕密傳給傑森。基本上，美蒂亞所行所事，不管好壞，都是為了傑森。她不曾想到她最後得到的回報卻是他的移情別戀。

美蒂亞（左二）肢解一頭老公羊，向佩里阿斯的女兒展示回春術

佩里阿斯死後，他們到科林斯（Corinth）定居。美蒂亞生了兩個兒子，一切看來似乎都很好。離鄉背井的生活即使很寂寞，但美蒂亞過得還算幸福。她對傑森的愛是如此的深，以至於就算失去

家人，失去國家也算不了甚麼。不過時日一久，傑森就慢慢地露出了劣根性，即使表面上他依然是個傑出的英雄。後來他竟跟科林斯國王的女兒訂了親。他認為這是一門很棒的婚姻，因為他腦海裡只有野心，從沒想到愛情或恩情。一開始，美蒂亞感到非常震驚和痛苦，情急之下，她無意間說出一些讓科林斯國王擔心的話；他擔心美蒂亞會傷害他女兒。這位國王想必單純得出奇，在給女兒訂親之前竟沒考慮這一點。總之，他派人傳話給美蒂亞，要她立刻帶兒子離開科林斯。這等於給美蒂亞判了死刑，因為帶著幼兒，遭受流放的女人是無力保護自己和孩子的。

她坐下來思考該怎麼做。她忍不住想到過去所犯下的錯誤和現在種種的不幸，現在這樣的生活她真的無法再忍受，恨不得一死了之。含著淚，她想起父親和她的家鄉；有時想到她的兄弟，想到自己的手沾滿兄弟的血（當然還有佩里阿斯的血），她不禁感到不寒而慄。當然，這時她也把一切看清了。她發現她所有的惡行和不幸都源自於她對傑森的愛、瘋狂的熱情與忠誠。就在這時，傑森來到她面前。她看著傑森，沒有說話。傑森的人就在她旁邊，但她卻覺得傑森離她好遠，只有她獨自面對她那不法的愛和破碎的生命。對此，傑森一無所感，也不知適時保持沉默。他冷冷地告訴美蒂亞，說他向來十分了解美蒂亞那種不知節制的性情；如果不是她自己愚蠢，說出那些不該說的話，她本來可以舒舒服服地留在科林斯。不管怎樣，他說他已經盡力了；又說美蒂亞這次只遭到流放，沒有被判死刑，那都要感謝他全力相助。他已經費盡力氣勸服科林斯國王。他現在來看美蒂亞，那是因為他無法棄朋友於不顧，而且他會給美蒂亞足夠的黃金和旅途上的所有必需品。

這話實在太過分了。美蒂亞再也忍不住，說出她所有的冤屈：

世間這麼多人，你獨獨

來看我？但你來得正好。
如果能說出你的卑劣惡毒，
我將可放下心中的重擔。
我救了你，希臘人全都知曉。
火牛、龍牙戰士、守羊毛的大蛇，
全是我打敗，勝利的冠冕卻由你
來戴。我高舉著救你性命的火把。
為了一個陌生的國度，
我丟下了我的父親和家——
你所有敵人都敗於我手，施計
讓佩里阿斯死於非命的是我。
沒想到你現在竟要拋棄我。
我能去哪裡？回我父親的家？
投靠佩里阿斯的女兒？
為了你，我得罪了所有人。
我本人原與他們無仇無冤。
喔，我本來有個好丈夫，
眾人稱羨的好丈夫。而今
我竟遭受流放，喔，天啊！

沒人幫我。我孤單一人。

不過傑森說救他的不是美蒂亞，而是阿芙羅黛蒂，是愛神讓美蒂亞愛上他的。再來，把美蒂亞帶到文明之邦希臘的也是他，這一點美蒂亞得要感謝他。美蒂亞還要感謝他的是，是他把美蒂亞幫助阿果號的事蹟公諸於世，因為這樣，美蒂亞才會得到希臘人的讚美。假如美蒂亞還有一點常識，她一定會為這門親事感到高興，因為這樣的聯姻不僅會給她的孩子，甚至給她自己帶來許多好處。現在她遭受流放，那也只能怪她自己太愚蠢。

不管美蒂亞究竟因欠缺了甚麼而落到這田地，她畢竟是個聰慧女子。她說她不要傑森的黃金、任何東西或幫助，她也不想再浪費口舌跟傑森說話。傑森憤然離開。「妳那頑固的傲慢，」他說：

妳的傲慢把所有對妳好的人趕走。
儘管傲慢吧，妳會為此受苦更多。

從那一刻起，美蒂亞決心為自己報仇，而且她也知道該怎麼做。

死亡，用死亡解決生命的爭端，
生命的小日子終將退場。

她決定先殺了傑森的新娘，然後——然後呢？她不要去想接下來的事。「等她死了再說吧。」

美蒂亞從衣櫃裡拿出一件非常漂亮的長袍，塗上致命毒藥，放入禮盒，包裝成一份禮物，叫兒子送去給新娘。她交代兒子，一定要叫新娘立刻穿上，表示新娘接受禮物。科林斯公主很高興地收下禮物，而且也同意試穿。但當她穿上袍子的瞬間，一陣可怕而痛苦的火焰迅速吞沒了她。她馬上倒地而死，屍骨全部化為烏有。

美蒂亞得知公主已經死了，轉念想到另一件更可怕的事。她想到沒有人可以保護、幫助她的兒子，而且他們也無處可去。他們最後可能會被賣去當奴隸，除此之外，再也沒有其他的可能了。「絕對不能讓他們為陌生人做牛做馬，」她想。

死於別人的手，更為兇狠的手？不。
我給他們生命，我也要給他們死亡。
喔，現在別懦弱，別去想他們有多年輕，
別去想他們多貼心，他們剛出生的模樣——
都別去想——我要忘記他們是我兒子，
只要一小片刻——接著就是永恆的悲傷。

傑森發現美蒂亞害死公主，怒氣沖沖地跑來，準備殺了美蒂亞。這時他的兩個兒子也已經死了。美蒂亞高高地站在屋頂上，正舉步跨入一輛由飛龍拉著的車子。那輛飛龍車帶著美蒂亞飛向天空，很快消失了蹤影。即使美蒂亞已經不見了蹤影，傑森還是一直不停地咒罵美蒂亞。他也只知道責怪美蒂亞，卻從來沒想過要責怪自己。

第八章　四篇偉大的冒險故事

這是奧維德寫得最好的其中一篇故事，敘述生動，細節描寫恰到好處，除了修飾，更增強了故事效果。

費伊登

太陽神的宮殿閃閃發亮，處處閃耀著黃金，象牙與各色寶石的光芒，裡裡外外，光輝一片。那裡永遠處於正午時分，暮光不曾降臨，黑暗與夜晚不曾到訪。極少凡人能忍受那恆久的亮光，但也極少人知道那裡的路怎麼走。

話也不能那麼說。一天，有個凡人之子鼓起勇氣走近太陽神殿。這年輕人一面走，一面停下來清清視線。此行的目的十分急迫，所以他始終沒停下腳步。他登上王宮，進入明亮的大門，走進大廳，看到光明燦爛的太陽神就坐在王座上。年輕人這時只得停下腳步，他再也無法忍受太陽神那炫目的光亮。

甚麼也逃不過太陽神的法眼。他十分慈祥地看著那年輕人，問道：「你來這裡有事嗎？」那年輕人勇敢答道：「我來尋找真相，我想知道你到底是不是我爸爸。我媽媽說是，但我只要跟同學說你是我爸爸，他們就取笑我。他們不相信我。我問我媽，但她叫我最好自己來問你。」太陽神微微一笑，抬手拿下王冠，讓年輕人可以直視他。他對那年輕人說：「過來吧，費伊登（Phaëthon）。你是我兒子。柯麗美妮（Clymene）沒騙你。你應該不會也懷疑我吧？我會給你證據。你想要甚麼，只管開口，我都會給你。我呼叫斯提克斯河，也就是神的守誓河來為我見證。」

費伊登過去顯然時常看著太陽神駕著馬車飛越天空，然後半是敬畏，半是興奮的告訴自己：「我爸爸就在那上面。」他以前也一定時常想像坐上太陽馬車，駕著神駒飛過太空，把光明帶給世界的感覺。現在聽到太陽神的話，他覺得自己這個瘋狂的夢想終於可以實現了。他馬上叫道：「爸爸，我想要代你上一天班。我唯一想要的，就是駕馭馬車一天。一天就好。」

太陽神馬上發現自己做了一件蠢事。他幹嘛要許下致命的誓言，讓自己不得不聽命於一個男孩？讓自己不得不屈服於男孩那鹵莽，隨意生起的狂想？他說：「親愛的孩子，這是我唯一不願意給你的東西。我知道我不能拒絕。我已經憑斯提克斯河發了誓。你若堅持，我必須讓步。但我相信你不會堅持。聽我說，我來告訴你你所要的究竟是甚麼。沒錯，你是我和柯麗美妮的兒子。但你是凡人，沒有凡人可以駕馭我的馬車。說實話，除了我，其他神也駕不動我的馬車，連眾神之王也不能。再來看看這段路程。這段路從海面開始，坡度非常地陡，我的馬幾乎爬不上去，雖然才一大早，牠們的精神正抖擻。到了正中天，那高度實在太高，連我都不喜歡往下看。最糟糕的部分是下降，那坡度也十分險峻，那些等待我的海神都很好奇我怎麼沒有倒栽蔥一頭掉入海裡。再來，駕馭神駒也是麻煩的事。在爬升的時候，牠們不時會發發脾氣，越來越激動，我有時都控制不了。牠們怎會聽你的？

「你可能會想，天上應該有各式各樣的奇景，像眾神的城市，到處都是美景吧？沒這回事。一路上，你會看到各種凶猛的獵食動物，例如像野牛啦、獅子啦、蠍子啦、巨蟹等，牠們每一隻都想要害你。你聽我的勸，你再看看四周，看看這裡的好東西，隨便選一個你喜歡的。如果你只想證明我就是你的父親，看到我如此擔心你的安危就是最好的證明。」

太陽神的警告，那年輕人聽來宛如耳邊風。他只看到自己眼前的輝煌情景。他看到自己神氣地站在那輛神奇的馬車裡，雙手威風凜凜地握著韁繩，引導著連眾神之王都無法駕馭的神駒。他父親為他詳細說明的那些危險，他一個字都沒聽進去。他一點也不害怕，絲毫都不懷疑自己的能力。最後，太陽神也只好讓步，不再勸他。他知道怎麼說都沒有用，而且也沒有時間了。準備出發的時間到了；東方已經露出紫光，黎明女神已經打開王宮，發出嫣紅的光芒。星星離開了天空，連那顆流連忘返的晨星都已經黯了下來。

得趕緊上路了。不過一切早已準備就緒。奧林帕斯的守門人四季女神正等著為他開門。神駒也都套上馬鞍，車子早就備好了。費伊登又驕傲又高興地登上馬車，準備出發。他已經做了選擇，不管接下來會發生甚麼事，他現在已經無法回頭。他駕著馬車，興奮地衝向天空，他其實並不知道神駒會跑那麼快，比東風還快。神駒的飛蹄穿過靠近大海的雲層，好像穿過薄薄的海霧，接著就開始爬升，進入澄明的大氣，登上高高的天空。費伊登有那麼一時片刻的心醉神迷，覺得自己彷彿就是天空之神。但突然之間一切都變了。馬車突然激烈的搖晃，車子的步調也越來越快。他失去了控制。現在控制方向的不是他，而是神駒。神駒早已知道原來的主人不在車上。這很明顯：車子的重量減輕，握著韁繩的手軟弱無力。既然原來的主人不在，那麼牠們就是主人。沒有其他人管得動牠們。於是牠們離開軌道，衝向任何牠們想去的地方，忽上忽下，忽左忽右。牠們衝向天蠍的時候，差一點就把車子撞毀。急速停車之際，又幾乎撞上了天蟹。這時，可憐的費伊登已經嚇得半昏過去。最後，他放掉了韁繩。

這個放手的訊號讓神駒更加瘋狂，更恣意地隨興狂奔。牠們一下奔向最高天，一下倒栽蔥陡然降落。地球燃起熊熊大火。首先起火的是那些最高峰，例如繆斯女神居住的伊達山（Ida）和赫利孔山（Helicon），還有帕拿索斯山，高聳入雲的奧林帕斯山。大火沿著山坡一路燒下來。最後連地勢較低的山谷，還有密林深深的平地全都陷入火海。泉水變成蒸汽，大河縮成小溪，據說尼羅河就在這時逃走，藏起源頭，而且一藏就藏到了今日。

費伊登用盡力氣，才沒從車裡掉出去。四周都是濃煙和熱氣，讓他覺得彷彿置身於火爐之中。此時他甚麼都不想要了，只想早點結束這種恐怖的折磨，即使死了他也不在乎。地母也受不了那樣的熾熱，她發出一聲怒吼，聲音直衝奧林帕斯。眾神看到人間如此慘狀，知道再不趕快出手，整個世界就會付之一炬。朱比特拿起閃電，首先打死那悔不當初的鹵莽駕駛，接著打碎車子，然後把那幾匹跑瘋了似的神駒趕入海裡。

費伊登渾身著火，從天上直直掉向地面。凡人不曾見過的神祕河神埃瑞達諾斯（Eridanus）接住他，給他滅了火。水中仙女同情他死得如此年輕，如此英勇，就好好把他給埋了，並且給他立了墓碑。上面刻著：

> 這裡躺著駕馭太陽馬車的費伊登。
> 一個曾經大敗的大勇之人。

老太陽神赫利俄斯的女兒，即赫利俄斯姊妹（Heliades）一起到墓前悼念她們的弟弟。她們就在他的墓前化身成白楊樹，佇立在埃瑞達諾斯河岸。

> 悲傷的她們永遠在那裡淚灑河中。

每一顆淚水都在河裡閃閃發光，
那是晶瑩的一滴琥珀。

佩格索斯和貝勒洛豐

這則故事有兩個情節取自早期詩人。奇麥拉（Chimaera）的故事來自西元前第八或第九世紀的詩人賀希歐，安緹依亞（Anteia）的愛情故事以及貝勒洛豐（Bellerophon）的悲劇則見於《伊里亞德》。至於其他情節，說得最好和最早的是西元前五世紀前半葉的詩人品達。

科林斯城以前叫艾菲爾城（Ephyre），當時的國王是薛西弗斯（Sisyphus）的兒子葛勞科斯（Glaucus）。當年薛西弗斯因為洩漏宙斯的祕密，給自己招來推石上山的懲罰，[13]沒想到他兒子也步上他的後塵，以令人髮指的行為惹來眾神的憤怒。葛勞科斯是個優秀的馴馬師，他為了讓馬兒敢於在戰場上衝鋒陷陣，竟給馬餵食人肉。眾神向來不喜歡暴力，所以他們決定以其人之道，還治其人之身。一日，葛勞科斯從馬車摔了出去，他的馬就把他扯成碎片吃掉了。

艾菲爾城裡有個名叫貝勒洛豐的年輕人。一般人都認為這位英俊勇敢的年輕人是葛勞科斯的兒子。不過另一種傳言則說貝勒洛豐其實有個權勢更大的父親，即海神波賽頓。由於貝勒洛豐聰明過人，身強體壯，第二則傳言似乎就比較有可能。再來，他的母親尤瑞諾美（Eurynome）雖然是個凡人，但她過去曾得到雅典娜的指導，所以她的才智幾乎可以跟眾神相提並論。因此，就各方面來說，

13 薛西弗斯洩密一事，詳見本書第二十一章。

貝勒洛豐似乎比較像神，而不似凡人。偉大的冒險故事就是發生在他這樣的人身上，因為任何危險都不能讓他卻步。不過使他留名於世的事蹟一點也不需要勇氣，連力氣都用不著。事實上，他的故事證明了：

人類發誓做不到的一切，亦無須
期盼的一切，偉大的天神以其神力
把那一切輕輕放入人的掌心。

貝勒洛豐最想要的東西是佩格索斯（Pegasus），那是一匹飛馬，當年柏修斯（Persens）殺死蛇髮女妖時，女妖滴下的血，後來就化身為佩格索斯。這匹馬：

飛行不知倦怠的雙翼馬，
掠過天空，其行如風。

有佩格索斯在的地方，就有神蹟。繆斯女神居住的赫利孔山有一座詩人最愛的泉水，叫希波科泉（Hippocrene），相傳佩格索斯以蹄觸地，地上就湧出了這座名泉。如此神奇的生物，誰能將之馴服？為了這不可能實現的願望，貝勒洛豐十分痛苦。

他求助於艾菲爾城睿智的先知波利伊度斯（Polyidus），後者叫他去雅典娜神殿睡一覺，因為雅典娜會進入夢中跟人說話。貝勒洛豐於是就去了雅典娜神殿，並在神壇旁邊睡了一覺。在夢裡，他似乎看到女神站在他面前，手裡拿著一樣金色的東西。她說：「還在睡嗎？別睡了，趕緊起來。這是個魔法物件，可以迷倒你要的那匹馬。」貝勒洛豐乍醒跳了起來。女神消失了，但地上有一個漂亮的金色馬鞍。他從來沒見過那麼神奇美麗的馬鞍。他拿著馬鞍，滿懷希望地出外尋找佩格索斯。最後他在科林斯城的聖泉皮瑞尼（Pirene）看到佩格索斯。佩格索斯正在喝水。貝勒洛豐慢慢地走向佩格索斯。但那匹飛馬平靜地看著他，既不驚慌，也不害怕。貝勒洛豐不費一點力氣就給飛馬套上馬鞍。雅典娜的魔法奏效了。貝勒洛豐如願以償，成為佩格索斯的主人。

穿上一身銅製盔甲，貝勒洛豐跨上馬背，策馬奔馳。飛馬似乎也跟主人一樣，很喜歡這活動。貝勒洛豐現在是天空的主人了，想飛哪，就飛到哪，大家都非常羨慕他。事實證明，飛馬不僅可以為他帶來歡樂，在他需要幫忙的時候，飛馬也可以助他一臂之力。這很重要，因為各種艱難的考驗正等著貝勒洛豐。

不知怎地，貝勒洛豐後來殺了他的哥哥。我們不知道這樁慘案的緣由始末，因為故事的作者沒說。我們僅知那是意外。手刃親人畢竟有罪，所以他去找阿果城的國王普羅托斯（Proetus），請國王為他滌罪。他的冒險故事就在這裡開始，考驗也從這裡展開。其中的關鍵是普羅托斯的妻子安緹依亞愛上了他，但貝勒洛豐並不想跟安緹依亞有任何瓜葛。安緹依亞非常憤怒，一狀告到普羅托斯那裡，宣稱貝勒洛豐對她無禮，必須處以死刑。普羅托斯固然也很生氣，但他不願動手殺貝勒洛豐，因為貝勒洛豐曾跟他同桌共飲，他不能對客人動粗。不過他設計了一個目的相同的計畫。他請貝勒洛豐送一封信到小亞細亞，交給呂基亞（Lycia）國王。貝勒洛豐馬上答應。有了飛馬，長途旅行一點也不成問題。呂基亞國王以古老的禮節招待他，辦了一連串豐富的宴會為他洗塵，直到第九天，國王才請他把信拿出來，並得知普羅托斯要他殺了眼前這位年輕客人。

不過他也不想殺害客人，理由跟普羅托斯一樣：他並不想得罪宙斯，因為宙斯最討厭違反主客之道的人。但把眼前這位陌生人和飛馬送上另一段旅程則不成問題。所以他請貝勒洛豐去殺噴火怪物奇麥拉，深信他這一去必死無疑。一般認為奇麥拉是打不倒的，因為牠長相奇異：獅頭，蛇尾，羊身，而且牠是：

龐大迅捷強壯的可怕生物，
吞吐著無可熄滅的火焰。

對於騎著飛馬的貝勒洛豐來說，他根本不用靠近那頭噴火的怪獸。他騎著飛馬在天上盤旋，伺機一箭就結果了那怪物，一點也談不上涉險。

任務完成，他毫髮無傷地回到阿果城。普羅托斯看他竟然回得來，只好另想辦法打發他。他派貝勒洛豐去攻打強大的蘇力米人，貝勒洛豐打贏了；他又派貝勒洛豐去打亞馬遜人，貝勒洛豐也得了勝仗。最後普羅托斯被他的勇氣和好運折服，與他成為好友，還把女兒嫁給他。

貝勒洛豐在阿果城快樂地生活了一段時間。但後來他卻把眾神給惹火了。急切的野心加上偉大的成就，他

貝勒洛豐騎乘飛馬佩格索斯打敗噴火怪物奇麥拉

忍不住變得「心比天高」。這是眾神最不能容忍的事。原來他試圖騎馬飛上奧林帕斯山，深信自己跟眾神無二無別。飛馬比他聰明多了，牠不肯合作，把貝勒洛豐甩下馬背，逕自走了。貝勒洛豐從此失去眾神的歡心，獨自到處流浪，最後鬱鬱寡歡而死。

佩格索斯後來在奧林帕斯的馬廄裡找到落腳處，那裡住著宙斯的天馬。在所有的天馬當中，以佩格索斯最為傑出。關於這一事實，我們有詩人的作品為證；在許多詩人的作品裡，我們看到宙斯想用雷電的時候，負責把雷電帶給宙斯的正是佩格索斯。

奧圖斯和艾菲亞迪斯

這則故事典出《奧德賽》和《伊尼亞德》，不過只有阿波羅度斯所講的故事是完整的。阿波羅度斯大約寫於西元第一或第二世紀，他的作品通常很無聊，但比起其他作品，這篇作品還算小有趣味。

故事裡的雙胞胎兄弟奧圖斯（Otus）和艾菲亞迪斯（Ephialtes）是巨人族，但他們長得不像古代那些巨人；相反地，他們身形挺直，長相高貴。荷馬說他們是：

大地滋養的生物，至高也至美，
其後逸處，僅次無敵的奧利安。

維吉爾只提到他們瘋狂的野心。在他筆下，他們是：

> 魁梧的雙生子，欲以其手
> 毀穹蒼，意欲推翻朱比特。

這對雙胞胎巨人據說是伊菲梅蒂亞（Iphimedia）或卡娜絲（Canace）的兒子。不管他們的母親是誰，他們的父親必定是波賽頓。有時候他們也會被稱為阿羅伊斯之子（Aloadae），因為阿羅伊斯（Aloeus）是他們母親的丈夫。

年輕的時候，他們向眾神挑戰，自認他們比眾神高竿。他們囚禁戰神阿瑞斯，用鐵鍊把他捆起來。奧林帕斯神不想用武力強迫他們釋放阿瑞斯，所以就派精明能幹的荷米斯出馬，用計在夜裡偷偷把阿瑞斯救回來。這樣一來，那兩個自負的年輕巨人就更加狂妄了。他們出言威脅眾神，說他們打算效法古神，把佩里翁山（Pelion）疊在奧薩山（Ossa）上面，丈量一下天堂的高度。這話一出口就太過分了。眾神再也忍無可忍。宙斯於是拿出了雷電，準備還以顏色。此時，波賽頓開口替兒子求情，說他會回去好好管教兒子。宙斯同意了，波賽頓也說話算話，把兒子調教一番。看到兩兄弟不再威脅天庭，波賽頓覺得挺寬慰的。不過事實上，他們心裡已經在算計其他更有趣的計畫了。

奧圖斯覺得拐走天后赫拉一定很刺激，艾菲亞迪斯則愛上了阿特蜜斯，或者他自以為是如此。事實上，兄弟倆只關心對方，也只忠於對方。他們用抽籤來決定誰先下手誘拐心上人，結果艾菲亞迪斯抽中頭籤。於是他們就上山入林，到處尋找阿特蜜斯。最後他們在海邊找到她，她當時正直直地走向大海。阿特蜜斯知道他們的詭計，也知道如何懲罰他們。看到他們朝她奔過去，她沒停下腳步，逕自走在海面上。波賽頓的兒子都有一個本事：走在水上也像在陸地上跑一樣輕鬆。所以他們也走向大海，繼續跟在阿特蜜斯身後。阿特蜜斯把他們引到長滿樹林的納索斯島。一到島上，她就消失不見了。兩兄弟只看見一頭漂亮的白色母鹿正往林子裡跑去。一看見母鹿，他們頓時忘了阿特蜜斯，轉而追趕那頭母鹿。一直追到林中深處，那頭母鹿也不見了。所以他們分頭尋找，以便更快找到牠。不久，他們就在同一時間看到那頭母鹿豎著耳朵，站在林中空地上，但兩人都沒看見那頭母鹿背後的樹叢正躲著自己的兄弟。兩人都拔出長矛，往母鹿擲去。母鹿霎時不見了，但他們的長矛已穿過林中空地，射入林子，射中了藏在樹後的目標。兩個高大的年輕獵人同時倒了下去，身體被自己兄弟的長矛射穿。他們殺了自己的兄弟，也被自己所愛的兄弟殺了。

這就是阿特蜜斯的復仇。

戴達洛斯

奧維德和阿波羅度斯都講過這則故事。阿波羅度斯差不多比奧維德晚一百年，他是個很平凡的作者，但奧維德不然，奧維德講起故事，生動傳神。不過這則故事我選擇了阿波羅度斯的版本，因為在這則故事裡，奧維德顯露出他最壞的敗筆：過於耽溺情感與感嘆。

戴達洛斯（Daedalus）是個工匠，他在克里特島設計了舉世知名的拉比林特斯（Labyrinth）迷宮，用來囚禁人首牛身的怪物米諾陶（Minotaur）。他把逃出迷宮的方法告訴雅瑞安妮，雅瑞安妮因此得以幫助翟修斯走出迷宮[14]。國王米諾斯知道翟修斯帶著雅典人逃離迷宮，確信這是戴達洛斯搞的鬼，所以他下令把戴達洛斯和他兒子伊卡洛斯（Icarus）關入迷宮。如果沒有導引之物，建造者自己也無法走出迷宮，再也沒有比這個更能證明迷宮的優良設計了。不過戴達洛斯畢竟是個偉大的創造者，一點也不驚慌；他跟兒子說：

水路陸路都可能遭受攔截，
逃向天空則無所限制。

他製作了兩對翅膀。父子倆戴上翅膀，準備起飛。離去之前，戴達洛斯警告兒子一定要飛在海天之間，因為飛太高，太陽會熔掉翅膀的黏劑，使翅膀掉下來。不過就像所有的故事，老人說的話，年輕人總是當耳邊風。父子倆輕易飛離克里特島之後，伊卡洛斯非常高興，對飛行這一新奇的能力感到十分興奮。他越飛越高，一點也不理會父親焦急的警告。最後他的翅膀熔化，連人帶翅落海，遭海水吞沒。痛苦的父親則是安全地飛到西西里，獲得西西里國王親切的接待。

戴達洛斯逃走後，米諾斯氣瘋了，決意非找到他不可。他讓人到處宣告，聲言誰可以把線穿過一個十分複雜的螺貝，誰就可以得到一筆大獎金。戴達洛斯跟西西里國王說他辦得到。他在貝殼末端打了一個小洞，把一條線綁在螞蟻身上，再把螞蟻放入小洞，關上洞口。當螞蟻從另一端爬出來時，那條線當然已經穿過貝殼裡面每個彎曲迂迴的角落。米諾斯說：「這方法只有戴達洛思想得出來。」他於是去西西里抓戴達洛斯，但西西里國王不肯放人。最後米諾斯在決鬥中被殺身亡。

14 雅瑞安妮與翟修斯的故事有兩個版本，見本書第二章與第十章。

第三部 特洛伊戰爭之前的英雄

第九章 柏修斯

這則故事可歸類為童話。荷米斯和雅典娜的角色就像《仙履奇緣》（*Cinderella*）裡的神仙教母，魔袋和魔帽也是各地童話故事時常出現的物件。希臘神話中，魔法扮演決定性角色的，僅此一篇而已。希臘人似乎很喜歡這個故事，常見於許多詩人筆下。西元前六世紀的田園詩人，即科西奧的西莫尼德斯（Simonides of Ceos）即曾寫過達娜葉（Danaë）坐在木箱漂流的故事，那是西莫尼德斯詩中最有名的片段。奧維德和阿波羅度斯也曾完整講過這一故事；阿波羅度斯大約比奧維德晚一百年，就這篇故事而論，阿波羅度斯比奧維德技勝一籌。阿波羅度斯的文風純樸直接，奧維德卻極為冗長，例如他用了一百多行才殺死海蛇。我在這裡用的是阿波羅度斯的版本，另外增加某些擷取自西莫尼德斯的片段，並少許地引用了幾位詩人的作品，例如賀希歐與品達。

阿果斯（Argos）的國王阿克瑞希斯（Acrisius）只有一女，名叫達娜葉。達娜葉豔冠全國，但國王一點也不高興，因為他要的是兒子。他去德爾菲神殿問神，想知道他命裡到底有沒有兒子。女祭司跟他說沒有，還說了一件更糟的事：有一天他將會死於外孫之手。

要逃過這一劫，唯一的辦法就是馬上殺了女兒，而且為了保險，他得親自動手。國王當然不想這麼做。倒不是他有強烈的父愛，而是害怕眾神的懲罰。對手刃親人的人，眾神向來都會予以嚴懲。國王雖然不敢殺女兒，但他命人建了一間銅屋，把銅屋埋入地裡，只留部分可以開關的屋頂通風透氣。銅屋建好後，他就把女兒關進去，並派人嚴加看守。

美人兒達娜葉只得忍耐，
把愉悅的日光換得銅壁四牆，
生活有如囚犯，香閨幽祕如冢。
宙斯化成一陣金雨，
飄落閨中把她尋訪。

達娜葉公主整日無所事事，只能看看屋頂上飄過的雲打發時間。神祕的事情發生了，一陣金雨從天上灑落，填滿她的臥房。至於她如何知道這陣金雨是宙斯變的，詩人沒說，我們也不得而知。總之她知道她生下的孩子是宙斯的。

她把孩子藏得很好。好一陣子，國王都不知道銅屋裡多了一個小孩。但銅屋的空間有限，要把一個孩子永遠藏起來越來越困難。有一天，國王終於看到那個名叫柏修斯的小男孩。國王怒叫道：「妳的小孩！那他的父親是誰？」達娜葉很驕傲地答道：「宙斯。」國王一點也不相信。但有一件事他倒是很確信：這男孩對他的生命是個威脅。當然他也不敢殺那男孩，理由和他不敢殺女兒一樣：害怕宙斯和復仇女神會來找他算帳。雖然他

達娜葉母子被國王阿克瑞希斯（右）裝進箱子放到海上漂流

不能馬上殺了女兒母子，他卻可以用某個迂迴的方式置他們於死地。他命人打造一個大木箱，把那對母子關進去，然後連人帶箱地丟入大海。

就這樣，達娜葉和她的小兒子坐上那條奇異的「船」，漂洋出海。太陽下山了，海上只有她孤孤單單地漂流著。

她坐進雕花木箱，忍受風浪侵襲，
恐懼入心的她伸手摟緊柏修斯，
流著淚把孩子輕輕抱緊。
她說：「孩子啊，我這麼傷心，
你卻睡得這麼甜，我的小寶貝。
你沉沉入眠，在這沒有歡樂的家，
一個黃銅綑紮的木箱。這觸目的暗夜，
還有洶湧的浪，多靠近你柔軟的鬈髮，
但你聽不見那呼呼叫囂的風聲，
可愛的小臉只管偎著紅斗篷沉睡。」

一整夜，達娜葉坐在顛簸的木箱裡，聽著陣陣彷彿要把他們母子淹沒的海浪聲。黎明來了，但黎明並無法帶給她任何安慰，因為關在箱子裡，她甚麼也看不見。當然她也看不到周圍的小島，許許多多的小島。她只知道有一個大浪把木箱高高推起，迅速前行，然後退去，把木箱留在某個堅固平穩的地方。她知道她上岸了，她和兒子安全了。但她還是無法出來。

這時命運來插手了，或許是宙斯出手相助也說不定；截至目前為止，他還不曾為他的情人或小孩做過任何事。總之，一位名叫狄提斯（Dictys）的好心漁夫發現了達娜葉母子。他在海邊看到那個大箱子，於是破箱救出達娜葉母子。他把那對可憐的母子帶回家，他太太也是好心人，加上他們沒有子女，所以就把達娜葉母子當作自己的孩子來照顧。達娜葉母子就在狄提斯家住了很多年，達娜葉也樂於讓柏修斯跟著老漁夫學捕魚。捕魚不是甚麼了不起的大事業，但至少是個無災無禍的工作。不過災禍最後還是來了。波律德克特（Polydectes）是該島的統治者，生性殘忍無情。一開始，他似乎沒注意到達娜葉母子。過了一段時日，他卻突然注意到達娜葉。這時柏修斯已經成年，但達娜葉看起來依然年輕豔麗。波律德克特愛上了她，想要娶她為妻，但他不要柏修斯。所以他想了一個計謀除掉柏修斯。

有一座島上住了三個統稱郭珥貢的可怕怪物。這三個怪物遠近知名，因為她們擁有可怕的毀滅力量。顯然波律德克特曾經跟柏修斯談過那三個怪物，他大概說過全世界他最想要的東西就是郭珥貢的頭。從他後來的計畫看來，他應該是跟柏修斯說過這樣的話。一天，他宣佈他快要結婚了，請朋友到家裡慶祝，柏修斯也接到他的請帖。按照禮俗，每位客人都給準新娘帶了禮物。但柏修斯卻沒甚麼東西可以送禮。柏修斯年輕、驕傲、敏感，他吞不下這份侮辱。所以他當場站了起來，在所有人面前說他會帶來國王最想要的禮物，而且這禮物比所有人的禮物都要珍貴。他說他要去郭珥貢居住的小島，殺了梅杜莎（Medusa），然後把梅杜莎的頭送給國王當結婚禮物。這話正合國王的心意。沒有一個神智清醒的人會提出這種建議。原來梅杜莎是其中一個郭珥貢。

她們共有三個，每個都長有翅膀，
留著蛇狀頭髮，凡人見了都膽寒。
沒人見了她們，還能再次吞吐
生命的氣息。

原來任何人只要看郭珥貢一眼，就會馬上化成石頭。受傷的自尊竟然促使柏修斯說出這麼空泛的大話。沒有人可以赤手空拳殺了梅杜莎的。

不過柏修斯傻人有傻福，因為有兩位偉大的神會照顧他。一離開王宮，他就上了船，不敢先回家跟母親稟報他的行蹤。他直接航行到希臘，四處打聽郭珥貢的下落。他去德爾菲神殿問神，女祭司甚麼也不肯多說，只叫他去找一個國家，那裡的人不吃金色的穀物，只以橡實為食。所以他就去了橡樹國多多納，那裡有會說話的橡樹傳達宙斯的意旨，還有只用橡實做麵包的瑟利人（Selli）。然而瑟利人也只說柏修斯受到神的保護，又說他們也不知道郭珥貢的住處。

荷米斯和雅典娜甚麼時候來幫柏修斯，沒有一則故事提到這一點。但在他們出手幫忙之前，柏修斯一定十分沮喪。在四處流浪的過程中，他最後遇到一個奇異漂亮的人物。從許多詩歌裡，我們很清楚這人的長相。那是一個年輕人，正當青春正好的年紀，容光煥發，手裡拿著一根頂端刻著翅膀的金色手杖，其他年輕人大概不會拿著那玩意兒四處遊走。他腳上穿著帶翼的涼鞋，帽子上也生了一雙翅膀。看到這個人，柏修斯心裡很高興，因為他知道這一定是荷米斯，專門指導人類獲得好處或賜予人類好處的神。

容光煥發的荷米斯告訴柏修斯，要攻擊梅杜莎，得要有適當的配備，而那些配備都在北方仙女那裡。但是要找到北方仙女，他們首先必須找到灰女（Gray Women），因為只有灰女知道北方仙女的居所。灰女住在一個幽暗且灰撲撲的國度裡，那裡一切都籠罩在暮光之中，白晝無日，夜晚無月。名如其實，三個灰女全身都是灰色，枯朽猶如老者。她們長得真是奇怪極了，最怪的是，她們三人共用一顆眼睛。她們的習慣是輪流使用，其中一人用了一陣子後，就把眼睛從額頭上取下，交給另一個使用。

這些都是荷米斯跟柏修斯說的。接著他跟柏修斯談起他的計畫，他說他本人會給柏修斯帶路，到了灰女的國度，柏修斯必須先躲起來，等他看到灰女取下眼睛，他必須趁她還來不及交給另一個灰女之前，趕快把眼睛搶過來，因為在那一瞬間，她們三人沒有一個看得見。接著他必須威脅灰女，要灰女告訴他北方仙女的住處，不然就不還給她們眼睛。

至於荷米斯自己呢？他說他會給柏修斯一把劍，那是一把利劍，可以刺入郭珥貢的金色鱗片，不管鱗片有多硬，劍都不會彎曲斷裂。那是很棒的禮物沒錯。但一把劍有甚麼用呢？持劍的人還來不及走到攻擊範圍，就會被怪物化成石頭。不過這也不用擔心，另一位偉大的神就在近處準備幫忙。這時雅典娜出現了，她取下胸前明亮的圓形銅盾，交給柏修斯。她說：「你攻擊郭珥貢的時候，眼睛要看著這個，你可以在這裡看到她，就像鏡子一樣，這樣你就可以避開她致命的魔力。」

柏修斯現在很有理由懷抱希望了。到暮光國度的路很遠，得越過奧西安大河，走入辛莫力安人的黑色國度的邊境。但柏修斯不可能迷路，因為他有荷米斯做嚮導。他們最後找到了灰女。在那搖動的光影裡，灰女看來就像三隻灰色的大鳥，因為她們的形體像天鵝。柏修斯照著荷米斯先前的交代行事。他等其中一人取下眼睛，然後在她把眼睛交給另一個人之前，趕緊把眼睛搶過來。她們一開始還不知道眼睛已經被搶了。每一個都以為是另一個取走眼睛。就在這時，柏修斯說話了。他說是他拿走眼睛的，但是如果她們願意幫忙他找到北方仙女，他就會把眼睛還給她們。灰女馬上就跟柏修斯說了詳細的路線，為了拿回眼睛，她們甚麼都願意做。柏修斯於是還了眼睛，踏上她們指點的旅程。雖然他並不知道，不過他正要去的地方，正是北風之神後方的北方樂土。據說這塊樂土很難找：「不論海陸還是陸路，無人找得到北方樂土之民的住處。」不過柏修斯一點也不擔心，因為他有荷米斯的陪伴。最後他們來到了居民日日笙歌的快樂國度。北方樂土的居民熱烈招待柏修斯，請他參加宴會，觀賞少女隨著笛子與七弦琴翩翩起舞。飲宴與歌舞結束後，他們就把柏修斯要的東西給他。這三樣禮物是：一雙帶翼涼鞋、魔法袋和隱形帽。魔法袋可以容納任何東西，不論大小都可隨之調整形狀，最重要的是那頂隱形帽，任何人只要戴上，就可隱形。帶著這三樣禮物，加上雅典娜的圓盾與荷米斯的劍，柏修斯準備好要去殺郭珥貢了。荷米斯知道郭珥貢的住處，所以他們就離開北方樂土，飛越奧西安大河，橫越海洋，來到那三個女妖居住的小島。

運氣實在太好了，他們到達的時候，三個郭珥貢正在睡覺。透過圓盾的銅鏡，柏修斯很清楚地看到她們。她們生有巨大的翅膀，身上佈滿金色鱗片，頭髮是一團糾纏的小蛇。此時，兩位神祇都陪在柏修斯身邊。他們告訴柏修斯哪一個郭珥貢是梅杜莎。這一點很重要，因為只有梅杜莎才會死，其他兩個郭珥貢都是不死之身。柏修斯穿著帶翼涼鞋，在女妖上空盤旋。透過銅鏡，他緊盯著目標，然後揮劍砍向梅杜莎的頸部。雅典娜引導著他的手，所以他只一劍就把梅杜莎的頭砍下來。整個過程中，他眼睛始終盯著銅鏡裡的影像，不曾移開。接著他向下低飛，一手抄起地上的頭顱，丟入魔法袋。袋子自動貼緊著頭顱，把袋口綁好。他現在一點也不用怕那顆頭顱了。但就在這時，另外兩個郭珥貢突然醒來。她們發現姊妹被殺，急忙飛過來追捕兇手。不過柏修斯並無危險，他馬上戴上隱形帽，隱去身形。兩個郭珥貢就找不到他了。

達娜葉之子，濃髮的柏修斯，
穿著帶翼的涼鞋在海上疾行，
飛快閃過，如思緒轉瞬即逝。
身側的銀袋，
美麗又奇異，
裝有怪物的頭。
瑪依亞之子荷米斯，
宙斯的信使，始終
在他身旁陪伴。

回程的路上，柏修斯經過伊索匹亞，停在那裡休息。這時荷米斯已經離開了。柏修斯發現有個美麗的少女被綁在海邊，等著被可怕的海蛇吞掉。這一場景，後來的海克力斯也會經歷到。不過眼前柏修斯看到的少女名叫安卓美妲（Andromeda）。安卓美妲有個愚蠢且虛榮的母親。

遭天譴的伊索匹亞女王，
盛讚自己美麗勝神仙，
終究得罪了海中眾仙。

原來安卓美妲的母親竟然誇耀自己比海神尼勒沃斯的女兒漂亮。在那些年代，任何人只要誇耀自己比神厲害，不論美貌也好，能力也好，包管會給自己招來厄運。雖然如此，人的自負毛病似乎總也改不了。這一次，神沒有懲罰誇耀者，即卡西歐佩（Cassiopeia）王后，反倒懲罰她的女兒。已經有很多伊索匹亞人被海蛇吞食了，按照神諭，唯一能消除災難的方法就是把安卓美妲獻給海蛇。人民脅逼安卓美妲的父親柯斐斯（Cepheus），柯斐斯最後也只好答應了。柏修斯第一眼就愛上安卓美妲，所以他守在安卓美妲旁邊；等海蛇一出現，他就把蛇頭砍了下來，就像他砍掉郭珥貢的頭那樣。無首的蛇身掉入大海，消失蹤影。柏修斯帶著安卓美妲回去找國王與王后，並請國王把女兒嫁給他。國王和王后很高興地答應了。

柏修斯帶著新娘，航向他童年居住的小島。到了小島，卻發現他的家空無一人。原來漁夫狄提斯的妻子早已死亡，他的母親拒婚，惹惱了國王波律德克特，所以狄提斯和達娜葉不得不逃離家園，隱居起來。從鄰人口中，柏修斯得知狄提斯和達娜葉躲在神殿裡，他也得知國王此時正在王宮舉行宴會，所有親近的大臣也都在那裡。柏修斯知道他的機會來了。他於是往王宮出發，直接進入大廳。他站在門口，胸前戴著雅典娜閃亮的圓盾，腰側掛著銀色的魔法袋，每個人的目光一時全都投注在他身上。趁他們能夠移轉目光之前，柏修斯高高舉起了

安卓美妲 因為母親誇耀自己比神美麗，而受到懲罰獻給海蛇，後為柏修斯相救，並成為柏修斯之妻

梅杜莎的頭。就那麼一眼，國王和大臣全都變成了石頭。一整排的石像，全坐在原地，每張臉上都凝固著初見柏修斯的驚訝表情。

暴君死了，柏修斯很容易就找到從小待他如子的狄提斯和他的母親。他立狄提斯為王，但他和達娜葉並不想繼續居留小島，他們決定帶著安卓美妲回希臘，看看阿克瑞希斯的態度是否已經軟化了，畢竟他把母子倆放入木箱，流放出海，至今已經過了很多年。或許現在他會願意接納自己的女兒和外孫？不過他們到了阿果斯，卻發現阿克瑞希斯早已出城，而且沒人知道他的行蹤。不久，柏修斯聽到北方的拉瑞沙（Larissa）國王正在舉辦運動大會，他於是啟程去參加比賽。在比賽擲鐵餅時，那沉重的鐵餅卻打了個旋，落在觀眾席上，把其中一個觀眾打死了。那位觀眾就是拉瑞沙國王的訪客，也是柏修斯的外祖父阿克瑞希斯。

阿波羅的神諭到底還是實現了。假如柏修斯覺得傷心，他只要想想他的外祖父曾千方百計想要殺害他和他母親，或許這可以讓他稍微釋懷。總之，阿克瑞希斯一死，母子兩人的煩惱就結束了。柏修斯和安卓美妲從此過著幸福的日子。他們的兒子叫伊列特萊翁（Electryon），伊列特萊翁的孫子正是海克力斯。

柏修斯後來把梅杜莎的頭送給雅典娜；而雅典娜總是把那顆頭掛在神盾之上，不過那神盾是宙斯的，雅典娜只是代為保管而已。

第十章　翟修斯

翟修斯是雅典人最敬愛的英雄，時常出現在許多作家筆下。奧古斯都時期的奧維德、西元第一或第二世紀的阿波羅度斯、西元一世紀末的普魯塔克，這三位作家都曾詳細寫過他的故事。他是尤里彼得斯三部劇作的主角，是索福克里斯（Sophocles）一部劇作裡的主要角色。在作品裡提到他的散文作家和詩人不勝枚舉。我這裡全部根據阿波羅度斯的敘述，但我從尤里彼得斯的作品擷取了兩段情節：阿特拉斯托（Adrastus）的控訴[15]、海克力斯的瘋狂、希波呂托斯（Hippolytus）的命運。此外，他善待伊底帕斯王的描寫來自索福克里斯，他死亡的細節則來自普托拉克，因為他的死，阿波羅度斯只寫了一行而已。

翟修斯是雅典最偉大的英雄，他有許多奇遇，也參加過很多大探險。雅典於是流行一個說法：「無處不見翟修斯」（Nothing without Theseus）。

翟修斯是雅典王愛琴斯（Aegeus）的兒子。不過他是在母親的家，即希臘南方的一座城市長大。他還沒出世，愛琴斯就先回雅典。走之前，愛琴斯在一個洞穴裡放了劍和鞋子，用大石頭把洞穴封起來。接著交代他太太，說如果生的是男孩，等孩子長大長壯，搬得動石頭的時候，就叫孩子取出石洞裡的東西，送孩子到雅典去認父。她果然生了個男孩，這男孩也長得十分強壯。一天，他母親把他帶到石洞前，他毫不費力地就把石頭搬開了。於是他母親就叫他去雅典認父，他的外祖父也為

15　這一段並未出現在這一章裡。神話中叫這個名字的英雄至少有六個，其中一個阿特拉斯托是阿果斯國王，也是攻打底比斯七雄之一，其故事見本書第十八章。

他備好了船。但翟修斯拒絕坐船，因為水路又安全又輕鬆。他的想法是：他要盡快變成偉大的英雄，越快越好。安全又輕鬆的道路當然成就不了英雄。他念茲在茲的就是希臘最偉大的英雄海克力斯，一心一意就是想變得跟海克力斯一樣偉大。翟修斯會這麼想一點也不奇怪，因為兩人本來就是親戚。

因此翟修斯堅持不坐母親和外祖父為他準備的船，說坐船是逃避危險的可恥行為。他們也只好讓他走陸路去雅典。這一趟旅程又長又危險，因為路上到處都是盜匪。不過翟修斯把他們全都殺了，一個不留，以免他們之後又去騷擾其他旅客。對於維持正義，他的想法簡單而有效，就是以其人之道，還治其人之身。例如史基戎（Sciron）總是逼他的俘虜跪下來給他洗腳，然後再把他們踢下海，所以翟修斯就把史基戎扔下斷崖。席尼斯（Sinis）喜歡把人綁在兩棵壓彎在地的松樹，然後再放開松樹，他自己也是這樣被彈開的松樹撕裂而死。普羅克如特斯（Procrustes）總是把人綁在鐵床上，矮的被他拉長，高的被他截首去腳。最後他自己也是如此死法。不過故事沒說他是太矮還是太高，反正他也沒有太多選擇，不管高矮，總之他是玩完了。

翟修斯一路除災去禍，名聲不久就傳遍了希臘。等他走到雅典，他已經是家喻戶曉的英雄了；他甚至收到雅典國王愛琴斯的請帖，邀他到王宮作客。愛琴斯這時當然還不知道翟修斯是他兒子。事實上，他還挺擔心年輕英雄的盛名會贏得民心，害他失去王位。他邀翟修斯來作客，其實本意是要把他毒死。當然這個計畫不是他想的，而是美蒂亞的主意。美蒂亞就是尋找金羊毛故事裡的女主角，她透過法術，早就知道翟修斯的身分。當年她乘著飛龍車離開科林斯之後，不久就來到雅典。這些年來愛琴斯對她言聽計從，她可不想讓翟修斯來破壞這個局面。但她沒想到她把毒酒遞給愛琴斯的時候，翟修斯為了趕快跟父親相認，立刻就拔出劍來。愛琴斯認得那把劍，於是就把毒酒潑了。美蒂亞一見事機敗露，就施展慣技：逃走。這次她逃去了亞洲。

愛琴斯向全國宣佈，翟修斯就是他的兒子與王位繼承人。這位新的繼承人馬上就有機會贏得所有雅典人的心。

多年前，雅典發生了一件可怕的事。米諾斯是克里特島上勢力強大的王，他的兒子安卓格斯（Androgeus）來雅典訪問期間，愛琴斯做了一件不該做的事，就是派遣安卓格斯去殺一頭危險的公牛。結果那頭牛殺死了安卓格斯。為了這件事，米諾斯入侵雅典，打敗雅典，並強迫雅典人每九年都要給他進貢七個童男童女，不然他就要把雅典夷為平地。這七個童男童女面對的命運十分可怕，因為到了克里特島之後，他們就會被送去給米諾陶吃掉。

米諾陶是個怪物，長得半人半牛的，是米諾斯的妻子帕希法娥（Pasiphaë）跟一頭漂亮公牛生的。這公牛本是波賽頓送給米諾斯的禮物，要米諾斯殺了獻給海神。不過米諾斯不忍殺那公牛，就把公牛佔為己有。波賽頓為了懲罰米諾斯，就讓帕希法娥瘋狂愛上公牛。

米諾陶出生之後，米諾斯也不忍殺牠。他請來偉大的建築師兼發明家戴達洛斯，要戴達洛斯設計一座無法脫困的監獄來囚禁米諾陶。戴達洛斯因此造了舉世聞名的拉比林特斯迷宮，任何人只要走入迷宮，就會迷失在迂迴曲折，無止無盡的走道裡，永遠走不出來。進貢的雅典童男童女都會送來這裡成為米諾陶的食物。迷宮裡面根本沒有逃生之路，不管他們往哪個方向跑，都有可能遇到那頭怪物；如果他們站著不動，那頭怪物任何時候都有可能找上他們。這就是翟修斯抵達雅典不久，七位少男少女即將面對的命運，因為九年一度的進貢時間又到了。

翟修斯立刻站了出來，自願參加進貢團。大家都深愛他的仁慈，欣賞他的高貴情操，但大家不知道他已經打定主意要殺死米諾陶。他跟他父親說了他的計畫，並保證如果他成功了，他會在返航的時候，把難船慣用的黑帆換成白帆。這樣愛琴斯不用等船靠岸，就知道兒子沒有遇難。

就這樣，一群年輕的犧牲者被送到了克里特島。在送往迷宮之前，他們被帶去街上遊行。米諾斯的女兒雅瑞安妮坐在觀眾席上，她第一眼就愛上了翟修斯。她去找戴達洛斯，請後者告訴她逃離迷宮的方法。接著她請人把翟修斯找來，表示如果翟修斯願意帶她回雅典並娶她為妻，她就告訴他逃離迷宮的方法。可想而知，翟修斯當然一口就答應了。雅瑞安妮於是把逃出迷宮的方法傳授給翟修斯：他得帶著一球線團進入迷宮，把線頭綁在迷宮門後，然後邊走邊放線。翟修斯依法照做。確定了每走一步他都能找到回頭路，因此他就昂首闊步，走入迷宮尋找米諾陶。當時米諾陶正在睡覺，翟修斯撲向牠，將牠壓倒在地，因為他甚麼武器也沒帶，只得用拳頭活活把米諾陶打死。

翟修斯像一棵橡樹倒在
山腰，壓毀其下所有生物；
他榨出那巨獸慓悍的生命，
那巨獸在他手裡倒下，頭
還在搖動，雙角已經無用。

翟修斯（左）殺死半人半牛的米諾陶。右為克里特國王米諾斯

翟修斯從可怕的戰鬥中站起來，看到那球線團依舊躺在原來他放下之處。有線團在手，出口的路就好找了。他帶著其他人和雅瑞安妮逃到船上，一路航向雅典。

回程途中，他們停在納克蘇斯島休息。這裡發生的事，我們有兩種不同說法。一說是翟修斯把雅瑞安妮遺棄在這裡。翟修斯趁雅瑞安妮睡覺的時候把船開走，後來戴奧尼索斯發現雅瑞安妮，並娶雅瑞安妮為妻。另一個故事對翟修斯友善一些，說因為雅瑞安妮嚴重暈船，所以翟修斯送她上岸休息，自己又回到船上處理要事。沒想到來了一陣強風，把船吹出海，而且在海上拖延了很久，等他有辦法靠岸時，雅瑞安妮已經死了。他非常傷心。

不過兩則故事的共通點是：當他航近雅典時，他竟然忘了換上白帆。不知他是因為此行的成功，樂得把所有事都忘在腦後呢，還是因為悲傷雅瑞安妮的死。總之，愛琴斯看到的是黑帆。他站在高高的雅典衛城（Acropolis），已經望眼欲穿好幾天了。黑帆代表他兒子已經遇難，所以傷心的他，竟從高高的岩崖跳入海中，當場死亡。他落海的地方，從此以後就被稱為愛琴海（Aegean）。

翟修斯於是繼位為王。他是最有智慧，最公正無私的王。他向人民宣佈：他不想統治他們，而希望成立一個人民的政府，大家和平共處。他交出皇家的權力，組織共和國，建立議事廳，讓人民可以集會和投票。他唯一保留的是議長的職位。在他任內，雅典成為世界上最快樂、最繁榮的都市，也是世界上唯一的自由之邦，世界上唯一一個人民自治的國家。由於這個原因，七雄與底比斯的戰爭結束後，勝利的底比斯人不讓戰敗國埋葬死者，這些戰敗國於是紛紛轉向翟修斯和雅典人求助，他們相信崇拜自由的人民和領袖不會眼睜睜地看著無助的死者遭受凌虐。他們的求救獲得回應。翟修斯帶領軍隊打敗了底比斯，並強迫底比斯人讓戰敗國安葬死者。雖然他是勝利者，但在這一仗裡，他表現出完美的騎士風範，並沒有對底比斯人以牙還牙，他禁止自己的軍隊入城掠奪，因為他出兵不是為了傷害底比斯人，而是來埋葬死去的希臘人。一旦任務完成，他就帶領軍隊回雅典。

在許多其他故事裡，他都表現出類似的高貴情操。比如他接納遭人唾棄的老伊底帕斯（Oedipus），並且一直陪伴、支持與安慰他；伊底帕斯死後，他保護並護送伊底帕斯兩個無助的女兒回家[16]。又如海克力斯在瘋狂中殺了太太和孩子，等他清醒過來，他決定自殺。海克力斯所有朋友都逃走了，深怕與犯下如此重罪的人來往會遭受汙染，這時只有翟修斯站出來力挺海克力斯，要海克力斯鼓起勇氣，告訴海克力斯自殺是弱者的行為，然後把他接回雅典。

但是所有國事，所有仗義勇為，保衛無助與不公不義的騎士行為都無法遏止翟修斯心中那種為了冒險而冒險的渴望。他去了女戰士的國度亞馬遜，有人說他是跟海克力斯一起去的，也有人說他是獨自去的，總之他帶回一位女戰士，她的名字有時寫成安緹歐珮（Antiope），有時寫成希波麗塔（Hippolyta）。但可以確定的是：這位女戰士和翟修斯生的兒子叫希波呂托斯。希波呂托斯出生後，亞馬遜人出兵來救希波麗塔，並佔領了雅典的周邊國家阿堤卡（Attica），她們甚至還一度攻進城裡。最後她們被擊敗。翟修斯活著的時候，再也沒有人攻入阿堤卡。

他還有許多其他冒險故事。他加入阿果號，出海去尋找金羊毛。他參加過卡律東狩獵盛會（Calydonian Hunt）。原來卡律東地區出現一頭野豬，幾乎把那個國家給毀了。該地區的國王於是徵召希臘最英勇高貴的男子，一起參與獵殺野豬的活動。狩獵的過程中，翟修斯救了皮瑞托俄斯（Pirithoüs）一命；事實上，他已經救過這位急躁的友人很多很多次。皮瑞托俄斯跟翟修斯一樣愛

16　伊底帕斯王的這兩位女兒分別叫安緹岡妮和伊絲美妮，安緹岡妮是神話與文學世界最令人敬佩的人物，其故事詳見第十八章「安緹岡妮」一節。

冒險，但他不是成功的冒險家，麻煩總是不斷。所幸翟修斯跟他交情很好，總是幫他的忙。兩人友情的建立也是基於偶然，尤其跟皮瑞托俄斯的衝動個性有關。一日，皮瑞托俄斯突然想驗證一下翟修斯是否真如傳說中那麼英勇偉大，所以他就到阿堤卡偷翟修斯的牛。聽到翟修斯來追他，他沒跑，反而轉身迎向翟修斯。他的想法當然是當下就跟翟修斯一較高低。可是一旦面對翟修斯，性情衝動的他馬上忘了一切，對翟修斯心生仰慕。他伸出手，叫道：「我願意接受任何懲罰，不管甚麼懲罰，你說了算。」翟修斯很欣賞皮瑞托俄斯的熱情，答說：「我只要你當我的朋友和兄弟。」兩人於是發誓成為朋友。

皮瑞托俄斯是拉比塔伊（Lapithae）的國王，他結婚那天，翟修斯當然是座上嘉賓，而且是很有用的嘉賓。皮瑞托俄斯的婚宴恐怕是最不幸的婚宴了。仙圖爾是一種人面馬身的生物，由於新娘跟人馬仙圖爾有親戚關係，所以婚宴上來了幾個人馬。人馬一喝醉，就不由自主地騷擾女性賓客。正當其中一個人馬想擄走新娘，翟修斯立刻跳了出來把牠擊倒，救回新娘。婚宴後來就變成一場混戰，不過在翟修斯的幫忙之下，拉比塔伊人把人馬全部趕出國境，獲得最後的勝利。

兩位好友的最後一次冒險中，翟修斯再也無法救他的朋友了。原來皮瑞托俄斯的新娘後來死了，而他決定要娶的第二任妻子是全宇宙被保護得最周密的女性，這女性不是別人，正是波瑟芬妮。翟修斯當然答應幫忙，不過比較吸引他的應該是這件事情本身的危險程度。他說他得先擄走當時還是小女孩的海倫，等她長大再跟她結婚。這當然不比拐走冥后危險，但也不是一件易事。海倫有兩個哥哥，一是卡斯托，一是波魯克斯，這兩人都是神的兒子[17]，不是任何凡間英雄打得過的對手。不

17 這兩兄弟只有一個是宙斯的兒子，相傳宙斯曾化成天鵝下凡與麗妲相會，而後者為宙斯生了一對兒女，男的叫波魯克斯，女的就是鼎鼎大名的海倫。兩兄弟感人的故事見本書第一章「次要的人間眾神」一節。

過翟修斯還是成功地拐走了海倫，至於細節，我們不得而知。但後來海倫的兩位哥哥打入雅典城，成功地救回海倫。當時翟修斯並不在城裡，這也算他福星高照。當時他跟皮瑞托俄斯在一起，正在前往冥界的路上。

兩人如何進入冥界的細節我們不得而知。我們僅僅知道，冥王黑帝斯非常清楚兩人的來意。他當然沒殺他們，因為反正兩人都已經到了冥界。可能是為了自娛，冥王以一種創新的方式阻擾了兩人的計畫。他很友善地請兩人坐下，兩人就在他所指定的椅子坐下。這一坐，兩人從此就站不起來了。原來那兩張椅子叫遺忘之椅（Chair of Forgetfulness），任何人只要坐上那椅子，就會忘了一切。他的腦子頓時空白，身體也無法動彈。皮瑞托俄斯是永遠坐在那裡了，但翟修斯後來被他的表兄弟救走。原來海克力斯有一次來到冥界，順手把翟修斯拉起來帶回人間。他也想把皮瑞托俄斯拉起來，但無論如何拉不起來。冥王知道來冥界誘拐波瑟芬妮的是皮瑞托俄斯，所以怎麼樣都不肯放人。

翟修斯後來娶了雅瑞安妮的妹妹菲德拉（Phaedra）。這門婚事給他自己、菲德拉以及希波呂托斯帶來極大的不幸。希波呂托斯是他與亞馬遜女戰士所生的兒子，跟他本人一樣，希波呂托斯從小就被送到他成長的南方城市。希波呂托斯後來長成一個魁梧男子，熱愛運動和打獵，討厭奢華舒適的生活，更討厭那些陷入戀愛的人，他覺得戀人真是軟弱得可以，笨得可以。他鄙視阿芙羅黛蒂，崇拜貞潔的獵手女神阿特蜜斯。翟修斯帶菲德拉回到他長大的老家，父子兩人立刻產生濃厚的親情，非常喜歡彼此的陪伴。至於菲德拉，希波呂托斯似乎從來不曾注意到這位後母。事實上，他從來不曾正眼看過女人。不過菲德拉不同，她竟然無可救藥地愛上希波呂托斯。與此同時，她對這樣的愛也感到很羞愧，但卻沒有辦法停止。當然，阿芙羅黛蒂是這份無望之愛的幕後主使者。她對希波呂托斯很不滿，決定給他最嚴厲的懲罰。

悲傷與絕望的菲德拉求助無門，決定一死以求解脫，並且不讓人知道她自殺的原因。當時翟修斯不在家。她的老奶媽對她忠心耿耿，凡是菲德拉想要的，她都認為是對的。老奶媽發現了她的祕密、她的絕望、她想要自殺的打算。老奶媽心中只有一個想法：救女主人要緊，所以她就直接找上希波呂托斯。

「她愛你，愛得快死了，」她說：「給她一條活路。為了愛的緣故，請給她愛吧。」

希波呂托斯滿心厭惡地走開了。一想到跟任何人愛來愛去已經夠讓他噁心了，何況又是罪惡之愛，這簡直讓他覺得噁心到爆，恐怖到爆。他衝進院子裡，老奶媽跟在後面苦苦哀求他。菲德拉就坐在院子裡，但他沒看見。他又氣又怒地轉向那位老奶媽。

「妳這令人可憐的廢物，」他說：「竟然叫我背叛我父親。光是聽妳講那些話，我就覺得受到汙染。天啊，女人，邪惡的女人。每一個都邪惡。除非我父親在家，我永遠不會再走進這屋子了。」

說完，他就急忙衝出屋子。老奶媽一轉身，看到了菲德拉。菲德拉已經站了起來，她臉上出現一種讓老奶媽看了非常害怕的神情。

「我會幫妳想辦法，」老奶媽結結巴巴地說。

「噓！」菲德拉說：「我自己的事我自己處理。」說完，她就走進屋裡，老奶媽也顫抖著跟她走入屋裡。

數分鐘後，屋外傳來男人的歡呼聲，歡迎翟修斯回家。翟修斯一走入院子，卻看到一群哭泣的女人。她們正在等他，她們說菲德拉已經死了。自殺死的。她們剛剛找到她，但她已經死了。她的手裡握著一封信，是給他的。

「喔，親愛的，」翟修斯說：「妳最後的遺言都寫在這裡嗎？這是妳的封印——妳的封印，但妳，但妳自己卻永遠不再對我笑了。」

他打開信，讀了一遍又一遍。然後他轉向一院子的僕人。

「這封信在大聲呼救，」他說：「文字會說話，文字有舌頭呀。你們每一個都要知道：是我兒子對我妻子不敬。喔，波賽頓！喔，神呀，請聽我對他的詛咒，請實現我的詛咒。」

一屋子的沉默，但這時突然傳來一陣匆匆趕來的腳步聲。希波呂托斯跑了進來。

「發生了甚麼事？」他叫道：「她怎麼死的？父親，你跟我說呀。別對我隱瞞你的傷心。」

「我們真的需要一把真正的量尺，用來丈量情感，」翟修斯說：「用來衡量哪些人可信，哪些人不可信。你們在這裡，你們看我這個兒子，死者的手書證明了這個人有多麼卑劣。他竟然對自己的後母施暴。死者的信強過他現在所說的任何話。走吧，你被放逐了。你去死吧。你馬上就給我走！」

「父親，」希波呂托斯答道：「我不會說話，也沒人可以證明我的清白。能證明我清白的人已經死了。我能做的，只能以天上的宙斯發誓，我發誓我從來沒碰過你的妻子，想都沒想過，從來沒有。如果我有罪，那我就不得好死。」

「她以死證明了她說的是真話，」翟修斯說：「你走吧。這個國家不要你了。」

希波呂托斯走了。但他沒能走多遠，因為死亡正在附近等他。當他坐著車，沿著海邊離開家的時候，他父親的詛咒應驗了。一頭怪物從海裡冒了出來，即使他牢牢握緊韁繩，他的馬還是受到驚嚇；他的馬逃走了，而馬車被甩得粉碎，他也受了致命的重傷。

翟修斯也沒逃過這一劫。阿特蜜斯現身告訴他真相：

我不是來幫你，是為你帶來痛苦，

讓你知道你兒子的清白可敬。
你有罪的妻子瘋狂愛上你兒子，
她與她的熱情作戰，不幸戰死。
但她信裡寫的，全都不是事實。

翟修斯聽著聽著，不禁被這一連串可怕的事件嚇呆了。這時，仍有一絲呼吸的希波呂托斯被人抬了進來。

他喘著氣說：「我是清白的。是妳嗎？阿特蜜斯？我的女神，妳的獵人就快死了。」

「我最親愛的獵人，沒人可以取代你的位置，」女神安慰他說。

希波呂托斯的目光移向傷心欲絕的翟修斯。

「父親，親愛的父親，」他說：「這不是你的錯。」

「我真想代你死，」翟修斯哭道。

女神平靜甜美的聲音打破父子兩人傷痛的對話。「翟修斯，擁抱你兒子吧，」她說：「不是你殺死你兒子，是阿芙羅黛蒂。你要知道的是，你兒子永遠不會被人忘記。他會一直活在世人的詩歌與故事裡。」

說完，她就不見了。希波呂托斯也走了。他早已走向那段下沉的路，前往死者的國度。

翟修斯後來死得也很悽慘。他是在呂闊瑪斯國王（King Lycomedes）的大殿上，被他的朋友兼主人殺死的。幾年後，阿基里斯為了逃避出戰，也會在這個大殿上假扮成侍女。但翟修斯為何會出現在那大殿上，我們不得而知，一說是因為他遭受雅典人放逐。至於他為何被朋友殺死，我們就真的不得而知了。

即使雅典人果真把翟修斯逐出國門，他死後，雅典人尊敬他的程度，還是遠超過任何凡人。他們給翟修斯修築了一座巨大的陵墓，用來紀念一個終生保護無助者的英雄，並宣佈那裡是奴隸、窮人與無助者永久的庇護所。

第十一章　海克力斯

奧維德寫過海克力斯的生平，不過寫得很短。這跟他向來重視細節的敘事方式大異其趣，原來他不喜歡英雄冒險犯難的故事，比較偏愛悲傷感人的情節。乍看之下，他不寫海克力斯屠妻殺子的情節有點奇怪，不過在西元前五世紀，希臘悲劇詩人尤里彼得斯就寫過這個故事了，奧維德選擇沉默，算他聰明，因為悲劇詩人已經把這段故事說得淋漓盡致，其實已經沒甚麼可再著墨的了。他也不寫海克力斯赴冥界救阿瑟緹絲（Alcestis）一節，這是海克力斯最著名的一段故事，尤里彼得斯另一部劇本即以此為主題。與尤里彼得斯同代的索福克里斯寫了海克力斯赴死的細節。西元前五世紀的詩人品達與西元前三世紀的西奧克里塔斯分別寫過海克力斯兒時殺蛇的故事。這裡我主要依據的是兩位悲劇詩人的版本，多少參考了西奧克里塔斯的作品。我沒採用品達的版本，因為品達是最難翻譯的詩人，即使用散文重述也極為困難。至於其他情節，我根據的是西元第一或第二世紀散文作家阿波羅度斯的版本。除了奧維德之外，唯一完整講述海克力斯一生的作家就是阿波羅度斯了。以這個案例而言，我比較喜歡阿波羅度斯的版本，因為他講的比奧維德完整。

海克力斯是希臘最偉大的英雄。若與雅典英雄翟修斯相比，他可說是個層級完全不同的人物。除了雅典人，所有希臘人都敬仰他、愛慕他。雅典人和其他希臘人不同，他們喜愛的英雄自然也不同。翟修斯跟所有英雄一樣，也是勇者當中的勇者，但有一點不同的地方是：除了強壯勇敢，翟修斯還很有同情心，而且也很有頭腦。雅典人很重視思想和概念，他們自然會比較喜歡翟修斯這樣的英雄，因為翟修斯體現了他們的理想。海克力斯體現的則是其他希臘人普遍尊重的價值。兩位英雄除了堅定不移的勇氣之外，特質可謂迥然不同。

海克力斯是世間最強壯的人，強健的體魄使他產生極大的自信，讓他覺得自己與眾神平等。這種想法是有根據的。原來奧林帕斯眾神曾與地母那群野蠻的巨人族兒子發生決戰，在這場戰役裡，海克力斯的箭使戰情產生關鍵性的發展，幫助眾神打敗巨人族，獲得最後勝利。由於這樣，海克力斯總以平常心看待眾神。有一回德爾菲女祭司不回答他的問題，他就一把搶過女祭司坐的三角凳，揚言他要帶走三角凳，到別處另蓋一間神殿。阿波羅當然不能忍受這種胡鬧。但海克力斯也不甘示弱，樂意跟阿波羅打一架看看。宙斯只得出面調停。所幸這場爭吵很快就和解了。海克力斯這一次脾氣算好，他其實並不想跟阿波羅吵架，他只想知道問題的答案，如果阿波羅願意給他答案，爭端即可消解。至於阿波羅，他看到海克力斯這麼無畏無懼，忍不住心生仰慕，很乾脆地叫女祭司把神諭轉告海克力斯。

終其一生，海克力斯一直都保有這種完美的自信，不管誰來挑戰，他都有自信可以打贏。事實也是如此。不論何人何時跟他對抗，輸贏早已注定。唯一能打敗他的是超自然力量。赫拉後來就用了超自然力量才使海克力斯死於非命，否則任何存活於海、陸、空的生物都無法打敗他。

海克力斯平日極少動用智慧，甚至完全不用。有一次他覺得太熱了，就拿出箭來，威脅要射下太陽。另有一次，他覺得船搖得太厲害了，就叫海浪安靜，不然就要海浪好看。他沒甚麼智慧，卻有豐富的情感，而且很容易衝動和失控，比如阿果號那一次，由於箭童許拉斯之死，他竟沉溺在絕望與哀傷之中，完全忘了其他同伴和此行的任務[18]。一個如此強壯的人，搭配如此深沉的情感，這種奇異的組合雖然令人喜愛，卻也是一種禍害。他如果突然一生氣，旁邊無辜的人就會遭殃。不過

18 這一段故事詳見本書第七章。

等他冷靜下來，他就會真心誠意地懺悔，而且甘心接受懲罰。他若不同意，誰也無法懲罰他。世間大概也沒人像他那樣，一輩子不斷遭受懲罰。他一生大部分時間都在彌補過錯，接受一次又一次的懲罰。有時即使別人不想懲罰他，他也會自己懲罰自己。

如果要他像翟修斯那樣管理一個國家，那會是很可笑的事，他管自己都忙不過來了。他永遠無法像翟修斯那樣提出新鮮、創新的想法；他的思考僅限於想辦法殺死威脅到他生命的怪獸。雖然如此，他自有他的偉大處。此種偉大，不在於他有過人的體力和百分百的勇氣，而在於他會因自己的錯誤而傷心，並願意誠心誠意彌補過錯。他擁有的是一個偉大的靈魂。假如他也擁有足夠的智慧，即使只能做一點點思考和推理，那他就是一個完美的英雄。

他生於底比斯。在早期，一般認為他是名將安菲崔翁（Amphitryon）的兒子；安菲崔翁的父親名叫阿卡優斯（Alcaeus），所以早期大家都說他是阿卡優斯或阿基德斯（Alcides）的後代。不過，他的父親其實是宙斯。有一次安菲崔翁出外打仗，宙斯化身為安菲崔翁來找阿柯美娜（Alcmena）。阿柯美娜後來生了兩個小孩，其中伊菲可斯（Iphicles）是安菲崔翁的兒子。兩個男孩的血統不同，這從他們面對危險的表現即可看出，即使兩人當時還不到一歲。忌妒的赫拉無法忍受宙斯生的小孩，她決定殺死海克力斯洩憤。

一天黃昏，阿柯美娜給兩個小孩洗了澡，餵了奶，把他們放入搖籃。她輕撫著他們說：「睡吧，我的小寶貝，我靈魂中的靈魂。願你們高高興興入睡，高高興興醒來。」她推著搖籃，不一會兒，兩個寶寶都睡著了。在最黑的半夜裡，當屋子沉靜下來時，兩條大蛇爬進了嬰兒房。嬰兒房點著一盞燈，只見那兩條蛇爬上搖籃，在搖籃上方晃著腦袋，吐著蛇信。兩個寶寶驚醒後看到蛇，伊菲可斯大哭著想爬出搖籃。海克力斯坐了起來，一手一隻緊握著大蛇的喉嚨。兩條蛇不住地扭動，蛇身盤上海克力斯的身體，但海克力斯不放手。阿柯美娜聽到哭聲，趕緊跟她丈夫一起趕到嬰兒房。只見海克力斯笑瞇瞇的，手裡握著軟趴趴的長蛇。他把蛇交給安菲崔翁。蛇已經死了。大家這才知道海克力斯天賦異稟，將來必有一番作為。底比斯的盲先知提瑞西阿斯（Teiresias）跟阿柯美娜說：「黃昏紡織羊毛的時候，全希臘的女人都會歌詠妳這個小孩，還有生了這個小孩的妳。他是所有人類的英雄。」

大家非常關心海克力斯的教育。但要教他那些他不想學的科目就很危險。音樂是希臘男孩最重要的訓練之一，但他似乎不喜歡音樂或他的音樂老師。有一次，他一怒之下竟用魯特琴打爛了老師的腦袋。這是他第一次不小心殺人，他實在無意殺死那位樂師；他只是一時衝動，完全沒想到、也不知道自己的力氣會有那麼大。他非常愧疚，不過這並沒能阻止他再次犯錯。至於其他科目如擊劍、摔角、騎馬，他都很樂於學習，所以這幾位科任老師都保住了性命。十八歲，他長大成人的那一年，他獨自殺了基泰戎森林（Cithaeron）的大獅子。此後，他就披著那片獅皮當披風，戴著獅頭製成的風帽。

他的下一個壯舉是攻打並征服密尼阿斯人（Minyans）。這個族群一直對底比斯人強索豪奪，讓底比斯人煩擾不堪。心懷感激的底比斯人把梅格樂公主

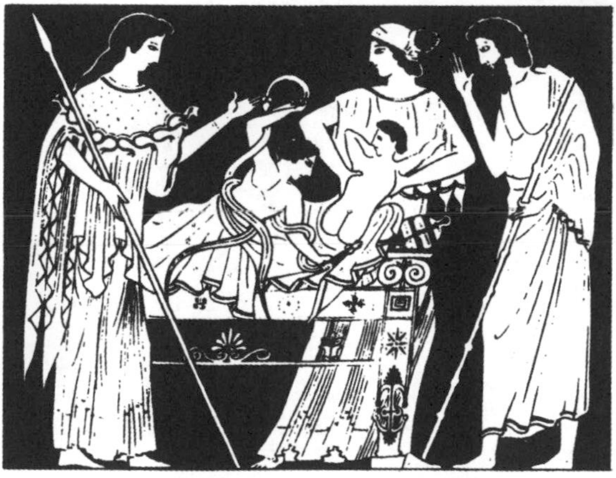
幼年的海克力斯活活將蛇捏死

（Megara）嫁給他。他很愛公主，也很愛兩人生的小孩。但這門婚姻卻給他帶來生命中最大的憂傷、考驗和危險，在他之前與之後都沒人經歷過的考驗和危險。梅格樂生第三個兒子的時候，海克力斯有一日突然發瘋了。這當然是懷恨在心的赫拉作祟。總之海克力斯在狂亂之中殺了兩個小孩，梅格樂為了保護小兒子也被他打死了。等他恢復理智，他完全不記得自己為甚麼會站在染血的大廳裡，為甚麼身旁會躺著妻兒的屍體。他不知道妻兒怎麼就死了，因為似乎就在前一刻，妻兒還在跟他說話。他極度困惑地站在大廳裡，遠處圍著一群嚇壞的人。看到他清醒了，安菲崔翁這才鼓起勇氣走向他。沒人可以隱瞞海克力斯，他得知道這可怕事件的經過。安菲崔翁跟他說了。海克力斯聽他說完，然後說道：「而我殺了我最親愛的家人？」

「是的，」安菲崔翁顫聲道：「不過當時你失去了理智。」海克力斯沒有理會這個替他開脫的暗示。

「我該饒自己一命嗎？」他說：「我一定要殺死自己，為死者報仇。」

就在他要衝出去自殺，或者就在他開始動手之前，他原來絕望的心產生了改變，他的生命也得以保全。這個如假包換的奇蹟召回了海克力斯的神智，使他從暫時的瘋狂與暴力中清醒過來，憂傷地接受了現實。創造這奇蹟的，不是天上的眾神，而是人類之間的友誼。原來翟修斯走到海克力斯面前，緊握著海克力斯染血的手。根據希臘人的想法，翟修斯這個舉動不但汙染了自己，也分擔了海克力斯部分的罪。

「別害怕，別後退，」翟修斯跟海克力斯說：「不要阻止我跟你分擔一切。對我來說，跟你分擔的惡並不是惡。聽我說，靈魂強大的人能承受命運的打擊，永不後退。」

「你知道我做了甚麼嗎？」海克力斯問。

「我知道，」翟修斯答道：「你的憂傷瀰漫於天地之間。」

「我理當一死，」海克力斯說。

「英雄不該講這種話，」翟修斯說。

「除了死，我還能做甚麼？」海克力斯叫道：「活下去嗎？一個被貼了標籤的人該怎麼活下去？大家會說：『看哪，那個殺了妻兒的人。』不論我走到哪裡，哪裡就有獄卒，哪裡就有像蠍子那麼毒舌的人。」

「即使這樣，你也要忍受磨難，堅強面對，」翟修斯說：「你應該跟我回去雅典。來我家住吧，來分享我的一切。讓我們幫忙你，請你把這份殊榮給我和我的城邦。」

海克力斯沉默良久，最後他沉重而緩慢地說：「就這麼辦吧。我會堅強地等待死亡的降臨。」

兩人於是去了雅典，不過海克力斯並未久留。翟修斯是個慣於思考的人，他不認為那些因不知情而殺人的人是有罪的，也不認為幫助這樣的人會被汙染。雅典人同意他的看法，也歡迎海克力斯住在雅典。但海克力斯自己無法了解這些，他無法把事理想清楚，他只能靠感覺。他殺了家人，所以他是有罪的，所以他會連累別人，所以他應該被人厭棄。他到德爾菲神殿去詢問神諭，女祭司的說法跟他想的一樣。女祭司說他必須淨化，而要淨化，只有透過嚴厲的苦行才辦得到。她要海克力斯去找邁錫尼（Mycenae）（或說是提潤斯［Tiryns］）國王尤瑞透斯（Eurystheus）。不管國王要他做甚麼，他都要照辦。海克力斯心甘情願地上路，任何可以使他淨化的事他都願意做。從後面的故事情節看來，女祭司其實早就知道尤瑞透斯的為人，也知道他會把海克力斯淨化得徹徹底底的。

尤瑞透斯是個心靈手巧的人。他看到世間最強壯的人來找他，謙卑地聽候他的差遣，於是就幫海克力斯設計了一系列繁複的苦行。就難度和危險程度而論，那些苦行可說無人能出其右。但必須一提的是，赫拉一直都在背後幫忙和慫恿尤瑞透斯。直到海克力斯臨終之前，赫拉都無法原諒他竟然膽敢身為宙斯之子這一事實。尤瑞透斯交給海克力斯的苦行稱為「海克力斯的勞務」，共有十二項，每一項都是不可能的任務。

第一項是殺死聶梅阿（Nemea）的獅子。殺這頭獅子有個難題：這是一頭刀槍不入的神獅。海克力斯的解決方法是把獅子悶死。接著他一肩挑起巨大的死獅回邁錫尼。這之後，謹慎的尤瑞透斯再也不讓海克力斯進城，改由遠處給海克力斯下達命令。

第二項是殺死一條九頭蛇。這九頭蛇名叫海濁（Hydra），住在勒納（Lerna）的沼澤區。這一任務十分艱鉅，因為九顆頭當中，有一顆是不死的。其他八顆也差不多難纏，海克力斯每砍一顆，斷首處馬上長出兩顆。幸好他的侄子伊歐勞斯（Iolaus）給他帶來燒紅的牲口烙印棒，讓他封住切口，不讓新頭長出來。斬完八顆頭後，他把那顆不死的頭深深埋在巨石下面。

第三項是活擒一頭長有金色鹿角的雄鹿。那是阿特蜜斯的聖鹿，就住在柯瑞尼提亞（Cerynitia）地區的森林裡。對海克力斯來說，殺鹿容易擒鹿難；他追獵了整整一年才把那頭鹿追捕到手。

海克力斯殺死聶梅阿的獅子

第四項是捕捉一頭築穴在埃瑞曼圖斯山（Mount Erymanthus）的大野豬。他追著那頭野豬四處跑，直追得那頭野獸沒了力氣，然後才把牠趕入雪地深處，將牠困在那裡。

第五項是在一天之內把歐葛阿斯（Augeas）的畜舍打掃乾淨。歐葛阿斯養了數千頭家畜，而且已經多年不曾打掃畜欄。海克力斯扭轉兩條河的水道，使二水匯流後沖入畜舍，很快就把畜舍的髒汙沖走了。

第六項是趕走斯廷法洛斯（Stymphalus）森林裡的鳥。這群鳥的數目十分龐大，給當地居民造成許多困擾。雅典娜幫他把那群鳥從叢林深處趕出來，鳥群一飛出來，海克力斯就把牠們一一射了下來。

第七項是到克里特島把波賽頓送給米諾斯王的公牛捉回來。雖然這頭公牛十分漂亮，卻野性難馴。不過海克力斯成功地把牠馴服，用船運給尤瑞透斯。

第八項是到瑟雷斯捉狄奧梅德（Diomedes）國王的食人馬。海克力斯先把狄奧梅德殺了，然後輕而易舉地騎走了那群食人馬。

第九項是奪取亞馬遜女王希波麗塔的金腰帶。亞馬遜女王很客氣地招待海克力斯，並答應把金腰帶送給他。不過赫拉在女王的子民中散布謠言，讓她們以為海克力斯要擄走女王，因此她們全都追殺到海克力斯船上

海克力斯生擒埃瑞曼圖斯山的大野豬

來。海克力斯完全沒考慮到女王熱情的招待，不假思索地就殺了女王。他認為女王的臣民會攻擊他，女王得負起責任。接著他把亞馬遜女戰士打敗，並帶走了金腰帶。

第十項是帶走格瑞昂（Geryon）看守的家畜。格瑞昂是一頭三身怪獸，住在西方一座名叫埃瑞提亞（Erythia）的小島上。海克力斯到了地中海最末端，立了兩塊巨石紀念他的旅程。這兩塊石頭稱為「海克力斯之柱」（現在稱為直布羅陀[Gibraltar]和休達[Ceuta]）。接著他就把牛群趕回邁錫尼。

到目前為止，最為艱鉅的任務是第十一項，即帶回遠西女神（Hesperides）看守的金蘋果。海克力斯不知道遠西女神住哪兒，但他知道擎天神阿特拉斯是她們的父親，所以他就直接去找阿特拉斯。他說他願意幫阿特拉斯挑一下天頂，請後者幫他去要幾顆金蘋果。阿特拉斯聽見自己終於有機會卸下頂天的任務，馬上就一口答應了。不過等他拿到金蘋果，他卻叫海克力斯繼續頂著天庭，他要自己去送金蘋果。這時海克力斯也只能仰賴他的機智了，不然他就要永遠頂著巨大的負擔。他最後成功脫身了，但不是因為他聰明，而是阿特拉斯太笨。原來他假裝同意阿特拉斯的計畫，但他請阿特拉斯暫時幫他頂一下，讓他可以放個肩墊，減輕一下重壓。阿特拉斯同意了，但海克力斯一卸下重擔，就馬上撿起金蘋果走掉了。

最艱鉅的是第十二項任務：他必須到地底世界把三頭狗柯爾柏若斯帶回人間。就是這一次冥界之行，他把翟修斯從遺忘之椅拉了起來。黑帝斯同意讓他帶走三頭狗，條件是他必須赤手空拳制服柯爾柏若斯。當然他制服了柯爾柏若斯，然後雙手舉著那頭怪狗狗，一路爬上地面，走回邁錫尼。尤瑞透斯很聰明，他可不想留下柯爾柏若斯，他要海克力斯再把柯爾柏若斯送回冥界。這是海克力斯最後的任務。

十二項勞務全部完成，表示他為妻兒之死所做的滌罪苦行已經結束。按理他接下來的人生似乎應該感到釋然，獲得平靜。事實不然。他從來不曾獲得平靜與釋然。他又再度從事另一項艱困程度一點也不亞於十二勞務的冒險，即打敗巨人安塔埃斯（Antaeus）。安塔埃斯善於摔角，總是強迫陌生人跟他比賽，而打輸的人全部被他殺死。他蓋了一座神殿，屋頂上鋪的，全是輸了摔角的死者的頭骨。安塔埃斯的力量來自大地，只要碰得到大地，他就有源源不斷的力氣。這讓他幾乎戰無不勝，只要被摔在地，他馬上就充滿新的力氣，跳起來再打。海克力斯把他高舉在空中，然後在空中把他勒死。

他的冒險故事一篇又一篇地流傳，真是不勝枚舉。例如他打敗了河神阿契魯斯（Achelous），因為河神愛上了他想娶的女子。跟其他人一樣，河神不想跟他打，只想跟他講道理。但講道理只會讓海克力斯更生氣。他說：「我的手比我的嘴有本事。讓我用手打贏你，你再來用口才贏我。」阿契魯斯於是化成一頭牛攻擊海克力斯，但海克力斯向來善於馴牛。他不但馴服了河神，還打斷了河神的一隻牛角。這次比賽的結果讓他娶到一位名叫黛安依拉（Deianira）的年輕公主為妻。

他四處旅行，去過很多國家，也創下很多豐功偉業。在特洛伊，他救了一個跟安卓美妲遭遇相同的少女。這

海克力斯與冥界的三頭狗柯爾柏若斯

少女也被綁在海邊的岩石上，等候海蛇來把她吃掉。她是特洛伊國王拉奧梅東（Laomedon）的女兒。宙斯曾命令阿波羅和波賽頓為特洛伊城蓋城牆，城牆蓋好後，拉奧梅東卻拒付酬勞。為了報復，阿波羅給特洛伊城送上瘟疫，波賽頓則送來大海蛇。海克力斯願意幫國王救回女兒，條件是國王得把宙斯送他祖父的馬轉送給他。拉奧梅東同意了。不過等海克力斯殺了海蛇之後，國王又反悔了。海克力斯一氣之下，不但攻下特洛伊城，還殺了國王，把公主送給他的朋友，即來自沙拉米的提拉孟（Telamon of Salamis）。

去找阿特拉斯詢問金蘋果的路上，海克力斯經過高加索山。他放了普羅米修斯，還殺了那隻不斷啄食肝臟的老鷹。

這些都是輝煌的事蹟，但他也做了一些不太光彩的事。有一回，在宴會開始之前，他不小心一揮手，打死了一個倒水讓他洗手的少年。這是個意外，少年的父親原諒了他。但海克力斯無法原諒自己，他因此自我流放了一段時間。不過最糟糕的是他竟然故意殺死好友，只為了報復好友的父親尤瑞托斯（Eurytus）對他的侮辱。這件惡行連宙斯都看不下去，因此親自罰他去利地亞當翁法樂（Omphale）女王的奴隸一年（有的故事說三年）。女王有時會作弄他，要他打扮成女人，要他編織或紡紗等等。一如往常，他很有耐心地一一照辦，但心

海克力斯搭救黛安依拉，後娶她為妻

裡始終覺得這樣的勞役讓他受盡欺辱。他把這一切全怪到尤瑞托斯身上。他發誓一旦得到自由，非要給尤瑞托斯最嚴厲的懲罰不可。

他的這些故事都十分典型。不過其中有一則最能清楚描繪他的形象。在前往瑟雷斯奪取食人馬的途中，他到帖撒利找他的朋友阿德梅托斯（Admetus）借住一宿。阿德梅托斯是帖撒利國王，海克力斯到的時候，剛好他正在服喪，因為王后奇異地死了。不過初來乍到的海克力斯並不知道這件事。

王后的死，可以追溯到遙遠的過去。原來阿波羅氣憤於宙斯殺了他的兒子艾斯庫拉皮斯，就把宙斯的工匠獨眼巨怪殺死[19]。阿波羅於是遭到懲罰，被迫下凡到人間當一年奴隸。不知是出於他自己的選擇，還是宙斯替他選的，總之，阿波羅當時的主人正是阿德梅托斯。那一年，阿波羅和阿德梅托斯一家成了朋友，尤其跟男女主人更是感情良好。後來他逮到一個報答國王友情的機會，原來他得知三位命運女神已經快把阿德梅托斯的生命線紡到盡頭，幾乎就要剪線了，於是他請求命運女神給個緩期。命運女神同意了，條件是要有人代替阿德梅托斯就死。阿波羅立刻把這消息告訴阿德梅托斯，後者立刻著手尋找替身。他首先去找他的父母，他的父母很老了，而且他們也很疼他，兩人當中一定有一人會樂意代他去死。讓他驚訝的是，他們並不願意。他們說：「即使是老人，也覺得神的日光十分甜美。我們沒要你替我們去死，我們也不要替你去死。」阿德梅托斯氣炸了，他鄙夷地說：「你，你，你們都已經癱在死神門口了，竟然還這麼怕死。」但他父母一點也不為所動。

他一點也不灰心，繼續去找他的朋友，一個又一個，請求他們當他的替身。他顯然覺得自己的命很寶貴，為了救他的命，別人一定願意付出最高的代價。但他沒想到自己竟然一路碰釘子，竟然

19 阿波羅之子艾斯庫拉皮斯是神話世界裡的神醫，擁有起死回生的能力，宙斯認為凡人不該擁有這種能力，因而把他打死。艾斯庫拉皮斯的故事詳見第二十章。

沒人願意替他就死。最後他只好絕望地回家。他沒想到願意替他死的人就在自己家裡，他的太太阿瑟緹絲說她願意代他去死。讀到這裡，不用我多說，你們一定也猜到他馬上就接受了妻子的提議。對妻子，他覺得非常抱歉，但他更難過的是他自己得失去這麼一個好太太。他站在妻子床邊，哭著看妻子替他就死。妻子死後，他覺得一陣悲痛襲來，宣佈他要為妻子舉辦一場最盛大的喪禮。

就在這時候，往北旅行的海克力斯上門投宿。對海克力斯來說，他這是到朋友家裡休息，並享受一下朋友的招待。從阿德梅托斯接待海克力斯的方式，我們可以更清楚地看到當時的待客之道以及賓主之間的相互期待。

一聽到海克力斯來了，阿德梅托斯立刻出來迎接。除了衣著，他全身上下沒露出服喪的樣子。他的態度就像一個很高興看到朋友的人。海克力斯問他誰死了，他說是家裡的一個女人，跟他沒有關係，而且當天就要下葬了。海克力斯一聽，馬上就要走，說他不再打擾了。但阿德梅托斯堅持不讓他走。他說：「我絕不會讓你去別人家裡過夜。」他吩咐僕人把海克力斯帶去遠一點的客房用餐和住宿，以免客人聽到喪禮的聲音，還交代千萬不能讓客人知道家裡發生的事。

海克力斯獨自在房裡用餐，他知道阿德梅托斯在形式上必須出席葬禮。但朋友家有喪事這件事，並不影響他喝酒行樂的心情。他的胃口奇好，留下來招待他的僕人忙得不得了，不停地給他端菜倒酒。幾杯黃湯下肚，他多少有點醉了，高興地吵鬧，還高聲唱起歌來，有些歌還十分不堪入耳。在一個服喪之家，他的行為舉止實在失禮到極點。看到僕人面有難色，他於是對他們大吼，要他們別那麼嚴肅，難道他們不能表現得像個好人，偶爾給他一點笑容嗎？他們一張張苦瓜臉，害他一點胃口都沒了。「陪我喝酒，」他對僕人叫道：「來，多喝幾杯。」

其中一個僕人怯生生地回話，說現在不是歡笑和喝酒的時候。

「為甚麼？」海克力斯吼道：「因為有個陌生女人死了？」

「陌生女人——」那僕人結結巴巴地說道。

「難道不是嗎？阿德梅托斯是這樣說的，」海克力斯生氣地說：「你應該不會說阿德梅托斯騙我吧？」

「喔，不是，」那僕人答道：「他只是——只是太好客而已。請再多喝一杯，我們的問題我們自己處理。」

他彎身幫海克力斯倒酒，但海克力斯一把抓住他；天下沒有人可以對海克力斯那一抓置之不理。

「這裡有點不對勁，」他對那位嚇壞了的僕人說：「到底是怎麼一回事？」

「你看得出來，我們都在服喪，」僕人答道。

「不過這是為甚麼？老兄，為甚麼？」海克力斯叫道：「難道我的朋友把我當傻子嗎？到底是誰死了？」

「阿瑟緹絲，」那僕人低聲說：「我們的王后。」

大家陷入一陣沉默，良久，海克力斯丟下酒杯。

「我早該知道，」他說：「我知道他哭過。他的眼睛紅紅的。但他發誓死的是陌生人。他硬要我進來。喔，他真是個好朋友，好主人。而我——我竟在這傷心之地喝酒享樂。天啊，他怎麼不跟我說啊。」

就像過去那樣，他把一切全怪到自己身上。他怪自己太笨，一個喝醉的大笨蛋，竟然看不出自己關心的朋友已經被憂傷壓垮了。一如既往，他很快就開始思考有哪些彌補之道，他該怎麼做，才能彌補這個無心之過？沒有甚麼事是他辦不到的，他很清楚這一點。但他該怎麼做才能幫朋友的忙？

他突然靈機一動。「當然就是這個辦法，」他對自己說：「我一定要把阿瑟緹絲從死神那裡搶回來。當然就是這樣，沒比這個更清楚的了。我一定要找到死神那傢伙。他現在一定就在墳墓附近徘徊，我一定要跟他打一架。我要緊緊地捏著他，直到他把阿瑟緹絲還給我為止。如果他不在墓旁，那我就到冥界走一趟。喔，我一定要好好回報我的好友，他對我實在太好了。」他匆忙出門，心裡十分歡喜，也很期待跟死神之間的摔角，他預期那一定是一場最棒的搏鬥。

阿德梅托斯回到他那空蕩淒涼的家，看到海克力斯正在等他，海克力斯身邊站著一個女人。「你看看她，阿德梅托斯，」他說：「是不是覺得很面熟？」阿德梅托斯驚恐大叫道：「鬼！這是惡作劇嗎？還是眾神在嘲弄我？」海克力斯回答說：「這是你太太。我打敗死神，把你太太搶回來了。」

所有海克力斯的故事當中，以這一則最能清楚顯示希臘人對他的看法。在希臘人眼中，他單純而笨拙；他愛喝酒，即使人家正在服喪，他也無法不喝個大醉；再來是他懂得懺悔，不管代價有多大，他都要想辦法彌補過失；再來是他擁有百分百的自信，知道即使對手是死神也打不過他。這就是海克力斯的形象。可以肯定的是，若要描繪得更精確一點，不妨描寫他怒殺了幾個把他惹惱的苦瓜臉僕人。不過我們依據的是尤里彼得斯的版本，詩人並沒有這麼寫。詩人為了把故事講得更清楚，凡是跟阿瑟緹絲的死亡與復活沒有直接關係的情節都刻意不寫。有海克力斯在場，出現一兩起死亡事件是很自然的事。但如果這麼寫，詩人想要描繪的畫像就會失焦了。

前面提到海克力斯因為殺了尤瑞托斯國王的兒子，宙斯罰他去翁法樂女王那裡當一年的奴隸；在此期間，他曾發誓一定要重懲尤瑞托斯。他沒忘記這件事。等他一得到自由，他果然開始著手實行復仇計畫。他組了一支軍隊，攻下國王的城市，把國王給殺了。不過在某種程度上，國王也算替自己復了仇，因為海克力斯這一次的勝利，竟間接造成他自己的死亡。

幾乎快完成滅城計畫的時候，海克力斯派人送了一批女俘虜回家。他的妻子黛安依拉正在等他回家。這群女俘當中，有一個特別漂亮，那是特洛伊國王的女兒艾歐樂（Iole）。送俘虜回來的男子說海克力斯瘋狂愛上了那位公主。出乎我們意料的是，黛安依拉對這消息似乎沒有表現得很難過。原來她相信她握有一件強力的愛情魔法，她保留多年，就為了對付現在這種尷尬：在她自己的家裡，竟然出現比她更得寵的女人。當年結婚之後不久，海克力斯帶她回家；他們得渡過一條河，人馬聶索斯（Nessus）是那條河上的船夫。他背著黛安依拉過河，到了河中央，他開始對她無禮。黛安依拉大叫求助，所以等他們過了河，海克力斯就把聶索斯殺死了。聶索斯死前叫黛安依拉保留他的一點血，假如海克力斯將來愛上別的女人，這血可以用來對付他。當黛安依拉聽到艾歐樂的事，她覺得使用愛情魔法的時機到了。她拿出一件華麗的袍子，抹上聶索斯的血，叫人送去給海克力斯。

海克力斯一穿上袍子，那效果和美蒂亞給傑森未婚妻穿的那件袍子一樣，他首先感覺到一陣宛如火燒全身的痛苦。接著他撲向黛安依拉的傳信人，把那一無所知的傢伙扔下海。他的力氣還足以讓他殺幾個人，但他本人似乎還不會死。他承受的痛苦一點也沒有使他變弱。當年馬上殺了科林斯公主的魔法，無法殺死海克力斯。他受盡折磨，但他活著。所以他們把他帶回家。在到家之前，黛安依拉得知她的禮物害慘了海克力斯，早在他們到家之前，她就自殺了。最後海克力斯也走上同樣的路。死亡既然不肯來找他，海克力斯決定自己走向死亡。他命令身邊的人在歐伊塔山（Mount Oeta）蓋一座巨大的火葬柴堆，然後把他帶去那裡。他看到那柴堆，知道自己終於可以解脫了，心裡很高興。「這是休息，」他說：「這是結束。」他們把他送到柴堆頂端，他很高興地躺下來，猶如參加宴會的人躺在臥榻上一樣。

他請年輕的部下菲洛克特斯（Philoctetes）舉起火把，點燃柴堆。然後他把弓箭送給那年輕人，將來的特洛伊戰爭裡，那把弓箭也將在那年輕人手裡聞名於世。火焰向上燃燒，吞沒了海克力斯。他升了天。他終於與赫拉和解，並且娶了赫拉的女兒赫蓓為妻。

歷經無數勞苦，他終於
休息。在幸福的天家永享
和平，他最極致的獎賞。

但是我們很難想像他會心滿意足地享受休息和平靜；或讓那些幸福的眾神享受休息和平靜。

第十二章　阿塔蘭達

這則故事的完整版雖然僅見於晚期作家奧維德與阿波羅度斯，不過這是一個很古老的故事。一首相傳是賀希歐的詩裡提到賽跑和金蘋果，不過這首詩可能出自較晚期詩人之手，例如西元前七世紀初期。《伊里亞德》曾描述卡律東野豬狩獵大會的場景。我依據的是阿波羅度斯的版本，大概寫於西元第一或第二世紀。奧維德偶爾會寫出好故事，如阿塔蘭達出現在眾獵人之中的倩影他就寫得很漂亮，我這裡予以引用。不過他喜歡誇大其詞，例如野豬的描寫就是。誇大描寫，有時不免近於荒謬。阿波羅度斯的故事雖然平實，但他從不誇大其事。

據說有兩位名叫阿塔蘭達的女英雄，理由是伊阿索斯（Iasus）和史寇尼斯（Schoenius）都有一個名叫阿塔蘭達的女兒。這當然沒錯，不過在古老的故事裡，不重要的角色通常也會被叫成不同的名字。假如真有兩個阿塔蘭達，而且兩人都想登上阿果號、參加了卡律東野豬狩獵大會、嫁給賽跑贏她的男子、後來都變成獅子，這也實在太奇怪了。依我之見，既然這兩個女英雄的故事情節幾乎相同，把這兩個故事看成一個會比較簡單一點。事實上，要假設有兩個少女，她們都生於同一個時代，都像最勇敢的英雄那麼愛冒險，而且兩人在射箭、賽跑、摔角等技藝都比同一時代的英雄男子強，即使是神話，這也未免太巧，太不可能發生的事。

不管前述兩位男子哪位是阿塔蘭達的父親，總之，他一看到妻子生的是女兒，覺得非常失望。他覺得女兒不值得養，所以就叫人把小女嬰丟到山邊，任小女嬰冷死或餓死。不過，就像我們常在故事裡看到的，動物比人類善良多了。有隻母熊照顧阿塔蘭達，給她餵奶，給她保暖。小女嬰慢慢長成活潑勇敢的小女孩。一群善良的獵人後來發現了她，帶她回去同住。她跟獵人學打獵，到後來，獵人需要的種種技藝，她樣樣都比他們強。有一次，兩頭人馬遠遠看到她落了單，於是朝她追過來。人馬向來比人類跑得快，也比人類強壯。不過阿塔蘭達沒逃，因為逃是愚蠢之舉。她冷冷地站著，拿起弓箭，朝人馬發了一箭，接著馬上又發了另一箭。結果兩頭人馬應箭倒地，全都受了重傷。

著名的卡律東野豬狩獵大會來了。這場大會是卡律東國王奧聶斯（Oeneus）發起的，目的是獵捕一頭野豬。原來在收穫季的初果祭祀中，奧聶斯忘了祭祀阿特蜜斯，所以阿特蜜斯就派了一頭野豬來懲罰奧聶斯。這頭豬不僅摧毀田地，也殺死不少想獵捕牠的獵人。最後奧聶斯只好徵召希臘最勇敢的英雄來幫忙。結果來了許多年輕英雄，其中很多人後來都參加了阿果號冒險隊。當然人稱「阿卡迪森林的寶貝」的阿塔蘭達也來了。她走入一群男性的聚會裡，神態自若；有一首詩是這麼寫的：「穿著披風，頸間一枚閃亮扣子；頭髮簡單挽起，腦後打一個髻。左肩掛著象牙箭筒，手裡拿著弓。她就是如此穿著。至於容顏，若說他是個男孩，看來又太嬌柔；若說她是個少女，看來又太帥氣。」眾獵人當中，有一位覺得她是最漂亮最可愛的少女，那是奧聶斯的兒子梅列阿格（Meleager）；梅列阿格幾乎第一眼就愛上阿塔蘭達。但我們可以確定的是，阿塔蘭達只是把他當成同伴，不是情人。除了跟男人一起打獵之外，阿塔蘭達一點也不喜歡男人，而且她打算永遠不結婚。

很多英雄都不喜歡阿塔蘭達來參一腳，他們實在無法跟女人一起打獵。但是梅列阿格很堅持，他們也只好讓步。幸好他們有阿塔蘭達。原來他們在困住野豬的時候，那頭野豬也迅速展開反撲，一下子殺了兩個人，其他人根本來不及出手相救；更糟的是，還有第三個人在混亂當中被自己人的長矛射中。就在英雄受傷、群箭亂飛的混亂中，阿塔蘭達保持冷靜，射出第一支傷了野豬的箭。接著梅列阿格才衝向前，一刀把已經受傷的野豬刺死。實際殺死野豬的，其實是梅列阿格，但梅列阿格堅持把豬皮，也就是把獵得野豬的榮譽送給了阿塔蘭達。

很奇怪的是，這竟然成了梅列阿格的死因。原來梅列阿格才一星期大的時候，命運女神現身在他母親阿爾緹雅（Althea）面前，她們在火爐裡丟了一塊木頭，然後一如往常地繞起紗線，捲動命運的線軸。她們一面捲，一面唱道：

新生的孩子，我們給你一樣禮物：
願你活著，直到這段木頭燒成灰燼。

阿爾緹雅聽了急忙把那段燒黑的木頭從火裡搶出來，滅了火，藏在櫃子裡。阿爾緹雅的兩個哥哥也參加了狩獵大會。不過他們在會後覺得深受屈辱，不滿梅列阿格把獎品給了女人。其他獵人顯然也有同樣的想法，但他們不是梅列阿格的舅舅，拘於禮節，所以都保持緘默。但梅列阿格的兩位舅舅可不在乎這一禮節，他們抗議阿塔蘭達不該得到豬皮，還說梅列阿格也沒有權力把豬皮頒給任何人。梅列阿格就趁他們不注意的時候，突然把他們殺了。

不久，這消息傳到了阿爾緹雅那裡。她聽到兒子竟然為了一個不知廉恥，專門混在男人堆裡打獵的騷貨而殺了自己的舅舅，頓時一陣怒火攻心。她衝向櫃子，憤怒地把那段燒焦的木頭丟入火裡。那段木頭一著火，梅列阿格馬上倒地不起。等木頭燒成灰燼，他的靈魂也離開了身體，走向冥府。據說阿爾緹雅發現自己害死兒子，就傷心地上吊自殺了。狩獵大會最後竟以悲劇收場。

對阿塔蘭達來說，這不過是她冒險事蹟的開始。有人說她上了阿果號，也有人說傑森勸她不要去。阿果號的冒險故事從沒提到她，由於她不是那種會避開危險的人，所以她很有可能根本沒上船。

下一次我們看到阿塔蘭達的時候，阿果號船員已經回來了。那時，美蒂亞以返老還童作為幌子，設下巧計殺死了傑森的仇人佩里阿斯。在紀念佩里阿斯的運動大會上，阿塔蘭達在摔角項目中打敗了培勒斯（Peleus），即阿基里斯未來的父親。

在這次比賽大會裡，阿塔蘭達意外地找到了親生父母，之後她就搬去和他們同住。她父親似乎已經不再耿耿於懷，接受了阿塔蘭達這個幾乎跟兒子一樣出色的女兒。阿塔蘭達會打獵、射箭、摔角，說也奇怪，這竟然成為她的吸引力，吸引了很多追求者，想娶她的人多得不得了。她知道世間沒人跑得比她快，所以她定下一個規則，宣佈誰能跑得過她，她就嫁給誰。用這個方法，她輕鬆愉快地打發了很多追求者，還享受了一段很愉快的時光：很多自認跑很快的年輕人都來找她比賽，不過他們最後全都敗在她腳下。

最後來了一個既會跑也懂得用腦的年輕人。他知道光用跑，他永遠跑不過阿塔蘭達，所以他打算以計取勝。阿芙羅黛蒂總是伺機征服那些鄙視愛情的野性少女，所以她出手幫了那年輕人一把。她給那位名叫梅拉尼翁（Melanion）或希波曼尼（Hippomenes）的年輕人三顆金蘋果。這三顆純金打造的金蘋果非常美麗，就像遠西女神仙境花園裡的蘋果那樣，所有凡人看了，都會不由自主生出渴望，想把那金蘋果拿到手。

梅列阿格　卡律東國王奧聶斯的兒子，因殺害舅舅而惹怒母親，她將其命運之柴扔進火裡，木頭燃盡時他也身亡

阿塔蘭達在跑道上等候起跑訊號。脫下長袍的她美麗倍增，四周觀賽的人都看得如痴如醉。她清亮的目光看了四周一眼，但主要還是看著那個等著跟她比賽的年輕人。只見那人十分冷靜，手裡緊握著金蘋果。比賽開始了，阿塔蘭達健步如飛，如箭一般向前跑。她的頭髮向後飄揚，落在白皙的肩膀上，一身白皙的肌膚微微泛起玫瑰色的嫣紅。阿塔蘭達一超前，那人就在她面前丟了一顆金蘋果。阿塔蘭達蹲下來，只花了一點點時間就撿起那漂亮的小玩意。但那一點點時間卻讓那年輕人超過了她。一會兒後，那年輕人又丟出第二顆蘋果。這次丟得稍微偏了一點，阿塔蘭達得偏離跑道才能把那可愛的玩意兒撿起來。就這一偏，那人又超過了阿塔蘭達。幾乎就在同時，阿塔蘭達馬上趕上來，而且距離終點已經非常近了。不過就在這時候，阿塔蘭達看到一個金色球體從她的跑道上一閃而過，遠遠滾入道旁的草叢。她實在無法抗拒綠色草叢中，那道一閃而過的金光。就在她撿起第三顆蘋果的同時，她的對手雖然幾乎喘不過氣來，卻已經跑到了終點。阿塔蘭達是他的了。阿塔蘭達在森林裡的自由徜徉，還有她在比賽場上的光輝日子結束了。

兩人後來都變成了獅子，據說因為他們冒犯了宙斯或阿芙羅黛蒂。但是在變成獅子之前，阿塔蘭達生了一個兒子，名叫帕特諾巴斯（Parthenopaeus），他是後來攻打底比斯的七位英雄之一。

第四部　特洛伊戰爭裡的英雄

第十三章　特洛伊戰爭

這則故事幾乎全部取材自荷馬。不過《伊里亞德》一開始，希臘軍隊已經開到特洛伊，而且當時特洛伊已有阿波羅降下的瘟疫大肆流行，既沒提到伊菲吉妮亞（Iphigenia）的犧牲，也沒明確描寫帕里斯（Paris）的審美。伊菲吉妮亞的故事我取自西元前五世紀悲劇詩人埃斯奇勒斯的作品《阿格門儂》（*Agamemnon*）；帕里斯的審美則取自與埃斯奇勒斯同時代詩人尤里彼得斯的《特洛伊女人》（*Trojan Woman*）。奧伊諾妮（Oenone）的細節描寫取自於西元第一或第二世紀散文作家阿波羅度斯的作品。阿波羅度斯的作品通常非常無趣，不過比起其他作品，他筆下的特洛伊故事寫來還算小有趣味；這回他文思勃發，顯然是受到如此偉大的題材的感染所致。

基督誕生的一千多年前，地中海東岸的特洛伊是全世界最富裕強盛的城邦，即使到了今日，世上還沒有一個城市比特洛伊更有名。特洛伊之所以享有如此悠久的名聲，全拜著名史詩《伊里亞德》記錄的一場戰爭。說到這場戰爭，我們不得不回溯到三位女神的忌恨。

序曲：帕里斯的審美

壞心眼的搗蛋女神艾莉絲（Eris）在奧林帕斯很不得人心，眾神若舉行宴會，通常會很自然地略過她。她就痛恨這一點，不時刻意製造麻煩；說實在的，她還真的是個大麻煩精。佩琉斯王（Peleus）和海中仙女緹蒂絲舉行婚宴，大家都來了，只有她沒獲得邀請。為了報復，她把一顆金蘋果丟進宴會廳，金蘋果上面寫著：「獻給至美者」，這下所有女神都想得到那顆蘋果。篩選到最後，只有三位女神有機會得到這份榮譽：阿芙羅黛蒂、赫拉、雅典娜。三位女神請宙斯裁決，但他很聰明，他可不想管這件事。他叫她們到特洛伊附近的愛達山（Mount Ida）去找年輕的帕里斯王子幫忙，還說帕里斯是很傑出的審美專家。帕里斯又名亞歷山大（Alexander），在愛達山幫他父親放羊。他身為王子，卻在放羊，這是因為他父親普瑞阿摩斯曾得到警告，說帕里斯會毀了特洛伊，所以作父親的才把他送到愛達山。此時他正跟漂亮的山林女神奧伊諾妮住在一起。

看到三位偉大的女神現身在他面前，帕里斯的驚訝我們可想而知。不過三位女神不要他評議她們的美貌，反而要他考慮她們提出的賄賂，然後選一個。這個決定並不容易。赫拉答應讓他統治歐、亞兩洲。雅典娜願意讓他當主將去打希臘人，並幫他把希臘毀了。阿芙羅黛蒂則答應給他世上最漂亮的女人。帕里斯是個有點軟弱的懦夫，他選了最後一項，把金蘋果給了阿芙羅黛蒂。

這就是聞名遐邇的帕里斯審美。據傳這就是特洛伊

佩琉斯和海中仙女緹蒂絲的婚禮

戰爭開打的主因。

特洛伊戰爭

世上最美的女人是海倫，她是宙斯與麗妲的女兒，卡斯托和波魯克斯的妹妹。據傳她美豔無雙，年輕的希臘王子都想娶她為妻。待所有追求者齊聚一堂，她的養父廷達瑞斯國王竟然不敢決定人選，因為他看到這些追求者都系出名門，擔心沒被選上的人會聯合起來對付他。所以廷達瑞斯要所有追求者鄭重發誓：不管海倫的丈夫是誰，如果有人危及他的婚姻，大家都要聯合起來保護他。這個誓約畢竟對每個人都有利，因為每個人都希望自己會被選中，所以他們都發誓務必懲罰任何想拐走海倫、或動手拐走海倫的人。廷達瑞斯最後選了阿格門儂的弟弟梅奈勞斯（Menelaus）當女婿，並且立他為斯巴達國王。

帕里斯把金蘋果給阿芙羅黛蒂的時候，局勢大抵如此。阿芙羅黛蒂當然知道海倫此刻正在斯巴達。帕里斯毫不猶豫地就丟下孤零零的奧伊諾妮，跟阿芙羅黛蒂直奔斯巴達。梅奈勞斯和海倫很熱情地招待帕里斯，視他如上賓。當時主客之間有個很重要的約束，即主客都預期彼此不會互相傷害，所以梅奈勞斯很放心地把帕里斯留在家裡，自己到克里特島去了。只是他從克里特島回來後，竟發現海倫不見了，他萬萬沒想到帕里斯會破壞這神聖的約定。

訪客帕里斯，走入
朋友親切的住處，

拐走一位女子，
傷了招待他的屋主。

梅奈勞斯於是號召所有希臘首領出面相助。大家都答應幫忙，而且他們也有義務幫忙。再者，他們全都抱著熱切的心情，希望渡海去把強盛繁榮的特洛伊夷為平地，建立偉大的事功。但有兩個一等一的高手沒來，一個是伊薩卡（Ithaca）的國王奧德修斯，一個是佩琉斯王和海洋仙女緹蒂絲的兒子阿基里斯。奧德修斯是全希臘最精明冷靜的人，他不願意為了一個不忠的女人離家出海去冒險，這太不切實際了。他於是假裝發瘋。希臘聯軍代表到他家的時候，他正在犁田播種，只不過他播的是鹽，不是種子。那位代表也很精明，他抓了奧德修斯的小兒子，把那小孩放在犁車前面。奧德修斯見狀，馬上偏離犁車的方向。這證明奧德修斯的腦子好好的，一點也沒瘋。所以他雖然很不情願，還是得加入希臘聯軍。

阿基里斯則是被他母親留住了。海洋仙女知道他若去特洛伊，就注定會死在那裡，所以她把阿基里斯打扮

引誘海倫（中）的帕里斯

成侍女，藏在呂闊瑪斯國王的王宮裡，亦即當年翟修斯被謀害的那座王宮。這次希臘聯軍派奧德修斯來找人。奧德修斯化裝成商人，帶了亮麗的小飾物和精良的武器入宮。宮女們都圍著小飾物挑挑揀揀，只有一人伸出指頭試探那幾把劍和匕首是否鋒利。就這樣，阿基里斯洩漏了身分。奧德修斯不費吹灰之力就讓那年輕人把媽媽的話丟在腦後，跟他加入了聯軍。

希臘聯軍整頓好了，共有一千多艘戰艦聚集在歐里斯（Aulis）準備出發。歐里斯是個強風駭浪匯集的地點，只要颳北風，任何船隻都無法啟航。日復一日，北風總是吹個不停。

那風真令人心碎，
困住船也困住纜繩。
時間拖著腳步，
慢慢走慢慢地走。

聯軍非常沮喪。最後祭司卡爾卡斯（Calchas）對大家宣佈眾神對他說的話，原來阿特蜜斯生氣了，因為希臘軍人殺死她最愛的野兔及其小兔。唯一可以讓北風停息，並讓他們平安到達特洛伊的方法是把聯軍統帥阿格門儂的長女伊菲吉妮亞獻給女神。這真是個可怕的消息，阿格門儂更是無法忍受。

果真我必須手刃親女？
摧毀我家的歡樂。

為人父的雙手，
沾滿黑暗的血，
死在祭壇的女孩
流出的鮮血。

不過他到底還是讓步了，因為事關他在聯軍的聲譽，也涉及他個人的野心；畢竟他也希望征服特洛伊，擴展希臘的勢力。

他放膽做了那件事：
殺了女兒，促成戰事。

他派人回家去接女兒；在信裡，他跟妻子說他已經替女兒安排了一門親事，要把女兒嫁給阿基里斯，還說阿基里斯是表現最好、最偉大的將領。可是伊菲吉妮亞一到歐里斯，馬上就被帶上祭壇。這個一心想來結婚的女孩，怎麼也沒想到竟是來送命。

瘋狂沉迷於戰爭的戰士，
聽不到她的祈禱，她聲聲
「父親啊父親啊」的呼喚；
也看不到她的生命正年輕。

伊菲吉妮亞一死，北風就停了。希臘大軍開始航向平靜的大海。但他們為這一趟遠征做出的惡行，總有一天會給他們帶來惡果。

他們抵達特洛伊附近的西摩易斯（Simois）河口，第一個跳上岸的是普羅特斯拉烏斯（Protesilaus）。這一跳很英勇，因為神諭說第一個上岸的最先戰死。他後來被特洛伊人的長矛射死後，希臘人用對待神明的儀式祭拜他。眾神對他也很尊崇，他們派荷米斯去冥界接他，讓他回家見妻子最後一面。他傷心欲絕的妻子勞達米雅（Laodamia）不願再次跟他分離，所以就自殺而死，跟著丈夫下冥界去了。

千艘戰艦載來了大批戰士，希臘聯軍的兵力看來十分強大。不過特洛伊也不是等閒之輩。特洛伊國王和王后赫秋芭（Hecuba）有很多驍勇善戰的兒子，他們進可領導作戰，退可防守城牆。最高貴勇敢的要數赫克特（Hector），舉世之間，只有阿基里斯是他的對手。兩位英雄惺惺相惜，彼此都知道自己會在特洛伊淪陷之前死去。阿基里斯是透過他母親知道的，原來他母親跟他說：「你的命很短，願你現在就遠離淚水與煩惱。不過淚水與煩惱你也不用忍受多久，我的孩子。你比所有人都短命，都可憐。」赫克特雖然沒有神祇來通報，但這件事他也同樣確知。他跟太太安卓瑪西（Andromache）說：「我的心和靈魂知道得很清楚，特洛伊城會倒，普瑞阿摩斯和他的人民也是。」所以兩位英雄都在死亡的陰影下奮勇作戰。

兩軍僵持九年，始終不分勝負，因為沒有一方能取得終極優勢。希臘聯軍後來有兩人爆發口角，戰局於是變得對特洛伊人有利。發生口角的是阿格門儂和阿基里斯，導火線也是女人。原來阿波羅祭司的女兒克麗瑟絲（Chryseis）被希臘人俘虜後，聯軍把她當戰利品送給阿格門儂。克麗瑟絲的父親到軍營請求放人，但阿格門儂不肯。該祭司向阿波羅禱告，阿波羅聽到禱告，就在太陽馬車上朝希臘軍營射下許多火熱的箭。希臘人開始生病，死亡人數極多，火葬柴堆日夜燃燒，一刻不停。

阿基里斯把將領們找來開會。他說他們沒辦法同時打敗瘟疫和特洛伊人，如果他們不能平息阿波羅的怒氣，那就乾脆扯帆回家算了。先知卡爾卡斯站起來說他知道阿波羅生氣的原因，但他不敢說，除非阿基里斯保證他的人身安全。阿基里斯說：「這我保證，即使你要指責阿格門儂也沒關係。」大家都明白他這話的意思，因為他們都親眼看到那位祭司的遭遇。卡爾卡斯於是宣佈他們必須把克麗瑟絲還給她父親，大家也都很支持這一點。阿格門儂非常生氣，但他也不能有異議。不過他對阿基里斯說：「如果要我交出戰利品，我必須找個人來取代她。」

克麗瑟絲走後，阿格門儂派了兩個隨從去找阿基里斯要布瑞瑟絲（Briseis），那是阿基里斯的戰利品。兩人很不情願地來到阿基里斯面前，一個字都不敢說。阿基里斯了解他們受命而來，跟他們說這不是他們的錯，請他們帶走布瑞瑟絲，不必擔心性命安全。但他要他們聽好，他說他已經在人神之前發誓，他一定要阿格門儂為他的行為付出代價的。

那天晚上，阿基里斯的母親緹蒂絲前來找他。這位銀足的海洋仙女非常生氣，要兒子別再管希臘人的事了。說完，她就直飛奧林帕斯，請宙斯讓特洛伊打贏這一仗。宙斯很為難。原來這場戰爭此時已經延燒到了天庭，諸神也各自結黨，互相對峙。阿芙羅黛蒂當然站在帕里斯這一邊。赫拉和雅典娜當然反對帕里斯。戰神阿瑞斯總是支持阿芙羅黛蒂。海神比較喜歡希臘人，因為希臘人都是愛海的好水手。阿波羅很關心赫克特，所以他站在特洛伊人這一邊，他的妹妹阿特蜜斯也是。整體上，宙斯比較喜歡特洛伊人，但他想保持中立，因為他一旦公開反對赫拉，赫拉就會給他臉色看。不過他也不能拒絕緹蒂絲。左右為難之下，他跟赫拉發了一頓脾氣。赫拉就像往常那樣，一再問他

正在討論特洛伊戰爭該如何收尾的諸神

到底是怎麼一回事。宙斯最後被逼急了，只得大聲叫赫拉閉嘴，不然他就要動手打赫拉了。赫拉安靜下來，但她腦子卻動得飛快，想著她要如何繞過宙斯來幫希臘人打贏這一仗。

宙斯的想法很簡單，他知道沒有阿基里斯，希臘人是打不過特洛伊的，所以他給阿格門儂送了一個妄夢，讓後者以為他只要出兵就會打勝。當阿基里斯坐在營帳裡生悶氣的時候，其他希臘人都出去攻打特洛伊人。那是九年來打得最慘烈的一役。特洛伊城上，國王和幾個嫻熟戰術的老臣坐在那裡觀戰。海倫過來加入他們。他們看著海倫，明知就是眼前這位女子引起這一切痛苦和死亡，但他們心裡卻對她沒有一絲責備。「男人就是要為這樣的女子而戰，」他們互相這麼說：「她的臉，簡直美如天仙。」海倫加入他們，告訴他們希臘將領的名字。不過讓他們驚訝的是，戰事卻突然停止了。兩軍各自往後退，騰出中間一塊空地。只見帕里斯和梅奈勞斯站在空地上對峙。顯然兩軍已達成協議，要讓最重要的當事人單獨對決。

帕里斯首先出擊。梅奈勞斯用盾擋開帕里斯高速飛來的長矛，接著他也猛力朝帕里斯扔出長矛。那長矛只刺破帕里斯的戰袍，帕里斯的人毫髮無傷。梅奈勞斯拔出劍來，那是他唯一的武器了。邪門的是，就在他拔劍的同時，那劍竟從他手上掉落折斷了。雖然沒了武器，梅奈勞斯還是不甘罷休，猛力撲向帕里斯。他一手抓住帕里斯頭盔上的羽飾，把帕里斯拉倒在地。假如阿芙羅黛蒂沒出手干涉，他早就把帕里斯拖回希臘軍營。阿芙羅黛蒂扯斷了頭盔的皮帶，使帕里斯從梅奈勞斯手裡掙脫，然後用一團雲罩住他，帶他回特洛伊城內。這一仗，帕里斯除了擲出長矛，可說完全跟決鬥沾不上邊。

梅奈勞斯很生氣，衝入特洛伊陣營找帕里斯；雖然特洛伊陣營裡的每個人都想幫他，因為他們很討厭帕里斯，但他們也沒辦法，帕里斯就是不見了，沒人知道他在哪裡。阿格門儂於是宣佈梅奈勞斯得到勝利，要求特洛伊人交回海倫。這個要求很合理。如果赫拉沒煽動雅典娜出手干涉，特洛伊人一定會交出海倫，結束戰爭。不過赫拉是一定要看到特洛伊淪陷，才會讓戰爭結束。這時雅典娜飛快來到戰場，混進特洛伊軍陣裡，說服愚蠢的潘達魯斯（Pandarus）朝梅奈勞斯射了一箭。這一箭破壞了停戰協定，還把梅奈勞斯射傷了。憤怒的希臘人於是攻向特洛伊人，雙方又打成一團。戰神那群嗜血的朋友，例如

梅奈勞斯（中左）與帕里斯戰鬥

「恐懼」、「毀滅」和「衝突」全都殺氣騰騰，混入戰場催促戰士互相砍殺。四處響起痛苦的呻吟，殺人者勝利的呼號和死傷者痛苦的吶喊混合在一起，地上血流成河。

少了阿基里斯，希臘聯軍只剩下艾阿斯（Ajax）和狄奧梅德斯（Diomedes）兩位大將奮勇作戰。那天，兩人的戰功彪炳，殺了很多特洛伊人，使他們一個接一個地倒在塵土裡。戰術比赫克特稍微遜色的特洛伊王子阿伊尼斯（Aeneas）差點就死在狄奧梅德斯手裡。阿伊尼斯不僅是個王子，事實上，他是阿芙羅黛蒂的兒子。阿芙羅黛蒂看到兒子被打傷了，急忙衝下戰場救人。她把阿伊尼斯抱在柔軟的懷裡，但狄奧梅德斯知道她是個懦弱的女神，關於戰爭，她不如雅典娜的嫻熟，所以他還是衝過去把女神的手砍傷了。女神大叫一聲，放下懷裡的阿伊尼斯，哭著回天庭找宙斯訴苦。宙斯看到原本愛笑的女神哭得淚眼汪汪，就笑著提醒女神別理會戰爭，只要管管跟愛情有關的大小事就好。阿伊尼斯雖然被他母親丟下，但他沒死，原來阿波羅把他裹在雲裡，帶他到特洛伊的佩迦莫斯神殿（Pergamos），交給阿特蜜斯幫他療傷。

狄奧梅德斯殺紅了眼，不停地往特洛伊軍陣衝去，造成許多人傷亡。最後，他打到了赫克特面前。讓他驚訝的是，赫克特旁邊還站著阿瑞斯。戰神一身斑斑血跡，一臉的殺氣，正在幫赫克特打仗。狄奧梅德斯看得直發抖，連忙呼叫希臘人後退，慢慢地後退，眼睛千萬別離開特洛伊人。赫拉見狀氣瘋了。她催馬奔往奧林帕斯，問宙斯她是否可以把阿瑞斯那討人厭的禍根趕出戰場。阿瑞斯雖然是他們兩人生的，但娘不疼爹也不怎麼愛，所以宙斯就同意了。赫拉立刻回到戰場，站在狄奧梅德斯的身旁，催他要勇敢地給那戰神一記教訓，別怕。聽到這話，狄奧梅德斯心頭大樂。他衝向阿瑞斯，把長矛扔了過去。雅典娜幫他瞄準目標，使長矛穿透戰神的身體。戰神痛得大叫，聲音大如萬人齊吼。這可怕的聲音直把希臘人和特洛伊人全都嚇壞了。

阿瑞斯是個壞在心裡的惡霸；他帶給人類無數痛苦，自己卻無法忍受痛苦。他一受傷，就急忙逃回奧林帕斯，向宙斯抱怨雅典娜對他施暴。但宙斯很嚴肅地看著他，說他這樣喋喋不休，簡直就跟他母親一樣讓人無法忍受，然後就直接叫他別抱怨了。阿瑞斯一走，特洛伊人不得不後退。赫克特有一個善於揣摩神意的弟弟，他看到情勢危急，就叫赫克特立刻回去找王后，請王后把她最漂亮的袍子獻給雅典娜，請女神對特洛伊人施恩。赫克特覺得弟弟說的有理，立刻趕往王宮去找他們的母親。王后就照他所說的，拿出一件珍貴耀眼有如星星的袍子，放在女神的膝上，向女神祈禱：「雅典娜女神，請饒了這座城市，可憐可憐特洛伊人的妻兒。」但雅典娜拒絕了王后的懇求。

重回戰場前，赫克特決定回頭再看一次他深愛的太太和他的兒子阿斯堤亞納斯（Astyanax）。也許這是最後一次了，他想。他在城牆上找到他們。原來安卓瑪西聽到特洛伊人開始後退，慌忙登上城牆觀戰。跟她在一起的，還有一個抱著小孩的女僕。赫克特微笑著，靜靜地看著他的家人。安卓瑪西握著他的手，哭著說：「我親愛的夫君，你是我的父母、我的兄弟和我的丈夫，留下來吧。別讓我變成寡婦，別讓孩子變成孤兒。」赫克特溫柔地拒絕了她。他說他不能做個懦夫，他永遠要在前線作戰。但他要妻子知道，如果他陣亡，他永遠都不會忘記妻子的傷心，而這是他最擔心，也是他最大的牽掛。他輕輕地把妻子推開，轉身對兒子伸出雙手。那小男孩被他的頭盔和搖擺的羽飾嚇著了，直往後退。赫克特笑著拿下那頂閃亮的頭盔。他把小孩抱入懷裡，對神祈禱道：「喔，宙斯！但願許多年後，當這孩子從戰場上歸來時，人們會說他比他父親更加偉大。」

說完，他把小孩還給妻子；安卓瑪西含著淚，微笑地接過小孩。赫克特於心不忍，溫柔地摸摸妻子，對她說：「親愛的，別這麼傷心。命裡注定的事，怎麼也躲不了。如果不是命中注定，世間沒有人殺得了我。」說完，他就拿起頭盔走了。安卓瑪西走回王宮，一步一回頭，哭得十分淒涼。

一到戰場，赫克特心中就燃起鬥志。有一段時間，他的運氣還真不錯。宙斯這時想起他答應緹蒂絲要幫阿基里斯復仇。他命令所有神祇撤回奧林帕斯，他獨自下凡去幫特洛伊人。這一來，希臘人便陷入了苦戰。他們最偉大的戰士阿基里斯遠遠地坐在後方的帳篷裡，滿懷委屈，不肯出戰。赫克特打得興起，他從來不曾如此英姿煥發，從來不曾如此勇敢；他看來簡直無可匹敵。特洛伊人稱他為馴馬師，只見他駕著馬車，人馬契合無間，彷彿合為一體。他來回出入於希臘陣營，到處都可看到他銀亮的頭盔，而他所到之處，勇敢的希臘戰士全都紛紛倒在他的銅矛之下。到了黃昏快收戰的時候，特洛伊人已經差不多把希臘軍隊逼上了戰艦。

那一晚，特洛伊城歡喜慶祝，希臘人則陷入絕望悲傷。阿格門儂的意思是放棄戰爭，返航希臘。聶斯托（Nestor）是營中最年長也是最有智慧的將領，據說他比奧德修斯還更精明；這時，他大著膽子對阿格門儂點出癥結所在。他說如果阿格門儂沒得罪阿基里斯，他們今天也不至於落敗。他說：「我們應該想辦法跟阿基里斯和解，不應丟著臉回家。」大家都很贊成他的看法，阿格門儂也承認自己很蠢。他說他會把布瑞瑟絲還給阿基里斯，另外送上大批好禮。他請奧德修斯把禮物送去給阿基里斯。

奧德修斯選了兩位將領，一起到阿基里斯的軍營拜訪。跟阿基里斯在一起的，是他的好友帕特羅克斯（Patroclus）。阿基里斯歡迎他們來訪，叫人端出酒食招待他們。但一聽到他們的來意，他馬上斷然拒絕。接著聽到聯軍要送他禮物，如果他願意同情陷入困境的同胞，幫忙出戰。他回說所有埃及的金銀財寶都無法收買他，又說他即將啟航回鄉了，如果他們夠聰明，最好也跟他這麼做。

奧德修斯把阿基里斯的答覆帶回軍營，所有將領一聽都死了心，不願再去勸阿基里斯。第二天，他們帶著絕望和必死的勇士心情上戰場。他們再一次被擊退，這一次退到戰船停泊的沙灘上。不過他們的救星來了。赫拉已經想好幫他們的計畫。她看到宙斯坐在愛達山上觀戰，看著特洛伊人節節打勝，她就忍不住想起她是多麼痛恨宙斯。但她也清楚知道，自己唯一能勝過宙斯的方法只有一個，那就是打扮得漂漂亮亮出現在他面前，讓他無法抗拒。當宙斯把她抱入懷裡，她就把甜蜜的睡眠注入宙斯眼中，這樣他就會忘了特洛伊人。赫拉真的這麼做了。她回到寢室，用她知道的所有技巧讓自己變美麗。她還跟阿芙羅黛蒂借了魅惑腰帶，然後帶著這新增的魅力武器，來到宙斯面前。宙斯一看到她，心裡頓時充滿愛意，把他對緹蒂絲的所有承諾都忘了。

這時，戰場上的局勢馬上改觀，變得對希臘人有利。艾阿斯把赫克特摔倒在地，不過他沒機會殺死赫克特，因為阿伊尼斯馬上把赫克特抱起來帶走。赫克特一走，希臘聯軍於是就有機會逼退特洛伊人。假如那天宙斯沒突然醒轉，特洛伊城早就是希臘人的囊中物了。宙斯跳了起來，看到特洛伊人節節敗退，赫克特躺在沙場上喘息。他頓時明白了一切。他憤怒地轉向赫拉，說戰場上的局勢都是她做的好事，狡詐邪惡的好事。他幾乎當場就伸手打赫拉了。赫拉知道鬥不過宙斯。她說特洛伊的失敗跟她一點關係也沒有，她說這都是波賽頓做的好事。事實上，波賽頓真的曾違抗宙斯的命令去幫希臘人，但波賽頓會這麼做，完全是出於赫拉的要求。無論如何，宙斯鬆了一口氣，他總算有個藉口，可以不用動手打老婆。他把赫拉趕回奧林帕斯，然後召來使神伊瑞絲，要伊瑞絲去叫波賽頓退出戰場。海神悶悶不樂地退出戰場，希臘人馬上又陷入困境。

阿波羅把昏迷的赫克特救醒，並賜給他超人的力氣。在阿波羅和赫克特面前，希臘人不停地後退，就像一群驚嚇的羊在山獅面前步步倒退那樣。他們滿懷困惑地逃回船上，他們築的護牆紛紛倒塌，猶如孩子在沙灘上築起的沙堡。特洛伊人這次逼得很近，近得幾乎可以放火燒船了。無助的希臘人，心裡只敢想著壯烈犧牲，勇敢就死。

阿基里斯最要好的朋友帕特羅克斯看著希臘人節節潰敗，十分驚慌。即使為了阿基里斯，他也無法在帳篷裡再多待一刻。他對阿基里斯叫道：「你就繼續生你的悶氣，眼睜睜看著同胞走向滅亡，不過我不能。把你的盔甲給我。如果特洛伊人以為我是你，他們可能會稍微暫停，讓我們疲憊的同伴有個喘息的機會。你和我都還有力氣，搞不好可以把敵人擊退。如果你還是想坐在這裡生氣，沒關係。但至少把你的盔甲借我。」就在他說話的同時，一艘希臘戰艦著火了。阿基里斯說：「這樣下去，聯軍的後路會被他們切斷。去吧。盔甲你拿去用吧，我的兵也給你。你們去防守艦隊。我不能去，我是個遭受侮辱的人。我可以為我自己的船戰鬥，但我不能替那些羞辱我的人戰鬥。」

帕特羅克斯於是穿上那套特洛伊人看了就怕的著名盔甲，帶著阿基里斯的密米東士兵（Myrmidons）出戰了。這批新力軍一開始出擊，特洛伊人不免軍心動搖：他們以為領軍的是阿基里斯。事實上，帕特羅克斯一開始也打得很精彩，表現就跟阿基里斯不分軒輊。最後他終於跟赫克特對上了，這下他的命運就像野豬遇上獅子，劫數已定。赫克特的長矛重傷了他。他的靈魂飛出身體，下了地府。赫克特脫下盔甲，扔在一旁，換上帕特羅克斯穿的那套。這一來，赫克特彷彿接收了阿基里斯的力量，希臘軍中再也沒有一個人擋得住他。

好友帕特羅克斯（右）為阿基里斯包紮傷口

黃昏降臨，戰爭暫時結束。阿基里斯在帳篷裡等帕特羅克斯。但帕特羅克斯沒出現。相反地，他看到聶斯托的兒子安提洛秋斯（Antilochus）朝他跑來。那年輕人一面哭，一面大叫：「不好了！帕特羅克斯戰死了，赫克特拿了他的盔甲。」阿基里斯眼前一黑，悲痛襲心，旁邊的人都以為他也不好了。他遠在海底洞穴的母親感應到他的傷悲，特地前來安慰他。阿基里斯對他母親說：「我一定要讓赫克特付出代價，為帕特羅克斯復仇，不然我也不要活了。」緹蒂絲哭著提醒他：赫克特一死，他也活不了了，因為他命定會死在赫克特之後。阿基里斯說：「死就死吧。我同伴危急的時候，我沒去幫忙。但我至少要殺了那個傷我朋友的人。死亡降臨，我也願意接受。」

緹蒂絲不再試圖勸他了。她說：「至少等到天亮。你不能徒手出戰，我去找赫費斯托斯，讓他幫你打一套盔甲。」

緹蒂絲把那套甲冑帶來時，大家都看得目瞪口呆。那套盔甲真是神奇，不愧是赫費斯托斯的作品，凡間沒一個巧匠能做得出來。阿基里斯穿上盔甲，眼裡躍動著喜悅的光芒。接著他離開那頂他坐了很久的帳篷，往聯軍集合的地方走去。真是一群殘兵敗將呀。狄奧梅德斯受了重傷，奧德修斯、阿格門儂和其他人也好不到哪裡去。看到他們，阿基里斯感到很羞愧；他跟他們坦承自己的愚蠢，竟然為了失去一個女人而忘了大局。不過那已經過去了，他已經準備好要帶他們出去打仗，就像從前那樣。所有聯軍將領都高聲歡呼。但奧德修斯替大家說出心裡的話。他說大家得先用餐才能出戰，因為飢餓的人沒力氣打仗。一聽這話，阿基里斯冷笑道：「我們的同袍都躺在戰場上了，你還有心思吃東西。除非我替我親愛的朋友報了仇，不然我是不會喝一滴水，吃一口飯的。」接著他又自言自語道：「最親愛的朋友，沒有你，我沒辦法吃飯也沒辦法喝水。」

等所有人吃飽喝足，他就帶他們發動攻擊。所有天神都知道，這是兩位偉大戰士的最後一役。他們也知道戰局的結果。宙斯拿出金色的天平，一邊放上赫克特的籌碼，另一邊是阿基里斯的。赫克特的籌碼往下沉，這表示他注定會先戰死。

雖然如此，勝利屬誰仍是個未知數。在赫克特的領導下，特洛伊人勇敢作戰，猶如保衛自己的家。特洛伊有一條大河，眾神稱之為珊托斯（Xanthus），凡人稱之為斯卡曼德（Scamander），連這條河也試圖加入戰局，想把渡河的阿基里斯淹死。那條河失敗了。只見阿基里斯一路向前衝，四處尋找赫克特，擋路的人事物全都被他殲滅。這時，眾神也打得十分激烈。宙斯遠遠坐在一旁，笑著看眾神一對對互打：雅典娜把阿瑞斯摔在地上；赫拉抽出阿特蜜斯肩上的箭，左右抽打阿特蜜斯的耳光。波賽頓對阿波羅冷言嘲諷，想激他出手，但阿波羅不為所動，他知道已無須再為赫克特出戰了。

特洛伊宏偉的城門這時全部打開，因為特洛伊士兵大舉逃亡，紛紛湧入城裡。只有赫克特站在城外，動也不動。他的父王和母后都站在城牆上呼喚他，要他進城保命。但他置之不理。他正在思考：「我是特洛伊的將領，戰敗是我的錯。我怎能放過我自己？再說——如果我放下武器，去跟阿基里斯說我們願意釋放海倫，並附上特洛伊的一半財富，這有用嗎？沒用的。他一定會殺了我，就像我是個手無寸鐵的婦孺。最好還是在戰場上跟他打一場，即使結果是我的死亡。」

阿基里斯來了。他從戰車站起來，燦爛有如太陽。雅典娜站在他身邊，但赫克特身邊是空的，阿波羅已經把他託付給命運。看到那一對人神朝他逼近，赫克特轉身就跑，跑者與追者一連繞特洛伊城三圈。後來雅典娜施計讓赫克特停下來，原來她化身為赫克特的弟弟戴弗布斯（Deiphobus），出現在他身邊。赫克特以為來了戰友，就停下來面對阿基里斯。他對阿基里斯叫道：「如果我殺了你，我會把你還給你的朋友，希望你也能這麼做。」但阿基里斯答道：「瘋子，羊和狼之間沒有契約可言，你我之間也是如此。」他一面說，一面朝赫克特扔出長矛。沒射中目標。雅典娜幫他把那矛撿回來。接著赫克特擲出長矛，很準地射中盾牌正中。但有甚麼用？那是一把神盾，任何兵器都穿不透。他迅速轉身找戴弗布斯拿另一把長矛，結果發現身邊根本沒人。他明白了。雅典娜騙了他，而今他再也無路可逃。他想：「諸神已經召喚我去赴死。雖然要死，至少我曾掙扎過，至少後世傳誦故事的人知道我死於偉大的戰爭。」他抽出長劍，他僅有的武器，衝向敵人。但阿基里斯有一把長矛。赫克特穿著從帕特羅克斯身上剝下的甲胄，而阿基里斯知道那甲胄有個缺口，赫克特還來不及近身，他就瞄準甲胄上的缺口，一矛刺中赫克特喉嚨。赫克特倒在地上，奄奄一息，他用最後一口氣祈求道：「把我的屍體還給我父母。」阿基里斯答：「你帶給我的傷痛那麼大，要是可以，我恨不得生吃你的肉，喝你的血。」不過這時赫克特的靈魂已經離開身體，下了冥界，一路上惋惜著命運，還有自己留下的精力和青春。

阿基里斯把赫克特血跡斑斑的甲胄剝下來，其他希臘人都圍過來，讚嘆躺在地上的赫克特是多麼高大，多麼高貴。但阿基里斯眼裡看到的不是這個：他戳穿死者的雙足，用皮繩把死者綁在戰車後面，任由死者的頭拖在地上，然後鞭打戰馬，拖著赫克特的遺體繞城跑了一

在決鬥中戰死於阿基里斯（左二）之手的赫克特

圈又一圈。

報復夠了，他站在帕特羅克斯的遺體旁邊說道：「即使你已經不在了，但你聽著。我已把赫克特拖在戰車後面跑了很多圈。在你的火葬堆旁，我會拿他的屍體餵狗。」

看到阿基里斯如此凌虐死者，奧林帕斯眾神吵了一架。除了赫拉、雅典娜、波賽頓，大家都很不以為然，尤其宙斯。他派伊瑞絲去找普瑞阿摩斯，要後者帶著贖金去找阿基里斯贖回赫克特的遺體。他要伊瑞絲告訴普瑞阿摩斯，說阿基里斯雖然生性暴戾，但不是壞人；他會善待有求於他的人。

年老的國王帶了一車特洛伊最好的珠寶，穿過平原，往希臘軍營前進。他在路上遇到荷米斯，後者已化身為希臘青年，自願領他去阿基里斯的帳篷。在荷米斯的陪伴下，那老人通過許多警衛，來到殺死他兒子、凌虐他兒子遺體的人面前。他跪下來，緊緊抱著阿基里斯的膝頭，吻著他的手。看到老人如此懇求，阿基里斯心裡一陣敬畏，其他圍觀的人面面相覷，表情尷尬。普瑞阿摩斯說道：「你要記得，阿基里斯，你父親跟我年紀差不多，他跟我都會因喪子而痛苦。但我比他更可憐，因為世間還沒有人像我這樣，向我的殺子仇人伸手求助。」

阿基里斯聽見這話，心裡非常難過。他扶起老人說：「在我旁邊坐下吧。讓我們把悲哀平靜地放在心裡。邪惡是所有人的命運，但我們必須保持勇氣。」然後他叫僕人把赫克特的屍體洗淨、敷油、穿上柔軟的外袍。他不想讓普瑞阿摩斯看到赫克特的屍身曾遭亂刀砍傷，他不知道如果普瑞阿摩斯責問他，是否控制得了自己的脾氣。他問國王：「你要多少天來舉辦葬禮？你要幾天，我就叫希臘人停戰幾天。」普瑞阿摩斯載著赫克特的遺體回特洛伊城。那是特洛伊人最傷心的一場葬禮，連海倫都流下了眼淚，她說：「其他特洛伊人責備我，但你善良的心和溫柔的話，總讓我得到許多安慰。只有你是我的朋友。」

追悼會連續舉行九天，他們把赫克特放在高高的火葬柴堆，點火燃燒。最後他們用酒把餘火熄了，撿起赫克特的骨灰，放入金甕，用紫色的布包起來，然後再把骨灰甕放入空墳，蓋上大石頭。

這就是馴馬師赫克特的葬禮。

葬禮結束，《伊里亞德》也結束了。

第十四章　特洛伊城的陷落

這則故事大部分取材自維吉爾。特洛伊城的陷落是《伊尼亞德》第二部的主題，也是維吉爾寫得最好的故事之一：簡潔、深刻、生動。不過我這個版本的開始和結尾並非出自維吉爾的書：菲洛克特斯流落荒島的故事和艾阿斯之死我參考了西元前五世紀悲劇詩人索福克里斯的兩部作品。結尾部分，也就是特洛伊城陷落之後女人何去何從，則來自索福克里斯同代詩人尤里彼得斯。尤里彼得斯這部作品與《伊尼亞德》的尚武精神形成有趣的對比。對維吉爾和其他羅馬詩人來說，戰爭是人類最高貴光榮的活動。但比維吉爾早四百年的希臘詩人卻對戰爭提出不一樣的看法。特洛伊戰爭遠近馳名，但結局呢？尤里彼得斯的回答似乎是一座破城，一個死嬰和一群悲傷的女人，僅此而已。

赫克特死後，阿基里斯知道自己的死期也不遠了，這點他母親早就跟他說過。不過在永遠結束戰鬥之前，他還有一場偉大的仗要打。伊索比亞的門諾王子（Prince Memnon），亦即黎明女神的兒子帶了大批軍隊來支援特洛伊[20]。赫克特雖然已死，有一段時間希臘人的軍情仍然吃緊，喪生了不少戰士，包括聶斯托的兒子，即號稱飛毛腿的安提洛秋斯。最後，阿基里斯在一場激烈的戰鬥中殺了門諾王子。這是阿基里斯的最後一戰。在這之前，他把特洛伊人逼到城邊。就在城牆邊，他中了帕里斯的箭。由於阿波羅的導引，那箭射中他的腳踝，也是他唯一的死穴。他倒在雄偉的史加伊安城門（Scaean）前死了。原來他出生之後，他的母親為了使他刀槍不入，就倒提著他的腳，把他浸

20 門諾王子是堤索諾斯與黎明女神奧蘿拉的兒子，堤索諾斯是神話裡會老但不會死的著名角色，一說後來變成蚱蜢。三人的故事詳見本書第二十一章。

入斯提克斯河，但粗心的緹蒂絲沒注意她手抓的部位未浸到河水。阿基里斯死後，艾阿斯抱著他的遺體離開戰場，留下奧德修斯繼續跟特洛伊人戰鬥。據說火葬後，他的骨灰跟帕特羅克斯的骨灰放在同一個骨灰甕裡。

他死後，那套火神打造的甲冑竟造成艾阿斯的死亡。聯軍將領一致認為艾阿斯和奧德修斯最有資格得到那套甲冑。大家不具名投票的結果，甲冑歸奧德修斯所有。在那個時代，這決定非同小可。贏的人當然光榮，輸的人卻很丟臉。艾阿斯就是這麼想。他一陣怒氣攻心，竟然決定要去殺阿格門儂和梅奈勞斯洩恨，他相信是阿格門儂和梅奈勞斯投他反對票。天黑了，他出門去找他們算帳。他快到兩兄弟的帳篷時，雅典娜使他得了失心瘋。他以為希臘人養在草原上的牛羊就是軍隊，衝上去把牠們一隻隻殺了，心裡還以為自己殺的是軍隊將領。最後他拖了一隻大公羊回營，以為那就是奧德修斯。他把那頭羊綁在營柱上，狠狠打牠一頓。等那陣瘋癲過去，他發現自己剛才做的事，遠比沒贏得甲冑更加丟臉；相比之下，沒贏得甲冑不過就是一個影子，而他方才展露的憤怒和愚蠢，大家都明明白白地看到了。想到平原上躺著的死牛死羊，他自言自語道：「可憐的牛，竟然毫無理由地就被我殺了。我站在這裡，人神不容。在這種情況下，只有懦弱的人才會苟活。人如果無法高貴地活著，至少可以高貴地死去。」於是他拔劍自刎而死。希臘人把他埋了，不肯給他舉行火葬；他們認為火葬和骨灰甕是一種榮譽，自殺的人不配擁有。

在這麼短的時間內相繼失去兩員大將，希臘人都感到十分沮喪。勝利看來似乎遙不可及。先知卡爾卡斯說眾神沒有訊息給他們，但他知道特洛伊先知赫列諾斯（Helenus）能預知未來，如果他們能抓到他，就可問他該怎麼做了。奧德修斯抓到了那位先知，並將他囚禁起來。根據這位先知，除非他們有海克力斯的弓箭，否則他們永遠打不倒特洛伊。海克力斯死前把弓箭給了幫他點燃火葬柴堆的菲洛克特斯王子，菲洛克特斯之後加入希臘聯軍。有一次聯軍停在連諾斯島祭神，菲洛克特斯在那裡被蛇咬了，傷勢遲遲未好。由於不能讓他帶傷上船，聯軍也無法一直等候，所以他們就丟下他先走了。雖然之前阿果號的英雄在那座島上遇到許多女人，不過聯軍到的時候，那裡已經無人居住。

把受傷的人丟在無人島上是很殘忍的。但他們當時急著要去特洛伊，而且菲洛克特斯有弓有箭，食物應該不虞匱乏。如今聽到赫列諾斯這麼說，希臘英雄心知他們很難勸得動菲洛克特斯把寶貴的弓箭給他們了，畢竟他們對不起菲洛克特斯在先。所以他們就派詭計多端的奧德修斯去把弓箭騙回來。有人說奧德修斯帶了狄奧梅德斯，也有人說跟去的是阿基里斯的小兒子聶莪普勒摩斯（Neoptolemus，又名皮若斯 [Pyrrhus]）。總之他們成功偷到了弓箭。臨行前，他們想到把手無寸鐵的人留在島上，又覺得於心不忍。最後他們勸菲洛克特斯跟他們一起走。回到特洛伊後，希臘良醫把他的傷治好了。等他可以高高興興上戰場時，第一個被他射傷的人就是帕里斯。帕里斯倒地後，請人把他抬去找奧伊諾妮，也就是愛達山上的林泉仙女。奧伊諾妮曾說她有一種藥，可以治療百病。帕里斯請奧伊諾妮救他一命。奧伊諾妮拒絕了。帕里斯遺棄過她，而且長時間對她不聞不問，現在危急關頭才來求助，她說她無法馬上寬恕他。最後她看著帕里斯死去，自己接著也到別處自殺了。

帕里斯的死並沒有讓特洛伊倒下；他的死其實

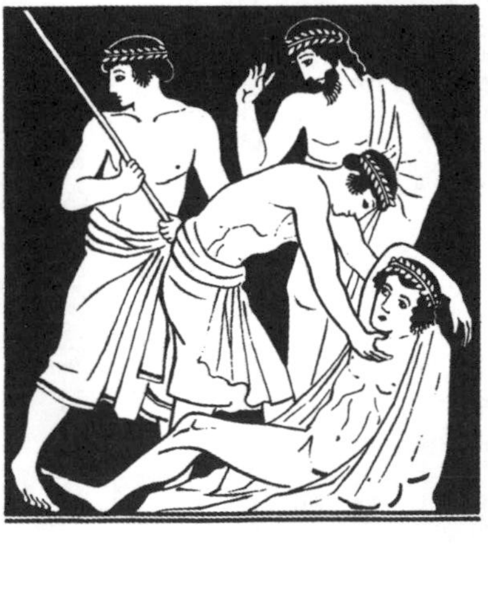

菲洛克特斯 幫助海克力斯點燃火葬柴堆而擁有他寶貴的弓箭。參加特洛伊遠征時，以這把弓箭殺了帕里斯建功

也不是甚麼大損失。後來希臘人得知特洛伊城內有一尊最神聖的雅典娜雕像，稱為帕拉迪雕像（Palladium），只要雕像留在特洛伊，特洛伊就永遠打不倒。聯軍僅剩的兩員大將狄奧梅德斯和奧德修斯決定去偷雕像。一晚，狄奧梅德斯趁天色昏暗，在奧德修斯的幫忙之下爬進特洛伊城，順利把神像偷回軍營。這次的成功使希臘人的軍心深受鼓舞，他們決定想個辦法結束這場無止境的戰爭。

此時他們已經清楚了解：除非他們能進城給特洛伊人來個突襲，否則他們永遠別想打倒特洛伊。從圍城第一天算起，至今已經快十年了。特洛伊城看起來還是那麼堅固，城牆幾乎完好無損，因為幾乎大部分戰鬥都發生在離城牆相當遠的平原上。希臘人若不想個辦法潛入城裡，就只得接受失敗。這個新認知衍生出木馬戰略。大家應該都猜到了，那是奧德修斯那鬼靈精怪的腦筋想出來的點子。

他找來手藝精湛的木工，打造一個中空的巨型木馬，裡面足足可以躲好幾個大男人。他又費了一番口舌，勸服幾位將領跟他一起躲入木馬的肚子裡。除了阿基里斯的兒子聶莪普勒摩斯，其他將領都很害怕。他們是該怕的，因為那要冒很大的生命危險。奧德修斯的計畫是：除了留在木馬腹中的將領，其他人都要假意撤營，出海離開，就近找個小島躲起來等候。不管發生甚麼事，這些人都是安全的。萬一計畫出錯，他們可以直接返航回家。當然留在木馬腹中的人就只有死路一條。

可以想見，奧德修斯不會忽略這一點。所以他的下一步計畫是：預先設計一套讓特洛伊人信服，讓他們放心把木馬拖進城的說詞，然後再找個希臘人把這套說詞背個滾瓜爛熟，再假意把這個人留在廢棄的軍營裡。木馬進城後，留在木馬裡的人等到深夜，就偷偷溜出來把特洛伊的城門打開。這時，那些假意離開的軍隊已經回來並躲在城門外等候。

一天晚上，他們開始執行奧德修斯的計畫，特洛伊的末日也近了。第二天一早，特洛伊的守衛看到兩個令人驚異的現象。一是史加伊安城門前立著一尊龐大的木馬，從來沒人見過那樣充滿妖氣，那樣讓人忍不住直打哆嗦的東西，即使那東西不聲不響，沒有動靜。事實上，城外四周也沒有任何動靜。平日吵鬧的希臘軍營此時安靜無聲。軍艦也不見了。唯一可能的解釋：希臘人認輸了，他們放棄戰爭回希臘去了。所有特洛伊人都欣喜萬分。漫長的戰爭終於結束，所有痛苦都過去了。

人民紛紛湧出城外去看廢棄的希臘軍營。阿基里斯在這裡生了很久的悶氣；那裡是阿格門儂的帳幕；這裡是狡詐的奧德修斯的駐處。看到這地方空蕩蕩的，多叫人高興呀，他們現在不用害怕了。最後他們來到那古怪的木馬旁。他們圍在那裡，不知道要拿那木馬怎麼辦。就在這時，那個被刻意留下來的希臘人故意讓他們發現了。特洛伊人把他帶到普瑞阿摩斯面前。世上再也沒人比這個人更能言善道的了。他說他叫西諾（Sinon），他首先聲淚俱下地說他再也不想當希臘人，接著把奧德修斯精心設計的一套說詞一字不漏地背出來。他說雅典娜在生希臘人的氣，因為希臘人偷了帕拉迪雕像。驚慌的希臘人去請教神諭，試圖平息女神的怒氣。神諭的答案是：初來特洛伊時，你們用血和一個少女的性命平息風神；離開特洛伊時，你們也得用一個希臘人的血來交換。他說他西諾就是那個被選出來祭神的可憐蟲。希臘人一切都準備好了，就等那可怕的祭祀一過，他們就要啟航回希臘。但那天晚上他想辦法逃了出來，然後就躲在沼澤裡，看著希臘艦隊開走。

這套說詞設計得很好，特洛伊人一點也沒有起疑。他們很同情西諾的遭遇，並歡迎他加入特洛伊跟他們一起生活。就這樣，偉大的狄奧梅德斯、凶悍的阿基里斯、十年戰爭與千艘戰艦都攻不下的特洛伊城，竟被花言巧語和虛假的淚水給征服了。西諾並未忘記那套說詞的第二部分。他接著說木馬是為了向雅典娜許願而建造的。至於為何造那麼大呢，他說那是為了防止特洛伊人把木馬拖進城。他說希臘人的想法是要讓特洛伊人把木馬摧毀，讓特洛伊人給自己招致女神的憤怒。如果讓特洛伊人把木馬拖進城，那麼女神的眷顧就會轉離希臘人，投向特洛伊人。這套說詞已經非常巧妙，足以達到預定的效果。但是最討厭特洛伊人的波賽頓臨門一腳，生出一個讓西諾的說詞更具說服力的情節。原來特洛伊城的祭司勞孔（Laocoön）一開始就主張摧毀木馬，他說：「我害怕希臘人，即使他們帶著禮物上門。」國王的女兒卡珊卓（Cassandra）也支持他的看法，但沒人聽她的話，而且在西諾出現之前，她早已回王宮去了。現場唯一懷疑西諾的是勞孔和他的兩個兒子。西諾講完後，海裡突然爬出兩條大蛇。只見牠們爬向勞孔和他的兒子，蛇身捲住父子三人，竟把他們活活纏死了。接著牠們就消失在雅典娜的神殿裡。

再也沒甚麼好遲疑的了。看到勞孔因為反對木馬進城而遭受如此懲罰，旁觀的人都嚇壞了；他們當中再也沒人敢出言反對。他們高呼道：

「把雕像帶進城吧。
帶去送給雅典娜，送這
恰當的禮給宙斯之女。」
有哪個青年不趕快出來？
有哪個老人想留在家裡？
他們唱歌，歡歡喜喜迎進
死亡，叛亂，毀滅。

特洛伊人把木馬拖進城裡，安放在雅典娜神殿前。接著他們開始慶祝戰爭的結束，慶祝雅典娜的神恩又重回他們身上。然後他們全都安心回家了，十年來，他們從沒如此安心過。

到了半夜，木馬的門開了。藏在裡頭的將領一個一個地爬了出來。他們溜到城門邊，偷偷打開大門，讓等在門外的希臘大軍一湧而入。在那座沉睡的城裡，他們首先靜悄悄地放火。不一會兒，城裡每棟建築物全都起火燃燒。等特洛伊人一覺醒來，等他們知道發生甚麼事之前，等他們忙著穿起甲冑的時候，特洛伊城已經陷入一片火海。屋外到處都是希臘軍人，大部分特洛伊人還來不及跟其他弟兄會合，就被等候在外的希臘軍人各個擊殺了。這已經不是戰鬥，簡直就是屠殺。很多人都莫名其妙地死去，根本沒有機會反擊。只有城內比較偏遠的地方，特洛伊人才有機會集合；在這裡，希臘人就吃足了苦頭；他們面對的是一群絕望的戰士，這群戰士只想在死前能多殺幾個就幾個。他們知道兵敗之人沒有安全之地，唯一的安全之地就是不要心存全身而退的希望。這樣的精神往往會扭轉乾坤，使失敗者變成勝利者。腦筋動得快的特洛伊人脫下自己的甲冑，換上已死的希臘人的甲冑，有很多希臘人因為誤認敵人，而付出了生命的代價。

許多特洛伊人爬上屋頂。他們掀起屋頂，以投擲磚塊棟樑等來攻擊希臘人。普瑞阿摩斯的王宮屋頂有一座塔，結果那座塔整個被推下，壓死了很多試圖攻入王宮的希臘人。在屋頂上防衛王宮的戰士一陣歡欣鼓舞。然而他們的歡樂很短暫，因為希臘人找來更大的木樁，繼續撞擊宮門。他們踩著高塔的瓦礫和壓碎的屍體，持續猛攻王宮大門。不久宮門破了，特洛伊人還來不及離開屋頂下來防守，希臘人已經湧入王宮。王宮內院的祭壇邊，有許多女人小孩圍著一個老人，那是特洛伊的老王普瑞阿摩斯。阿基里斯之前放過老王，但阿基里斯的兒子衝向前，當著王后與公主的面殺了老王。

這時戰爭幾乎快結束了。這場對抗戰一開始就不公平。有太多特洛伊人是在毫無準備的情況下被擊殺；根本沒有還手的餘地。漸漸的，反抗停止了。天亮之前，特洛伊所有將領都死了。只有一人逃出生天，那是阿芙羅黛蒂的兒子阿伊尼斯。只要找得到一個特洛伊人，阿伊尼斯就與他並肩而戰。然而隨著屠殺的擴大與死亡的逼進，阿伊尼斯想起自己的家和無助的家人。他已經幫不了特洛伊，但他或許可以為他的家人做點甚麼。他趕回家去救他的老父與妻兒。在他帶著家人逃亡的途中，阿芙羅黛蒂出現在他面前，給他引路，保護他避開大火和希臘士兵。即使如此，他還是無法保護妻子。他們一離開房子，他的妻子就走散被殺了。但他畢竟救走了老父和幼子。他背著父親、牽著兒子，一路通過敵軍，穿過城門，走向鄉野。除了神，無人救得了他們。眾神之中，那天只有阿芙羅黛蒂幫忙特洛伊人。

她也幫了海倫一把。她帶海倫離城，把她交給梅奈勞斯。梅奈勞斯很高興地接納海倫，帶她返回希臘。

天亮了，曾經是亞洲最強大的都市，此時已化為一片灰燼。特洛伊城只剩下一群無助的女俘，她們的丈夫死了，孩子被人奪走。她們正在等待她們的主人帶她們到海外當奴隸。

這群女俘中，主要的人物是年老的王后赫秋芭和她的媳婦安卓瑪西。對赫秋芭來說，一切都完了。她蹲伏在地，看著希臘軍艦正在整隊出發，看著特洛伊城漸漸焚毀。她問自己：特洛伊已經不在了，而我——我是

阿基里斯的兒子聶莪普勒摩斯（中左）手刃老特洛伊王普瑞阿摩斯（中右）

誰？一個被人像趕牛一樣驅趕的奴隸，一個無家可歸的老女人。

有哪一種憂傷我沒嘗過？
國破，夫亡，子死。
家族的榮光已經黯淡。

她身旁的女人回答道：

我們遭受同樣的痛苦。
我們也一樣是奴隸。
我們的孩子哭著叫著：
「媽媽，我自己一個人。
他們趕我到黑暗的船上。
我看不到妳，媽媽。」

其中有個女人仍抱著她的孩子，那是安卓瑪西和她的小兒子阿斯提雅納克斯，那個曾害怕父親高高的頭盔而嚇得往後退的小孩。她想道：「他還這麼小，他們會讓我帶著他的。」但希臘軍營來了一個傳令兵，吞吞吐

阿伊尼斯背著父親、牽著兒子逃出特洛伊城

吐地請安卓瑪西不要怪他。他說他也是出於無奈，不得不來跟她通報這一消息。她的兒子……安卓瑪西打斷他的話：

不會是小孩不能跟我走吧？

傳令兵回答道：

這小孩得死——得丟下來
從特洛伊城高聳的城牆。
來——來——把這事解決了吧。
要忍耐，要勇敢。想想妳一個人，
妳一個女人，又是奴隸，沒人會幫妳。

安卓瑪西知道他說得沒錯。她毫無依靠，自己都保不住。她跟她的孩子道別：

你在哭嗎？小寶貝？別，別哭。
你不知道等待你的是甚麼命運。
——會怎樣呢？掉下來——碎了——
無人心生憐憫。

親親我。最後一次。近一點再近一點。
靠近生你的媽媽，抱我的脖子。
來，親一個，唇對著唇。

傳令兵把小孩抱走了。在他們把那小孩從特洛伊城丟下之前，他們已經在阿基里斯的墳上殺了赫秋芭的女兒波律柯塞娜（Polyxena），赫克特的小孩一死，特洛伊城的最後祭獻終告完成。那群等著上船的女人眼睜睜地看著一切結束。

特洛伊毀了，偉大的城。
只留下紅色的火焰耀動。

灰塵揚起，如一片濃煙
蔓延，掩蓋了一切。
我們要走了，一個在東，
一個往西。永別了，特洛伊。

永別了，親愛的城邦。
永別了，孩子生活過的祖國。
希臘人的船就在那裡等。

第十五章　奧德修斯冒險記

這則故事主要取材自史詩《奧德賽》，但雅典娜和波賽頓協議摧毀希臘艦隊的情節來自尤里彼得斯的《特洛伊女人》。與《伊里亞德》不同，《奧德賽》的部分樂趣在於細節，例如諾西基雅（Nausicaä）的故事，特勒馬庫斯（Telemachus）走訪梅奈勞斯的描寫等等。這些細節都以高超的技巧寫成，使故事生動、真實，卻不喧賓奪主，轉變讀者對主要情節的關注。

特洛伊淪陷後，勝利的希臘艦隊揚帆歸航。許多將領都不知道前方有許多災難正在等著他們，而且這些災難跟他們帶給特洛伊人的災難一樣慘重。眾神當中，雅典娜和波賽頓本來最支持希臘聯軍，但特洛伊最後一戰之後，情勢突然逆轉，他們竟然變成希臘人最可怕的敵人。原來希臘人那晚被勝利沖昏了頭，忘了勝利是神的恩賜。在回鄉的路上，神祇決定予以重罰。

卡珊卓是普瑞阿摩斯國王的女兒。她是個女先知，阿波羅曾愛過她，賜給她預言的能力。由於阿波羅得不到卡珊卓的愛，後來就由愛生恨，厭棄卡珊卓。由於神恩一旦付出就無法取消，所以阿波羅不能收回卡珊卓的預言能力，雖然不能回收禮物，他卻可以使這份禮物失去價值，讓卡珊卓說的預言無人相信。這就是為甚麼每次有事要發生，卡珊卓都會告訴特洛伊人，但他們從來沒聽進去。這次卡珊卓宣告希臘人就藏在木馬裡，結果沒人理她。這是她的命運：能預知即將發生的災難，卻無力阻止。希臘人洗劫特洛伊城那晚，卡珊卓躲在雅典娜神殿裡，她緊抱著雅典娜神像，受到女神的保護。希臘人艾阿斯發現了她，卻膽敢對她施暴；他把卡珊卓扯下神壇，拖出神殿。這個艾阿斯當然不是那位偉大的艾阿斯，因為偉大的艾阿斯早已戰死沙場。這個艾阿斯是一個同名的小將領。

艾阿斯把卡珊卓拖出神壇

這種不敬的行為，在場的希臘人竟沒人阻止。雅典娜很氣。她去找波賽頓訴苦：「幫我報仇，讓希臘人吃點苦頭。他們返航的時候，你叫狂風捲起怒水，讓死人塞滿所有海灣，所有海岸和暗礁。」

波賽頓同意了。特洛伊這時已經成為廢墟，他對特洛伊人的怒氣可以暫時放在一邊。希臘人一離開特洛伊就遇到可怕的暴風雨，阿格門儂幾乎失去所有戰艦。梅奈勞斯被暴風吹到埃及。那位瀆神的艾阿斯被淹死。原來在一陣大風浪中，他的船被海浪擊沉，而他成功地游上海岸。他本來有機會生還的，只是他實在太瘋太蠢了。他一爬上岸就大聲嚷嚷說大海怎麼淹不死他之類的話。眾神最不能忍受這種傲慢行為。結果波賽頓把他緊緊攀附的那塊石頭打碎，艾阿斯掉下大海，被大浪捲走淹死了。

奧德修斯保住一命。如果他受的苦沒其他希臘人那樣多，至少時間比他們長：他比大家多流浪了十年才回到家。回到家的時候，本來還是嬰兒的兒子已經長大成人。從他當初航向特洛伊算起，至今已過了二十年。

在伊薩卡小島上，他家的情況越來越糟。除了他太太潘妮洛普（Penelope）和他兒子特勒馬庫斯，大家都認為他死了。他的妻兒幾近絕望，但並未放棄希望。其他人都認為潘妮洛普是個寡婦，她可以而且也應該再婚了。伊薩卡本島與附近島嶼的男子蜂湧而至，擠在奧德修斯家裡向潘妮洛普求婚。潘妮洛普一個也看不上。丈夫生還的希望固然微乎其微，但她從未放棄希望。再來她非常討厭那些求婚者，她兒子也是。這是有理由的。那些求婚者粗魯、貪心、專橫，只知整天坐在他們家大廳，吃奧德修斯家裡的存糧、宰殺他的牲口、喝他的酒、燒他的柴、使喚他的僕人。他們一直不肯走，除非潘妮洛普答應嫁給他們當中一人。他們也沒把特勒馬庫斯放在眼裡，只當他是個小孩。母子兩人對這情形都覺得難以忍受，但他們只有兩個人，其中一個還是女人，他們對付不了那一大幫男人。

一開始，潘妮洛普採用拖延策略，以為他們累了就會離去。她說她要替奧德修斯的父親，也就是老王萊葉帖斯（Laërtes）織一條美麗精緻的壽衣，然後再改嫁。她有這樣的孝心，他們不得不讓步，同意等她完成工作再說。但潘妮洛普的工作永遠做不完，因為她每晚都把白天織的工作拆了，第二天再重新開始。她的計畫最後被拆穿了。原來有個侍女洩漏了她的祕密，而且他們還當場逮到她。這之後，他們就更緊迫盯人，也更難以應

奧德修斯的太太潘妮洛普（右）和他兒子特勒馬庫斯

付。這是奧德修斯家裡的狀況，此時距他十年的流浪生活已快接近尾聲。

卡珊卓遭受幾個希臘人施暴，雅典娜把氣出在所有希臘人身上。可是在此之前，在特洛伊戰爭期間，她其實特別喜歡奧德修斯，尤其欣賞奧德修斯那鬼靈精怪的腦筋、精明能幹和靈活變通的處事手法。她總是想找機會幫忙奧德修斯。特洛伊陷落後，她對希臘人的怒火也延燒到奧德修斯，這就是為甚麼奧德修斯也被暴風雨波及，被吹離航線，找不到原來的路。他年復一年地在海上漂流，從一樁危險趕赴另一樁危險。

十年畢竟很長，沒人可以生氣生那麼久。除了波賽頓，眾神這時開始對奧德修斯感到抱歉，尤其雅典娜。她對奧德修斯原有的好感回來了。她決定要結束他的苦難，帶他回家。一天，她看到波賽頓不在奧林帕斯，她覺得機會來了。原來波賽頓去拜訪住在奧西安河以南的伊底歐比亞人，這一趟路很遠，波賽頓想必會在那裡歡聚宴飲，逗留一陣子。雅典娜見機不可失，就跟眾神提到奧德修斯目前的慘況。她說奧德修斯目前被囚禁在一座小島上，島上的仙女卡麗普索（Calypso）因為愛他，打算永遠留住奧德修斯。卡麗普索是島主，基本上對奧德修斯十分殷勤。她擁有的一切，奧德修斯都可以自由取用，只除了自由。但是奧德修斯本身的境地十分悲慘，因為他非常渴望回家和想念他的妻兒，所以每天都坐在海邊，瞭望著海平面，等待永遠不會到來的船隻。因為渴望看到家裡升起的炊煙，他變得越來越憔悴。

奧林帕斯眾神聽了，覺得十分感動，他們也覺得該對奧德修斯好一點了。宙斯說他們得一起想個辦法讓奧德修斯回家。如果這是他們的共同意見，波賽頓只能服從，不得異議。與此同時，他說他會派荷米斯去通知卡麗普索，要她準備奧德修斯回家的事宜。雅典娜很高興，她馬上離開奧林帕斯，到伊薩卡去執行她的計畫。

她很喜歡特勒馬庫斯，不僅因為特勒馬庫斯是奧德修斯的兒子，而且他也是一個冷靜、謹慎、沉著、可靠的年輕人。雅典娜認為在奧德修斯返航期間，讓特勒馬庫斯出門一趟是有益的。一來他不用成日看著那群可惡的追求者生悶氣。另外，如果他出門是為了打探父親的消息，大家也會覺得他是個可敬的、有孝心的年輕人。當然事實上他也是這樣。於是雅典娜化為船員，來到奧德修斯家。特勒馬庫斯看門口有個客人在等候，心裡大為惱火，怎麼沒人出來招呼客人。他急忙上前招呼那位船員，幫他拿長矛，並請他上座。家裡的僕人這時也趕過來招呼客人，展現奧德修斯這個大戶人家的好客精神。他們大方端出酒菜，沒有吝惜。特勒馬庫斯和客人攀談了起來。客人首先發問，他問他是不是剛好趕上某種酗酒大會？又說他不想得罪主人，但一個有教養的人若對周遭那些酒客的行為表示厭惡，那也是情有可原的。這一問就勾起特勒馬庫斯的牢騷，他於是把家裡的情形告訴雅典娜的化身，還說他擔心奧德修斯現在可能已經死了；又說遠近男子紛紛湧來追求他母親，他母親不能拒絕他們，也不願意接受他們，還有那些追求者如何毀了他們的生活，如何在他們家裡大吃大喝，大聲喧鬧等等。雅典娜的化身聽了，也露出厭惡的神情，說那些人真是丟臉，如果奧德修斯回來了，那些無恥的男人連後悔都來不及就會被殺掉等等。接著「他」強烈建議特勒馬庫斯出門去探查奧德修斯的下落，還說最有可能知道奧德修斯下落的人是聶斯托和梅奈勞斯。說完「他」就走了，留下一個滿懷激情和決心的年輕人。特勒馬庫斯覺得自己之前的猶豫全都消失了。對於自己的改變，他覺得很驚異，深信他剛才接待的客人一定是神。

第二天他召開會議，跟大家說他打算出門打探消息，並要求他們給他一條堅固的好船和二十位划手。但他們除了嘲笑，完全不理會他的要求。那些追求者說他只要坐在家裡打聽消息就好，他們保證他哪裡也去不了。他們一面嘲弄他，一面大搖大擺地朝奧德修斯的王宮走去。特勒馬庫斯感到很絕望，他遠遠地走到海邊，一面走路，一面向雅典娜祈禱。雅典娜聽到了，不過她首先化成奧德修斯最信任的孟圖爾（Mentor），這才出現在他旁邊。她說些好話安慰鼓勵那年輕人。她說她會準備一條快船，而且會親自陪他走一趟。特勒馬庫斯當然不知道眼前的人是女神的化身，只以為是孟圖爾本人在跟他說話。但有了孟圖爾的幫助，他也覺得他可以反抗那些追求者了。他急忙趕回家，準備出海事宜。他很小心，一直等到入夜後，等所有人都睡了才離開屋子。到了海邊，孟圖爾（雅典娜）已經在等他了。他們馬上登船航向皮洛斯。他們要去找老聶斯托。

他們看到聶斯托和兩個兒子正在海邊祭拜海神。聶斯托熱情地歡迎他們，但他卻幫不上甚麼忙，因為他沒有奧德修斯的消息。他說他們並沒有一起離開特洛伊。離開之後，他再也沒有聽到奧德修斯的消息。他的想法是，梅奈勞斯是比較有可能知道奧德修斯的消息的，因為他回家前曾一路航行到遙遠的埃及。如果特勒馬庫斯想去找梅奈勞斯，他可以叫他那個認得路的兒子帶他到斯巴達，坐馬車比走海路快多了。特勒馬庫斯很感激，他接受聶斯托的建議，把孟圖爾留下來看守船隻，第二天就和聶斯托的兒子往梅奈勞斯的王宮出發。

到了斯巴達，兩人在一座宏偉的房子面前收起韁繩。兩人都沒見過比那棟房子更宏偉華麗的屋子。他們受到貴族般的歡迎。侍女帶他們去澡間，讓他們在銀缸裡好好洗個澡，然後給他們抹上香油，在他們的緊身上衣加披一件紫色披風，一切打扮妥當，才領他們到宴會廳。那兒有個女侍拿著金色水壺，倒水讓他們在銀盆裡洗手。他們面前有張亮晶晶的桌子，上面擺滿了豐富的食物，每人面前都放著一只金色酒杯。梅奈勞斯很有禮貌地舉杯招呼他們，請他們盡量用餐。兩位年輕人很高興，但這麼大的排場，他們畢竟有點不自在。特勒馬庫斯低聲對他朋友說：「宙斯在奧林帕斯的大廳一定就是這樣子。我實在眼界大開。」一會兒後他就忘了羞赧，因為梅奈勞斯開始談起奧德修斯，奧德修斯的偉大和長久的哀傷等等。那年輕人聽著聽著，眼淚忍不住掉下來。他拉起披風遮著臉，掩飾他的激動。眼尖的梅奈勞斯卻早已發現他的眼淚，而且大概也猜到他是誰了。

不過大廳這時傳來一陣騷動，打斷大家的思緒。原來是美麗的海倫出來了。只見她身邊跟著好幾個侍女，一人搬來椅子，一人端著給她墊腳的軟墊，另一個拿著銀色針線籃，裡面擺著紫色的羊毛線球。她馬上就認出特勒馬庫斯，直接叫出他的名字，因為他跟奧德修斯長得很像。聶斯托的兒子說海倫猜對了，他的朋友正是奧德修斯的兒子，而他來這裡是想請他們幫忙。特勒馬庫斯接著就把家裡悲慘的情形說了，還說只有他父親回家，他們才有可能脫離苦海。他問梅奈勞斯是否可以告訴他奧德修斯的消息，不管好壞消息都好。

「說來話長，」梅奈勞斯說：「不過我確實在一個很奇特的情況下聽到他的消息。那時我在埃及，因為氣候的關係，我被困在一座名叫法洛斯（Pharos）的小島上。我很絕望，因為我們的存糧快沒了。有個海中仙女很同情我，她說她的父親普洛提烏斯知道怎樣才能離開那座小島，安全回家，只要我有辦法讓他開口。但要他開口，我必須想辦法抓住他，直到他告訴我我要的消息為止。她幫我設計一個很棒的計畫。原來普洛提烏斯每天都會帶幾隻海豹在同一個地點上岸，躺在沙灘上曬太陽。我在那個地點挖了四個洞，跟我三個助手躲在那裡，身上披著那位仙女給的海豹皮。等那位老海神上岸躺下來後，我們就跳出去抓住他。但要緊抓住他不放就很難了，因為他能夠隨意變形。他一下子變成大獅子，一下子變成龍和其他動物，最後甚至變成一棵枝椏茂密的大樹。總之我們一直緊抓住他不放，最後他讓步了。他告訴我回家的路。還說你父親被一個名叫卡麗普索的仙女困在小島上，因想家而日漸憔悴。除了這個，我就再也沒聽到過他的事了。而且這件事至今也有十年了。」他說完，大家都沉默不語。他們都想起了特洛伊和那裡發生的一切。他們都流下了眼淚。特勒馬庫斯為他父親流淚。聶斯托的兒子為他哥哥，即號稱飛毛腿的安提洛秋斯流淚。梅奈勞斯為了許多勇敢死於特洛伊戰場的同袍流淚。但海倫呢？誰知道她的淚為誰而流？難道她會坐在丈夫豪華的大廳裡思念死去的帕里斯嗎？

那晚，兩個年輕人就在斯巴達過夜。海倫叫侍女為他們在入口的長廊處鋪兩張床，床上鋪著又軟又暖的紫色厚毯，給他們蓋上柔滑的蓋毯和羊毛披風。一個僕人高舉的火把，帶他們去就寢。兩人也就舒舒服服地一覺睡到天亮。

於此同時，荷米斯正準備上路，替宙斯傳訊給卡麗普索。他穿上永不磨損的金色拖鞋，這雙鞋子讓他在海上陸地都能迅速來去，有如呼吸。接著他拿出可以使人昏睡的手杖，然後躍入空氣裡，飛到海平面上。他飛掠過一波波浪頭，終於抵達那座美麗的小島，也就是奧德修斯眼中可恨的監獄。那位仙女獨自在家，因為奧德修斯又像平常那樣，到海邊望著空茫的大海流淚去了。聽到宙斯的命令，卡麗普索很痛苦。她說她救過奧德修斯，而且他沉船之後，她就一直在照顧他。當然每個人都該聽宙斯的，但這實在不公平。而且她要怎樣幫奧德修斯準備返航的事？她沒有船，也沒有船員可以使喚？荷米斯覺得這不是他的問題，他說：「妳小心別惹宙斯生氣就是了。」接著他就愉快地離開了。

卡麗普索悶悶不樂地準備所有必要的工作。她跟奧德修斯說了，但後者一開始卻以為她在耍某些對他不利的詭計，例如把他淹死之類的。但最後他真的相信他可以走了，而且卡麗普索會幫他造一條堅固的木筏，提供他所有必需品，讓他回家。從來沒有人像奧德修斯那麼高高興興地製作木筏。二十棵大樹做成木筏的板子，所有木板都曬得很乾，浮力很大。在木筏上，卡麗普索放了大量食物和飲水，甚至還有一袋奧德修斯特別愛吃的佳肴。荷米斯送來命令的第五天，奧德修斯就乘著木筏出海了。海面非常平靜，海風徐徐地吹。

他在海上航行了十七天，天氣一直都很好。他也從沒闔眼，一直不停地航行。第十八天，他看到遠方的海面上矗立著一座多雲的山，他相信他得救了。

可是就在那一刻，從伊底歐比亞回來的海神突然看到了奧德修斯。他馬上知道眾神做了甚麼事。他對自己說：「在他上岸之前，我想我可以再讓他多嘗一點苦頭。」他召來所有強風，任暴風自由肆虐、任烏雲遮蔽大海與陸地。東風與南風交戰，西風與北風對抗，狠狠捲起巨浪。奧德修斯眼見死亡就在眼前狂舞，他想：「那些光榮死在特洛伊平原的人是多麼快樂啊。沒想到我竟得這麼默默無名地死去。」看來他似乎毫無逃生的可能，他的木筏在海上顛簸漂蕩，猶如秋天原野上的乾薊，飄搖不定。

附近有個仁慈的女神，即號稱纖足女神的伊諾；伊諾過去是底比斯公主，她很同情奧德修斯的遭遇，所以便像海鷗那樣輕輕地從水裡冒出來。她告訴奧德修斯拋棄木筏，游泳上岸，只有這樣才能脫險。她把面紗送給奧德修斯，說那面紗可以保護他在水裡不受傷害。說完，她就消失在海浪裡了。

奧德修斯別無選擇，只得照做。果然，波賽頓送來一道宛如恐怖分子的大浪，那道超級大浪把木筏拆散，木頭紛紛散落，就像風中的乾草。奧德修斯則隨著那道大浪被拋入茫茫大海。不過，如果他有預知的能力的話，那他就會知道：此時事情雖然看來很糟，但最壞的部分已經過去了。原來波賽頓已經覺得滿意，到其他地方興風作浪去了。波賽頓一走，雅典娜就平息了海浪。奧德修斯游了兩天兩夜，終於看到陸地，安全上岸。上了岸，他覺得極度疲憊、飢餓，而且還赤身裸體的。當時正當黃昏時分，四周看不到一間房子，也看不到人。但奧德修斯不只是個英雄，他還有很好的應變能力。他找到幾棵樹，樹葉很密，低垂到地，是那種連雨水也無法穿透的樹叢。樹下還有好幾堆乾葉子，足以蓋住好幾個人。他在樹葉堆裡挖了個洞，躺下去後再用樹葉把自己蓋起來，就像蓋了一條厚毯。他覺得又溫暖又平靜，他一面呼吸著風裡甜蜜的土地氣息，不久就安詳地睡了。

他當然不知道置身何處，不過雅典娜已經幫他把事情安排妥當。那裡是菲亞西人（Phaeacian）的國家，那是一個性情溫和，善於航海的民族。他們的國王叫阿爾西諾（Alcinoüs），是個通情達理善良的王，他知道太太阿瑞特（Arete）比自己聰明，所以重要的事他總是請太太做決定。他們有個漂亮但還沒出嫁的女兒。

這位公主名叫諾西基雅。諾西基雅從沒想到自己第二天要演一齣美人救英雄的戲碼。那天早上一醒來，她只想著該洗家裡的髒衣服了。她是公主沒錯，但那個時代，出身高貴的仕女也要會做事才行，所以宮裡的衣物就歸諾西基雅管理。洗衣物在當時是一件愉快的工作。她吩咐佣人備好一輛輕快的驢車，然後把髒衣物全堆上了驢車。她母親給她準備一個盒子，裡頭裝滿各種好吃的食物和飲料，又給她一個金色瓶子，裡頭有清澈的橄欖油，以防萬一她和侍女們想要洗澡。萬事俱備，她們就出發了。諾西基雅駕著驢車，她們要去的地方正是奧德修斯上岸的地點。那裡有一條美麗的河，出海口附近有幾座很棒的、不停冒著清水的洗滌池。女孩們要做的，只是把衣物鋪在池水裡，在上面踩踏直到所有汙物都去除為止。這個工作很有趣，池水很涼，而且還有樹蔭。接著她們把衣物鋪在海水刷洗得很乾淨的沙灘上曬乾。

然後她們就可以休息了。她們洗澡、敷油、吃午餐、丟球自娛或跳舞。西沉的太陽提醒她們美好的一天結束了。她們把曬乾的衣物收集起來，給驢子套上車軛，準備回家。就在這時，她們突然看到一個長得很像野人的裸男從樹叢走出來。原來奧德修斯被女孩的聲音吵醒了。女孩們嚇了一跳，紛紛逃開，只有諾西基雅留下來，坦然面對奧德修斯。奧德修斯則儘可能逞其口舌之才，把話說得十分動聽：「喔，女王呀，我是妳膝下的懇求者。我不知道妳是凡人還是神仙，我從沒見過像妳這樣的人。看到妳，我滿懷讚嘆。請憐憫妳的懇求者，一個遭受船難、失去朋友、無依無靠、連一塊蔽體衣物也沒有的人。」

諾西基雅親切地告訴他地名，並表示那裡的人民向來對不幸的流浪者十分同情。國王，也就是她的父親一定會熱情招待他。接著諾西基雅招來嚇壞的侍女，叫她們把沐浴油給奧德修斯，讓他可以洗個澡，並替他找一套衣服和披風。她們等奧德修斯洗好並穿好衣服後，就一起往城裡走去。不過快到諾西基雅的家之前，這位行事謹慎的女孩要奧德修斯留步，讓她和侍女們先回家。她說：「人言可畏。如果他們看到我和一個像你這麼英俊的男子走在一起，真不知他們嘴裡會說出甚麼話來。你很容易就可以找到我父親的家，最大的那間就是。你大膽走進去，直接去找我母親，她就在壁爐旁紡織。只要我母親說好，我父親沒有說不好的。」

奧德修斯馬上同意了。他挺欣賞諾西基雅的明理，所以他就照諾西基雅的指示行事。他進入大門，大步穿過門廊，走向壁爐，在王后面前跪下，請求她的幫忙。國王迅速扶他起來，請他坐下，叫他不用怕，桌上的食物和酒盡量用。不管他是誰，不論他家在哪裡，他保證他們一定會安排船隻送他回家。時候不早了，他們該睡了；到了早上，他再跟他們說他的姓名和遭遇。一夜無話。奧德修斯睡得十分香甜，離開卡麗普索的小島後，他再也沒睡過那麼柔軟溫暖的臥榻。

第二天，在所有菲亞西將領面前，奧德修斯說起了他十年的流浪生活。他從離開特洛伊，希臘艦隊遇到暴風雨開始談起。他和他的船隊在海上飄流了九天，第十天到了蓮花島，並在那裡靠岸。雖然他們又累又餓，但他們不得不快速離開。島民對他們很好，請他們食用以花製成的食物。但吃了那食物，人就會失去回家的渴望。他們只想住在蓮花島，讓腦子裡舊有的記憶慢慢淡去。幸好他們只有少數人吃了那食物。即使如此，奧德修斯也花了很大的力氣把他們拖回船上，用鏈子把他們綁住。他們哭著要留下來，永遠吃那甜如蜜的花朵。

接下來他們遇到獨眼巨人波利菲穆斯。奧德修斯智取波利菲穆斯的故事我們在第一部第四章已經講過。他們失去了好幾個船員，但最糟的是他們得罪了波利菲穆斯的爸爸波賽頓，波賽頓發誓除非奧德修斯吃夠苦頭，失去所有船員，否則無法回到家。這十年來，波賽頓始終餘怒未消，一直在海上糾纏著他。

離開獨眼巨人的小島後，他們來到風的國度。風王埃歐洛斯受宙斯之命，管理其他風神，他可以激勵其他風神，也可以使他們平靜下來。埃歐洛斯待他們很好。臨別時，他把各路暴風裝入皮袋，送給奧德修斯當禮物。那皮袋綁得非常緊，沒有一絲對船隻有害的風會漏出來。這是對船員極為完美的保護。只不過奧德修斯的船員卻把風神送的護身袋搞砸了，還幾乎把他們全部送上死路。他們以為那皮袋可能裝有黃金；不管怎樣，他們就是想看看綁得那麼緊的皮袋裡頭究竟裝了甚麼寶貝。他們打開皮袋，不用說，這下子所有暴風當然都一湧而出，把他們捲入一場大風暴裡。經過幾日的風險，他們終於看到陸地。不過他們其實還是留在風雨交加的海上比較好，因為那座島住著萊斯崔貢人（Laestrygons），他們是身形巨大的食人族。這群可怕的居民毀了奧德修斯所有船隻，只除了他自己乘坐的那艘例外，因為他還沒駛入海港，萊斯崔貢人就已經開始攻擊他的船員。

到目前為止，這是他們遇到最慘重的災難。帶著絕望的心，他們抵達下一座島，並在那裡靠岸。

假如他們能預知未來，他們永遠都不會靠近那座島。那是埃艾阿島（Aeaea），住著危險的美麗女巫瑟西（Circe）。瑟西會把她看到的男人變成動物，但保留他原來的理性，亦即讓他知道自己已經變成動物。奧德修斯派了一支隊伍登岸探路，瑟西把他們誘進屋裡，然後把他們變成豬。她把他們關在豬圈裡，餵他們吃橡實，他們吃了，因為他們是豬。但他們心裡仍然是人，清楚明白他們糟糕的處境，但卻拿瑟西沒辦法。

幸運的是，這支隊伍裡有一個人比較謹慎，他沒走進瑟西的屋子。他在屋外看到了一切，然後慌張地逃回船上。奧德修斯一聽到同伴遇難，也顧不得謹慎，馬上往島上衝去，看看有甚麼法子可以救出同伴。其他船員沒人想跟他一起去，所以他就一個人出發了。在路上，他遇到荷米斯。荷米斯看起來就像一個英姿煥發的青年；他跟奧德修斯說他有一種藥草，可以抵禦瑟西致命的魔法。只要服用這種藥草，不管瑟西給他吃甚麼，他都不會有事。接著荷米斯要他喝完瑟西的酒，就要馬上威脅瑟西，要瑟西把他的同伴變回來，不然就一劍殺死她。奧德修斯服下藥草，滿懷感激地繼續前進。結果事情的發展遠比荷米斯預期的還好。瑟西發現她所向無敵的魔法竟然對奧德修斯不起作用，心裡大感驚異，並對於眼前這位神勇的男子大為佩服，不知不覺就愛上他了。其實不管奧德修斯要她做甚麼，她都會答應；她把那些船員變回人，並在家裡設下盛宴，殷勤招待他們。他們跟她住了一年，每日都很開心。

最後他們覺得該走了，瑟西用魔法給他們指點道路，點出他們得先做哪些事才能安全返抵家園。那是一個可怕的任務。原來他們首先得穿越奧西安河，停靠在波瑟芬妮岸邊，那裡有一個入口，可以通到冥界。奧德修斯必須下冥界去找底比斯先知提瑞西阿斯的靈魂。提瑞西阿斯會告訴奧德修斯回家的路。唯一可以引出靈魂的方法是殺幾頭羊，把羊血倒入一個坑。鬼魂無法抗拒羊血的誘惑，所以都會想過來喝一口羊血，這時奧德修斯得用劍守著那一坑羊血，直到提瑞西阿斯出來跟他講話為止。

真是一個壞消息。當船員離開瑟西的島，掉轉船頭往冥界前進的時候，個個都淚留滿面。挖掘坑溝，注入羊血，看到大批死者湧過來，這也是很恐怖的經驗。不過奧德修斯鼓起勇氣，揮著劍守著羊血坑，直到他看到提瑞西阿斯的鬼魂。他讓提瑞西阿斯的鬼魂上前喝口羊血，接著向他請教回鄉的路。那先知心裡早有準備，他說他們最大的危險是在太陽神放牧牛群的小島，因為他們可能會傷害那些牛群。不過話說回來，所有注定會傷害牛群的人就是會去傷害牠們，防也防不了。那些是世界上最漂亮的牛，太陽神非常寶貝牠們。不管怎樣，奧德修斯自己最終是會回家的，雖然一路上有不少麻煩，但到頭來他都會一一克服。

先知說完了之後，已有一長長的隊伍等著喝羊血，等著跟奧德修斯講話，裡頭有古代的英雄美人，還有死於特洛伊的戰士。阿基里斯來了；艾阿斯也來了，他還在生希臘將領的氣，氣他們把阿基里斯的甲冑給了奧德修斯。還有很多其他人也來了，大家都很想跟他講講話。太多了，最後奧德修斯開始感到害怕，他趕回到船上，要船員快快開船。

奧德修斯（中）正聽取提瑞西阿斯（左下）的預言

瑟西說他們會經過賽蓮女妖居住的小島。她們是一群很棒的歌手，歌聲美妙，讓人忘憂，足以奪人性命。那些被她們引誘而來，最後死在島上的人不計其數，海灘上堆滿了死者的枯骨。賽蓮女妖就坐在那一堆高高的枯骨中唱歌。奧德修斯要船員用耳蠟塞住耳朵，這樣他們才能順利通關。但他自己倒是想聽聽賽蓮女妖究竟唱些甚麼。所以他要船員把他牢牢綁在船桅上，不管他怎麼掙扎，都不能讓他掙脫。他們就這麼做了。他們逐漸航近那座小島，除了奧德修斯，沒人聽見那迷人的歌聲。他聽到了，覺得歌詞比旋律更誘人，至少對希臘人而言。原來賽蓮女妖在歌裡答應把充分具足的知識與靈活的腦筋賜給所有到她們那裡的人。她們唱道：「世間所有的事，未來所有的事，我們全都知道。」那優美的音律、動人的節奏，不停挑動奧德修斯心裡的渴望，讓他聽得十分心痛。

但繩子把他綁著，所以他們安全通過賽蓮女妖這一關。接著等在前方的是一場海難，原來他們得通過席拉和卡瑞伯狄斯之間的海道。阿果號曾經通過；差不多那個時候，阿伊尼斯也經過這裡，航向義大利，由於他得到某位先知的警告，所以順利地通過。當然奧德修斯有雅典娜的照顧，他也成功地通過了。過程其實還是很驚險，他在這場海難中損失六名船員。不過那幾名船員反正也活不久了，因為船員在下一個停靠站，亦即太陽神的島上做了極度愚蠢的事。因為飢餓，他們竟然殺了聖牛。當時奧德修斯不在，原來他獨自進入島內禱告。等他回來時，看到事態嚴重，不由得十分絕望。不過牛已經殺了烤了吃了，他也沒辦法可想。太陽神的報復來得很快。他們一離開那座島，一道雷電就把他們的船打碎。除了奧德修斯，所有人都淹死了。奧德修斯抱住船的龍骨，安然度過暴風雨。他漂流了很多天。直到他被大浪沖到卡麗普索的島為止。他在那座島住了很多年。最後他終於啟航回鄉，但上岸前來了一場暴風雨，打散了他的木筏，接著他又經歷一番辛苦，終於來到菲亞西，只是此時他已經變成一個無助且一無所有的人了。

奧德修斯長長的故事終於結束。所有聽眾都陷入沉默，沉迷在他的故事裡。最後國王講話了。他跟奧德修斯保證，說他不會再有煩惱，因為他們當天就會派一條船送他回家，在場的每個人也會給他一份禮物，增進他的財富。大家都同意了。船已經準備好，禮物也已經搬上船，奧德修斯跟善良的國王等人一一告別，然後上船離去。他攤開手腳躺在甲板上，甜甜地睡著了。到了伊薩卡他還沒醒，所以船員就把他搬上岸，把給他的禮物排在他四周，逕自離開了。奧德修斯醒來吃了一驚。他跳了起來，環顧四周，竟沒認出是他自己的國家。一個年輕的牧羊人朝他走來，這人神態優雅，很像牧羊的王子。至少這是奧德修斯眼裡看到的牧羊人，事實上那年輕人是雅典娜變的。奧德修斯向那牧羊人問路。牧羊人說他們正在伊薩卡。奧德修斯一聽，心裡覺得很快樂，但他一向謹慎慣了，所以他跟那牧羊人胡謅了一串故事，關於他是誰，到伊薩卡的原因等等，當中沒一個字是真的。聽他胡謅完，女神笑著拍拍他，回復她高貴美麗的本來面目，她笑道：「你這狡詐的壞蛋！任何人有你這樣的機靈，一定是個精明能幹的商人。」奧德修斯欣喜若狂地跟女神打招呼，但是女神提醒他還有很多事要做，於是兩人細心擬定了一個行事計畫。雅典娜還跟他說了他家裡的情形，並保證她會幫忙趕走那些追求者。至於現在，她要把奧德修斯變成老乞丐，這樣他就可以自由來去，不必擔心被認出來。當晚奧德修斯必須去找他的養豬人尤瑪埃斯（Eumaeus），那是一個忠實可靠的人，並在那裡過夜。商議完畢，他們把菲亞西人送的寶物藏在附近的山洞裡，就各自分頭忙去了。雅典娜去把特勒馬庫斯找回來。奧德修斯化成一個身穿破衣，走路搖搖擺擺的老乞丐去找他的養豬人。尤瑪埃斯把他迎進屋裡，給他吃住，而且還把自己的厚披風給奧德修斯穿。

由於雅典娜的召喚，特勒馬庫斯馬上向海倫和梅奈勞斯告別，上船全速趕回家。雅典娜還在他腦海裡置入一個想法，要他別直接回王宮，先去找養豬人打探家裡的情形。當他一早出現在養豬人的門口，奧德修斯正在幫那養豬人準備早餐。尤瑪埃斯一看到小主人，高興得直流眼淚，然後請他趕緊坐下來吃點東西。不過特勒馬庫斯在進餐之前，派了尤瑪埃斯去通知他母親，說他已經回來。這時父子單獨在一起了。奧德修斯看見雅典娜在門後招手示意。他於是出去找那女神，雅典娜把他變回原來的樣子，並要他跟兒子相認。那年輕人對這一切渾然不覺，但是他看到老乞丐回來後變成高貴魁梧的男子，不由得嚇了一大跳，以為自己看到了神。奧德修斯說：「我是你父親。」兩人於是相擁而泣。但他們沒有時間，他們還有很多事得做。兩人急忙討論起來。奧德修斯打算用武力把那群追求者趕走，但是兩個人如何對付一大群人？最後他們決定第二天一早就先到王宮，當然奧德修斯得要喬裝成老乞丐，而他兒子則儘可能地把追求者的武器藏起來，只留下夠父子兩人使用的數量，並放在可以方便取得的地方。雅典娜很快就來協助他們，所以養豬人回來時，他看到的仍然是一個老乞丐。

第二天特勒馬庫斯先回王宮，另外兩人則隨後跟上。他們進城，一路走向王宮。闊別二十年後，奧德修斯終於走進自己家裡。當他進門時，門口躺著的一條老狗抬起頭，豎起耳朵。那是阿果斯，奧德修斯去特洛伊之前飼養的狗。奧德修斯走近的那一刻，牠認出主人，搖了搖尾巴，但牠已經沒有力氣起來，即使只挪動一下身子也不能。奧德修斯抹去一滴眼淚，他也不敢朝阿果斯走去，擔心會讓那養豬人起疑。就在他轉身走開的那一刻，阿果斯閉上眼睛死了。

在王宮大殿上，那些追求者剛吃飽，正在四處遊蕩。看到老乞丐走進來，他們都想戲弄一下那可憐的老人。奧德修斯很有耐心，不動聲色地聽他們的冷嘲熱諷。最後，有個脾氣很壞的人不耐煩地打了老乞丐一拳。他竟敢打一個前來拜訪的陌生人！潘妮洛普聽到這件暴行，宣稱她會親自跟那位被虐待的老乞丐談談，不過她決定先到宴會廳走一趟。她想看看剛回家的兒子，而且她覺得偶爾在追求者那裡現身一下是個明智之舉。她跟她兒子一樣，也是個謹慎的人。她想如果奧德修斯真的死了，那她當然最好是找個最有錢、最慷慨的人嫁了。她不能對他們太冷淡。而且她有個看來似乎還不錯的想法。所以她離開寢宮，往宴會廳走去。陪著她的是兩個侍女，她手持面紗遮著臉，看來豔光四射。追求者看了都十分心動，一個個紛紛站起來恭維她的美麗。這位謹慎的女士則答說她的美麗現在已經衰減，剩下的只有悲傷和煩惱。她說她是來跟他們談一件嚴肅的事。毫無疑問的，她的丈夫是不會回來了。她是個出身高貴的淑女，他們何不拿出禮物來，循正確的途徑來追求她？這個建議馬上生效。現場的追求者馬上令隨從拿出禮物，全都是最可愛的東西，如袍子、珠寶、金鍊等等。侍女把那些禮物收了，拿到樓上去，而端莊的潘妮洛普則很高興地向他們告退。

接著她派人把那位被打的陌生人找來。她很有禮貌地問候他，奧德修斯跟她講了一個故事，說他去特洛伊的路上曾遇見她丈夫，害她聽了直掉眼淚。奧德修斯看了心裡很不忍，但他不得不鐵著一張臉。慢慢的，潘妮洛普想起了她作為主人的義務。她召來一個老佣人來給那陌生人洗腳。這位老佣人是奧德修斯的保母，名叫尤瑞克雷雅（Eurycleia）。奧德修斯一驚，因為他腳上有一道疤，是他少年時打野豬受傷留下的，他猜老保母一定會認出來。沒錯。老保母嚇得放開他的腳，打翻了洗腳桶。奧德修斯抓住保母的手，低聲說：「親愛的姆媽，妳知道了。但別跟任何人說。」老保母答應了。奧德修斯轉身走開。他在入門的廳堂中找到一張床，但他無法入睡，他擔心他可能對付不了那一大群厚顏無恥的追求者。最後他提醒他自己，遇見獨眼巨人的那一次比現在更為糟糕，而且現在有雅典娜相助，他其實可以不用擔心會失敗。想到這裡，他就安心睡著了。

一大早，那群追求者又來了，而且比昨日更囂張無恥。他們輕鬆自在地坐下來，享用擺在他們面前的盛宴，一點也不知道女神和忍耐許久的奧德修斯為他們準備的是甚麼樣可怕的宴會。

不知情的潘妮洛普加速了他們的計畫。那天一早，她到儲藏室拿了一把弓和一筒滿滿的箭。那是奧德修斯的弓箭，除了他，沒人用過。潘妮洛普親自拿了弓箭，來到追求者聚集的大廳。她說：「各位先生，請聽我說。現在放在你們面前的是奧德修斯的弓箭。你們當中誰能拉開弓並一箭射穿十二個鐵環，我就嫁給那個人。」特勒馬庫斯發現這對他們的計畫有利，所以馬上過來配合演出。他叫道：「來吧，所有來求婚的人，別猶豫，也別找藉口，全都留下來。我先來試試，看我是否已經夠大，是否拉得動我父親的武器。」說完他立刻把鐵環排成一行，然後拿起弓，用盡力氣拉開。假如奧德修斯沒暗示他放棄，或許他真的有可能會成功。在他之後，求婚的人一個一個上陣。但那張弓太硬，連當中最強壯的人都沒辦法拉彎一點點。

確定沒人拉得動那把弓，奧德修斯離開比賽場地，走入院子。養豬人和看牛的正在講話，那位看牛的也和養豬人一樣，是個可靠的老僕。奧德修斯需要他們的幫忙。他走過去表明身分，為了證明他的話，他給他們看腳上的傷疤，過去他們看過那道傷疤很多次，他們認得那道傷疤，高興地哭了出來。但奧德修斯請他們保持冷靜，他說：「現在不是高興的時候。我需要你們幫忙，你們聽好了。尤瑪埃斯，你要想辦法把那把弓和箭拿給我，然後把婦女起居處的門關上。至於你，你要把這間大廳的門全部關上和拴好。」說完，他就轉身回大廳，兩個僕人跟在他身後。一進入大廳，剛好看到最後一位求婚者嘗試拉弓失敗。奧德修斯說：「把弓給我。我看看我過去的力氣是否還在。」一聽這話，四周響起一片憤怒的抗議，他們嚷著一個像乞丐的陌生人沒資格動那把弓。但特勒馬庫斯說現在是他，而不是他們來決定誰有資格用那把弓。他示意尤瑪埃斯把弓拿給奧德修斯。

大家屏息以待，看奧德修斯拿著弓，先檢視一遍，接著像技藝高超的樂師給七弦琴上弦那樣，不費一絲力氣就拉弓上弦，然後搭箭在弦，舉弓放箭，而且就在他的座位上，便一箭射穿十二個鐵環。下一刻他跳到門口站著，特勒馬庫斯馬上走到他身邊。只聽他高聲大叫：「總算，總算等到這天了！」說完射出一箭，其中一個求婚者倒地就死。其他人嚇了一跳，紛紛轉身找武器。他們的武器——武器到哪裡去了？怎麼一件都不見了。與此同時，奧德修斯持續放箭，每一支箭呼嘯穿過大廳，就有一個求婚者倒地而死。特勒馬庫斯拿著長矛在一旁守候，以防有人企圖破門而出，或者從背後攻擊奧德修斯。求婚者全聚在客廳，成為易受攻擊的目標。只要奧德修斯的箭的供應不斷，他們根本沒有防衛的機會，只有等死的份。即使後來箭用完了，他們的命運也好不到哪裡去，因為此時雅典娜也加入了戰鬥。她施展神力，確保他們對奧德修斯的每一次攻擊都落空，但確保奧德修斯閃亮的長矛百發百中。只聽到大廳傳來一陣陣頭骨碎裂的聲音，地板上流滿了血。

最後只剩下兩人，一個是那幫無恥求婚者的祭司，一個是他們樂師。兩人都大聲求饒。那位祭司抱著奧德修斯的膝蓋，苦苦求饒，但奧德修斯沒放過他，他一劍刺穿那人，那人死時還在喃喃祈禱。樂師比較幸運。樂師能唱得出如神那樣美妙的樂音，必然曾得到過神的指導，這種人奧德修斯不敢殺。他放了樂師，讓他可以多唱個幾年。

戰鬥或屠殺結束了。老傭人尤瑞克雷雅以及其他女僕被叫來清理現場，恢復秩序。大家都圍著奧德修斯，又哭又笑地歡迎他回家。看到家人如此，奧德修斯心裡也酸酸的想哭。最後他們終於著手清理大廳，尤瑞克雷雅則爬上樓梯，到她女主人的房間。她站在潘妮洛普的床邊說道：「親愛的，醒醒。奧德修斯回來了，所有求婚人都死了。」潘妮洛普埋怨道：「瘋老婆子走開，別吵我。我睡得正甜。我沒掌妳嘴妳應該覺得慶幸，換了別人，早給我好好修理一頓了。」那老傭人仍然不走，她說：「真的，奧德修斯真的回來了。他給我看他的傷疤。正是他本人沒錯。」潘妮洛普仍然不相信。

她急忙下樓，她得親眼看看才行。

一個高大有如王子般的男人坐在爐火旁，火光亮亮地照在他身上。潘妮洛普在他對面坐下來，靜靜地看著他。她糊塗了，她一下認得奧德修斯，一下又覺得他是個陌生人。她兒子叫道：「媽，妳真殘忍！哪有一個女人像妳這樣，妳離家二十年的丈夫回來了耶！」她答道：「兒子啊，我沒有力氣走動。如果這真的是奧德修斯，我們自有我們相認的方式。」這時奧德修斯笑著要兒子放過他母親，他說：「放心，我們自己馬上就會相認。」

那間恢復秩序的大廳響起了歡樂之聲。樂師彈著七弦琴，美妙的樂曲流溢，每個人心裡都燃起跳舞的欲望。他們歡歡喜喜地跳起舞來，男人擁著衣飾華麗的女人起舞，直到整間大廳充滿了他們的足音。經過漫長的流浪，奧德修斯終於回家，每顆心都充滿喜悅。

第十六章　阿伊尼斯冒險記

本故事最主要的依據是偉大的拉丁史詩《伊尼亞德》。凱撒（Caesar）遭到暗殺後，羅馬陷入混亂，奧古斯都接管羅馬，並以鐵腕政策結束了激烈的內戰，帶來長達將近半世紀的「奧古斯都和平時代」（Pax Augusta）。《伊尼亞德》即寫於這段時期。維吉爾及其後代作家對這段時期建立的新秩序十分著迷，《伊尼亞德》的創作即為了提高羅馬帝國的聲譽，為「注定統治世界的民族」創造一個偉大的國家英雄和建國者。也許是出於維吉爾的愛國心，在前幾章言行舉止頗有人性的阿伊尼斯，到了末章竟轉變成沒有人性的怪胎。詩人似乎立志為羅馬創造一個史無前例，讓所有英雄相形失色的大人物，以至於最後陷入純粹的幻想，筆下也逐漸失去控制。不過，誇大其辭向來就是羅馬文學的特色。這則故事裡的神當然都用拉丁名字，至於那些也有希臘名字的角色，這裡也一律用拉丁名字，例如尤里西斯就是奧德修斯的拉丁名字。

第一部：從特洛伊到義大利

阿伊尼斯是維納斯的兒子，也是特洛伊戰爭最著名的英雄之一。在特洛伊這一邊，他的地位僅次於赫克特。特洛伊淪陷後，他在維納斯的幫助之下，帶著父親和兒子逃出特洛伊城，隨即出海尋找新家園。

經過長久的流浪，通過無數陸上海上的考驗，他終於抵達義大利。到了義大利，他打敗阻止他上岸的人，娶了一個強國的公主，創建自己的城邦。他向來被視為羅馬的創建者，因為史上真正創建羅馬的羅慕勒斯和雷穆斯（Remus）都是出生於阿爾巴隆加（Alba Longa），而阿爾巴隆加正是阿伊尼斯之子建立的城邦。

阿伊尼斯離開特洛伊的時候，許多特洛伊人也加入他的船隊。大家都急於找個落腳的地方，不過沒人清楚知道那個地方在哪裡。他們試圖建城很多次，但每次都因災禍或惡兆不得不離開。最後，阿伊尼斯在夢中得知他們命定的建城地點在遙遠的西方，也就是今日的義大利，當時叫希斯匹里亞（Hesperia），意即「西方國家」。當時他們在克里特島，雖然與那塊應許之地隔著一大段不知名的海域，他們還是覺得很高興，因為終於確知會有自己的家園。他們幾乎馬上就上路了。不過在抵達夢想的家園之前，他們還得經歷長久的奮鬥。假如他們事先知道前方有一段多災多禍的旅程，或許就不會這麼急於上路。

阿果號是從希臘出發，向東航行，阿伊尼斯則是從克里特島出發，朝西前進，但阿伊尼斯還是像阿果號的船員一樣遇到了人鳥妖。不知當年的希臘英雄是比較勇敢，還是劍術比較好，記得當時如果使神伊瑞絲沒及時干預，人鳥妖早已死在希臘人劍下。這回特洛伊人遇到人鳥妖，他們不得不立刻啟航離開小島，逃離人鳥妖的追趕。

他們在下一個停靠站，遇到赫克特的妻子安卓瑪西，真是喜出望外。原來特洛伊淪陷後，希臘聯軍把安卓瑪西送給阿基里斯之子聶莪普勒摩斯（又名皮若斯），即在祭壇殺死特洛伊王的那位戰士。不久他就拋棄安卓瑪西，另娶海倫的女兒賀蜜歐妮（Hermione）。這段婚姻沒維持多久他就死了。他死後，安卓瑪西改嫁特洛伊先知赫列諾斯。兩人現在是該島的統治者。他們非常高興看到阿伊尼斯等人，並熱烈地招待他們。臨別時，赫列諾斯給他們許多有用的忠告。他說他們不能在最近的義大利海岸登陸，因為那裡有很多希臘人。他們命定的家園是在西岸，稍微靠近北方的一個地點。

不過他們絕不能走西西里和義大利之間的那條海路，即使那是最短的路，因為那裡有席拉和卡瑞伯狄斯兩塊游離岩作怪。阿果號曾順利通過那兩塊岩石，是因為他們有緹蒂絲幫忙；奧德修斯也通過了，不過他損失了六名船員。我們不清楚阿果號從亞洲返回希臘的航程是如何到達義大利西岸，也不清楚奧德修斯的路線如何，無論如何，我們確知赫列諾斯腦中所想的正是那道海峽。他詳細指點阿伊尼斯避開那段讓海員頭痛的海域，他要他們繞一大圈遠路，即繞過西西里，再從南方航向義大利。如此一來，他們就可遠離義大利北方那兩塊游離岩，以便避開被捲入黑暗漩渦的危險。

離開熱情的主人後，特洛伊人就繞過義大利東部海角，一路朝西南方向前進，繞著西西里沿岸航行。他們滿懷自信，相信有先知的指導，一定可以抵達目的地。不過，赫列諾斯固然有神祕的預知能力，他顯然不知道西西里，至少西西里南部現在住有獨眼巨人，因為他沒警告阿伊尼斯。總之特洛伊人到達那裡已經過了黃昏，他們一點也不遲疑，馬上就在沙灘上紮營過夜。如果第二天一早，在巨人還沒起床之前，沒有人跑進阿伊尼斯的營帳去警告他們，他們很有可能全部會被巨人抓去吃掉。那人跪在阿伊尼斯面前，只見他一張臉毫無血色，猶如半個死人，衣服勉強用荊棘扣住，極髒的臉長滿鬍子，一看就是有所求的落難人，根本無須跪下求援。他說他是奧德修斯的船員，不小心被留在波利菲穆斯的山洞裡。從那時起，他就一直躲在森林裡，能找到甚麼，就吃甚麼；隨時提心弔膽，深怕哪天巨人會看到他。他說島上有一百多個巨人，全都像波利菲穆斯那麼高大。「快逃吧，」他催促道：「趕快起來，馬上走。快快把綁在石頭上的繩子切斷。」他們全都照做。他們切斷繩子、儘可能快速且安靜地收拾東西和上船。剛把船推下水，他們就看到瞎眼巨人慢慢走向海灘，清洗那個已經沒有眼睛的窟窿。沒想到那窟窿至今還在流血。聽到搖槳的聲音，波利菲穆斯便循聲衝入海裡。不過特洛伊人畢竟先走一步，他雖然高大，但沒追幾步，海水已經深得他無法再上前了。

他們總算逃過一劫，但不久又遇到另一個同樣嚴重的災難。繞著西西里島航行的途中，他們遇到一場暴風雨。那真是一場空前絕後的暴風雨，波濤洶湧，浪頭直抵星空、浪與浪之間的峰谷深達海底。這顯然不是一場尋常的暴風雨。事實上，天后朱諾正是這場暴風雨的主使者。

朱諾討厭特洛伊人，她永遠也忘不了帕里斯的審判。戰爭期間，她一直都是特洛伊人最頑強的敵人，而她最恨的就是阿伊尼斯了。她知道羅馬的創建者是特洛伊人，即使那已經是阿伊尼斯身後好幾代的事，不過根據命運女神的設定，羅馬有一天會征服迦太基，而迦太基是她最愛的城市。命運女神設定的事情無法逆轉，連朱比特也不能，朱諾是否真的認為她可以逆轉天命我們不得而知。但可以確定的是：她想盡辦法，就是要把阿伊尼斯給淹死。她去找幫過尤里西斯的風神之王，請風神之王幫忙擊沉特洛伊人的船，事成後，她答應把最美麗的仙女嫁給他。那場空前絕後的暴風雨就是這兩位神的傑作。如果海神涅普頓沒及時出面，這場風雨可能已經遂了朱諾的心願。涅普頓是朱諾的哥哥，他很了解朱諾的做事方式，他不喜歡朱諾來干擾他管理的大海。不過對付朱諾，他的做法和朱比特一樣謹慎，他一個字都沒跟朱諾提起，只是悄悄派人訓斥風神之王一頓。接著親自平息風浪，讓特洛伊人順利登陸。原來他們已經從西西里一路被暴風雨吹到非洲。真是巧，他們登陸的地方離迦太基很近。朱諾於是開始考慮如何讓這次的登陸使迦太基人得利。

迦太基是一個名叫狄兜（Dido）的女人創立的，當時仍由她統治。在她的帶領下，迦太基逐漸變成繁榮的城邦。狄兜是個漂亮的寡婦，阿伊尼斯離開特洛伊那晚失去了妻子，朱諾打算湊合他們，藉此轉移阿伊尼斯的注意，誘使他在迦太基定居下來。如果維納斯沒干涉，這真是一個好計畫。但維納斯懷疑朱諾沒打甚麼好主意，因此決定出手阻止。她也有她的計畫。她很樂意看到狄兜愛上阿伊尼斯，這樣阿伊尼斯在迦太基就不會有事；但她一定要確保阿伊尼斯對狄兜的感情僅止於一時，絕不能影響他航向義大利的大計。她於是到奧林帕斯去找朱比特。只見她含著淚，一面責怪朱比特，一面說她的愛子已經被毀得差不多了，可是身為人神之王的朱比特卻袖手旁觀。朱比特不是曾對她發誓說阿伊尼斯有一天會成為羅馬人的祖先，統治世界嗎？朱比特笑著吻去她的淚；然後說他答應的事一定會實現。阿伊尼斯的子孫會成為羅馬人，命運之神已經判給羅馬人一個寬廣無限的帝國。

維納斯安心地離開了。為了使事情更確定，她還去找了丘比特幫忙。她確信狄兜不必費甚麼工夫就能給阿伊尼斯留下好印象，但她不確定阿伊尼斯是否也有辦法靠自己讓狄兜愛上他。狄兜可不是一個多情種，這是人盡皆知的事。她周圍國家的國王都曾追求過她，但沒人成功。所以維納斯找上丘比特，丘比特則保證他會讓狄兜一看到阿伊尼斯，心中馬上燃起愛火。要讓狄兜看到阿伊尼斯，這對維納斯來說，只是小事一樁。

登陸的第二天一早，阿伊尼斯就離開那些遇難的船員，帶著他忠心耿耿的朋友阿凱特斯（Achates）出外探查環境。走前，他跟船員說了一段打氣的話：

> 同伴們，長久以來我們與憂傷為伍。
> 更糟的事我們遇過，眼前的困難也會終止。
> 鼓起勇氣，拋開恐懼。也許有一天記起，
> 這些災難和困難也會帶來些許樂趣。

兩位英雄出外勘查時，維納斯化成女獵人出現在他們面前。她告訴他們目前的所在地，並勸他們直接去迦太基，因為迦太基女王一定會幫他們。他們聽了大為安心，就朝維納斯指示的方向走去。

他們不知道的是，維納斯一路上都在保護他們。她用一團霧把他們裹起來，使他們不受干擾就來到迦太基城，走過熱鬧的街道。他們最後停在一座宏偉的神殿前，想著要如何才能找到女王。就在神殿前，他們看到了一線希望。原來神殿的牆上刻著特洛伊戰爭的場景，這可是他們的親身經歷呢。敵友與場景都刻得很清楚，栩栩如生：阿楚斯（Atreus）的兩個兒子、普瑞阿摩斯朝阿基里斯伸出雙手、赫克特之死。阿伊尼斯說：「我相信這裡也有人會為事物流淚；這裡也有人會被人的命運所感動。」

就在這時，美麗宛如黛安娜的狄兜在一大群隨員的陪伴下走了過來。那團霧立刻散去，阿伊尼斯昂然站在狄兜面前，俊美猶如阿波羅。他向女王報了姓名，女王非常親切向他問好，歡迎他和船員到她的城邦作客。她了解這些孤獨無家的男人的心情，因為她也是離鄉之人；她為了逃避哥哥的追殺，也曾跟幾個朋友一起逃亡到非洲。她說：「關於苦難，我多少懂一點；我已經學會如何幫助不幸之人。」

那天晚上，女王為阿伊尼斯等人舉行盛大的宴會。在宴會上，阿伊尼斯講述他們的經歷，首先是特洛伊的陷落，接著是那段漫長的旅程，講得既精彩又動聽。狄兜或許有可能會心儀於他的英勇和漂亮的口才，一點也不用神來幫忙。不過丘比特已經在那裡了，所以女王也沒有甚麼選擇的餘地。

女王有一段時間過得很快樂。阿伊尼斯看來對她十分忠心，她則把自己的一切都慷慨地賜予阿伊尼斯。她讓阿伊尼斯了解：她的城就是他的城，包括她自己也是他的人。阿伊尼斯雖然是個遇難之人，但他跟她享有同樣的榮譽。她還要迦太基人尊敬他，彷彿他也是迦太基的統治者。他的船員也因為女王的賞識而聲名大噪。她為他們付出一切，沒有保留，她唯一希望得到的只是阿伊尼斯的愛。至於阿伊尼斯，他心滿意足地接受女王給予的一切。有個漂亮且權力在握的女王愛他，給他他想要的一切，還安排狩獵活動讓他消愁解悶，他的生活可說十分悠閒愜意。而且女王不僅允許他講述冒險故事，而且還求他講了一遍又一遍。

難怪出海尋找未知國土的想法在他腦中越來越模糊。朱諾非常滿意現在的情勢，即使維納斯，也對這樣的發展不動聲色。她比朱諾了解朱比特。她確定朱比特最後一定會想辦法叫阿伊尼斯去義大利，現在她兒子跟狄兜這一段小插曲一點也不會使他的聲譽受損。她想得沒錯。朱比特做起事來真的十分有效率。他派墨丘利到迦太基給阿伊尼斯送一個十分痛切的口訊。墨丘利下凡，只見阿伊尼斯穿著華服，正在散步；他腰側掛著綴有碧玉的寶劍，肩上披著繡上金線的紫色披風。當然這都是狄兜的禮物。事實上，那件披風還是狄兜親手縫的。阿伊尼斯聽到有個嚴厲的聲音在他耳邊響起：「你還要在這奢華的閒散生活裡浪費多久時間？」這位優雅的紳士突然對自己如此安於逸樂感到十分震驚。他轉身看到墨丘利，墨丘利跟他說道：「天神之王親自派我來找你。他要你離開這裡去找尋你命定的國土。」說完，墨丘利就像一陣霧那樣消失在空氣之中。阿伊尼斯站在原地，又敬畏又激動。說真的，他決定服從天神的命令，但他也知道這件事會讓狄兜多麼難過。

他把船員叫來，要他們找一艘船，準備隨時出發。但這一切都必須悄悄地做，不能讓狄兜知道。不過狄兜還是知道了。她把阿伊尼斯找去談話。起初她對阿伊尼斯十分溫柔。她說她無法相信阿伊尼斯真的要離開她。她問：「你真的要離開我嗎？讓我的眼淚和這雙手為我請求。如果我還有任何一點點美德配得上你，如果我還有任何東西值得你留戀，別走——」

阿伊尼斯說他並不否認狄兜一直對他很好，他永遠都不會忘記狄兜。但換個角度看，她也必須記得他並未娶她為妻，所以他只要想離開，他都可以自由離開。朱比特已經下令他離開，他必須服從命令。「別再抱怨了，」他請求狄兜：「抱怨只會讓我們都不好過。」

然後狄兜告訴阿伊尼斯她的想法。她說阿伊尼斯剛來的時候甚麼也沒有，又餓又狼狽，而她把一切都給了他，包括她自己以及她的國家。但是阿伊尼斯一點也不為所動。狄兜說了一半，聲音突然中斷。她突然匆匆走開，躲在沒人看得到的地方。

當晚，特洛伊人就啟航離開。這決定很明智，因為只要女王一個命令，他們就永遠走不了了。在甲板上，阿伊尼斯回首望著迦太基城的城牆，看到城牆被大火照得明晃晃的。他看著那火燒起，然後慢慢熄滅，心想著到底發生了甚麼事。他不知道的是：他正在看著的是狄兜火葬柴堆的大火。原來狄兜發現阿伊尼斯真的離開時，她就自殺了。

第二部：冥界之旅

和之前的旅程相比，從迦太基到義大利西岸的旅途十分輕鬆。雖然如此，他們還是損失了一員大將。他們的海上冒險快靠近尾聲的時候，最可靠的領航員帕利奴魯（Palinurus）淹死了，那是他們的大損失。

從先知赫列諾斯那裡，阿伊尼斯知道一抵達義大利，他必須先去找庫邁的女先知（the Sibyl of Cumae）。女先知是個智者，她能預知未來，指點他未來的路。他果然找到了女先知，女先知說他們必須到冥界去找阿伊尼斯的父親安紀塞斯（Anchises）。原來安紀塞斯在發生暴風雨之前過世了。阿伊尼斯需要知道的事，安紀塞斯都會告訴他。但女先知警告他下冥界可不輕鬆：

特洛伊人啊，下地府的路很好走。

黑暗冥府的門整日整夜開放。
但要回到空氣芬芳的陽間，
那可是一件極吃力的苦差。

但她說如果阿伊尼斯堅持，她會陪他走一趟，不過首先他得到森林裡去找根金色樹枝，把金枝折下來，隨身帶著。只有帶著金枝，他才能進入冥界。所以阿伊尼斯就立刻出發去找金枝，他忠實的朋友阿凱特斯陪他一起去找。他們抱著絕望的心情走進森林，那森林看來廣大荒涼，似乎不可能找得到任何東西。這時，他們突然看到兩隻鴿子，那是維納斯的愛鳥。鴿子飛得很慢，兩人就跟著鴿子走，來到阿維努斯湖（Lake Avernus）附近；那個湖又黑又臭，但女先知曾說那裡有個洞口可通向冥界。一到湖邊，那兩隻鴿子飛上一棵樹；他們在樹葉間看到一線金黃色的微光。那就是金枝了。阿伊尼斯很高興，他折下金枝，回頭去找女先知。女先知於是帶著阿伊尼斯下冥界。

在阿伊尼斯之前，其他英雄也去過冥界，而且不覺得冥界有甚麼特別可怕的。當然那些蜂湧而來的鬼魂確實嚇到尤里西斯，但翟修斯、海克力斯、奧菲斯、波魯克斯顯然都沒遇到甚麼困難。事實上，膽小的賽姬也曾獨自下冥界，幫維納斯去找普洛瑟菲妮要一點美麗祕方；她也沒看到任何比柯爾柏若斯更可怕的事物，而且她只用一塊蛋糕就搞定了那條看門狗。不過我們的羅馬英雄遇到的危險事物卻一件接一件，堆積如山。女先知認為有必要走的那趟路，一路都是可怕的事物，除了最勇敢的人，沒人敢走。在最深的夜裡，女先知在湖畔殺了四頭漆黑的公牛獻給夜之女神海卡蒂。她把祭品擺上火光熊熊的祭壇時，他們腳下的大地便開始隆隆震動，黑暗中傳來遙遠的狗吠聲。這時她對阿伊尼斯叫道：「你現在要鼓起勇氣，跟我來。」說完，她就衝入那洞口，阿伊尼斯也急忙跟上。很快的，他們走在一條黑影籠罩的路，只有一絲微弱的光，照見道路兩旁那些可怕的魂影，裡頭有蒼白的「疾病」、滿腹怨氣的「憂慮」、導致犯罪的「飢餓」等恐怖的魂魄。那裡還有伴隨著死亡的「戰爭」、蛇髮染血的「傾軋」，以及其他禍害人類的鬼神。他們安全走過，全然沒受到干擾。最後他們來到河邊，河上有個老人搖著船往來兩岸。在那裡，他們看到一幅令人鼻酸的場面，河邊擠滿了幽靈，猶如初冬森林中，飄落在寒風中的枯葉。只見他們伸長了手，祈求老人渡他們到彼岸。但那位陰沉的老人不理他們，逕自挑選他要載的人，其他的都被他推開。阿伊尼斯看得目瞪口呆，女先知說他們已經抵達地底世界兩大河流的交會點，即慟河柯庫圖斯與苦河阿柯容的匯流之處。老船夫名叫卡榮，那些不准上船的都是不曾好好下葬的魂魄，他們注定要漫無目的地漂蕩一百年，一直找不到安息之地。

卡榮本想阻止阿伊尼斯和女先知上船，他喝令他們停下，說他只載死者不載活人。不過一看到阿伊尼斯手上的金枝，他就不說話了。河的對岸有一隻三頭狗擋路，但他們遵循賽姬的做法，也給牠一些蛋糕，那狗就不再阻擾他們。繼續往前走，他們來到一個莊嚴的所在，那是歐羅芭的兒子，也就是冥界判官米諾斯給死者下最後審判的地方。他們很快離開那裡，進入一個稱為「哀傷之地」（Fields of Mourning）的場域，裡頭全是為情自殺的亡魂。那是個憂傷美麗的地方，在桃金孃樹的林蔭下，阿伊尼斯突然看到狄兒。他流著淚，上前問候道：「妳是為了我才自殺的嗎？我發誓離開妳不是我的本意。」狄兒既沒看他也沒回答，大理石似乎也沒像她那麼冷酷。不過阿伊尼斯卻十分激動，即使已經看不到狄兒，他還一直不停地掉淚。

他們最後來到一個分岔路口。左邊的路傳來各種可怕的聲音：呻吟聲、粗重的喘息聲、鐵鍊撞擊聲等。阿伊尼斯嚇得停下腳步。女先知叫他別怕，要他勇敢地把金枝綁在面對岔路的那面牆上。

她說路的左邊區域由歐羅芭另一個兒子瑞達曼托斯統治，專門懲罰在世作惡的鬼魂。右邊的路則通向「以利西安樂園」，阿伊尼斯可在那裡找到他父親。到了以利西安樂園，他們看到的每樣事物都很美好，草地柔軟、樹林漂亮、空氣清新，還有淡紫色柔和的陽光，真是一個安寧幸福的所在。住在這裡的都是偉大仁慈的死者、英雄、詩人、教士，還有那些樂於助人，讓世人銘感在心的死者。阿伊尼斯很快就找到他父親。看到兒子來訪，安紀塞斯很高興。在這生者與死者會面的奇怪地點，父子倆都流下高興的眼淚。

當然父子倆有許多話要說。安紀塞斯帶兒子去參觀忘川，所有要轉世重生的靈魂，在回到陽世之前都必須喝忘川水。安紀塞斯說：「喝了忘川水，往事前塵全忘了。」河邊有許多靈魂正等著喝水，其中有一些會轉世成為他們的後代。安紀塞斯一一向阿伊尼斯介紹，並告訴阿伊尼斯他們的後代會創下哪些讓人永世難忘的豐功偉業。最後，他指點阿伊尼斯如何在義大利建立家園，教他如何避開危險，如何承受未來的種種磨難。

然後父子倆互相告別，但他們都很冷靜，因為他們知道這只是短暫的分別。阿伊尼斯和女先知循著原路回到人間，阿伊尼斯立即回到船上。第二天，這一群特洛伊人就揚帆航向義大利，找尋他們的應許之地。

第三部：義大利的戰爭

可怕的考驗正等著這一小群冒險家。朱諾當然又是這些考驗的肇始者。她慫恿義大利最強大的兩個民族起來反對特洛伊人進住，這兩大民族是拉丁姆人（Latins）和茹突里人（Rutulians）。假如沒有朱諾，事情就好辦多了。拉丁姆城（Latium）的老王拉丁努斯（Latinus）是薩頓的曾孫，不久前，他父親苻努斯（Faunus）的亡靈曾託夢給他，要他把獨生女拉維妮雅（Lavinia）嫁給即將到來的外國人，千萬別嫁給本國人，因為與外國人聯姻，將來會產生一個統治世界的民族。當阿伊尼斯的使臣來見拉丁努斯王，請拉丁努斯王允許他們在海邊一塊狹地建立家園，共享天空和海洋，拉丁努斯王回報以極大的善意。他相信阿伊尼斯就是亡父苻努斯預言中的女婿，他也這麼跟使臣說了。他說只要他有一口氣在，特洛伊人絕對不會缺少朋友。他給阿伊尼斯的信裡提到他有個女兒，上天不准她結婚，除非她的對象是外國人，他說他相信阿伊尼斯就是上天為他女兒選定的丈夫。

但朱諾介入此事。她從冥界召來復仇女神當中的艾樂克圖，命後者在義大利挑起戰火。艾樂克圖當然樂於服從命令。她首先挑起王后阿瑪依雅（Amaia）的怒火，使她激烈反對女兒與阿伊尼斯的婚事。接著飛去茹突里找屠努斯（Turnus），因為到目前為止，屠努斯是最有希望追到拉維妮雅的求婚者。事實上，復仇女神根本無須挑撥離間，因為光是想到拉維妮雅嫁給別人，屠努斯就妒火中燒，幾欲瘋狂。一聽到特洛伊人派使臣訪問拉丁努斯，他就把軍隊開到拉丁姆城外圍，想阻止拉丁人與特洛伊人聯盟。

艾樂克圖的第三個陰謀設計得很巧妙。拉丁姆城有個農夫養了一頭心愛的雄鹿。這頭鹿非常漂亮溫馴，牠日間在山野裡遊蕩，晚上會自己回主人家。農夫的女兒對牠很照顧，給牠刷毛、戴花環等等。遠近的農夫都認識而且很保護那頭鹿，誰要是傷了牠，即使是他們自己人，也會被懲罰。外國人若膽敢傷害那頭鹿，必然會觸怒全體居民。但是在復仇女神的誤導之下，阿伊尼斯的兒子阿斯克尼（Ascanius）竟然犯了當地居民的大忌。一日，阿斯克尼帶著獵犬去打獵，復仇女神將他引到那頭鹿躺著的森林。阿斯克尼射傷了那頭鹿，那鹿奔回主人家，馬上就死了。復仇女神把這件事迅速傳開來，居民與特洛伊人之間立刻產生對立。拉丁人要殺阿斯克尼，特洛伊人則誓死保護小王子。

屠努斯圍堵拉丁拇城的消息不久傳到國王那裡。人民的武裝暴動，加上屠努斯駐兵城外，國王覺得實在無法忍受，王后的憤怒無疑也是個重要因素，總之國王最後決定放手不管了。他把自己關在王宮裡，任由事情自由發展。如果拉維妮雅這時被屠努斯搶過去，阿伊尼斯大概也無法從他這位未來岳父那裡得到任何幫助。

拉丁拇城有個風俗：簡努斯神殿前後有兩道摺門，和平時期這兩道門是關上的，但如果發生戰爭，國王必須在號角齊鳴，戰士吶喊聲中打開那兩道門。但國王正在閉關，無法執行這一神聖儀式。就在居民不知所措的時候，朱諾從天而下，親自拔開門栓，把門打開。歡樂馬上充滿了都城：部署戰局的歡樂，還有其他帶來歡樂的物事，如閃亮的甲冑、神采奕奕的戰馬、醒目的軍旗以及從容面對死亡的歡樂。

拉丁拇人和茹突里人共組一支強大軍隊，攻打一小群特洛伊人。他們的首領屠努斯是個勇敢且經驗豐富的戰士，另一個同盟麥辛提烏斯（Mezentius）是個優秀的軍人。麥辛提烏斯本來的臣民是埃特魯里亞人（Etruscan），但他對人民非常殘忍，最後大家起而反抗，他只好投奔屠努斯。第三個同盟是個女子，叫卡蜜拉（Camilla）；她從小跟著父親在遙遠的荒野裡長大，在嬰兒時期，她的小手如果能拿到彈弓，就能打下疾飛的鶴或天鵝。她跑起來，並不比長有翅膀的鶴或天鵝慢多少。她精通各種戰爭技藝，標槍，斧頭與弓箭樣樣都行。她不屑於結婚，只愛打獵，打仗和自由。她身邊有一群戰士追隨，當中有許多年輕女子。

特洛伊人紮營的附近有一條大河叫提柏（Tiber），一天晚上，河神託夢給阿伊尼斯，要阿伊尼斯馬上到上游去求助小城國王艾凡德（Evander）。據河神所言，艾凡德統治的固然是個貧窮小城，但未來該城會成為世上最偉大的城市，羅馬的城堡會在那裡高聳入天。河神保證阿伊尼斯會在那裡找到幫手。黎明時分，阿伊尼斯選了幾員好將出發了，提柏河第一次出現武裝人員溯游而上。到了艾凡德的家，國王與年輕王子帕拉斯（Pallas）熱情歡迎他們。父子倆帶領客人到一棟權充王宮的簡陋建築，並為他們介紹周圍的風景：巨大的塔爾皮亞岩（Tarpeian Rock）；祭祀主神周夫（Jove）的聖丘，這聖丘現在長滿黑莓灌木，但有一天金碧輝煌的朱比特神殿（Capitol）會在這裡蓋起來；眼前那片牛群哞哞的草地，將來會成為世人聚集的羅馬議會（Roman Forum）。國王說：「這裡曾住有農牧神，山林仙女和野蠻民族。薩頓被兒子朱比特推翻後，便流亡到了這裡。結果他改變了一切。人們捨棄粗野和沒有法紀的生活，選擇維護正義與和平，所以薩頓的統治時期被稱為『黃金時代』。過了幾代之後，時移俗易，和平與正義被放在一邊，人們追求的是黃金和權勢。命運把我帶來這裡之前，這裡的歷代統治者都是暴君。我是從希臘的阿卡迪流亡到這裡的。」

國王說完他的遭遇，他們也剛好到了他居住的小屋。阿伊尼斯等人就在這裡過夜，睡在葉子鋪成的臥榻，蓋著熊皮被子。第二天，他們在晨光和鳥叫聲中醒來，國王已經帶著兩條身兼隨員和保鏢的狗出來了。等他們用過早餐，國王才指示阿伊尼斯該去哪裡求助。他說他現在的國家（亦稱阿卡迪）很弱，幫不了甚麼忙。但河的遠岸住著富庶強盛的埃特魯里亞人，他們的流亡國王麥辛提烏斯正在幫忙屠努斯。這支民族非常痛恨他們的前任君主，光是這一事實，就足以讓埃特魯里亞人站在阿伊尼斯這一邊。原來麥辛提烏斯是個殘忍的暴君，專以施加痛苦為樂。他發明一種前所未聞的恐怖殺人法：把死人和活人臉對臉，手對手地綁在一起，讓活人被死屍滲出的屍毒慢慢折磨至死。

埃特魯里亞人後來終於起來反抗他的暴政。他僥倖逃走了。但他們決定要把他抓回來，給他應得的懲罰。因為這一段冤仇，艾凡德認為埃特魯里亞人會是阿伊尼斯最有力的助手和同盟。至於他自己，他說他會派他的獨子和國內傑出的貴族青年參戰，接受阿伊尼斯的領導。另外他也給每位客人一匹好馬，讓他們可以快速到達埃特魯里亞爭取幫助。

此時特洛伊軍營的情況危急，一來他們只有土壘防禦，二來他們的首領和最好的戰將都不在。屠努斯率兵來攻，第一天他們嚴守阿伊尼斯臨走前的指示，只守不攻，成功地保住軍營。但兩軍人數懸殊過大，除非他們趕快找到阿伊尼斯，不然前景堪慮。問題是他們是否有可能突圍出去找阿伊尼斯，因為茹突里人已經把他們團團圍住。在這一小隊戰士中，有兩個人不屑於坐在那裡權衡成功與失敗的機率，他們認為突圍這件事本身就值得放手一試。他們決定趁著夜色突破敵人的包圍，出去尋找阿伊尼斯。

這兩人的名字是尼索斯（Nisus）和尤瑞亞魯斯（Euryalus）。尼索斯是個英勇且經驗豐富的士兵，尤瑞亞魯斯只是個勇敢，熱衷於英雄事業的小夥子。並肩作戰是兩人的習慣，不論守衛還是打仗，兩人總是在一起。突圍這個想法是尼索斯在偵查敵人堡壘時想到的。他看到一入夜，敵人的軍營一片黑暗，燈光極少，士兵都睡得很熟。他把這個想法告訴他朋友，但他不要尤瑞亞魯斯跟他一道去。尤瑞亞魯斯大聲抗議，說他絕不獨自留下來，與其苟活，他寧可光榮戰死。尼索斯聽了，覺得很傷心和沮喪，他哀求道：「讓我自己去就好。如果發生了意外，這種行動難免發生意外，你在這裡可以贖回我，或為我舉行葬禮。記住你還年輕；你還有大好的人生要過。」尤瑞亞魯斯叫：「胡說。我們趕緊行動，別再拖延了。」尼索斯發現無法勸退他的朋友，只得痛苦地順從了。

特洛伊軍營裡的將領正在開會。兩人在會議上提出他們的突圍計畫，將領和王子們都同意了。大家流著淚，哽咽著謝謝他們，並答應會好好獎賞他們。尤瑞亞魯斯說：「我只有一個要求。我的母親就在營裡，她不願跟其他婦女留在後方，所以就跟著我來了。我是她唯一的兒子。萬一我死了——」「我會把她當作我的母親，」阿斯克尼插嘴道：「離開特洛伊那晚，我失去了母親。你的母親以後就是我的母親，這我可以跟你保證。這是我的劍，你拿去用。放心去吧。」

兩人出發了。他們穿過壕溝，來到敵人的營區。所有人都睡了。尼索斯低聲說：「我來清一條路，你給我把風。」說完，他就把睡著的敵人一個接一個殺了。他很有技巧地下手，那些人一聲不吭就死了。尤瑞亞魯斯接著也加入這場血腥任務。走到營區末端，他們已經清出一條大道，道上躺滿死人。不過他們的突圍並未成功，行動拖太久是一大失策。到了營區末端，天已經亮了。一隊從拉丁姆城開來的騎兵看到尤瑞亞魯斯頭盔的閃光，於是過來盤問。他們見尤瑞亞魯斯不回答，反而急急衝入樹林，於是知道尤瑞亞魯斯是敵人。他們把樹林包圍起來。兩個朋友在匆忙中走散了，尤瑞亞魯斯走錯了路，尼索斯回頭找他，卻發現尤瑞亞魯斯被騎兵捉住了。他躲在暗處，想著該如何救他的朋友。他只有一個人，看來沒有任何希望，但他知道奮戰而死比離開自己的朋友好。所以他就出去跟騎兵挑戰，一個人對付整個軍團。他飛舞的長矛打倒一個又一個敵人。領軍的首領實在不知道這麼不顧死活的程咬金打哪兒來，但他轉向尤瑞亞魯斯，大叫道：「你要為這個負責！」他舉起劍，正要往那小夥子刺下時，尼索斯衝向前，大叫：「殺我！我！人都是我殺的，他只是跟著我而已。」他的話還沒說完，對方的劍已經刺穿了小夥子的胸。眼看朋友倒地而死，尼索斯把那首領打下馬並把他砍死了。但他身上同時也中了很多飛鏢，很快地他也倒在朋友身旁死了。

其他特洛伊人此時也紛紛上了戰場。幸好阿伊尼斯及時帶了大批埃特魯里亞大軍來救援。特洛伊人和屠努斯大軍展開交戰。從這時起，這則故事就變成一篇人與人如何互相殘害的傷亡報告。戰爭一場接一場打，但每一場都一樣，不外是無數英雄被殺了，地上血流成河，黃銅號角尖聲響起，無數箭矢從拉開的弓射出，猶如滿天冰雹齊下，激動的戰馬奔騰，染血的四蹄踩著死者前進。早在故事結束之前，恐怖的事件已經不再讓人覺得恐怖。特洛伊人的敵人當然都死了：卡蜜拉死前留下一段很好的故事；邪惡的麥辛提烏斯當然躲不過他的命運，只不過死前他親眼看到他勇敢的小兒子為了捍衛他而戰死。許多偉大的戰友也都死了，包括艾凡德的獨子帕拉斯。

最後屠努斯和阿伊尼斯終於對上了。這時候的阿伊尼斯與故事一開始的阿伊尼斯判若兩人。一開始，他和赫克特、阿基里斯一樣充滿人性，但此時他已經變成某種奇異可怕的怪胎。他曾經溫柔地背著老父離開起火的特洛伊城，一面鼓勵他的小兒子要緊跟在他身邊。到了迦太基，他能感受獲得別人的同情是何種滋味，來到一個能「為事物流淚」的地方是何意義。即使穿著華服，在狄兜的王宮裡閒晃的他也很有人情味。不過到了拉丁戰場上，他已經不是一個人，而是某種可怕的怪物。他「龐大如阿妥斯山（Mount Athos）和阿平寧山脈（Father Apennine），他搖動高大的橡樹，將覆雪的山峰舉向天」；或像「百手百掌的埃蓋翁（Aegaeon），張著五十張噴火的嘴，揮著五十面堅固的盾和五十把鋒利的劍，把勝利的火焰滿滿地灑向戰場。」等阿伊尼斯在最後一役對上屠努斯時，故事的結局已經沒有甚麼趣味可言。對屠努斯來說，跟阿伊尼斯對打，猶如對抗天上的閃電或地震，根本就是以卵擊石。

維吉爾的詩寫到屠努斯戰死為止。據說阿伊尼斯娶了拉維妮雅，建立了羅馬民族。據維吉爾的說法，羅馬人「留給其他國家很多遺產，例如藝術和科學，而且世人永遠都會記得這個民族，因為這個民族注定要統治世人，並把羅馬人的律法傳布於世，寬恕謙卑的人，打擊驕傲的人。」

第五部　神話裡的大家族

第十七章　阿楚斯世家

阿楚斯及其子孫的故事十分重要，主要是因為西元前第五世紀，悲劇詩人埃斯奇勒斯曾以此為題材寫了《奧瑞斯提亞》（*Oresteia*），這是一套偉大的劇作，由三部作品組成：《阿格門儂》、《奠酒人》（*Libation Bearers*）、《和善女神》（*Eumenides*）。這三部希臘悲劇非常傑出，只有索福克里斯那四齣伊底帕斯王家族的故事差可比擬。品達在西元前五世紀初寫了譚塔洛斯以人肉招待眾神的故事，但特地強調故事不是真的。譚塔洛斯遭受懲罰的故事其實常有人寫，最早出現在《奧德賽》，這也是我依據的版本。安菲翁（Amphion）和妮歐碧（Niobe）的故事取自歐維德，因為他寫得最完整。至於佩羅普斯（Pelops）贏得戰車賽這一段，我比較喜歡西元第一或第二世紀作家阿波羅度斯的版本，這也是流傳至今最完整的版本。阿楚斯和堤也斯（Thyestes）以及跟他們相關的故事，我的依據是埃斯奇勒斯的《奧瑞斯提亞》。

阿楚斯世家是神話世界最著名的家族之一。帶希臘聯軍渡海攻打特洛伊的主將阿格門儂即屬於這一家族。除他之外，他的近親也同樣有名，如他的妻子克萊婷，兒子奧瑞斯提亞，兩個女兒伊菲吉妮亞和伊蕾特拉（Electra）。他的弟弟梅奈勞斯是海倫的丈夫，特洛伊戰爭即因海倫而開打。

這是一個不幸的家族。他們之所以如此不幸，一般認為是祖先譚塔洛斯造成的。譚塔洛斯是利地亞的國王，他生前犯下一項最邪惡的罪，給自己招致極可怕的懲罰。但事情並未因他的死而結束。他播下的邪惡種子一直蔓延到他死後，讓他的子孫也做了同樣邪惡的事，也受到嚴厲的懲罰。詛咒似乎籠罩著這個家族，讓家族成員不由自主地犯罪，為他們自己以及其他無辜者帶來痛苦和死亡。

譚塔洛斯和妮歐碧

譚塔洛斯是宙斯的兒子；宙斯所有凡人孩子當中，他最得眾神的寵愛和尊敬。眾神請他到奧林帕斯作客，品嚐所有凡人無緣一嚐的仙品瓊漿。不僅如此，眾神也會到他的王宮拜訪，跟他一起用餐。他回報眾神的方式簡直讓人匪夷所思到極點，自古沒有詩人能夠解釋其用意。原來他叫人把他的獨子佩羅普斯殺了，放入大鍋煮了來宴請眾神。顯然他是出於怨恨，才捨得犧牲自己的兒子，讓眾神犯下食人的罪愆。也有可能他是想用一種最駭人的方式，讓人知道高高在上，受人尊敬的神也會上當。總之他對眾神的蔑視，對自己無限的自信，使他忘了揣想眾神是否有可能知道端上桌的究竟是甚麼菜。

他太笨了。眾神當然知道。他們離開那恐怖的宴會，決意對付端出這種菜餚的壞蛋。他們宣稱這種壞蛋必須被懲罰，讓後來者有所警惕，不敢再來汙辱他們。他們把譚塔洛斯關在冥界，罰他站在池子裡。當他渴到不行想低頭喝水時，池水就消失不見，一旦他站直，池水卻又湧現了。池邊有很多結實纍纍的果樹，有梨子、石榴、蘋果、無花果等，全都掛在他頭頂上方。每次他伸手想摘顆水果充飢，風就把樹枝高高吹起，讓他無法摘到。他就這樣永遠站在池子裡，周遭固然有水有食物，他卻永遠渴著，永遠餓著。

眾神救活他的兒子，使佩羅普斯起死回生。不過他們得為他打造一個象牙肩膀。有一位女神不小心吃了那令人作嘔的食物，有人說是黛美特，也有人說是緹蒂絲。總之他們把那男孩的肢體組合起來後，發現肩膀不見了。這個流傳至今的醜惡故事未經美化，仍然殘留早期的殘酷元素。後來的希臘人並不喜歡這個故事。詩人品達指出：

一個謊話連篇，罔顧真理的故事。

諸神吃人肉的事，願我們別再提起。

不管怎樣，佩羅普斯的後半生過得很幸福。譚塔洛斯的後人當中，他是唯一的幸運兒。他娶的女人雖然害許多年輕人送命，但他的婚姻十分幸福。他的妻子是希波達美雅公主（Princess Hippodamia），公主在婚前害了很多人喪生，但這不是她的錯。原來公主的父親有一對戰神送的良馬，當然比凡間任何馬都優秀。他不想嫁女兒，所以就規定求婚者必須跟他比賽，贏了可以娶公主，輸了就得賠命。即使已有很多人因此喪命，佩羅普斯還是勇敢上陣。他也有他信任的馬，那是海神波賽頓送的禮物。最後他當然贏了比賽。另一則故事說佩羅普斯會贏得比賽的關鍵是希波達美雅，與波賽頓的馬無關。希波達美雅可能是愛上了佩羅普斯，或覺得那種比賽該停止了，總之她賄賂國王的車夫麥堤魯斯（Myrtilus），要後者把閂著車輪的插銷拔掉，讓佩羅普斯贏得比賽。佩羅普斯後來殺了麥堤魯斯，麥堤魯斯死前對佩羅普斯下了咒。有人就說阿楚斯家的不幸來自這個詛咒，不過大部分作者認為譚塔洛斯才是禍延子孫的原因。這當然是比較站得住腳的理由。

不論是譚塔洛斯或佩羅普斯，兩人受的苦都沒有妮歐碧多。妮歐碧是譚塔洛斯的女兒，一開始，她似乎也像佩羅普斯那樣，很得眾神恩寵。她丈夫是宙斯的兒子安菲翁，兩人的婚姻生活十分幸福。安菲翁是傑出的音樂家，他跟他的孿生兄弟澤圖斯（Zethus）曾一起蓋了一座高牆，加強底比斯的防禦工事。澤圖斯生得健壯，體力過人，他很瞧不起弟弟沉醉於音樂，忽略了鍛鍊男子體魄的運動。

不過到了需要集結足夠的石頭來建城的時候，文弱的音樂家終於打敗強壯的運動健將。安菲翁用七弦琴拉出迷人的樂音，使石頭深受感動，一路跟他來到底比斯。

安菲翁與妮歐碧統治底比斯，日子過得很快樂。後來不知怎地，妮歐碧開始步上她父親的後塵，顯露出瘋狂的自負。她的家族繁榮富裕，所以她認為自己地位崇高，凌駕於所有凡人敬畏的對象之上。她有錢有勢，系出名門。她育有七子七女，男的英俊，女的漂亮，個個都是人中龍鳳。她覺得自己擁有超凡的能耐；她不止能像她父親那樣欺瞞神祇，還公然蔑視神明。

她召喚底比斯人祭拜她。她說：「你們給樂朵燒香，但她拿甚麼來跟我比？她只有阿波羅和阿特蜜斯兩個孩子。我比她多了七倍。我是王后，她是流浪婦人，全世界最後只有德洛斯那個小島願意收留她。我快樂、健康、偉大，無論人或神都無法傷害我。你們到樂朵的神殿祭拜我吧。現在那神殿是我的，不是她的了。」

這種發自清醒意識的狂言，天神總是會聽見的，而且講這種話的人也總會被懲罰。阿波羅和阿特蜜斯馬上從奧林帕斯飛下來，他們一個是弓箭之神，一個是女獵

佩羅普斯駕車接走希波達美雅公主

者，兩人準確無誤地將妮歐碧的七子七女全部射殺。妮歐碧看著孩子全死了，痛苦得一句話也說不出來。她倒在前一刻還那麼青春健康的身體旁，無法動彈。她過於悲傷，以至於表情全無；她身體如石，心也如石，只有眼淚不停地流。最後她化成石頭，日夜不停流淚的石頭。

佩羅普斯育有二子，分別叫阿楚斯和堤也斯。遺傳的邪惡因子也顯現在他們身上。堤也斯愛上了哥哥的妻子，而且成功誘使嫂嫂背棄她的婚誓。阿楚斯發現了，他發誓要讓堤也斯付出前所未有的代價。他殺了堤也斯的兩個小孩，叫人把他們肢解、煮熟，然後端給小孩的父親吃。待堤也斯吃完，阿楚斯才把真相告訴堤也斯。

可憐的人，得知那可怕事件後，
他慘叫一聲朝後傾倒，用力吐出
口中的肉，召喚最可怖的詛咒
降臨那家人，一手砸碎設宴的桌。

阿楚斯是國王，堤也斯拿他沒辦法。事實上，堤也斯一直都未能一報殺子之仇。不過，阿楚斯的兒孫卻在他身後吃盡苦頭。

阿格門儂及其子女

奧林帕斯神正在開會。人神之父宙斯首先發言。他非常生氣，他說人類總是以卑劣的態度來對待眾神，明明是人類邪惡的心性惹出禍端，卻一再責怪諸神，即使眾神早就警告過人類，人類也還是把一切都怪到眾神頭上。宙斯說：「你們都知道埃吉士圖斯（Aegisthus），就是被阿格門儂的兒子奧瑞斯提亞殺掉的那個傢伙。他自己愛上阿格門儂的妻子，自己殺了阿格門儂，人家才從特洛伊回家耶！奧瑞斯提亞要殺他，這件事當然不能怪我們。我們之前已經派荷米斯去警告他了。荷米斯明明白白跟他說：『阿楚斯之子[21]死了，奧瑞斯提亞會為他報仇』，但這樣的警告仍不能讓埃吉士圖斯有所約束，現在他只好為自己的行為付出代價了。」

《伊里亞德》上述這段描寫第一次提到阿楚斯家族。在《奧德賽》裡，我們看到奧德修斯跟菲亞西人談起自己下冥界的經過；提起他所遇到的鬼魂，他說他最同情阿格門儂的鬼魂。他請阿格門儂的鬼魂說說自己的死因，阿格門儂說他死得很不光彩。原來阿格門儂是在用餐的時候被殺死的，簡直就像被斧頭砍倒的牛一樣。「是埃吉士圖斯做的，我那可恥的太太幫了他一把。他邀我到他家作客，就在我用餐的時候，他突襲我和我的隨從。你看過很多人死去，他們要麼死於單挑獨鬥，要麼死在戰場，從沒看過有人像我們那樣死在飯廳，死在酒杯和滿桌菜餚之間，鮮血流了一地。卡珊卓倒下時，她的尖叫聲在我耳裡迴蕩。是克萊婷動的手。卡珊卓倒在我身上，我想伸手接住她，但我的手卻沒有力氣。那時我已經快死了。」

這是阿格門儂的故事的早期版本：他是被妻子的情人殺死的，而這個噁心的故事在舞台上演出多久我們不得而知。過了幾個世紀之後，我們看到另一個不一樣的版本，那是埃斯奇勒斯在西元前四百五十年寫的。這是個很棒的故事，主題是頑強的復仇、悲劇的情感、無可逃避的命運。阿格門儂之死，不再與一對罪惡男女的不法戀情有關。相反的，他的死與母親對女兒的愛有關，與母親為

21 阿楚斯之子就是阿格門儂。

女兒復仇有關。埃吉士圖斯消失了，幾乎沒出現在這則故事裡。阿格門儂的妻子克萊婷是劇中最亮眼的角色。

阿楚斯有兩個兒子，阿格門儂是攻打特洛伊的希臘聯軍主將，梅奈勞斯是海倫的丈夫。兩兄弟的生命際遇迥然不同。梅奈勞斯一開始並不出色，後半生卻過得十分風光。他早年失去海倫，但特洛伊城淪陷後，海倫又回到他身邊。他的船遭到雅典娜揚起的暴風雨侵襲，一路被吹到埃及，但最後他還是安全回家，跟海倫過著幸福的日子。但阿格門儂的下半生卻大為不同。

特洛伊淪陷後，在所有生還的將領中，阿格門儂是最幸運的一個。暴風雨把很多人的船擊沉或吹去遠方，但他卻避開了種種海陸危險，平安順利歸鄉。他不僅安全歸鄉，還頂著打敗特洛伊的主將的榮譽，凱旋而歸。他的家人正在等他，早有人送來訊息，說他已經登岸。鎮上的居民也都來了，並且組成龐大的歡迎隊伍等他。打了漂亮的一仗，又勝利歸來，看來他已經成為最成功最光榮的人，等在他前方的當是富裕安樂的日子。

帶著感恩之心來歡迎他的人群中，有一群人非常焦慮，不祥的預言在他們之間相互傳述。他們低聲說道：「他會遇到不祥的事。以前王宮裡的事一切正常，但現在已經不是了。如果房子會說話，一定有很多故事可講。」

鎮上的長者也聚集在宮門前，等著向他們的王致敬。他們也是一副憂心忡忡的樣子，而且比街上的群眾更焦慮，彼此傳述的預言也更為黑暗。在等待的過程中，他們低聲談起了往事。他們已經年老，對他們來說，往事往往比當下更真實。他們談到了伊菲吉妮亞的犧牲：她是多麼美麗純潔的少女，她多麼信任她父親啊，怎知道她的父親竟然把她送上祭壇，讓她去面對殘忍的刀子，無情的陌生的臉。鎮上老人娓娓道來，說的彷彿是自己猶新的記憶，彷彿他們也曾在現場跟伊菲吉妮亞一起，彷彿他們也聽到她摯愛的父親叫人把她抬上祭壇殺了。當然她父親也是不得已，只是要去特洛伊的希臘聯軍已經無法再等，只得殺女兒祭神，祈求順風。但事情並沒有這麼簡單。他會順服聯軍的要求，原因還在於他家族裡代代相傳的惡念，這惡念讓他不由自主地行惡。老人家知道那個糾纏他家族的詛咒。

嗜血的飢渴——
深入骨髓。舊創未及痊癒，
新傷的血又開始流溢。

伊菲吉妮亞已經死了十年，但她的死所造成的影響卻延續到現在。老人畢竟是有智慧的，他們知道每一個舊惡都會衍生新惡，錯誤總是相續而生。在這勝利的時刻，那位女孩的死威脅著她父親。但這威脅或許需要一段時間才會成形吧，他們互相這麼說，試圖尋找一點點希望。不過在內心深處，他們知道而且不敢大聲說出來的是：復仇行動已經在王宮裡等著阿格門儂了。

克萊婷王后在歐里斯目睹女兒的犧牲之後，就已經開始著手替女兒復仇。她丈夫殺了他們的女兒，她沒為丈夫守貞，所有人都知道她找了一個情人，阿格門儂登陸的消息傳來後，她也沒把情人送走。那位情人仍然住在宮裡。深鎖的王宮門後，他們究竟有甚麼打算？就在老人家揣測和害怕的時候，路上傳來一陣騷動，接著是戰車轔轔的聲音和群眾的歡呼聲。國王的戰車迅速馳入庭院，他身邊坐著一個美麗而陌生的少女，國王的隨從和人民跟在身後。王宮的大門這時呼地一聲打開，大家停下腳步，看到王后出現在宮門前。

國王下車，大聲祈禱：「喔，勝利現在屬於我，願勝利永遠屬於我！」王后上前迎接他。她昂首快步走來，看來容光煥發。現場除了阿格門儂，每個人都知道她對阿格門儂不忠，但王后坦然面對他們。在這樣的時刻，在所有人面前，王后還是得微笑著大聲說出她對丈夫的愛，訴說丈夫離家後她所忍受的痛苦。她以華麗的詞藻歡迎丈夫回家，她說：「你是我們的救星，你捍衛我們的安全。看到你，我們就安全了。看到你，我們就像水手在暴風雨之後看到陸地，就像飢渴的旅人看到潺潺溪流那麼欣喜。」

阿格門儂很客氣地回應她，然後轉身走向王宮。不過他很快轉身指著馬車上的陌生女孩，跟王后說那是卡珊卓，普瑞阿摩斯的女兒，聯軍給他的禮物，特洛伊最美的女俘，請王后照顧她、善待她。說完，他就和王后走入王宮。王宮的大門在那對夫妻背後關上，從此再也不曾為他們倆開啟了。

圍觀的群眾走了。只有老人還不安地留在沉默的宮門前等候。那位被俘的公主引起他們的注意。他們好奇地打量著她，他們都聽過她奇異的名聲，知道她說出的預言雖然沒人相信，但事後都證明是真的。她突然露出驚恐的表情，問他們這是甚麼地方？這屋子住的是誰？他們柔聲安慰她，說那是阿楚斯家族的房子，他兒子住在這裡。她大叫：「不！這是神憎恨的房子，有人死在裡面，地板上都是血。」老人看了彼此一眼。死人。地板上的血。這也是他們一直在想的事：黑暗的過去和更為黑暗的未來。但她一個陌生的外國人怎會知道這屋子的過去？只聽她又驚叫道：「我聽到孩子在哭。」

……孩子啼哭，因為傷口流血。

父親用餐——吃的是他孩子的肉。

那是堤也斯和他的兒子……。卡珊卓打哪兒知道這件事？她又說出更多瘋狂的話，就像這些年來，她曾親眼目睹那房子裡發生的一切，親眼看到一起又一起死亡事件。每一起死亡事件都是一樁罪行，全部加起來就產生更多的罪惡。她說完了過去，就開始講起未來。她大叫說那張死亡名單今日會增添兩位死者，其中一個是她。她說：「我會死在這裡。」然後就轉身走向那王宮。老人試圖拉住她，勸她別進去那不祥的屋子，但她不聽。她逕自走入王宮，那兩道門也永遠為她關上了。她走後，四周頓時陷入沉寂。突然，一聲恐怖的叫喊打破沉靜。宮裡傳出痛苦的呼喊，是個男人的聲音：「天啊，有人刺我！致命的一劍——」接著就是一片沉靜。那群老人嚇壞了，困惑地擠在一起。那是國王的聲音。他們該怎麼辦？「破門進宮？快，快點！」他們互相催促著。「發生甚麼事？我們得知道。」不過他們不用破門而入了。宮門這時開了，王后就站在門檻上。

她全身都是暗紅色的血，她的雙手，她的臉也是，但她本人卻顯得泰然自若，十分平靜。她要求大家過來，聽她宣佈剛剛發生的事。她說：「我丈夫已經死在這屋子。我親手殺的，為了伸張正義。」她說灑在她身上臉上的就是他的血，她覺得很高興。

他喘著氣倒下，鮮血四濺，
濺滿我一身黑色血花；
死亡的露珠甜如蜜，猶如
麥田開花季節的滴滴甘霖。

她知道她無須解釋殺夫的理由。她認為自己不是兇手，而是死刑的執行者；她處罰了一個殺死自己孩子的兇手。

就像羊圈擠滿羔羊的人
不會在乎一隻羊的生死。
為了護符他竟殺了女兒
來抵禦瑟雷斯的海風。

王后的情人走出來，站在她身邊。那是埃吉士圖斯，堤也斯最小的兒子，他出生於那場恐怖的食人宴之後。他本身和阿格門儂沒有冤仇，但阿楚斯已經死了，他只得找阿格門儂一報殺兄宴請其父的仇恨。

王后及其情人知道惡不能止惡，他們剛剛殺死的、躺在他們腳下的那具屍體就是最好的明證。在勝利當中，他們也知道這一起死亡將會給他們帶來其他災禍，就像其他死亡事件一樣。克萊婷對埃吉士圖斯說：「我們之間不要再發生流血事件了。我們現在是這裡的主人。我們要把所有事情打理好。」這畢竟是個無據的妄想。

伊菲吉妮亞是阿格門儂和克萊婷的長女，她下面還有一弟一妹，弟弟叫奧瑞斯提亞，妹妹叫伊蕾特拉。假如奧瑞斯提亞在宮中，他一定會被埃吉士圖斯殺死，幸好他從小就被送到家族忠實的朋友那裡撫養。至於伊蕾特拉，埃吉士圖斯雖不屑於殺她，但卻盡其所能地折磨她，以至於伊蕾特拉只剩下一個期望，就是期待有一天弟弟會回來替父親報仇。報仇——該怎麼報法？她一再問自己這個問題。埃吉士圖斯當然得死，但只殺他一個無法伸張正義。他的罪比另一個人輕。既然這樣，那又該如何？兒子為父報仇而殺死母親，這算是伸張正義嗎？埃吉士圖斯和克萊婷統治期間，伊蕾特拉日復一日，年復一年地思索著這些問題。

奧瑞斯提亞長大成年後，他比伊蕾特拉更清楚自己處境的險惡。為父報仇是為人子女最重要的責任。但弒母卻是人神不容的惡行。最神聖的責任與最邪惡的罪行相互交纏在一起，他若想做對的事，就不得不在兩個可怕的惡行當中選一個。如果不背叛父親，就要成為弒母的兇手，反之亦然。這個兩難問題讓他十分痛苦，所以他走了一趟德爾菲神殿，請阿波羅幫忙。阿波羅的神諭很清楚，一字一句要求他：

誅殺那兩個殺人兇手。
以一命抵一命。
以血債清還血債。

奧瑞斯提亞於是知道自己逃不過籠罩在他家族的詛咒，他不得不執行復仇大計，不得不付出毀了自己一生的代價。他回到打從孩提時代就不曾看過的家，跟他一起的還有他的堂兄弟皮拉德斯（Pylades）。他們從小一起長大，感情遠較一般兄弟濃厚。伊蕾特拉不知道他們已經回國，仍然守候著。她一生都在等候，等候弟弟回來完成她唯一的願望。那是她活著唯一的目標。

一日，她到父親墳上祭拜，一面祈禱：「喔，父親啊，指引奧瑞斯提亞回家吧。」突然奧瑞斯提亞就出現在她身旁，叫她姊姊，並把身上穿的披風秀給她看；那是伊蕾特拉親手縫製的披風，當年奧瑞斯提亞被送走時，身上裹的就是這件披風。不過伊蕾特拉並不需要證據，她叫道：「你長得真像父親！」於是伊蕾特拉一股腦兒把這些年來無處傾訴的愛全部說給了奧瑞斯提亞聽：

全部，全部的愛都是你的：
過去那些給我亡父的愛，
本來應給我母親的愛，
還有那些給我亡姊的愛，
現在全數給你，給你一人。

奧瑞斯提亞自己也陷入沉思，他要面對的事過於嚴重，以至於他既無法回答，也聽不見他姊姊的話。他突然打斷他姊姊，把塞滿他腦子，且讓他一直魂牽夢縈的話告訴姊姊，即阿波羅那可怕的神諭。

他要我安撫憤怒的死者。
那些無人為他哭泣的死者。
這樣的死者找不到棲身之處，
無人燒給他香火也無人懷念。
他孤單卑賤走向死亡之路。
我該不該相信這神諭？可是——

可是事情必得要做，我必須去做。

三人當下做了決定。奧瑞斯提亞和皮拉德斯假扮成使者，宣稱要進宮傳報奧瑞斯提亞的死訊。這是克萊婷和埃吉士圖斯天大的喜訊，因為這些年來，他們一直擔心奧瑞斯提亞會來尋仇，所以他們一定會接見使者。一旦進了王宮，他們倆就可仗持他們的劍，給埃吉士圖斯來個突襲。

果然，他們被召見了。伊蕾特拉在外頭等候，這是她一生中最痛苦的一段時間。門緩緩地開了，一個女人走了出來，神色平靜地站在台階上，那是克萊婷王后。她才在台階上站了一會，宮裡就跑出一個奴隸，只聽那奴隸高聲叫著：「反了！我們的主人！反了！」他看到克萊婷，喘著氣說：「奧瑞斯提亞——活著——在這裡。」克萊婷於是明白了一切。一切全攤在她眼前，過去發生的事，等一下將會發生的事。她命那奴隸給她拿來一把戰斧，她決定為自己的生命而戰。不過一拿到戰斧，她就改變了主意。門後走出一個男人，手裡握著一把染血的劍。克萊婷知道那是誰的血，也知道那男人是誰。她看到一個比戰斧更有效的保命方法，她是那男人的母親。她說：「站住，我的兒子。你看——我的胸脯。你沉重的頭曾擱在這上面睡覺。喔，睡了很多次。你的嘴，還沒長牙，曾吃過我的奶。看看你，你長大了——」奧瑞斯提亞大叫道：「喔，皮拉德斯，她是我母親，我可以放過她嗎？」皮拉德斯嚴肅地跟他說不行，阿波羅的神諭說要殺，神的話不能不聽。奧瑞斯提亞說：「我聽。妳——妳跟我來。」克萊婷知道大勢已去，她平靜地說：「我的兒子啊，看來你是要殺你媽媽了。」奧瑞斯提亞示意她走進屋子。她走了進去，奧瑞斯提亞跟在她身後。

等奧瑞斯提亞再次出來時，他不用說，院子裡圍觀的人都知道他做了甚麼。他們滿懷同情地看著他們的新主人，沒問任何問題。他似乎也沒看見他們；他的目光定定地看著他們後面的某種恐怖事物。他結結巴巴地說：「我殺了那個男人，但我沒罪，他是個奸夫，他非死不可。但我母親——她究竟有錯還是沒錯？喔，我的朋友，我說我殺了我母親，不過我有我的理由——她卑鄙，她殺了我父親。神討厭她。」

奧瑞斯提亞的目光一直盯著那無形的恐怖事物，他尖叫道：「看！看！那邊的女人。黑色的，全都是黑色的。頭髮很長，上面有蛇。」旁邊的人熱心地告訴他，說沒有甚麼女人在那裡。「那只是你的幻覺。喔，別怕。」他叫：「你沒看到她們嗎？不是幻覺。我——我看到她們。我母親派來的。她們圍在我四周，她們的眼睛在滴血。喔，放開我。」他衝了出去，除了那群隱形的女人，沒人陪著他。

多年後，奧瑞斯提亞再度回到他的國家之前，他到處流浪，身後總有一群可怕的形影追趕。因為受盡折磨，他日漸消瘦憔悴。他失去了所有人重視的一切，但他亦有所得益，他說：「痛苦教會了我很多。」他學會的是：沒有一項罪行是無可補償的，即使是他，即使身負弒母重罪，他也可以洗刷罪名，重獲清白。他旅行到雅典，阿波羅派他去向雅典娜請命。他是到那裡求助的，不過他內心深處卻很有信心。他深信想要悔改的人，神是不會拒絕他們的。經過多年的流浪和痛苦，他的罪已經變得越來越輕，越來越模糊。他相信現在他的罪已經消失了。他說：「我可以用純潔的口跟雅典娜說話。」

雅典娜聽著奧瑞斯提亞陳述他的抗辯。阿波羅站在奧瑞斯提亞身邊，他說：「他所做的事，我得負起責任。他會殺人，那是因為我叫他殺的。」聽到這個，這些年來一直緊追著奧瑞斯提亞的復仇女神齊聲抗議。奧瑞斯提亞平靜地聽完她們的抗議，他說：「殺我母親的人是我，有罪的人是我，不是阿波羅。不過我已經滌清了我的罪。」阿楚斯家族沒人曾說過這樣的話。這個家族裡的兇手從來不曾受苦，並以苦行滌罪。雅典娜接受奧瑞斯提亞的請求，她也勸復仇女神接受這一請求。這是個慈悲的新法，隨著新法的實行，復仇女神轉變為和善女神，成為所有懇求者的保護神。她們赦免了奧瑞斯提亞的罪。奧瑞斯提亞一得到赦免，長久籠罩著他家的邪惡氛圍終於消失不見。離開雅典娜的神殿後，奧瑞斯提亞終於得到了自由，他和他的子孫再也不會被過去那種不可抗拒的力量牽制。阿楚斯家族的詛咒終於結束。

伊菲吉妮亞和陶瑞安人

這則故事取材自西元前五世紀悲劇詩人尤里彼得斯的兩部劇作，除了他，沒有作家曾完整講過這一故事。圓滿的結局是由機器神（deus de machina）促成的。三大悲劇詩人當中，只有尤里彼得斯用過這一技法。在我們看來，這是一大敗筆；而且就這個故事來說，他也沒有必要用機器神，他只要取消那陣逆風，同樣也可以創造圓滿的結局。雅典娜在結尾突然出現，其實損害了本來很好的故事情節。世上最著名的悲劇詩人犯這種錯，可能的原因是：當時雅典人在跟斯巴達人打仗，遭受極大的痛苦，一般人都很渴望奇蹟出現，詩人為了讓大家開心一下，所以在作品裡給了人們一個奇蹟。

前面說過希臘人不喜歡殺人祭神的故事情節，不管祭祀的目的是為了安撫神明、祈求大地女神賜予豐收，或是為了實現其他願望。對於這類祭祀，他們的看法和我們一樣：把人當祭品是令人髮指的行為。任何神如果要求人類獻此祭祀，都會被看成邪神。詩人尤里彼得斯說：「神如果作惡，他們就不是神。」所以無可避免的，伊菲吉妮亞在歐里斯被阿格門儂與聯軍殺來祭神的情節必然會被改寫，產生另一個結局。根據舊有的版本，伊菲吉妮亞被殺是因為希臘聯軍殺了阿特蜜斯喜愛的動物，得罪了女神，唯一能贏回女神歡心的方法是獻祭一個少女。後來的希臘人認為這是汙蔑女神。熱愛山林的阿特蜜斯是一位可愛的女神，又特別照顧無助的弱小生物，她絕不可能提出那麼可怕的要求。

神聖的阿特蜜斯，溫柔對待
年輕的少年與稚嫩的嬰兒，
善待所有在草原上森林裡
徜徉的年輕生命。

於是作家給這個故事寫了另一個結局。話說伊菲吉妮亞和她母親到了歐里斯，希臘士兵來帶伊菲吉妮亞上祭壇的時候，伊菲吉妮亞叫克萊婷別去，她說：「這樣對妳我比較好。」所以克萊婷就獨自留下來。後來她看到有個使者跑過來，而且跑得很急。克萊婷心想怎麼會有人急著要來告訴她女兒已死的消息。但那人對她大叫道：「好消息！」他說伊菲吉妮亞沒死，這是確定的，不過伊菲吉妮亞發生甚麼事卻沒人知道。就在祭司準備殺她的時候，大家因為心裡很痛，所以全都低下頭。他們是聽到祭司大叫，這才抬起頭，然後他們就看到一個不可思議的奇蹟。伊菲吉妮亞不見了，但祭壇旁邊的地上有隻喉嚨被割斷的死鹿。祭司宣佈說：「這是阿特蜜斯做的。她不願看到祭壇沾染人血，所以她收走那女孩，自己提供另一個祭品。」那位使者說：「王后請聽我說。我也在現場，這就是事情發生的經過。妳的女兒顯然被神帶到天上去了。」

伊菲吉妮亞並沒有被帶上天庭。阿特蜜斯把她帶到惡海沿岸的陶瑞國（Taurians），即今日的克里米亞（Crimea）。那是一個野蠻民族，他們只要捉到希臘人，就會依照習俗把希臘人殺了祭神。阿特蜜斯為了確保伊菲吉妮亞安全，就讓伊菲吉妮亞在她的神殿裡當女祭司。由於這個身分，伊菲吉妮亞不時得執行獻祭儀式，倒不是要她親自動手殺她的同胞，她只是要依照古老的傳統儀式淨化那些被捕的希臘人，然後再把他們送到陶瑞國那裡，讓陶瑞人自己執行任務。

就這樣，她在神殿裡服事多年。一天，有條希臘帆船停靠在惡海沿岸。那艘船並不是迫不得已或因為暴風雨的緣故才停在那裡；再者，陶瑞人怎麼對待被捕的希臘人人盡皆知，所以那艘船顯然是出於某種不可抗拒的動機才會停在那裡。黎明時刻，有兩個人從那艘船出來，偷偷摸摸地走向神殿。兩人看起來都出身良好，就像王子，只不過其中一人滿面風霜，十分痛苦。這人低聲問他朋友：「皮拉德斯，這應該就是那座神殿吧？」另一個答道：「沒錯，奧瑞斯提亞。這應該就是那個滿佈血腥的地方了。」

奧瑞斯提亞和他忠心的朋友？他們到那個如此敵視希臘人的國家做甚麼？這是在他滌清弒母罪之前還是之後？看來應該是之後不久。雖然雅典娜已經宣佈他無罪，在這則故事裡，復仇女神顯然並未全部被女神勸服，其中有幾位仍在糾纏奧瑞斯提亞，或者奧瑞斯提亞覺得她們仍在糾纏他。即使雅典娜親自赦免他的罪，他的心仍不得安寧。糾纏他的復仇女神少了幾個，但她們仍然跟著他。

在絕望之中，他到德爾菲神殿求助。德爾菲神殿是希臘最神聖的地方，如果他不能在那裡找到幫助，那麼普天之下再也沒任何地方幫得了他。阿波羅的神諭給了他希望，但他必須冒一點生命的危險。原來他必須到陶瑞人的國家，然後到阿特蜜斯神殿，把一尊神像帶走，送到雅典安置。一旦安置成功，他就會得到痊癒和平靜，以後他就不會再看到那些可怕的形象。這是很冒險的行動，但他就靠這一次了。不論付出甚麼代價，他都要嘗試一下。皮拉德斯不讓他獨自涉險，就陪他一道過來。

到了神殿附近，兩人發現必須等到晚上才能行動。他們是不可能在白天進入神殿而不被人發現的。他們退回某個黑暗的地點找尋掩蔽。

一如往常，伊菲吉妮亞心事重重地執行侍奉女神的日常工作。有個使者進來打斷她，說有兩個年輕的希臘男子被捕，現在已經送去牢裡，必須馬上把他們獻祭給神。他被派來通知伊菲吉妮亞，請她做好獻祭的準備。伊菲吉妮亞又再度感受到那份常常糾纏她的恐懼。她一想到那濺血的場面和犧牲者的痛苦，就忍不住顫抖起來。那種痛苦她是多麼熟悉。但這一次她有個新的想法，她問自己：「女神會要求這種犧牲嗎？祭壇上的謀殺真的會讓女神開心嗎？我不相信。」她告訴自己道：「是這個國家的人，他們自己嗜血如狂，卻把罪推到神身上。」

她就那樣站著，陷入沉思。兩個俘虜被帶進神殿，她命她的隨從到神殿裡去做準備。等她和兩個俘虜單獨在一起時，她開口問那兩個年輕人一些問題，例如家住哪裡？他們永遠看不到的家在哪裡？她一面問，一面流淚，兩個俘虜都覺得很奇怪，為甚麼女祭司會這麼同情他們。奧瑞斯提亞柔聲要她別為他們傷心。他們一到陶瑞國，就已經有心理準備。但伊菲吉妮亞又再問他們問題。他們是兄弟嗎？是的，奧瑞斯提亞答道，他們是親愛的兄弟，但不是同一對父母生的。他們叫甚麼名字？奧瑞斯提亞反問：「我們都快死了，幹嘛問我們名字？」

「那你們住在哪個城市？」她問。

「我來自邁錫尼，」奧瑞斯提亞道：「一個曾經很繁榮的城市。」

「那座城市的國王想必十分富有，」伊菲吉妮亞說：「他的名字是阿格門儂。」

奧瑞斯提亞突然打斷她：「我不認識那個國王。我們別再談了。」

「不，不。請再多說一點他的事，」伊菲吉妮亞求道。

「他死了，」奧瑞斯提亞說：「被他的王后殺了。別再問了。」

「再一個問題，」伊菲吉妮亞叫道：「那她──王后──她還活著嗎？」

「死了，」奧瑞斯提亞說：「被她兒子殺了。」

三人看著對方，全都沉默了下來。

「那是合乎正義的，」伊菲吉妮亞邊說邊顫抖：「合乎正義。可是又邪惡又可怕。」她勉強鎮定下來，然後問了另一個問題：「他們曾提到那個被獻給神的女兒嗎？」

「只提到她死了，」奧瑞斯提亞答道。伊菲吉妮亞的臉色一變。她看來十分急切機警。

「我有一個計畫，可以救你們其中一個和救我自己，」她說：「如果我救你們，你們可否幫我帶一封信到邁錫尼給我的親友？」

「我不能，」奧瑞斯提亞說：「但我朋友可以。他來這裡只是為了陪我。把信給他，殺我。」

「就這麼辦，」伊菲吉妮亞說：「等等我。我去拿信。」說完她就匆忙離開。皮拉德斯轉頭看著奧瑞斯提亞。

「我不會留你一個人死在這裡，」他說：「大家會說我懦弱，如果我這麼做的話。不行，我愛你──而且我怕那些惡毒的閒言閒語。」

「我要你保護我的姊姊，」奧瑞斯提亞說：「伊蕾特拉是你妻子。你不能丟下她不管。至於我──我死不足惜。」就在他們匆匆的幾句低語中，伊菲吉妮亞已經拿了一封信趕過來。她說：「我會勸國王讓我的信使離開。但是首先——」她轉向皮拉德斯：「我要告訴你信裡的內容，萬一你丟了行李，你可以把你記得的話告訴我的親友。」

「好主意，」皮拉德斯說：「信要寄給誰？」

「奧瑞斯提亞，」伊菲吉妮亞說：「阿格門儂的兒子。」

她此時看著遠方，思緒飄回邁錫尼，沒看到兩人驚異地盯著她。

「你得要告訴他，」她繼續說道：「寄信的是他姊姊，是被送去歐里斯祭神的伊菲吉妮亞，她沒死——」

「死者可能復活嗎？」奧瑞斯提亞大叫。

「別吵，」伊菲吉妮亞怒道：「我的時間不多。你要跟他說：『弟弟，請來帶我回家。救我脫離這可怕的祭司生涯，帶我離開這野蠻的國家。』年輕人，你要聽好，他的名字是奧瑞斯提亞。」

「喔，天啊！」奧瑞斯提亞嘆息道：「真不可思議。」

「我是跟你講話，不是他，」伊菲吉妮亞對皮拉德斯說：「名字你記得嗎？」

「記得，」皮拉德斯答道：「但我用不了多少時間就可以把信送到。奧瑞斯提亞，這裡有你的信。你姊姊寄的。」

「我收下了，心裡有說不出的歡喜。」奧瑞斯提亞說。

下一刻他就把伊菲吉妮亞抱入懷裡。但伊菲吉妮亞把他推開。

「我不知道，」她叫道：「我怎麼知道你是我弟弟？你有甚麼證據？」

「妳記得妳到歐里斯之前繡的圖樣嗎？」奧瑞斯提亞問：「我可以描述給妳聽。妳還記得妳的寢宮的位置嗎？我可以告訴妳。」

他說服了伊菲吉妮亞。後者立刻投入他懷裡。她大聲啜泣道：「最親愛的，你是我最親愛的，我的寶貝。我離開時，你還是個小寶寶，一個小男孩。在這裡遇到你，真是我遇到最神奇的事，比奇蹟更像奇蹟。」

「可憐的女孩，」奧瑞斯提亞說：「和我一樣，終日與憂傷為伍。而且妳還差一點殺了妳弟弟。」

「喔，好恐怖，」伊菲吉妮亞叫道。「我已經盡量讓自己習慣去做那些可怕的事。這雙手還差點殺了你。現在——我怎麼救你？有哪位神，哪個人，可以幫我們？」皮拉德斯一直很安靜地等在旁邊。他心裡充滿同情，但也很不耐煩，他認為行動的時刻到了。他提醒那對姊弟：「等離開這危險的地方，我們再聊不遲。」

「我們殺了國王如何？」奧瑞斯提亞興奮地建議。伊菲吉妮亞不同意，因為托阿斯國王（King Thoas）向來對她很好，她不願意傷害他。就在那一刻，她想到一個計畫，一個很完美，每個細節都顧到的計畫。她很快解釋給兩人聽。兩人馬上同意了。三人說完就進入神殿。

過一會兒，伊菲吉妮亞手裡抱著一個神像，從神殿裡走出來。有個男人正舉步跨過門檻，要進入神殿。伊菲吉妮亞叫道：「喔，國王，請停步。站在那裡別動。」托阿斯國王嚇了一跳，問她發生了甚麼事。伊菲吉妮亞說他送來獻祭的兩個希臘人不潔淨，他們受到汙染，壞透了，他們竟然殺了自己的母親。阿特蜜斯生氣了。

「我現在要把神像送到海邊滌淨，」她說：「順便在那裡把這兩個人也淨化一下。只有那樣，才能把他們獻給神。這些儀式我必須在無人處才能做。請把那兩個俘虜帶過來，然後到城內宣佈，別讓任何人靠近我。」

「就照妳說的去辦吧，妳慢慢來。」國王答道。他看著伊菲吉妮亞領著一支隊伍走開，伊菲吉妮亞抱著神像走在前面，奧瑞斯提亞和皮拉德斯跟在後面，最後是幾個隨員帶著淨化儀式需要的容器。伊菲吉妮亞一面走，一面高聲地祈禱：「妳是少女兼王后，妳是宙斯和麗朵的女兒，妳住在純潔的所在，而我們將得到快樂。」他們朝奧瑞斯提亞停放船隻的小路上走，慢慢消失了蹤影。看來伊菲吉妮亞的計畫是不會失敗的。

她成功了。在抵達海邊之前，她成功地支開了她的隨員，讓她和奧瑞斯提亞、皮拉德斯單獨在一起。隨員們都很敬佩她，所以就照她所說的去做。三人馬上登船，划船出海。就在港口處，河流流入大海的地方，他們遇到了一陣朝內陸吹的強風。他們無法向前划進一步。儘管用盡力氣，他們還是被吹回內陸。船隻似乎要衝向石頭。該國人民此時都被驚動了，紛紛湧到海邊。有人等著船隻擱淺，準備把船隻逮捕，有人去通報國王。國王很生氣，急忙從神殿趕來，要把兩個陌生人和叛國的女祭司給抓來殺了。就在這時，他頭上出現了一個光明燦爛的形體，那是一位女神。國王驚慌地後退，停下腳步。

「國王啊，請停步，」那女神說道：「我是雅典娜。這是我要跟你說的話。讓那艘船離開吧。現在波賽頓正在平息風浪，讓他們有個順利的旅程。伊菲吉妮亞和另外兩個人是依照神的旨意行事。你別生氣了。」

托阿斯國王順服地答道：「女神，一切遵照妳的旨意行事。」岸上所有人這時看到風向轉變，海浪平息，那艘希臘帆船離開了碼頭，張滿了所有的帆，正往遙遠的大海飛也似地航去。

第十八章　底比斯王室

在神話世界裡，底比斯王室和阿楚斯家族一樣有名，聞名於世的理由和阿楚斯家族相同。原來在西元前五世紀，埃斯奇勒斯曾以阿楚斯家族為主題寫了偉大的劇作，與他同時代的悲劇作家索福克里斯則以伊底帕斯王及其子女的故事為題材，創作了同樣不朽的詩劇。

卡德摩斯及其子女

卡德摩斯與他幾位女兒的故事只是前奏，隨之引出一段更偉大的故事。不過在古典時代，他們父母的故事十分流行，好幾位作家都曾在作品裡多少提到過。我喜歡西元第一或第二世紀作家阿波羅度斯的版本，他的敘述風格最純樸清晰。

歐羅芭公主被公牛拐走之後，她父親派兩個哥哥出去找她，還說沒找到妹妹就別回家了。名叫卡德摩斯的哥哥很聰明，他不想四處亂找，因此先到德爾菲神殿向阿波羅請示妹妹的下落。阿波羅要他別煩惱歐羅芭的下落，也不用管他父親叫他別回家的威脅，要他自立門戶，建立自己的城邦。阿波羅叫他離開神殿後，要注意找一頭小母牛，然後跟著那頭母牛走，看母牛躺在哪裡休息，就在那裡建立城邦。底比斯城就是這樣建立起來的，其周邊地方被稱為波伊提亞（Boeotia），意即母牛之鄉。在建立城邦的過程中，卡德摩斯首先殺了一條惡龍。原來那條惡龍負責看守泉水，卡德摩斯的同伴去泉邊取水，不料全被那條龍殺死。卡德摩斯一個人不可能建立城邦。不過他殺了那條龍後，雅典娜出現在他面前，吩咐他把龍牙播入土裡。卡德摩斯不知道這麼做的用意何在，但他還是乖乖地依照女神的吩咐播種了龍牙。讓他嚇一跳的是，土裡隨即跳出一群全副武裝的戰士。這些戰士沒人理他，自顧自地互打起來。他們大部分都戰死了，最後剩下五個。卡德摩斯收留那五位戰士，作為他的建城幫手。

靠五位戰士的幫忙，底比斯發展成一個輝煌的城邦。在卡德摩斯賢明的領導之下，底比斯越來越繁榮富裕。歷史學家希羅多德（Herodotus）說卡德摩斯把字母引進了希臘。他的太太是戰神和阿芙羅黛蒂的女兒哈摩妮雅（Harmonia）。兩人結婚時，眾神送來許多禮物，為婚禮增色不少。阿芙羅黛蒂送給女兒一條神奇的項鍊，那是神匠赫費斯托斯親手打造的。那條項鍊雖然是神的贈禮，後來卻為這個家族的後代帶來不少災禍。

卡德摩斯跟太太生了四女一男。從孩子身上，他們看到神恩不會久長，也不會永遠眷顧他們一家。他們的女兒每個都很命苦。大女兒瑟美莉是戴奧尼索斯的母親，她在宙斯輝煌的神光之下化為灰燼。伊諾是個壞心腸的繼母，她有個繼子叫弗瑞科索斯，正是金羊從祭壇上救走的那位男孩；她的親生兒子叫梅利可帖斯（Melicertes），不知為何被他發瘋的爸爸殺了。傷心的伊諾抱著死去的兒子跳海自盡。眾神救了他們，把母子兩人化為海神。奧德修斯的木筏被暴風雨打散之後，來救他脫險的就是化為海中女神的伊諾。在《奧德賽》中，她仍然叫做伊諾，但她的名字後來被改為柳柯托娥，她兒子也改名為帕賴蒙。伊諾和瑟美莉的結局算是好的。兩個妹妹就沒這麼幸運了，這兩位妹妹都各自為了兒子受盡折磨。阿革薇（Agave）是天下最悲慘的母親，她在酒神的影響下，誤以為兒子彭透斯是一頭獅子，竟親手把兒子殺了。奧托諾娥（Autonoe）的兒子阿克泰翁（Actaeon）是優秀的獵人。奧托諾娥比阿革薇稍微幸運一點的是，她不用親手殺子，但她同樣得忍受喪子之苦。最難受的是，她兒子還正年輕，而且也沒犯任何過錯。

一日，阿克泰翁出外打獵。因為又熱又渴，他走進一個岩洞，洞裡有個溪流形成的小池塘，他想在那池清澈的水裡涼快一下。沒想到那是阿特蜜斯最愛的浴池，而且他走進去的時候，女神剛好脫掉衣服，赤裸地站在池邊。覺得被冒犯的女神沒考慮到阿克泰翁究竟是有意冒犯她還是無意闖入，總之她手一揮，就把手上的水珠灑向阿克泰翁。水珠一觸及阿克泰翁，阿克泰翁馬上變成一頭公鹿，他不只外表變成鹿，連內心也變成鹿。身為人類的阿克泰翁本來不知道恐懼是為何物，但此刻他突然覺得驚慌，開始向外逃跑。他的獵犬看到有「鹿」在跑，全都追了上去。雖然阿克泰翁十分恐懼，但恐懼並不能使他跑贏獵犬。最後他被自己的獵犬撲倒咬死了。

卡摩德斯和哈摩妮雅一生榮享繁華富貴，晚年卻看到兒孫一個個遭逢不幸。外孫彭透斯死了之後，他們就離開底比斯，彷彿想藉此逃離厄運。但厄運卻緊追著他們不放，他們抵達遙遠的伊里亞國（Illyria）後，眾神就把他們變成兩條大蛇，但這不是懲罰他們，因為他們沒做錯事。說真的，他們的一生證明了苦難並不是犯罪者專屬的懲罰，因為無辜的人也和犯罪的人一樣，時常遭逢不幸。

這個不幸的家族裡，最無辜而且受苦最深的，應該就是卡德摩斯的第四代孫子伊底帕斯了。

伊底帕斯

除了史芬克斯（Sphinx）的謎語，這則故事全部取材自索福克里斯的《伊底帕斯王》。索福克里斯只稍微提及謎語，但很多作家都曾提到那則謎語的內容，而且謎語的形式大致相同。

底比斯的賴瑤斯國王（King Laius）是卡德摩斯的第三代後人。賴瑤斯娶了一位名叫依奧卡絲達（Jocasta）的遠親為妻。他們在位期間，阿波羅的德爾菲神諭開始產生影響，左右他們這一家族的命運。

阿波羅是真理之神，德爾菲女祭司說的話，不管怎樣，將來都會如實應驗，無可避免。想要改變神諭，就像企圖扭轉命運那樣徒然。雖然如此，當神諭說國王會被兒子殺死，賴瑤斯決定阻止這種事情發生。孩子出生後，他把那孩子的腳綁起來，叫人把孩子丟到荒山，以為這樣孩子就會死去。賴瑤斯不再覺得害怕，他確定在這一件事情上他可以比神諭更準確地預測未來。他並不知道自己的愚蠢，他後來還是被殺了，但他認為自己是死在陌生人的手裡，他從來不知道他的死恰恰證實了阿波羅的預言真實無妄。

賴瑤斯會那麼想也不無理由，一來他沒死在家裡，再者那小孩被丟在荒山已經過了很多年。據傳他和隨從有一天在路上遇到強盜，所有人都死了，只有一個隨從逃出生天，把國王被殺的消息帶回王宮。當時底比斯剛好面臨巨大的困境，因此大家也無心仔細調查國王被殺的詳情。原來當時城外出現一頭怪獸，名叫史芬克斯；牠的身軀如獅，但長有翅膀、女人的臉和胸部。牠每日躺在路上，看到有旅人要到底比斯，不管是誰，牠都要旅人猜個謎語，如果旅人答得出來，牠就放行。不過沒人答得出來，所以那些旅人全部被怪物吃掉了。久而久之，底比斯漸漸變成一座圍城，最讓底比斯人感到驕傲的七座大門關了起來。不久，城內開始出現饑荒。

就在底比斯遭受如此沉重打擊的時刻，有個兼具勇敢與智慧的陌生人來到城裡，這人就是伊底帕斯。伊底帕斯來自科林斯，是科林斯國王波律布斯（Polybus）的兒子。他這一次會離家自我放逐，其實是為了逃避德爾菲神諭。據神諭，他注定會弒父娶母。他的想法和賴瑤斯一樣，即設法讓神諭落空。他的辦法就是永遠離開科林斯，永遠不要再看到波律布斯。在孤獨的流浪途中，他來到底比斯附近，也聽到底比斯發生的事。他一個無家無友的人，生命對他沒甚麼意義，所以他決定去找史芬克斯，試圖解開謎語。史芬克斯問：「甚麼動物早上用四隻腳走路，中午用兩隻腳，晚上用三隻腳走路？」伊底帕斯答道：「人。幼年時，人在地上爬。成年後，人站直行走。到了晚年，人扶著拐杖走路。」他答對了。說也奇怪，那怪物竟然自殺了。不過這是好事，底比斯人終於得救了。伊底帕斯得到的，遠遠多於他所放棄的一切。原來底比斯人感激他的救命之恩，就推舉他為王。他接著娶了前任國王的妻子依奧卡絲達，兩人過了很多年幸福的日子。這似乎證實阿波羅的預言有誤。

兩個兒子長大後，底比斯發生嚴重的瘟疫。所有東西都枯萎而死，不僅全國男人瀕臨死亡，連牲畜、果園、稻田也都漸漸枯萎。幸運逃過瘟疫的人，接下來還得面對饑荒。沒有人比伊底帕斯王更痛苦的了。他認為自己是底比斯之父，全國人民是他的子女，人民的痛苦就是他的痛苦。他派遣依奧卡絲達的哥哥克里翁（Creon）到德爾菲神殿求助。

克里翁帶來了好消息。他宣稱瘟疫可以解除，只要把殺死故王賴瑤斯的兇手繩之以法。伊底帕斯王鬆了一口氣。他認為即使過了這麼多年，要找出兇手應該不會太難，更別說予以懲罰了。他對人民宣佈克里翁帶回來的消息：

……請所有人民
別窩藏罪犯，把他趕出你家，
就像驅趕遭受汙染的惡人。
我鄭重禱告，既然兇手

生於邪惡，願他死於邪惡。

伊底帕斯親自處理這件事，態度十分積極。他首先把底比斯人最敬重的盲先知提瑞西阿斯找來，他問那老人可有甚麼辦法找出兇手。讓他驚訝與憤怒的是，老先知起初並不願回答。伊底帕斯道：「看在神的份上，如果你知道——」老先知打斷他的話：「一群笨蛋，全都是笨蛋。這問題我不想回答。」伊底帕斯王接下來的話說得過分了點，他說先知保持沉默，莫非先知也插足其中，謀殺了先王？先知被這話激怒了，一不小心就說出本來永遠都不會說的話：「你就是你要找的兇手。」伊底帕斯聽了，覺得那老人的頭腦真是壞掉了，怎麼講這種瘋話。他命隨從把老人趕出去，叫老人永遠別出現在他面前。

王后依奧卡絲達也對先知的話嗤之以鼻。她說：「先知也好，神諭也好，沒一個準的。」她說德爾菲女祭司曾說先王會死於兒子之手，但她與先王一開始就讓人把孩子殺了，確保神諭說的事情不會發生。她總結道：「賴瑤斯是被一群強盜殺的，就在通往德爾菲的三叉路口。」伊底帕斯神色一動，緩緩問道：「那是甚麼時候的事？」她說：「就在你來底比斯之前。」

「他帶了幾個隨員？」伊底帕斯問。「他們總共五人，」依奧卡絲達很快說道：「死了四個，一個生還。」「我要看看那個人，派人去把他找來，」伊底帕斯說。依奧卡絲達說：「好的，我馬上就去。但我有權力知道你想要做甚麼。」他答道：「我要告訴妳我所知道的一切。來這裡之前，我去了德爾菲。因為有人說我不是波律布斯的兒子，所以我去問神。阿波羅沒回答我，但他告訴我一件可怕的事，他說我會弒父娶母，並生下人人看了都毛骨悚然的子女。我從此再也沒回去科林斯。離開德爾菲後，我在一個三叉路口遇到一個男人，他帶著四個隨從。他逼我讓路，一直用手杖打我。

我氣壞了，就把他們殺了。那個帶頭的人會不會就是賴瑤斯？」依奧卡絲達說：「生還者說他們遇到一群強盜。賴瑤斯是被強盜殺的，不是被他兒子殺的。他兒子——那可憐的孩子早就死在山裡了。」

就在他們談話的時候，另有一個證據證明阿波羅的神諭不會成真。原來科林斯派來一位使者，向伊底帕斯報告國王波律布斯的死訊。依奧卡絲達叫道：「說出預言的神呀，你現在在哪裡？波律布斯死了，沒死在他兒子手裡。」那使者露出恍然大悟的笑容，他說道：「你是害怕你會殺了父親才離開科林斯的嗎？國王呀，你錯了。你沒理由害怕呀，因為你不是波律布斯的兒子。他是把你當親生兒子養大沒錯，但你是我送給他的。」伊底帕斯問：「你送的？你在哪裡找到我？我的父母呢？」那使者說：「我不認識他們。有個流浪的牧羊人把你交給我，他是賴瑤斯的僕人。」

依奧卡絲達臉色一白，眼裡寫滿恐懼。她叫道：「幹嘛花力氣聽這傢伙閒話？」她急忙解釋道：「他講的話一點都不重要。」伊底帕斯問：「我的出身不重要嗎？」依奧卡絲達道：「看在神的份上，別再問了。我受的苦已經夠了。」說完，她就急忙走入王宮。

這時，有個老人走了進來。他好奇地跟那位科林斯使者對看了好一會兒。那位使者叫道：「啊，國王，就是這個人。就是他，那個把你交給我的牧羊人。」伊底帕斯王問那老人：「那你呢？他認得你，你認得他嗎？」那老人沒說話。但使者堅持道：「你一定記得。你曾給我一個小孩，你說你找到的。這位國王就是那個小孩。」那老人喃喃自語道：「你這烏鴉嘴，別說了。」伊底帕斯生氣道：「甚麼？你知情不報，還敢叫他跟你合謀？我保證我有很多方法可以叫你開口。」

那老人哀叫道：「哎呀別傷害我！我是給他一個小孩。可是看在神的份上，別再問了。」伊底帕斯說：「你在哪裡撿到小孩的？別再讓我問第二次，不然你就死定了。」那老人哭叫道：「去問您的夫人吧。她比我清楚。」伊底帕斯問：「小孩是她給你的？」老人呻吟道：「是——是的。我本來要殺了那小孩。因為有預言說——」「預言！」伊底帕斯打斷老人的話：「預言說他會殺他父親嗎？」「是的，」老人低聲答道。

伊底帕斯王發出痛苦的呼喊。他明白了一切。他叫道：「都是真的！現在我要把我的光明變成黑暗。我遭受了天譴。」他殺了父親，還娶了他父親的妻子，也就是他的母親；他沒救了，他的妻子和孩子也都沒救了。他們全都遭到天譴。

伊底帕斯王在宮裡到處找他的妻子，或他的母親。他在妻子的房裡找到她，但她已經死了。一發現真相，依奧卡絲達就自殺死了。伊底帕斯王站在妻子身邊，他也對自己下了毒手，但他沒取走自己的性命，而是取走自己的光明。他把雙眼挖了出來，他要以黑暗取代光明。對他來說，盲眼的黑暗世界是個庇護所，與其用羞愧的雙眼看著曾經光明的舊世界，他寧可留在黑暗裡。

安緹岡妮

這則故事我分別取材自索福克里斯的兩部劇作：《安緹岡妮》（*Antigone*）和《科洛努斯的伊底帕斯》（*Oedipus at Colonus*）。不過梅諾瑟斯（Menoeceus）之死例外；這一節我取自尤里彼得斯的《懇求者》（*The Suppliants*）。

依奧卡絲達死後，瞎了眼的伊底帕斯仍然住在底比斯。這段時期，他的子女也漸漸長大了。他有二子二女，他們的名字分別是：波呂奈瑟斯（Polyneices）、埃堤奧克里斯（Eteocles）、安緹岡妮、伊絲美妮（Ismene）。這群年輕人生在一個不幸的家庭，但他們並不是神諭說的那種人見人怕的怪物。差得遠了。兩位年輕人深得底比斯人的喜愛，兩個女兒也都是人見人愛的好女兒。

伊底帕斯當然退位了。長子波呂奈瑟斯也放棄了王位。基於他們家發生的可怕事件，底比斯人認為這個安排很好。他們推舉依奧卡絲達的哥哥克里翁繼位為王。多年來，底比斯人始終對伊底帕斯很好，不過最後他們決定把他放逐。至於他們究竟為甚麼會改變心意，我們不得而知。總之克里翁極力促成這件事，伊底帕斯的兒子也不反對。唯一站在伊底帕斯身邊的是他的女兒。儘管他遭逢不幸，兩個女兒一直都對他很忠心。離開底比斯的時候，安緹岡妮跟他一起走，一路引導他並照顧他。伊絲美妮則是留在宮裡關注跟他利益有關的各項事物，並隨時跟他保持聯繫。

他走後，兩個兒子突然開始爭奪王位。埃堤奧克里斯雖然年輕，但他最後獲得勝利，並把哥哥波呂奈瑟斯趕出底比斯。波呂奈瑟斯到阿果斯避難，並想盡辦法挑起阿果斯人對底比斯的仇恨，目的是集結一支軍隊去攻打底比斯。

伊底帕斯父女四處流浪，最後來到雅典附近的科洛努斯。那裡的風景優美，而且還有一座特殊聖殿，供奉對懇求者特別照顧的和善女神[22]。盲眼的伊底帕斯和安緹岡妮就在那裡住下來，覺得很安全。伊底帕斯後來也終老於此。他一生憂患，晚景卻很順遂。以前那些曾對他說出可怕字眼的神諭，在他死前給了他安慰。原來阿波羅說他的墳會得到神祕的祝聖，嘉惠當地居民。雅典國王翟修斯也對他非常禮遇，所以伊底帕斯死前終於放了心，知道自己不再是一個名譽掃地，無家可歸的流浪者。相反地，他會給地方帶來榮譽，嘉惠願意收容他的城邦。

伊底帕斯死前，伊絲美妮過來報告阿波羅的新神諭。對伊底帕斯來說，那是個好消息。因此他

22 和善女神本來是復仇女神，見本書第十七章。

死的時候，兩個女兒都在他身邊。他死後，翟修斯親自把兩姊妹送回家。兩姊妹回到底比斯，發現兩個哥哥正打得難分難解，年長的波呂奈瑟斯雖然比較有權力得到底比斯，但年輕的埃堤奧克里斯則極力捍衛家園，不讓底比斯被哥哥的聯軍佔領。這兩人都是自己的兄弟，姊妹倆十分為難，不知要幫哪一方。

波呂奈瑟斯帶了六個將領來攻城。其中一人是阿果斯國王阿特拉斯托，另一人是他的小舅子安菲雅勞斯（Amphiaraus）。後者是在很不情願的情況下參加了這次行動。他是個先知，他早知道去攻打底比斯的七人當中，只有阿特拉斯托有機會生還。雖然這樣，他也沒有選擇，因為他曾發誓要讓他太太艾瑞芙蕾（Eriphyle）來解決他與阿特拉斯托之間的爭議。原來之前他和阿特拉斯托吵架，艾瑞芙蕾替他們調解，所以自那時起，他就發誓要讓太太做決定。這一次阿特拉斯托用一條神奇的項鍊收買他妹妹，所以艾瑞芙蕾就逼自己的丈夫上戰場。那條項鍊不是別的，正是哈摩妮雅的結婚禮物。

七位將領分別攻打底比斯七座城門，底比斯城內也有七位將領極力防守。埃堤奧克里斯保衛的那座城門，攻城者正是波呂奈瑟斯。安緹岡妮姊妹倆只能留在王宮裡等待，不知誰會殺了誰。在任何決定性戰鬥發生之前，底比斯已經有個尚未成年的少年為國捐軀了。他以死顯示了他高人一等的情操，這位少年就是克里翁的幼子梅諾瑟斯。

提瑞西阿斯曾給這個王室家庭帶來許多可怕的預言，這次他又帶來另一個。他告訴克里翁，要救底比斯，唯一的方法就是殺了梅諾瑟斯。克里翁立即拒絕，他說如果要他死，他很願意——「但我絕不會殺我的孩子，即使為了我自己的城邦。」提瑞西阿斯轉達這個預言的時候，那少年也在現場。克里翁叫那少年立刻逃走：「起來，我的孩子，在城民知道這件事之前，趕快逃走。」那少年問：

「逃去哪裡，爸爸？到哪個城邦？找誰？」做父親的答道：「越遠越好。我會想辦法——我去找黃金。」梅諾瑟斯說：「那就趕快去設法吧。」不過等克里翁匆匆離開了之後，那少年自言自語道：

我的父親——他會奪去城民的希望，
並把我變成懦夫。也難怪——他老了
這麼做情有可原。但我還年輕。
我若背叛底比斯，沒人會原諒。
他怎知我不願意拯救這城市？
他怎知我不願意為這城市犧牲？
我能拯救城邦，如果我逃走不救，
我未來的人生，要怎麼度過？

於是他上了戰場。因為他從沒受過訓練，所以馬上就陣亡了。

攻城者與守城者僵持不下，誰也無法得到決定性的優勢。最後雙方決定讓兩兄弟決戰，解決這一爭端。如果埃堤奧克里斯勝了，希臘軍隊就退兵；如果埃堤奧克里斯輸了，則波呂奈瑟斯就是底比斯的國王。決戰結果，兩兄弟同歸於盡，誰也沒贏誰。埃堤奧克里斯死前看著哥哥流淚，他已經沒有說話的力氣了。波呂奈瑟斯還能喃喃說出幾句話：「我的兄弟，我的敵人，但我愛你，一直都愛你。把我葬在家鄉，至少讓我分享這麼一點點土地。」

兄弟倆這場決鬥沒得出甚麼定論，於是兩軍又再次開打。梅諾瑟斯畢竟沒有白死，底比斯人最後贏得勝利。除了阿特拉斯托，來攻城的七位將領全部陣亡。阿特拉斯托最後帶著殘兵敗卒逃回雅典。在底比斯，克里翁再度掌權，他宣佈那些與底比斯為敵的人都不准下葬。他說他們會給埃堤奧克里斯舉辦最隆重的葬禮，表揚他的貢獻。但波呂奈瑟斯必須曝屍野外，任由禽獸吞食。這是報復，而且超過了神的訓令與正當法則。他這是懲罰死者，因為沒下葬的死者，他們的靈魂就不能渡過冥河，進入死者的國度；他們必須四處流浪，永遠沒有安息之地[23]。安葬死者是神聖的責任，不止安葬自己人，若遇到陌生人，也要給予安葬。但克里翁頒佈的法令卻把這個責任變成一種罪。原來他下達命令，說誰敢安葬波呂奈瑟斯，他就處死誰。

安緹岡妮和伊絲美妮聽到克里翁的命令，不由得嚇呆了。對伊絲美妮來說，她雖然覺得震驚，雖然可憐死者，雖然為那些無依無靠的孤魂感到悲傷，但她也只能默默忍受，別無他法可想。她和安緹岡妮只有兩個人。所有底比斯人都興高采烈，因為挑起戰爭的人終於得到最嚴厲的懲罰。她跟安緹岡妮說：「我們是女人，我們必須服從。我們沒有力量反抗國家。」安緹岡妮說：「妳要怎麼做自己決定。我要去安葬我親愛的哥哥。」「妳的力氣不夠，」伊絲美妮叫道。安緹岡妮答道：「等我沒了力氣，我再罷手。」說完她就離開了。伊絲美妮不敢跟上去。

幾個小時後，克里翁在王宮裡被叫喊聲嚇了一跳：「有人違抗命令，埋了波呂奈瑟斯！」他立刻趕出宮，去責問看守屍體的衛兵和安緹岡妮。那些衛兵叫道：「是這女人埋的。我們看到了。剛才有一陣濃密的沙塵暴吹來，等沙塵暴散了，我們看到她已經把屍體埋了，正在那裡奠祭死者。」克里翁問：「妳知道我的命令吧？」安緹岡妮答道：「知道。」克里翁叫道：「那妳還敢違抗我的法令？」安緹岡妮說：「那是你的法，不是正義之神的法，只有正義之神的法才是與神同在的法。

23 有的故事說這樣的亡魂會流浪一百年，見本書第十六章。

上天不成文的法是永恆的，既不生於今日，也不生於昨日。」

伊絲美妮哭著從宮裡走出來。她站在姊妹身邊說：「我也有幫忙。」安緹岡妮不願意拉她下水，她對克里翁說：「這件事跟她沒關係。」然後對伊絲美妮說：「妳選擇了生，我選擇了死。」

就在她被帶去處死之前，她對旁觀的人說：

……看看我，看我受了甚麼樣的苦，
只因我維護了最高貴的正義。

伊絲美妮從此消失了，再也沒有故事或詩歌提到她。伊底帕斯家族，即最後的底比斯王室成員從此再也無人知曉了。

七雄圍攻底比斯

這個主題有兩位偉大的劇作家寫過：埃斯奇勒斯和尤里彼得斯。我選擇了尤里彼得斯的版本，因為他這個作品也像他其他作品一樣，明顯反映了我們的觀點。埃斯奇勒斯也把這則故事寫得很好，但在他手裡，這故事變成一首激勵人心的戰爭詩。尤里彼得斯的《懇求者》比任何希臘悲劇更能反映現代思想。

由於安緹岡妮的死，波呂奈瑟斯得以入土為安，他的靈魂可以渡過冥河，在死者的國度找到棲身之所。但其他五個跟他一起攻城的將領仍然曝屍野外。據克里翁新頒的法令，他們永遠不得安葬。

阿特拉斯托是七雄當中唯一的生還者。他去雅典找翟修斯，請翟修斯幫忙勸底比斯人讓他安葬死者，跟他一道去的還有五位死者的母親和兒子。他跟翟修斯說：「我們尋求的，只是給死者一個葬禮。我們來找你，因為雅典是最富有同情心的城邦。」

「我不會加入你的同盟，」翟修斯答道：「你帶領你的人民跟底比斯為敵。戰爭是你挑起的，不是底比斯人。」

在此之前，五位死者的母親曾向翟修斯的母親艾達拉（Aethra）求助；這時艾達拉大膽打斷兩位國君的對話。「我兒，」她問道：「我能不能替你還有雅典人的榮譽說幾句話？」

「請說，」翟修斯回答，並專心聽他母親要說的話。

「你必須保護所有受到傷害的人，」艾達拉說：「這些不讓死者下葬的暴戾之人，你有必要強迫他們遵守法令。讓死者入土是全希臘人共同遵守的神聖法令。除了這個人人遵守的正義法則，還有甚麼能讓我們的城邦，讓所有城邦團結在一起？」

「母親，」翟修斯回道：「您說的沒錯。但這件事我不能決定。因為我已經宣佈雅典是個自由邦，人人都有平等的投票權。如果人民同意，我就去底比斯。」

翟修斯出去召開會議，決定是否出兵底比斯；艾達拉陪五位死者的母親在內宮等待。五位母親祈禱道：「雅典娜的城邦啊，幫幫我們，讓正義的法則不受汙染，讓全國所有無助和被壓迫的人都得到解救。」翟修斯帶來了好消息。據會議決定，他說雅典人要去底比斯，向底比斯人表明立場，說雅典人雖然決定當個好鄰居，但雅典人絕不袖手旁觀，看著他們鑄成大錯。「請答應我們的要求，」雅典人要這麼要求底比斯人：「我們只要求你們做正確的事。如果你們不答應，你們就等於選擇了戰爭，因為我們一定會為無力防衛的人出戰。」

他還沒說完，有個傳令官進來。他問：「誰是這裡的主人？誰是雅典的國君？我替底比斯國王帶了封信來。」

「你要找的人不存在，」翟修斯答道：「這裡沒有國君。雅典是自由邦，人民都是自由的。」

「還是底比斯好，」那傳令官叫道：「我們的城邦不是由一群舉棋不定，是非不分的暴民來統治，我們有一個國君。一群無知的群眾怎麼領導國家？」

「在雅典，」翟修斯說：「我們人民自定法律，遵守法律。我們認為一個國家最糟糕的敵人就是一人獨攬法律。在這裡，最大的利益是我們大家的，我們有一群愉快的子民，大家靠著智慧和正義行事，因而大家日漸健壯強大。但對於一個獨裁者來說，自定法律的人民是可恨的。他會殺了他們，因為他擔心人民會動搖他的權勢。

你回去底比斯，告訴底比斯人說我們了解和平遠比戰爭好，只有笨蛋才會衝向戰場，把一個弱國變成他們的奴隸。我們不會危害你們的國家。我們只要把死者的身體還給土地，身體本無主，凡是人都是短暫的過客。塵土必須重歸塵土。」

翟修斯的這番請求，克里翁聽不進去，所以雅典大軍就打入底比斯。他們打贏了。驚慌的底比斯人以為他們不是被殺，就是被俘，他們的城邦一定會被夷為平地。雖然對勝利的雅典大軍來說，要入城燒殺擄掠一點困難也沒有，但翟修斯阻止他們入城。他說：「我們不是來毀城的，我們只是來安葬死者。」雅典人打贏後，翟修斯早已派了一位使者回雅典，跟那群焦急的家屬報訊：「我們的國王翟修斯自己親自準備埋葬五具大體，他為大體淨身，穿衣，並將他們安置在棺架上。」

知道兒子的大體被人帶著敬意安放在火葬柴堆上，那幾位母親終於覺得有點安慰。阿特拉斯托負責致詞，禮敬死者：「躺在這裡的是卡帕鈕斯（Capaneus），一個最富裕的人，不過卻謙虛有如貧者。他是所有人真誠的朋友，他不知道奸詐為何物，說的都是仁慈的話。他旁邊躺著埃泰俄克里斯（Eteocles），除了榮譽他一無所有；就榮譽來說，他是真正的富者。人們給他金子，他一律拒絕，因為他不願意變成財富的奴隸。他旁邊躺著希波梅東（Hippomedon），對於苦難他總是甘之如飴，他是個獵人兼士兵，打從孩提時代起，他就蔑視舒適的生活。接下來是阿塔蘭達的兒子帕特諾巴斯，他是所有人的最愛；他也永遠不虧待別人，國家興盛，他就快樂；國家疲弱，他就悲哀。最後這一位是泰提烏斯（Tydeus），他生性沉默；他向來以劍和盾來論理，而且是這方面的佼佼者。他的靈魂高潔，但他不是用語言，而是以行動來顯示他靈魂的高度。」[24]

當柴堆點燃，一座高聳的岩石崗上出現一位婦人。那是卡帕鈕斯的妻子依娃德妮（Evadne）。她哭叫著：

> 我找到你火葬堆的光，你的墳墓，
> 生命的悲哀和痛苦會在這裡結束。
> 跟我愛的亡者一起，赴死也甜蜜。

她跳入燃燒的火葬堆裡，跟她的丈夫一起下了地府。

五位將領的母親知道兒子的靈魂終於安息，於是都放了心。但死者那些年輕的兒子卻不這麼想。

24 上一節提到自知會死於七雄之戰的先知安菲雅勞斯，不知為何竟沒出現在阿特拉斯托的名單上。按理安菲雅勞斯應該是五位死者之一。

看著火葬堆的大火，他們發誓等他們長大後一定要找底比斯人算帳。他們說：「我們的父親已經在墓裡長眠，但他們承受的傷痛永不闔眼。」十年之後，他們聯手攻打底比斯。他們打贏了。戰敗的底比斯人紛紛逃亡，底比斯城被夷為平地。先知提瑞西阿斯在逃亡途中不幸身亡。底比斯唯一剩下的是哈摩妮雅的項鍊。這條項鍊被送到德爾菲神殿，讓各地來朝聖的信徒觀賞。七雄攻打底比斯雖然失敗，但他們的兒子卻勝利了。雖然如此，他們的兒子總是被稱為「伊比恭尼」（Epigoni），意即「後生」，彷彿說他們太晚來到這世界，所有偉大事業都已完成。其實不然。底比斯陷落時，希臘聯軍尚未開向特洛伊。泰提烏斯的兒子狄奧梅德斯會在那場戰爭中揚名立萬，成為特洛伊戰場最光榮的戰士之一。

第十九章　雅典王室

普羅柯妮（Procne）和菲蘿媚拉（Philomela）的故事來自奧維德。這個故事他講得比其他人好，即便如此，他有時也會露出不可思議的敗筆，例如他竟用了十五行描述泰修斯（Tereus）如何割下菲蘿媚拉的舌頭、那舌頭如何被丟在地上並且「不停地顫動」。希臘詩人不會寫這麼詳盡的細節，但羅馬人似乎並不反對這種描寫。普羅柯瑞絲（Procris）和奧芮緹雅（Orithyia）的故事我也大部分取材自奧維德，但增加了幾個來自阿波羅度斯的細節。克瑞郁莎（Creüsa）和伊雍（Ion）的故事是尤里彼得斯一部劇作的主題。尤里彼得斯寫了很多作品向雅典民眾顯示，若套用普通人類關於慈悲、榮譽、自制的標準，眾神的真實面目究竟如何。希臘神話充滿歐羅芭被擄這類故事，而這類故事從不允許讀者提出疑問，不讓讀者懷疑故事裡的神祇是否有點欠缺神性。尤里彼得斯似乎在克瑞郁莎的故事裡對觀眾說：「看看你們的阿波羅，看看這位宛如陽光，彈著七弦琴的真理之神，這就是他做的好事。他施展蠻力，對無助的少女施暴，然後又拋棄那少女。」當這樣的戲劇在雅典大為賣座的時候，希臘神話也即將走向末日。

跟其他著名的神話家族相比，雅典王室成員的遭遇極為特別；那些發生在他們家族成員生命裡的事件與經歷都十分奇異獨特。

柯可若普斯

雅典第一任國王叫柯可若普斯（Cecrops）。他的祖先並非人類，他本身也是半人半獸的樣子：

英雄國王柯可若普斯，
巨龍的子孫，身後
拖著一條龍尾。

雅典娜會成為雅典的守護神，一般認為是柯可若普斯的功勞。波賽頓也想得到雅典，為了顯示他能為雅典人民帶來哪些好處，他用三叉戟鑿開雅典衛城（Acropolis）的岩石，讓含鹽的海水從岩石的裂縫湧出，流入一座深井裡。但雅典娜提供雅典人民更好的東西：全希臘最珍貴的橄欖樹。

雅典娜向世人展示
灰色光芒閃耀的橄欖樹，
輝煌雅典的光榮，
是她來自天上的冠冕。

雅典娜的這份禮物很棒，為了回報，身為仲裁者的柯可若普斯於是把雅典判給雅典娜。波賽頓很生氣，所以他送上可怕的大洪水懲罰雅典人。

另一個故事也提到這兩位天神的競爭，這次婦女扮演了決定性的角色。據說那時婦女和男人一樣有投票權。所有女人都投票給女神，所有男人都投給波賽頓，因為女人比男人多了一個，因此雅典娜獲勝。不過男人和波賽頓都對這次失敗感到忿恨，所以發生大洪水之後，男人就趁機奪走女人的投票權。不管怎樣，雅典娜仍然還是雅典的守護神。

大部分作家都認為這些事件應該發生在大洪水之前，並認為屬於這一家族的柯可若普斯並不是古代那位半人半龍的怪物，而是一個平常人。這位平常版的柯可若普斯之所以重要，那是因為他有很多著名的親戚。他是名王之子、兩位著名神話女主角的侄兒、三位著名神話男主角的兄弟。最重要的是，他是雅典大英雄翟修斯的曾祖父。

柯可若普斯的父親是埃瑞克修斯王（King Erechtheus），一般認為在他統治期間，穀神黛美特來到依琉西斯，開啟雅典的農業時代。他有兩個姊妹：普羅柯妮和菲蘿媚拉。這兩位姊妹以其不幸遭遇知名於世。事實上，她們的故事真是再悲慘也沒有的了。

普羅柯妮和菲蘿媚拉

普羅柯妮是姊姊，她的丈夫是瑟雷斯王泰修斯。泰修斯是戰神阿瑞斯的兒子，跟戰神一樣，他也有種種令人討厭的劣根性。兩人生有一子，叫伊堤斯（Itys）。普羅柯妮婚後就一直住在瑟雷斯，許久沒見到自己的家人。伊堤斯五歲那年，她求泰修斯讓她邀請妹妹菲蘿媚拉過來小住。泰修斯同意了，並說他會親自到雅典護送小姨子過來。不過他第一眼就愛上了菲蘿媚拉，他覺得小姨子美得像山林女神或水澤仙子。他輕易勸服岳父，讓他帶菲蘿媚拉一起回瑟雷斯。菲蘿媚拉想到可以和姊姊相聚，心裡也很高興，也願意跟姊夫同行。海上航程一路平安，但他們登岸取道陸路前往王宮的時候，泰修斯就開始打起壞主意。他跟菲蘿媚拉說他接到普羅柯妮的死訊，然後強迫小姨子跟他結婚。過了不久，菲蘿媚拉發現了姊夫的祕密。不過她很不智，她竟威脅泰修斯，說她一定要把泰修斯的惡行公諸於世，讓泰修斯被人厭棄，無處可去。總之，她同時激起了泰修斯的憤怒和恐懼。泰修斯捉住她，割下她的舌頭，並把她關在一間房子裡，派人嚴加看守。回到家後，泰修斯跟太太說菲蘿媚拉不幸死在旅途之中。

如此看來菲蘿媚拉似乎一點逃走的希望也沒有。她被關起來，也無法說話，那個時代根本沒有書寫這回事。泰修斯看來是安全的。不過那時的人雖然還沒有文字，但他們不用文字也可以講故事，因為他們都是能幹的手藝人，是前所未有、技藝超群的技工。鐵匠可以打造一面盾牌，上面刻著獵獅圖，描繪兩頭獅子咬著一頭牛，一旁的牧人正催促獵犬圍攻獅子。或他也可以打造一幅田裡滿是收割與捆禾者的豐收圖；他也可以刻劃一群挽著籃子在葡萄園採收葡萄的年輕男女，其中一人吹著牧笛給大家打氣。女人同樣也有她們的拿手絕活。女人會編織，能在她們做好的漂亮的物件上織入栩栩如生的圖像，讓人一看就了解她們要講的故事。菲蘿媚拉把希望放在織布機上。她比其他任何藝術家更有強烈的動機，要把她的故事講清楚。她竭盡心力，用高超的技巧織了一條美麗的壁毯。在這張壁毯上，她把自己遭受的委屈全都展現無遺。她把壁毯拿給照顧她的老婦，示意那老婦人把壁毯送給王后。

那老婦人帶著壁毯進宮，很高興自己能把一件如此美麗的禮物送去給普羅柯妮。普羅柯妮仍在悲悼妹妹的死；她穿著喪服，心情也跟喪服的顏色一樣暗沉。她攤開那張壁毯，很驚異地在壁毯上看到菲蘿媚拉。是菲蘿媚拉的臉和身材沒錯，泰修斯的形象也同樣清晰無誤。她仔細閱讀壁毯上的故事，清晰一如印刷的圖像。深沉的憤慨讓她保持自制。她沒有眼淚，也沒有言語，她全部心思都用在思索如何救出妹妹，如何懲罰丈夫。藉著那婦人的幫忙，她首先找到妹妹的拘留處。她跟已經無法說話的妹妹說她知道了一切，接著帶妹妹回王宮。到了宮裡，菲蘿媚拉不停地哭泣，但普羅柯妮則陷入沉思。最後她跟菲蘿媚拉說：「我們以後再哭吧。泰修斯這樣對待妳，我一定要設法讓他付出代價。」就在這時，她的小兒子伊堤斯跑進房裡。看到那小男孩，她心裡不禁湧上一陣怨恨。「你看起來跟你爸爸長得多像呀，」她慢慢說道。就在她說話的同時，她想到了一個計畫。她用匕首殺了那小孩，然後把那小小的屍體肢解，放入滾燙的鍋子裡煮熟。那晚，她就用那鍋肉給泰修斯當晚餐。她看著他吃完，接著才告訴他吃的是甚麼東西。

一開始，泰修斯因為噁心與恐懼，竟然無法動彈。姊妹倆趁機逃走。泰修斯在陶里斯（Daulis）附近追上她們，就在他快殺了那對姊妹的時候，眾神把兩姊妹變成小鳥，普羅柯妮變成夜鶯，菲蘿媚拉變成燕子。菲蘿媚拉沒有舌頭，因此無法唱歌，只能吱吱唧唧地叫。至於普羅柯妮：

黃褐色翅膀的鳥，
解音律的夜鶯，永遠
唱歌哀悼兒子伊堤斯：
失去了，永遠失去了你。

所有鳥類當中，她的歌聲最甜美，因為她最悲傷，因為她始終無法忘記親手殺子的悲哀。悲慘的泰修斯也變成了鳥，一隻很醜的鳥，長著彎彎的喙。有人說他變成一隻鷹。羅馬作家說起這則故事，不知為何常把兩姊妹搞混，說沒有舌頭的菲蘿媚拉變成夜鶯。這顯然十分荒謬。但後世的英國詩篇裡，菲蘿娟拉常常被稱為夜鶯。[25]

普羅柯瑞絲和柯法洛斯

普羅柯妮這對不幸的姊妹有個姪女，名叫普羅柯瑞絲。普羅柯瑞絲的命運也是一樣悲慘。她的丈夫是風神之王埃歐洛斯的孫子柯法洛斯（Cephalus），他們婚後的生活很幸福。但這種幸福只維持了幾個星期，柯法洛斯就被黎明女神奧蘿拉給劫走了。原來柯法洛斯很喜愛狩獵，常常黎明即起，進入森林去追捕鹿。常常天一破曉，黎明女神就看到柯法洛斯這位年輕獵人，最後她竟愛上這位獵人。但柯法洛斯愛他的妻子，即使明豔如黎明女神也不能使他移情別戀；除了妻子，他心裡容不下別人。奧蘿拉被他這種執著的愛惹火了，她已經使出渾身解數，卻一直無法讓柯法洛斯動心。最後她只好放了柯法洛斯，讓他回去找他妻子。不過臨走前，她卻要柯法洛斯確定他不在家期間，他妻子是否像他忠於她那樣忠於他。

這句話充滿惡意，柯法洛斯聽後忍不住心生忌妒，忌妒得快發瘋了。他已經離家那麼久，妻子又那麼美麗……他決定要親自證明妻子只愛他一人，沒有屈服於其他男人。他一定要確定這一點，不然他永遠無法獲得平靜。他決定喬裝成陌生人，回家試探妻子。有些作家說奧蘿拉幫了他一點忙。無論如何，他的喬裝術極佳，回到家後，竟無人認出他來。看到所有人都在盼望他回家，他心裡覺

25 例如艾略特的〈荒原〉即認為夜鶯是菲蘿娟拉的變形。相關詩行如下：Above the antique mantel was displayed/As though a window gave upon the sylvan scene/The change of Philomel, by the barbarous king/So rudely forced; yet there the nightingale/Filled all the desert with inviolable voice。這半行詩大致的意思：古老的壁爐陳列了一幅畫，/猶如一扇望向林景的窗，/那是菲蘿娟拉的變形圖：曾經她遭受 /野蠻國王那般無情的侵犯；但夜鶯依然 /唱著無可猥褻的歌，傳遍沙漠。

得很安慰，但他沒改變心意。最後他見到屋裡的女主人普羅柯瑞絲，她那明顯的哀傷、憂鬱的臉、悶悶不樂的樣子幾乎使他放棄了計畫。不過他沒放棄，他還是決定試探到底，因為他無法忘記奧蘿拉那句嘲諷的話。他馬上對普羅柯瑞絲展開追求，試圖讓普羅柯瑞絲愛上她眼前的這位陌生人。他熱情地向普羅柯瑞絲求愛，時時提醒她，說她的丈夫已經不要她了。糾纏了很久，他都無法感動普羅柯瑞絲。對於他的祈求，普羅柯瑞絲的答案還是一樣：「我屬於他。不管我丈夫在哪裡我都愛他。」

一天，他又對普羅柯瑞絲傾吐他的哀求、勸導、諾言。普羅柯瑞絲猶豫了一下。她沒屈服，只是沒堅決拒絕他而已。對柯法洛斯來說，這就夠了。他大叫道：「虛偽無恥的女人，看清楚，我是你丈夫。竟然讓我親眼看到妳的背叛。」他妻子看著他，一句話也沒說就離開他，離開了家。她對丈夫的愛似乎已經轉變成恨；她痛恨所有男人，所以她遁入深山獨自生活。柯法洛斯恢復理智後，意識到自己實在太過火了點。他四處尋找妻子。找到妻子後，他謙虛地請妻子原諒他。

普羅柯瑞絲無法馬上原諒他，除了痛恨男人，她也非常厭惡他的欺騙。不過最後她還是原諒了丈夫，兩人在一起過了一段幸福的日子。有一天，兩人決定出外打獵，就像以前那樣。普羅柯瑞絲給柯洛法斯一把神準的標槍，只要瞄準目標，絕不會失誤。到了森林，兩人就分頭各自去尋找獵物。柯法洛斯四處觀察，他敏銳的目光看到前方的叢林有點動靜。他舉槍射了過去，果然命中目標。趕過去一看，發現他射中的竟是他妻子，只見他妻子一槍穿心，死在地上。

奧芮緹雅和玻瑞阿斯

奧芮緹雅是普羅柯瑞絲的妹妹。北風之神玻瑞阿斯愛上奧芮緹雅，但奧瑞緹雅的父親，埃瑞克修斯國王反對這門婚事。不僅國王反對，連雅典人民也反對北風之神來追求公主。這可追溯到普羅柯妮與菲蘿娟拉的不幸遭遇，原來邪惡的泰修斯是北方人，因此雅典人對所有來自北方的一切都很有意見。但是話說回來，他們以為可以阻止北風之神，這也實在挺愚蠢。一天，奧芮緹雅跟一群姊妹在河岸上玩，玻瑞阿斯化成一陣大風，把奧芮緹雅捲走了。後來奧芮緹雅為北風之神生了兩個男孩，他們是澤泰斯（Zetes）和卡萊斯（Calais）；兩人後來都加入傑森的船隊去尋找金羊毛。

這則神話故事流傳了數百年或數千年後，有一天，雅典最偉大的老師蘇格拉底出門散步。他身邊跟著斐德若（Phaedrus），蘇格拉底很喜歡那位年輕人。兩人一面散步，一面聊天。斐德若問：「玻瑞阿斯拐走奧芮緹雅的伊里蘇斯河岸（Ilissus），據說就在這附近？」

「故事是這樣說的，」蘇格拉底道。

「就是這裡嗎？」斐德若問：「小溪清澈明亮，我可以想像一群少女在這裡玩的情景。」

「我想那個地點大概在下游的四分之一哩處，那裡還有一座祭壇，供奉玻瑞阿斯。」

斐德若問：「告訴我，蘇格拉底，你相信這個故事嗎？」

蘇格拉底說：「智者多疑。如果我也懷疑，我並不是唯一不相信這則故事的人。」

這段對話發生於西元前五世紀末。可見從那時起，這則古老的故事已經不再吸引人了。

克瑞郁莎和伊雍

克瑞郁莎是普羅柯瑞絲和奧芮緹雅的妹妹；她也是個不幸的女人。差不多還是個小女孩的時候，一天，她到一處懸崖採集番紅花，那裡有個很深的山洞；她用頭巾當籃子，採了滿滿一籃黃色的花。就在她轉身要回家的時候，突然有人抓住她的手，也不知那人是打哪兒來的，彷彿本來不可見的事物突然變得清晰起來。那人有著一種超凡絕俗的美，但驚惶的她，根本沒注意到這一點。她大聲尖叫，向她母親求救。但沒人來幫她。劫持她的正是阿波羅。他把克瑞郁莎劫入黑暗的山洞裡。

雖然他是神，但克瑞郁莎恨他，尤其孩子快要出世的時候。阿波羅之後不僅對克瑞郁莎不聞不問，也沒給她任何協助。克瑞郁莎當然也不敢向父母求助；若說她的情人是神，她無法抗拒，這固然是個事實。但卻不能把這當藉口，取得原諒。如果她承認，她得冒著被殺死的危險。

分娩的時間到了，克瑞郁莎獨自到那黑暗的山洞，在那裡生下兒子。她把孩子留在那裡。她後來想知道那孩子發生甚麼事，所以再度回到那山洞。山洞是空的，沒看到任何血跡。可以確定的是，那小孩沒被動物咬死。更奇怪的是，她用來包裹那小孩的頭巾和斗篷也不見了。她想或許有隻大老鷹或禿鷹進入山洞，用巨大的爪子，把嬰兒連衣服一起帶走了。這似乎是唯一可能的解釋。

一段時間後，她父親把她嫁給一個外國人，因為那人曾在戰場上幫過埃瑞克修斯國王。他名叫蘇托斯（Xuthus），是個希臘人，但他不屬於雅典，也不屬於阿提卡，所以他被視為陌生人或外國人。因為這樣，雅典人並不看重他；他和克瑞郁莎沒有小孩，雅典人也不覺得有甚麼不幸。不過蘇托斯自己覺得很遺憾。他比克瑞郁莎更想要一個兒子。於是他們一起到希臘人解決疑難雜症的德爾菲神殿，想問阿波羅他們是否有希望生出兒子。

克瑞郁莎把丈夫和一位祭司留在城裡，獨自到聖殿去。她在外庭看到一個漂亮的少年，只見他穿著祭司的服飾，拿著金瓶，一面灑水淨化聖地，一面唱著頌歌讚美神。他親切地看著眼前這位貴婦，她也親切地看著那少年。兩人開始談起話來。那少年說他看得出來克瑞郁莎出身高貴，享受著好運氣。克瑞郁莎苦澀地答道：「好運氣！其實不然，不如說是忍受生命中難以承受的憂傷。」這句話涵蓋了克瑞郁莎所有的不幸、長久的恐懼和痛苦、失去孩子的悲傷、積壓心頭多年的祕密。看到那少年驚異的眼神，她勉強鎮定下來，問那孩子叫甚麼名字，怎麼這麼小就已經開始在聖殿服侍神。那少年說他叫伊雍，但他不知道自己家住哪裡。一天早上，女祭司在聖殿的階梯上發現他，從此女祭司就把他當兒子一樣撫養長大。對他來說，女祭司就是他溫柔的母親。而且他一直都很快樂，他不必服侍人，而是在聖殿裡服侍神。

他大膽問克瑞郁莎為何這麼憂傷，為何眼裡含著淚水？大部分來德爾菲的信徒都不是這樣子，他們是滿心喜悅地來到阿波羅潔淨的聖壇，滿心歡喜地來見真理之神。

「阿波羅！」克瑞郁莎說道：「不了，我不要這樣子來見他。」看到伊雍一臉吃驚而責備的神色，克瑞郁莎說她這趟來德爾菲有個祕密任務。她的丈夫是來問他命裡是否有子嗣，而她是要找一個孩子的下落，那個孩子是……。她停頓一下，沉默一會兒，然後又急急地說：「……我朋友的兒子。我朋友是個可憐的女人，年輕時候被你這位德爾菲神聖的神欺負了。你的神害她生了一個小孩。她把那小孩丟了。那小孩一定是死了。這是很多年前的事。但她渴望知道真相，還有那小孩是怎麼死的。所以我來替她問阿波羅。」

聽到有人如此控告阿波羅，伊雍嚇壞了。「這不是真的，」他急忙說道：「一定是某個男人做的，你的朋友為了遮羞，才把這事怪到神的頭上。」

「不，」克瑞郁莎肯定地說：「是阿波羅。」

伊雍不說話。他搖搖頭說：「即使這是真的，你要做的事也很不智。你不能到神的祭壇前，試圖證明神是個壞蛋。」

聽到那奇異的少年如此說，克瑞郁莎的意志開始動搖，而且她也漸漸不想那麼做了。她順服地說：「就聽你的，我不去責備神。」

克瑞郁莎和那少年站在那裡，互望著對方。種種陌生的情感在克瑞郁莎的心裡翻擾。這時蘇托斯進來了。只見他整個人洋溢著勝利的光彩。他朝伊雍伸出雙臂，伊雍冷冷地後退，不過蘇托斯還是抱住了伊雍。伊雍覺得很不自在。

「你是我兒子，」蘇托斯叫道：「阿波羅說的。」

克瑞郁莎一陣反感。她質疑道：「你兒子？那他母親是誰？」

「我不知道，」蘇托斯困惑道：「我覺得他是我兒子，不過也有可能是阿波羅把他送給我的。總之，他都是我兒子啦。」

三人各懷心事地站在那裡：伊雍很冷淡，蘇托斯雖然很困惑但很高興，克瑞郁莎覺得她恨透了男人，而且她絕不能忍受阿波羅把這個不知是哪個低賤女人生的兒子就這樣硬生生地塞給她。這時，年老的女祭司拿著兩樣東西走進來。原本心事重重的克瑞郁莎突然警醒，不住地盯著那兩樣東西，那是一條頭巾和一件少女斗篷。女祭司要蘇托斯進去一下，祭司有話跟他說。等他一走，女祭司把手上的東西遞給伊雍。

「親愛的孩子，」她說：「你跟新父親去雅典的時候，一定要帶著這個。我找到你的時候，你身上包著的就是這個。」

「喔，」伊雍叫道：「那一定是我母親的東西。這是尋找我母親的線索。我會到處去找她，我要走遍歐洲和亞洲去找她。」

克瑞郁莎悄悄地靠近伊雍，在伊雍覺得再度受到侵犯之前，克瑞郁莎已經抱住了他脖子。克瑞郁莎一面哭，一面貼著他的臉，叫他：「我的兒子——我的兒子！」

伊雍受不了這個。「她一定是瘋了，」他叫道。

「不，不，」克瑞郁莎說：「那頭巾，還有那斗篷是我的。我離開的時候，我用這條頭巾和斗篷把你包起來。剛才我跟你提到的朋友……其實不是朋友，而是我自己。阿波羅是你的父親。喔，別轉過去。我可以證明。你打開斗篷，我可以告訴你上面的刺繡圖案，那是我親手縫的。還有，你會找到兩個金色蛇釦。那也是我縫上去的。」

伊雍找到了那兩個金色蛇釦。他抬頭看著克瑞郁莎，疑惑地說：「母親，你說真理之神錯了嗎？他說我是蘇托斯的兒子。喔，母親，我糊塗了。」

「阿波羅沒說你是蘇托斯的親生兒子；阿波羅把你送給蘇托斯，是他送給蘇托斯的禮物，」克瑞郁莎叫道。但她也害怕得渾身發抖。

這時空中突然出現一道明亮的光，照在母子兩人身上。他們抬頭望去，頓時覺得所有不安都不見了，只留下敬畏和驚奇。一個神聖的形體高高地站在他們上方，美麗莊嚴，無與倫比。

「我是雅典娜，」那神聖的形體說道：「阿波羅派我來告訴妳，伊雍是他和妳的孩子。當年妳把小孩留在山洞裡，他派人去把他接來這裡。帶他去雅典吧，克瑞郁莎，他有資格統治我的土地和國家。」

說完，雅典娜就消失了。母子倆看著對方，伊雍非常高興。但克瑞郁莎呢？她受了這麼多苦，阿波羅這遲來的補償足以抵消一切嗎？對此，我們也只能猜測，因為故事沒提到這點。

第六部　幾則次要的神話

第二十章　邁達斯與其他

邁達斯（Midas）的故事取材自奧維德，因為這則故事他講得最好。艾斯庫拉皮斯的故事來自品達，只有品達完整地講了艾斯庫拉皮斯的一生。達納俄姊妹（Danaïds）的故事是埃斯奇勒斯一部劇作的主題。下列幾則故事全部取材自維吉爾：葛勞科斯與席拉、波摩娜和維爾頓努斯、艾瑞希科桐（Erysichthon）。

邁達斯的名字如今已經成為富翁的同義詞，但財富對邁達斯本人卻毫無用處，因為財富到手還不到一天，他就差點提早死於非命。他的經驗是個好例子，說明愚蠢和罪惡都會害人喪命。他不是壞人，他只是沒用腦筋。不過從他的故事看來，他其實也沒有多少腦筋可用。

邁達斯是玫瑰王國菲利吉亞（Phrygia）的國王。他王宮附近有好幾座很大的玫瑰園。一天，總是醉醺醺的西勒努斯脫離酒神的隨從隊伍，在附近迷了路，不小心闖進花園。王宮僕人發現他的時候，這位肥胖的酒鬼正躺在玫瑰花叢下睡覺。僕人用玫瑰花環把他捆起來，給他戴上玫瑰花冠，然後才叫醒他，帶他去見國王。他們如此作弄他，純粹是為了看他的笑話。邁達斯倒是很熱情地招待他，為他連續辦了十天宴會，最後還親自送他回酒神那裡。巴庫斯很高興看到他的養父安然回家，所以賜給邁達斯一個願望；他說不管任何願望，他都可以幫邁達斯實現。邁達斯想也不想就說他希望任何他手碰到的東西都會變成黃金。當然巴庫斯在賜予這個願望時，已經預知邁達斯的下一餐會發生甚麼事，但邁達斯不知道。邁達斯是到了用餐時間，才發現舉到嘴邊的食物怎麼全變成一塊塊金屬。他又驚又餓又渴，不得不趕到酒神的居所，請酒神收回恩賜。酒神要他到帕科拓洛斯河

（Pactolus）的水源去洗個澡，就可洗掉那份致命的禮物。邁達斯照辦了。據說這就是河裡會出現金沙的原因。

後來阿波羅把邁達斯的耳朵變成驢耳；同樣的，這不是罰他做錯了甚麼，而是罰他太笨。原來阿波羅和潘恩正在比賽誰的音樂好聽，邁達斯是其中一個裁判。牧神用笛子吹出的曲調極為悅耳，但阿波羅一彈起銀色的七弦琴，天上人間都找不到可以跟他匹敵的對手，或許除了繆斯姊妹的歌聲例外。比賽結束，山神特摩洛斯（Tmolus）把代表勝利的棕櫚枝給了阿波羅。邁達斯雖然在音樂方面的認識和其他方面一樣低能，但他真的比較喜歡潘恩。當然這是他個人方面的雙重愚蠢。稍具常識的人都知道偏愛權勢較低的潘恩，跟阿波羅作對是很危險的。就這樣，他得到了一雙驢耳。阿波羅說他只不過是給如此駑鈍的耳朵一個適合的形狀而已。邁達斯特地打造了一頂帽子來蓋住驢耳。但他的理髮師勢必會看到，所以他要理髮師發下重誓，永遠不得把這祕密說出去。這個祕密壓在心裡，理髮師覺得太痛苦了，所以有一天他就到野地裡挖了個洞，輕輕對那土洞說：「邁達斯國王有一雙驢耳。」說完，他用土把那洞蓋起來。到了春天，那地方長出了蘆葦。風一吹，蘆葦就悄悄說出那些埋起來的話。這除了揭露那又笨又可憐的國王的祕密之外，也讓世人知道：

長驢耳的國王邁達斯

神在比賽的時候，千萬得西瓜偎大邊，支持強勢的那一方，因為這是唯一的保命之道。

艾斯庫拉皮斯

瑟薩利（Thessaly）地區有一美豔絕倫的少女，名叫柯若妮絲（Coronis）。阿波羅對她一見傾心，但奇怪的是，她後來竟厭倦了阿波羅，反而劈腿愛上普普通通的凡人。柯若妮絲萬萬沒想到的是：身為真理之神的阿波羅從不騙人，他也永遠不會被騙。

德爾菲的匹松神，
他擁有可信任，正直
且永不迷途的夥伴。
那是他全知的心智，那心智
永不觸及虛妄，無人可以企及，
神或世人皆然。不管事情已了
還是未了，他全知曉。

柯若妮絲以為阿波羅永遠不會知道她的背叛，那是她的愚蠢。據說是阿波羅的愛鳥揭露了柯若妮絲的私情。原來阿波羅的愛鳥是一隻全身純白如雪的美麗大渡鴉，但阿波羅聽了牠的報告，在盛怒之中，竟把渡鴉的白羽變黑。這很不公平。渡鴉是他忠實的信差，根本沒做錯甚麼事，結果竟然遭受懲罰。不過我們應該已經很習慣了，因為很多神話故事裡的神都是這樣子，尤其在他們生氣的時候。柯若妮絲當然是被殺了。有人說是阿波羅親自動手，也有人說他叫阿特蜜斯用她那把百發百中的箭射死柯若妮絲。

阿波羅雖然無情，看到柯若妮絲的遺體被抬上火葬台，台上大火燃起時，他卻覺得一陣陣心痛。他對自己說：「至少我可以救我的孩子。」就像宙斯在瑟美莉化為灰燼之前所做的那樣，他從火裡搶下幾乎快要出生的嬰兒。他把嬰兒送到紀戎那裡，請紀戎照顧嬰兒，並要紀戎給嬰兒取名為艾斯庫拉皮斯。紀戎是個仁慈的老仙圖爾，住在佩里翁山的岩洞裡。許多名人都曾把兒子交給紀戎教養，但所有寄養的孩子當中，只有艾斯庫拉皮斯跟他最親。其他小孩總是跑來跑去，喜歡運動，只有艾斯庫拉皮斯想跟他學習醫療的藝術。紀戎知道的一切，艾斯庫拉皮斯都想學，但那可不是三言兩語就可以教得完的！紀戎擅長使用藥草，溫和的咒語和退燒藥方。但艾斯庫拉皮斯青出於藍，他學會了治療所有疾病的醫術。不管誰來找他治病，無論病人是手足受傷還是感染細菌，甚至已經病入膏肓，他都有辦法把他們治好。他是

解除痛苦的善良名醫，
安慰極端的痛苦病人，
帶給人們歡樂與健康。

艾斯庫拉皮斯可說是芸芸眾生的大恩人。不過他也和大部分世人一樣，犯了神絕不寬恕的罪，動了「凡人不該想望的念頭」，給自己招來神的懲罰。有一次，有人給他一筆大酬金，要他起死回

生。他做到了。很多人說他從死神救回來的人是翟修斯的兒子希波呂托斯。希波呂托斯雖然死得冤枉，但這一次死裡逃生後，他就永遠住在義大利，從此免於死亡的威脅。義大利人稱他為維爾比烏斯（Virbius），把他當神來膜拜。

但是把他從冥界救回來的大醫師就沒有這麼幸運了。宙斯不能讓凡人擁有起死回生的力量，所以他就用雷電擊死艾斯庫拉皮斯。阿波羅痛失兒子，一氣之下，他竟到埃特納火山把替宙斯打造雷電的獨眼巨人射死了（也有人說他只是射死獨眼巨人的兒子）。這下輪到宙斯火大了，他命令阿波羅到阿德梅托斯國王家中當奴隸，為期一或九年。海克力斯從冥界救回的阿瑟緹絲就是這位國王的妻子。

儘管宙斯不喜歡艾斯庫拉皮斯，世人卻十分尊敬他，沒有一個凡人曾享有那樣崇高的敬意。他死後千百年來，凡病、傷、盲者都紛紛到他的聖殿求醫。他們首先祈禱和祭祀，接著就回去睡覺。艾斯庫拉皮斯會到夢裡指點他們治療的方法。蛇在治療過程中扮演某種角色，但究竟是甚麼角色則不得而知。一般都認為蛇是艾斯庫拉皮斯的聖僕。

多少世紀以來，數以萬計的病人都相信是艾斯庫拉皮斯使他們脫離苦海，恢復健康。

達納俄姊妹

達納俄姊妹非常有名，遠比讀者所預期的還有名。詩人時常提到她們，她們也是神話地獄裡最特別的受難者：她們必須永遠拿著漏水的瓶子去裝水。除了海柏涅絲塔（Hypermnestra），這群姊妹所做的，其實就是殺夫，阿果號船員在連諾斯島即看過同樣的事。但奇怪的是，很少人提起連諾斯島那群女人，每一個人，即使只知道一點點神話故事，卻都聽過達納俄姊妹的名字。

這群姊妹共有五十人，全都是達納俄斯（Danaüs）的女兒；達納俄斯住在尼羅河，是愛奧的其中一個後代。達納俄斯的哥哥埃吉塔斯（Aegyptus）有五十個兒子，他們全都想娶堂妹為妻。基於某些無法解釋的理由，他們的求婚遭到拒絕。達納俄姊妹和父親搭船逃到阿果斯尋求庇護。阿果斯人一致投票維護這一群懇求者。當埃吉塔斯五十個兒子追來並準備用武力搶親的時候，阿果斯人擊退了他們；他們說阿果斯城不允許任何人強迫婦女結婚，他們也不會交出任何向他們尋求庇護的人，無論追來的人是強是弱都一樣。

達納俄姊妹必須永遠拿著漏水的水瓶去裝水

就在這裡，故事出現了分歧。假如套用一句現成的話，即到了下一章，我們看到達納俄姊妹和她們的堂哥結了婚，主持婚宴的正是她們的父親。故事沒解釋為何有此發展，但根據後來的情節，我們知道達納俄斯或他女兒的想法並沒有改變，因為在婚宴中，達納俄斯送給每個女兒一把匕首。據後來的情節發展，顯然每位新娘都知道自己的任務，而且也同意執行任務。婚宴過後，在寂靜的半夜裡，她們殺了新郎。海柏涅絲塔是個例外，原來她突然心生憐憫，看著那位健壯的年輕人在她身旁睡得正熟，她實在下不了手，硬把那年輕的生命變成冰冷的死亡。她忘了她對她父親和姊妹們的諾言。誠如拉丁詩人賀拉斯（Horace）說的：她錯了，但錯得很高貴。海柏涅絲塔叫醒那位名叫林科斯（Lynceus）的年輕人，把實情告訴他，並幫助他逃走。

因她的背叛，海柏涅絲塔被父親關入大牢。另一則故事說她後來和林科斯再度聚首，永遠過著幸福的日子，他們還生了一個兒子，名叫雅柏斯（Abas），即英雄柏修斯的曾祖父。另一個故事則以恐怖的新婚之夜和她的下獄作結。

但這兩則故事有一共同點。這兩則故事都提到她四十九位姊妹所承受的懲罰。在地獄裡，這四十九位姊妹必須付出無盡的徒勞來彌補殺夫之罪，她們帶著滿是漏洞的瓶子到河邊汲水，還沒回到住處，水就流光了，於是她們又得重回到河邊取水，然後再度看著那水在半途中流光。

葛勞科斯與席拉

葛勞科斯是個漁夫。一天，他坐在一片長滿草皮，傾斜入海的斜坡上釣魚。他把釣來的魚鋪在草地上，正數著漁獲時，他突然看到那些魚全動了起來，然後全部滑入海裡游走了。他十分吃驚，心想難道有神在作怪嗎？還是那片草地有甚麼神奇的力量？他拔了一把草吃下去。就在那一瞬間，他心裡湧上一種對大海的強烈渴望。他無法制止這一渴望，所以就跑向大海，躍入水裡。海裡的神祇很和善地接待他，他們呼叫水神奧西安和蒂西斯來滌除他的人性，使他成為海神家族的一員。接著他們召來一百條河流，將河水傾注在他身上。他在洶湧的河水裡失去了意識。等他醒來時，他已經變成海神，頭髮像海水那麼綠，下半身長出魚尾。以水裡的居民來說，這是很優雅很普通的長相。但對陸地上的居民來說，這種長相十分令人作嘔。這就是泉林女神席拉初次看到他的感覺。當時席拉正在一個小海灣沐浴，看到葛勞科斯從不遠處的海裡浮出海面，她馬上拔腿就跑。她一直跑到高高的岬角，覺得安全後，才停下來驚異地看著半人半魚的葛勞科斯。葛勞科斯對她叫道：「小姐，我不是怪物，我是管理海洋的海神，還有——我愛妳。」但席拉轉身跑進內陸，不見了蹤影。

葛勞科斯感到絕望，因為他瘋狂愛上了席拉。他決定去找女巫瑟西，請女巫給他愛情靈藥來挽回席拉的心。聽完葛勞科斯的故事後，瑟西竟然愛上他。瑟西用甜言蜜語和美貌來誘惑葛勞科斯，但葛勞科斯不為所動，他說：「等到海底長滿樹木，海藻蓋滿山巔，我才會停止愛席拉。」瑟西氣瘋了，但她氣的是席拉，不是葛勞科斯。她調製了一瓶毒藥，倒入席拉沐浴的海灣。席拉一入水，馬上變成可怕的怪物。她的身體長出毒蛇與惡犬的頭，而那些可怕的獸形是她身體的一部分，無法擺脫。她後來就一直站在海裡，化成了石頭。無可言說的苦痛使她痛恨並摧毀所有靠近她的東西。這對航經那片水域的水手來說是很危險的事，傑森、奧德修斯與阿伊尼斯都曾見識過她的毀滅力量。

艾瑞希科桐

海神曾賜予艾瑞希科桐之女神奇的力量，讓她任意變化形體，幾乎就像是女版的普洛提烏斯。不過令人稱奇的是，艾瑞希科桐之女竟利用這種力量來為她飢餓的父親換取食物。在所有故事裡，五穀女神柯瑞絲都很仁慈，只有這一則故事提到她也有殘忍的一面。話說艾瑞希科桐有一次到供奉柯瑞絲的森林裡，並命令手下砍倒一棵最高的橡樹。這是褻瀆神明的行為，他的隨從都嚇得往後退，不敢下手。他倒是不怕，只見他拎起大斧頭，大膽砍向林中仙子時常圍著跳舞的樹幹。血從那樹幹上流了出來，樹心有個聲音警告他，說他再砍下去，一定會遭受柯瑞絲的懲罰。但這些神奇的跡象一點也沒有讓他住手。他砍了又砍，直到橡樹倒地為止。仙子們趕去跟柯瑞絲報告。柯瑞絲覺得深受冒犯，她說她要以一種前所未有的方式好好懲罰罪犯。她派了其中一位仙子坐上車，趕到一處荒涼的所在地去找飢餓女神（Famine），並請飢餓女神附身在艾瑞希科桐身上。柯瑞絲吩咐那仙子說：「記得要告訴飢餓女神，請她一定要確保艾瑞希科桐永遠餓著，即使正在吃東西也覺得餓。」

飢餓女神來到艾瑞希科桐的房間，看到艾瑞希科桐正在睡覺。她用骨瘦如柴的手把艾瑞希科桐抱入懷裡，並把飢餓因子注入艾瑞希科桐的身體。艾瑞希科桐醒來後覺得非常想吃東西。奇怪的是，他越吃越餓，即使已經大口大口地把肉塞入喉嚨，他還是覺得餓。他把所有財富都換成了食物，然而那些食物從沒給他一絲吃飽的滿足感。最後他甚麼都沒有了，只剩下他的女兒。為了換取食物，他當然也把女兒賣了。當他女兒正在海邊等買主，也就是她的主人來接她的時候，她向海神波賽頓祈禱，希望海神能救救她，別讓她去當奴隸。波賽頓同情她，就把她變成漁夫。不久，她的主人趕來了，但他看到長長的沙灘上只有一個漁夫正忙著弄釣魚線。他問那漁夫：「剛剛站在這裡的女孩到哪裡去了？我看她的足跡到這裡就突然消失了。」那位「偽漁夫」說：「我對海神發誓，這裡除了我沒有其他人，也沒有女人。」那位買主十分困惑，但他也只得上船走了。那女孩之後變回本來的樣子，回到她父親家。她很高興地把海邊發生的事告訴她父親。她父親馬上看到一個沒有止境的賺錢良機。他一遍又一遍地把女兒賣掉，但每一次波賽頓都幫那女孩變身，有時變成母馬，有時變成小鳥等等，每一次她都能逃過被賣的命運，重新回到自己的家。到了後來，即使用這種方式賺來的錢也不夠艾瑞希科桐購買食物，他就轉而吞食自己的身體，最後因此而死掉了。

波摩娜和維爾頓努斯

波摩娜和維爾頓努斯是羅馬神祇。波摩娜是唯一不愛森林與荒野的林泉女神。她只喜歡照顧水果和果園，最愛的是修剪、接枝等等園藝。她遠離男人，只跟心愛的樹木為伍，不讓任何追求者接近她。她所有的追求者當中，就以維爾頓努斯最積極，但他也無法再逾越雷池一步。通常他可以喬裝他人出現在她面前，有時打扮成粗魯的收割者，給波摩娜送來一籃麥穗，有時裝成笨拙的牧人，或修剪葡萄枝的工人。在這種時刻，他固然因為能看到波摩娜而感到欣喜，但他也知道波摩娜絕對看不上他喬裝的這些人物。為此，他又覺得十分傷悲。不過他最後還是想出了一個計畫。他化裝成一個老婦去見波摩娜，因為這樣比較不會讓波摩娜覺得奇怪。觀賞過波摩娜的水果後，「她」對波摩娜說：「不過妳比水果漂亮多了。」說完，「她」就親吻波摩娜。「她」一吻就無法停止，而且一般老婦人也不會這樣親吻另一個年輕女子。察覺到波摩娜開始不安，「她」就放開波摩娜，然後坐在一棵榆樹對面。看到那棵榆樹有一棵結實纍纍的葡萄樹攀著，「她」輕輕說道：「榆樹和葡萄樹這樣子在一起多可愛呀。如果沒有葡萄樹，榆樹毫無用處；如果沒有榆樹，葡萄樹就趴在地上長不出果子。妳不就是那棵葡萄樹嗎？妳躲開所有喜歡妳的人，妳想要自己一個人過活。聽我這個愛妳的老婦人的話吧。世上有一個人妳最好還是別躲開他比較好，那人就是維爾頓努斯。妳是他第一個戀人，也將會是他最後的戀人。而且他也很關心果園和花園。他會跟妳一起工作。」接著那老婦人嚴肅地提醒波摩娜，「她」說維納斯非常討厭硬心腸的女孩，這已經有很多前例可循，例如阿娜珂薩瑞特（Anaxarete）很討厭伊菲斯（Iphis），後者因為求愛不成，就傷心地在情人的籬笆門柱上吊自殺了。為了懲罰那位無情的女子，維納斯把那女子變成石像。那變裝的老婦繼續懇求波摩娜道：「要小心啊。要答應真心愛妳的人啊！」說完，「她」就褪去老婦的身形，變成一個容光煥發的青年。面對他那樣的俊美英姿，還有他那雄辯滔滔的口才，波摩娜心軟了。從此以後，她的花果園有了兩個園丁。

第二十一章　其他短篇神話故事

阿瑪緹雅

據說阿瑪緹雅（Amalthea）是一頭羊，以其乳撫育幼兒宙斯。另一個故事則說阿瑪緹雅是擁有那頭羊的林泉女神，據說這位女神還擁有一支羊角，任何人想要的飲食，都可從這裡取得。這個角稱為「豐饒之角」（Cornucopia），拉丁文是“cornu copiae”。不過羅馬人認為這個角屬於河神阿契魯斯。原來河神曾化身成公牛跟海克力斯決鬥，結果被海克力斯扭斷一支角。無論如何，這是一支神奇角，裡面永遠裝滿鮮花和水果。

亞馬遜女戰士

埃斯奇勒斯說她們是「好戰的亞馬遜女戰士（The Amazons），一群痛恨男子的女人」。亞馬遜是個女兒國，國民全都是戰士。據說她們住在高加索附近，主要的城市叫提米司庫拉（Themiscyra）。奇怪得很，她們很少入詩，不過她們倒是激發了許多藝術家為她們創作塑像。我們對她們雖然很熟悉，不過她們的故事

亞馬遜女戰士

卻不多。她們曾佔領利地亞，但被貝勒洛豐擊退。普瑞阿摩斯還很年輕的時候，她們曾入侵過菲利吉亞。翟修斯在位期間，她們曾入侵過阿堤卡，因為翟修斯拐走了女王，她們前來救人，不過卻被翟修斯打敗。特洛伊戰爭期間，女王潘緹希莉亞（Penthesilea）帶領她們跟希臘人對抗。後來這位年輕貌美的女王被阿基里斯殺了，據說阿基里斯還曾為她的早死而哀痛不已。這段故事出自寶沙尼亞斯（Pausanias），《伊里亞德》沒有相關描述。

阿密摩妮

阿密摩妮（Amymone）是達納俄姊妹之一。她父親派她去取水，有一羊人看到她並追求她。波賽頓聽到她的呼救而愛上她，並把她從羊人手裡救出來。波賽頓用三叉戟打造了一座水泉，並以她的名字命名，表示對她的敬意。

安緹歐珮

安緹歐珮（Antiope）是底比斯公主，她為宙斯生了兩個兒子，即澤圖斯和安菲翁。她擔心父親會生氣，所以小孩一出世，她就把他們留在荒山裡。有個牧人發現了兩兄弟，並把兩人撫養長大。後來統治底比斯城的是呂科斯（Lycus）和他的妻子狄珥珂（Dirce）。兩人對安緹歐珮極為殘忍，所以安緹歐珮最後決定逃走。她來到兩兄弟住的茅屋。不知為何，她認出了他們，或他們認出了她。兄弟倆召集一批朋友打到王宮，殺了呂科斯為母親報仇。狄珥珂死得很慘：他們把她的頭髮綁在公牛身上，讓她被公牛拖死，死後被丟入一道泉水。後來那道泉水即以她的名字命名。

阿瑞荷妮

阿瑞荷妮（Arachne）的這則故事只有羅馬詩人奧維德提到過，因此故事裡的神都用拉丁名字。

這位少女的命運足以說明人與神爭是危險的，不管爭的是甚麼。奧林帕斯神當中，米娜娃的紡織手藝向來都是最棒的，猶如霍爾坎的金工，無人可與之相比。很自然的，米娜娃認為自己的織品精緻美麗，舉世無雙。有個名叫阿瑞荷妮的農家女宣稱自己的織品質地最好，米娜娃聽了大怒，立刻下凡來到阿瑞荷妮的住處，找那少女決一高低。阿瑞荷妮接下了挑戰。一神一人於是擺好織布機，拉好絲線，開始工作。繽紛如彩虹的絲線一卷一卷地放置在她們四周，當中還有金色和銀色的絲線。米娜娃盡其所能，織出的成品果然令人驚嘆。阿瑞荷妮也同時完成了作品，看來一點也不遜色。女神一陣憤怒，把那張織品從頭到尾割破，拿著梭子胡亂地打那少女的頭。阿瑞荷妮覺得受到屈辱，羞愧地上吊自殺了。女神事後覺得有點後悔；她把阿瑞荷妮的身體從套索解下來，灑上神奇魔水，把阿瑞荷妮變成蜘蛛，一隻仍然懂得紡織的蜘蛛。

阿瑞翁

阿瑞翁（Arion）似乎是一個歷史人物，大約是西元前七百年的一位詩人，不過沒有作品流傳下來。唯一確知的是他死裡逃生的故事。那是一則很像神話的故事。據說他從科林斯到西西里去參加音樂比賽。他善於彈七弦琴，因而贏得比賽。回家路上，一群船員覬覦他的獎金，所以計畫把他殺死。阿波羅託夢給阿瑞翁，告知船員的計畫，並教他保命的方法。後來船員果然對他展開攻擊，這時他哀求那些船員讓他在死前再彈一次七弦琴，再唱一次歌。彈唱結束後，他突然縱身跳入大海。神奇的是，就在他快淹死的時候，之前被美妙樂音吸引過來的海豚背他起來，把他送回岸上。

阿瑞斯特俄斯

阿瑞斯特俄斯（Aristaeus）是個養蜂人，也是阿波羅和林泉女神席蘭妮（Cyrene）的兒子。有一回，他養的蜜蜂突然莫名其妙地全死了。他向母親求救。席蘭妮要他去找聰明的老海神普洛提烏斯，因為普洛提烏斯知道如何預防同樣的災難。不過普洛提烏斯有個怪癖：他得要在被逼的情況下才會幫忙。換言之，阿瑞斯特俄斯必須牢牢抓住並鏈住老海神，直到老海神就範為止。這可不容易，因為老海神能任意變成各種形體。這在梅奈勞斯從特洛伊返航途中都曾見識過。不過，如果抓住他的人夠堅持，不管他變成甚麼都不放手，那麼最後他就會屈服，並回答任何向他提出的問題。阿瑞斯特俄斯依言來到老海神常去的法洛斯島（Pharos）或卡巴托斯島（Carpathos）。他抓住普洛提烏斯，不管普洛提烏斯變成甚麼可怕的形狀都不放手，最後那老海神洩了氣，變回他本來的樣子。他要阿瑞斯特俄斯先祭神，然後把獻祭的動物屍體留在原地。等個九天，再回去察看那些屍體。阿瑞斯特俄斯依照海神的吩咐去做。第九天，他在其中一具屍體上發現一大群蜜蜂。他以後再也不用擔心蜜蜂會得病或受到傷害了。

奧蘿拉和堤索諾斯

《伊里亞德》曾提到兩位人神之間的戀情：

那織指嫣紅的女神，從她與堤索諾斯共眠的臥榻緩緩起身，把光明灑向眾神與芸芸眾生。

堤索諾斯（Tithonus）是黎明女神奧蘿拉的丈夫。他們育有一子，名叫門諾。這位膚色黝黑的伊索比亞王子後來帶兵支援特洛伊，不幸死於戰場。身為父親的堤索諾斯，其命運十分奇異。奧蘿拉曾要求宙斯讓堤索諾斯得到永生，宙斯同意了。但奧蘿拉忘了要宙斯讓堤索諾斯永保年輕，所以堤索諾斯雖然不會死，但他會日漸衰老。最後他老得手腳都無法動了，他向神乞求一死，但神不同意。他必須永遠活著，年復一年遭受衰老的折磨。女神出於同情，最後只得把他安置在一間房子裡，關上門離去。堤索諾斯獨自在屋裡含糊不清地說著沒有意義的話。隨著身體的衰老，他的神智也日漸消失。最後他只剩下一副乾枯的軀殼。

堤索諾斯（右）與黎明女神

另有一則故事說他日漸縮小，最後奧蘿拉根據他的形狀與特徵，把他變成一隻又小又吵的蚱蜢。

至於門諾，據說底比斯人在埃及為他立了一尊巨大的塑像。每當黎明第一道曙光照上塑像，其內部就會傳來一陣類似豎琴的撥弦聲。

畢頓和克琉庇斯

畢頓（Biton）和克琉庇斯（Cleobis）的母親是赫拉的女祭司庫麗蓓（Cydippe）。庫麗蓓很想到阿果斯去看赫拉的神像。那是赫拉最美麗的神像，出自偉大雕塑家老波利克里圖（Polyclitus the Elder）之手，據說他的技藝與年輕雕刻家菲迪亞斯（Phidias）不相上下。阿果斯太遠了，庫麗蓓無法徒步前往，家裡也沒有馬或牛可以載她去。她的兩個兒子決定完成她的心願，他們給自己套上軛，請母親坐上車，然後一路拉著母親穿過沙塵，頂著烈日，老遠來到阿果斯。他們抵達的時候，大家都很讚美兩人的孝心。那位驕傲快樂的母親對赫拉祈禱，希望赫拉賜予她兒子最好的禮物。當她祈禱完畢，兩位年輕人便倒在地上。他們臉上堆滿笑容，彷彿正在睡覺，不過其實他們已經死了。

卡莉斯朵

卡莉斯朵（Callisto）是阿卡迪亞王萊迦翁（Lycaon）的女兒。萊迦翁心性邪惡，被神變成一頭狼。原來宙斯來他們家作客，萊迦翁竟擺出人肉來招待宙斯。萊迦翁是罪有應得，不過無辜的卡莉斯朵也跟他一起承受可怕的懲罰。有一回，宙斯看到她伴隨阿特蜜斯一起打獵，不禁愛上了她。赫拉很生氣，她等卡莉斯朵生下孩子後，就把卡莉斯朵變成一頭母熊。男孩長大後，有一日出外打獵，赫拉把卡莉斯朵帶到男孩面前，意圖讓那男孩在不知情的狀況下射殺自己的母親。不過宙斯及時把那頭熊帶走，安置在星宿之間，亦即後來的大熊星座。那男孩名叫阿爾卡斯（Arcas），後來宙斯也把他安置在大熊星座旁邊，稱為小熊星座。赫拉更生氣了，為甚麼她的情敵母子竟能得到如此殊榮。後來她找波賽頓幫忙，要波賽頓禁止大、小熊星座沉落海面。至今所有星宿之中，只有大、小熊星座永遠停在海平面上。

紀戎

紀戎是人馬或仙圖爾之一。其他人馬都很兇殘粗暴，但紀戎生性善良，而且充滿智慧。他太有名了，很多英雄都把幼子託他教養。阿基里斯、偉大的醫師艾斯庫拉皮斯、著名的獵人和其他許多人都是他的學生。他是唯一長生不死的人馬。不過最後他還是死了。原來海克力斯有一次去探訪他的人馬朋友弗魯斯（Pholus），因為他非常口渴，所以就說服弗魯斯開一瓶酒來喝。那瓶酒是所有人馬的共同財產。那酒的異香洩漏了祕密，所有人馬紛紛趕過來找破戒的人復仇。他們當然不是海克力斯的對手，全被海克力斯一一擊退。不過在混戰中，海克力斯把在旁觀戰的紀戎打成重傷。那傷口實在太嚴重了，宙斯看紀戎已經無藥可醫，只得同意讓他死亡，以免他承受永遠的痛苦。

柯莉緹

柯莉緹（Clytie）的故事十分獨特。我們時常看到神愛上某位不情不願的少女，但柯莉緹故事剛好相反，是她愛上某位不情不願的神。原來柯莉緹愛上了太陽神，但太陽神覺得她沒有甚麼可愛之處，就不理她。柯莉緹日漸憔悴，她每日都坐在門外，痴痴地看著太陽神走完一天的旅程。她眼望著太陽，臉孔隨著他從東轉到西。長久凝望的結果，她最後變成一朵永遠對著太陽的向日葵。

祝歐珮

就像其他許多故事一樣，祝歐珮（Dryope）的故事顯示古代希臘人是多麼反對人們摧毀或傷害樹木。

一日，祝歐珮和妹妹易娥烈（Iole）到一池塘，打算替林泉女神編織花冠。她還帶了小兒子同行。看見水邊有一棵忘憂樹，樹上開滿亮麗的花朵，她於是走上前採了幾朵給那小孩玩。讓她大吃一驚的是，花梗竟然會流血。原來那棵花樹是林泉女神洛緹絲（Lotis）為逃避某追求者而變的。看到這不祥的景象，祝歐珮嚇得想立即逃開，不過她的腳卻無法動，而且似乎已經在地上生了根。一旁的易娥烈非常無助，只能眼睜睜地看著樹皮開始從姊姊的腳底往上長，慢慢覆蓋姊姊全身。樹皮快長到臉部的時候，祝歐珮的先生和父親剛好趕到。易娥烈很快把事情的經過跟兩人說了，一面衝到那樹旁，流著淚擁抱那仍然溫暖的樹身。祝歐珮剛好有一點點時間可以解釋自己無意間犯的錯，並請求他們以後時常帶小孩到樹下玩，等時間到了，就把她的故事告訴小孩。這樣一來，他一到那地點，看到那棵樹就會想起她：「我母親就藏在這棵樹裡。」她另交代說：「還要跟他說，永遠別採花，因為每棵樹都可能是某位仙女的化身。」接著她的聲音就沒了。原來樹皮已經封住她的臉，祝歐珮永遠消失了。

埃皮孟依德斯

埃皮孟依德斯（Epimenides）因為睡了一個長覺而成為神話人物。他大約生活於西元前六百年，據說還是小孩的時候，他出去找尋一隻迷路的羊。不料突然陷入睡眠，一睡就是五十七年。醒來後，他繼續去找他的羊。他不知道自己已經睡了很久，一出去才發現一切都不一樣了。後來德爾菲神諭要他到雅典去淨化一場瘟疫。雅典人很感謝他，想送他一大筆錢，不過他拒絕了。他唯一的要求是希望雅典與克里特島的克諾斯城，亦即他的家鄉能永保和平的關係。

埃瑞克托尼俄斯

埃瑞克托尼俄斯（Ericthonius）與埃瑞克透斯（Erechtheus）是同一個人。荷馬筆下只有一個男人取這個名字，柏拉圖認為是兩個人。總之，他是赫費斯托斯的兒子，由雅典娜撫養長大。他生得半人半蛇。雅典娜有一次把他放在木箱裡，交給柯可若普斯的三個女兒看管，並要求她們千萬別打開木箱。她們當然打開了箱子，還看到了半人半蛇的埃瑞克托尼俄斯。為了懲罰那三姊妹，雅典娜使她們發了瘋。她們後來從衛城跳入大海，自殺身亡。埃瑞克托尼俄斯長大成為雅典的王。他的孫子也取同一個名字，而他孫子的孩子即第二個柯可若普斯，亦即普羅柯妮、克瑞郁莎、奧芮緹雅的父親。

赫若與李安德爾

李安德爾（Leander）住在阿畢度斯（Abydus），那是赫蕾海峽旁邊的一個城鎮。對岸是賽托斯城（Sestus），阿芙羅黛蒂神殿的女祭司赫若（Hero）就住在那裡。每一晚，李安德爾游過海峽，到對岸去找赫若。據說他藉以照明的是賽托斯城燈塔的光，也有人說赫若總是在某座高塔點一支明亮的火把。有個暴風雨夜，火把被風吹熄。李安德爾在海裡淹死。赫若看到李安德爾的身體被海浪沖上岸，之後她就自殺了。

許阿德絲姊妹

許阿德絲姊妹是阿特拉斯的女兒；這群姊妹的異母姊妹即七星姊妹（Pleiades）。許阿德絲姊妹是雨星，據說她們一出現就會下雨。在五月上旬和十一月，她們早晚沉入海平面的這段時間通常都會下雨。她們總共有六人。戴奧尼索斯小時候，宙斯即委託這群姊妹照顧他。為了答謝她們，宙斯後來把她們安置在星宿之間。

伊比庫斯與鶴

伊比庫斯（Ibycus）不是神話人物，而是西元前五百五十年左右的詩人。他的詩不多，至今只有斷簡殘章流傳。關於他，我們僅知他離奇的死亡。他在柯林斯附近被一群強盜攻擊，受了重傷。這時有一群鶴從他頭頂上飛過，他呼叫那群鶴為他復仇。不久，柯林斯露天劇場有一場演出，劇場上空出現一群鶴來回飛翔。劇場裡滿滿的觀眾當中，突然有個男人淒厲地喊道：「伊比庫斯的鶴，他的復仇者來了！」其他觀眾叫道：「兇手承認殺人了。」那人隨即被捕，他的同夥也一一落網，而且全判了死刑。

麗朵

麗朵是泰坦神弗伊碧和柯俄斯（Coeus）的女兒。宙斯愛上了她，不過等她快生小孩時，宙斯因為害怕赫拉，就拋棄了麗朵。所有城邦和島嶼都因為害怕赫拉而拒絕收留她。麗朵只得四處流浪，尋找一個可以生小孩的棲身之地。最後她來到德洛斯島。那是一座漂浮島，底下沒有根基，只能隨風浪四處飄搖，十分危險。另外，這座島也很崎嶇荒蕪。麗朵來到那座島時，島民都很歡迎她。就在這時，四根大柱子從海底升起來托住德洛斯島，使之牢牢安定下來。麗朵就在那裡生下了阿波羅和阿特蜜斯。許多年後，阿波羅輝煌的神殿就在那島上建立起來，吸引全世界的人到那小島朝聖。原來荒蕪的島，此時被稱為「上天建造的島」，從最無人問津的不毛之地，變成舉世最知名的島嶼。

林諾斯

《伊里亞德》提到葡萄園裡的少男少女一面採收葡萄，一面唱著「甜美的林諾斯之歌」。這大概是一首輓歌，悼念阿波羅與普薩瑪泰（Psamathe）的兒子林諾斯（Linus）。林諾斯從小被母親拋棄，由牧羊人撫養長大。還來不及成年，他就被一群狗咬死了。這位林諾斯，就像阿多尼斯與海亞辛斯，是所有可愛但早逝的生命類型。希臘文"ailinon!"，意思是「傷哉林諾斯！」這個字慢慢演變，後來的意思就差不多相當於英文的「悲哉」，可用於任何輓歌。神話世界還有另一個林諾斯，那是阿波羅和繆斯女神的兒子。這位林諾斯是奧菲斯的老師，不過後來在教導海克力斯時，被海克力斯不小心殺死了。

瑪爾貝莎

神愛上的少女當中，瑪爾貝莎（Marpessa）是最幸運的一個。英雄艾達斯（Idas）參加過卡律東野豬狩獵大會和阿果號冒險。他得到瑪爾貝莎的同意，把瑪爾貝莎從她父親那裡劫走。他們本來可以永遠過著幸福快樂的生活，不過阿波羅偏偏愛上了瑪爾貝莎。艾達斯不願意放棄瑪爾貝莎；他甚至膽敢跟阿波羅決鬥。阿波羅把他們分開，要瑪爾貝莎在他和艾達斯之間選一個。瑪爾貝莎選了艾達斯。這當然不無理由，因為她擔心阿波羅會對她不忠。

馬敘亞斯

長笛的發明者是雅典娜，但她丟棄了長笛，因為要吹長笛，她得鼓起雙頰，那會扭曲她的臉。牧羊人馬敘亞斯（Marsyas）撿到那支長笛，發現那支笛吹出來的樂音十分迷人。於是他找阿波羅挑戰。

阿波羅當然贏了。為了懲罰馬敘亞斯，阿波羅後來就把他的皮剝了。

梅蘭波斯

梅蘭波斯（Melampus）救出並飼養兩條小蛇，因為牠們的父母被他的僕人殺了。養這兩條小蛇當寵物的回報真不少。有一次他正在睡覺，那兩條蛇爬上臥榻去舔他的耳朵。他嚇得跳了起來，但他很快發現他聽懂了窗台上兩隻小鳥講的話。原來那兩條小蛇使他聽懂所有飛禽走獸的語言。以這個方式，他學會了前所未有的預言術，成為著名的預言家。這門技藝也救了他一命。有一次，他被敵人關在一間小屋裡。在那屋裡，他聽到蟲子說屋樑已經蛀得差不多，很快就會倒塌了。他立刻請他的敵人把他關到其他地方。他們把他移走後，那屋子果然倒了下來。他們於是知道他是個偉大的預言家，不但放了他，還給他一大筆賞金。

梅若碧

梅若碧（Merope）的丈夫柯瑞豐特斯（Cresphontes）是海克力斯的其中一個兒子，也是美西尼亞（Messenia）國王。柯瑞豐特斯和兩個兒子都在一場叛亂當中被殺身亡。下一任國王是波律豐提斯（Polyphontes），他娶了先王的妻子梅若碧。不過梅若碧還有第三個兒子藏在阿卡迪亞，名叫埃皮圖斯（Aepytus）。埃皮圖斯長大後回到王宮，假托他已經殺了埃皮圖斯，國王當然很和善地招待他。但他的母親，因為不知道他的真實身分，一直處心積慮想殺了他這個殺兒兇手。最後梅若碧終於認出自己的兒子，兩人於是聯手殺了國王，埃皮圖斯便成為美西尼亞的新任國王。

密米東族

這支族人定居於埃革娜島（Aegina）上，在埃阿科斯（Aeacus）統治期間，從螞蟻變成人類。埃阿科斯是阿基里斯的祖父；阿基里斯在特洛伊打仗期間，他帶的就是這支族人組成的軍隊。可能與他們的起源有關，這支族人十分節儉勤勞，也很勇敢。他們會從螞蟻變成人，遠因是赫拉的忌妒。原來宙斯愛上了埃革娜公主，並以公主的名字為她所住的島嶼命名，她的兒子埃阿科斯則成為該島的國王。後來忌妒的赫拉使埃革娜島染上瘟疫，島上成千上萬的居民無人生還。埃阿科斯爬上高聳的神殿向宙斯祈禱，並請宙斯記得他是宙斯的兒子，是宙斯跟他曾愛過的埃革娜所生的兒子。就在他祈禱的同時，他看到一群忙碌的螞蟻爬過。他呼叫道：「父親呀，把這些生物變成我的人民吧，數目要多，就跟牠們一樣，這樣才足以填滿我的空城。」一聲巨大的雷聲似乎就是宙斯回答。當晚，他夢見一群螞蟻正在變成人類。天剛破曉，他兒子帖拉蒙（Telamon）把他叫醒，說有一大群人正往王宮走來。他出去一看，果然看到一大群人，就如螞蟻一樣多，而且全都高呼效忠於他。從此埃革娜城再度繁榮起來，由於這些人民來自蟻丘，由"myrmex"（螞蟻）變化而來，所以他們被稱為密米東族。

尼索斯與席拉

尼索斯（Nisus）是梅格樂（Megara）國王，他長有一綹紫色頭髮，曾有人警告過他，要他千萬別剪掉那綹頭髮，因為要保住他的王位與否就端看那綹頭髮。克里特島的米諾斯國王有一次帶兵圍攻梅格樂。尼索斯一點也不擔心，他知道只要有那綹紫髮在，他的城邦就安全無虞。他的女兒席拉曾在城牆上看過米諾斯，而且瘋狂地愛上米諾斯。她不知道除了把父親的紫髮送給米諾斯，她還有甚麼方法可以吸引米諾斯的注意。她真的這麼做了。她趁父親睡覺時，剪下那綹紫髮，然後送去給米諾斯。她對米諾斯說了她做的事，不料米諾斯嚇得直往後退，還把她趕走。後來，克里特人攻下梅格樂城。當他們啟航返鄉的時候，席拉衝到海邊，因愛成狂的她跳入水裡，緊抓著米諾斯的船舵。就在這時，一隻巨鷹從天上疾飛而下，把她救了起來。那是她的父親，眾神為了救他，把他變成鷹。在驚慌之中，席拉放了手。幾乎快掉入海中的時候，她突然間也變成一隻鳥。原來有某幾位神同情她，覺得她固然有錯，也是因為愛的緣故，因而把她變成小鳥。

奧瑞翁

奧瑞翁（Orion）是個身材魁梧，長相十分英俊的青年獵人。他愛上希俄斯（Chios）國王的女兒，為了贏得那少女的芳心，他幾乎把島上的野生動物都殺光了，因為他總是把追獵得來的戰利品送給心上人。這位少女的名字，有時據說是艾若（Aero），有時又說是梅若碧。她的父親俄諾皮翁（Oenopion）同意把女兒嫁給他，但卻一再拖延婚期。一日，奧瑞翁喝醉了，侵犯了那少女。少女的父親向酒神告狀，要酒神懲罰他。酒神讓那青年陷入深沉的睡眠，國王則趁機把他弄瞎。不過，有個神諭告訴奧瑞翁，說他如果向東走，讓初升的陽光照一照，就可以重見光明。奧瑞翁於是向東走，一直走到遙遠的連諾斯島，並在這裡重見了光明。接著他回頭去找國王算帳，不過國王已經逃走了。於是他到克里特島住下來，成為阿特蜜斯的獵人。最後他被女神殺了。有人說黎明女神奧蘿拉愛上他，阿特蜜斯因為忌妒而射死他。其他人則說他觸怒了阿波羅，而阿波羅用了一個巧計使阿特蜜斯殺了他。他死後變成星宿，其特徵是佩戴腰帶與劍，手持棍子和披著獅皮。

七星姊妹

她們是阿特拉斯的女兒，共有七人，名字分別是伊蕾特拉、瑪依亞、泰姬特（Taygete）、梅若碧、珂萊諾（Celaeno）、斯提諾碧（Sterope）、雅希歐妮（Alcyone）。奧瑞翁追求她們，但她們馬上逃走，不讓他逮到。不過奧瑞翁沒放棄，一直跟著她們。宙斯同情她們，把她們變成星星。據說到了天上，奧瑞翁還是繼續追求她們，雖然追不到，卻始終堅持不懈。這群姊妹住在人間的時候，瑪依亞是荷米斯的母親。伊蕾特拉的兒子達爾達諾斯（Dardanus）是特洛伊人的始祖。雖然一般認為她們共有七人，不過只有六顆星星清晰可見。要有很好的眼力，才看得到第七顆星星。

羅俄庫斯

羅俄庫斯（Rhoecus）看到一棵橡樹快倒了，就趕快把那樹撐起來。本來會跟那棵樹一起死的森林仙子給他一個願望，說任何他想要的東西，她都可以給他。羅伊庫斯說他只要仙子的愛，仙子表示同意，但她要羅伊庫斯保持警覺，因為她會派一隻蜜蜂向他傳訊。羅伊庫斯後來遇到幾個同伴，就把蜜蜂完全忘記了。他聽到有個嗡嗡聲在他耳邊響個不停，不僅把那蜜蜂趕走，還打傷了人家。他回到那棵樹前，憤怒的仙子把他弄瞎作為懲罰，因為他不但忘了她的話，還打傷她的信使。

薩孟尼斯

模仿神是一個致命的行為，薩孟尼斯（Salmoneus）就是一個很好的例子。薩孟尼斯的所作所為極為愚蠢，後來的人都說他腦袋壞掉了。原來他假裝自己是宙斯，還叫人打造一輛車子，行走時發出隆隆作響的金屬碰撞聲。慶祝宙斯節那天，他駕著那輛車，瘋狂地奔馳過城鎮，一面拋擲火把，一面大叫說他是宙斯，要人們崇拜他。這時，天上突然響起真正的雷聲，一道閃電從天而下，擊中薩孟尼斯，他馬上從車上掉下來死了。

這則故事常被拿出來當例子，說明歷史上有一段時期，祈雨魔法曾經十分盛行。從這個觀點看，薩孟尼斯其實是個魔法師，試圖以模仿暴風雨來製造暴風雨，畢竟這是一種很常見的魔法。

薛西弗斯

他是科林斯王。一日，他無意間看到有隻大老鷹刁著一個少女，飛向不遠處的一座小島。那隻老鷹又大又漂亮，不像凡間的鳥。後來河神來找他，說他的女兒不見了，懷疑是宙斯拐走，請薛西弗斯幫幫他。薛西弗斯告訴河神他看到那隻大鷹的事。就這樣，薛西弗斯觸怒了宙斯，給自己招來無盡的折磨。宙斯罰他在冥界每日推一塊大石頭上山，到了晚上，那石頭就滾了下來，因此他第二天又得再推一次。他也沒幫到河神，因為河神趕到那座小島時，宙斯用雷電把他轟走。那座島後來改名為埃革娜島，用以紀念那位少女。埃革娜生了一個兒子叫埃阿科斯，即阿基里斯的祖父。阿基里斯有時被稱為埃阿基德斯（Aeacides），意即埃阿科斯的後代。

薛西弗斯

提若

提若（Tyro）是薩孟尼斯的女兒。她給波賽頓生了一對孿生子，但又怕她父親生氣，她只好把那對兄弟丟了。薩孟尼斯的馬夫發現他們，因此帶回去給他太太照顧，並給他們取名為佩里阿斯和聶柳斯（Neleus）。多年之後，提若的丈夫克里泰斯（Cretheus）發現她和波賽頓的關係，一氣之下就把提若趕走，另娶提若的婢女席德如（Sidero）。席德如對提若的態度很不好。克里泰斯死後，兩兄弟的養父母告之他們的真實身分。他們馬上出發去找提若認親。他們發現提若過著悲慘的生活，就去找席德如算帳。席德如知道他們要來，躲入赫拉的神殿避難。佩里阿斯不顧女神的發怒，還是殺了席德如。多年後，赫拉終於報了仇。原來佩里阿斯有個同母異父的弟弟，即提若和克里泰斯生的兒子。這位兒子就是傑森的父親。佩里阿斯本來想殺傑森，所以才派他去找金羊毛。不過傑森後來卻間接促成佩里阿斯的死亡，因為佩里阿斯其實是被美蒂亞施計害死的，而美蒂亞正是傑森的妻子。

第七部　北歐神話

北歐神話簡介

北歐神話是個很奇特的世界。北歐眾神住在阿斯嘎德（Asgard），但阿斯嘎德與人類想像中的仙境截然不同，裡頭既沒有歡樂的色彩，也沒有幸福的遠景；那是一個冰冷嚴肅的地方，而且注定總有一天會毀滅。眾神自己也會毀滅，他們知道自己有一天會遇上敵人且戰敗而亡，那時阿斯嘎德終將淪為廢墟。發動善的力量去抵抗邪惡力量的行動是無望的。雖然如此，眾神還是會極力守護善的力量，為之奮戰到底。

人類的情況也大致如此。假如眾神在邪惡面前無能為力，世間男女就更不用說了。早期故事裡的男女主角總會遇到災難。他們知道勇氣、忍耐、英勇的事蹟都無法救他們，即使如此，他們並不屈服，他們總是奮勇抵抗至死。勇敢赴死讓他們有資格進入阿斯嘎德的瓦勒哈拉（Valhalla），一座專為英雄的靈魂設立的殿堂。不過，即使到了瓦勒哈拉，他們也得面對終極的失敗與毀滅。在善惡對峙的最後一場戰役裡，他們將會跟眾神並肩作戰，與眾神一起戰死沙場。

這種人生觀構成了北歐宗教的底蘊，那是人類有史以來最嚴苛的思想。英雄精神（heroism）是人類精神唯一的依靠，善良之人唯一的指望。不幸的是，英雄精神只有靠失敗的功業才得以體現。英雄唯有一死，才能證明他是英雄。至於如何體現善的力量，北歐人靠的不是征服邪惡，而是不斷與邪惡對抗，即使明知對抗的結果是失敗。

乍看之下，這似乎是一種聽天由命的生命態度。其實不然，無情的天命在北歐人的生活裡扮演的角色不大，就像預定論（predestination）在聖保羅或清教徒的思想裡無足輕重一樣[26]。北歐英雄

26 在神學上，預定論主張人沒有自由意志，認為人一出生，他的生命藍圖早經上帝劃定，他只能依照上帝的規定來行事。

雖然不屈服就注定死亡，可是他可以選擇究竟是要赴死還是屈服。決定權在他手裡。就像殉道者的死，英雄式的死並不代表失敗，而是勝利。有一則北歐故事的英雄在敵人活挖他心臟的時候，突然大聲朗笑起來。這舉動顯示他比敵人更高一等。他還來得及說幾句話，大意是：你奈何不了我，因為我根本不在乎你做了甚麼事。他最後死於敵人之手，但他沒被敵人打敗。

這是人類生存最嚴苛的標準，就跟耶穌的山中聖訓一樣嚴苛，雖然兩者截然不同。在歷史的長河裡，人們從未看重安逸的生活。就像早期基督徒，北歐人是以英雄的標準來衡量他們的生命。基督徒期盼一個永恆喜樂的天堂，北歐人沒有這種盼望。基督教傳入北歐之前的無數世紀裡，北歐人有英雄精神就夠了。

書寫北歐神話的詩人看到死亡當中可能隱藏著勝利，看到勇氣永遠不敗。他們是全體條頓民族信仰的唯一發言人，英國是條頓民族的一部分，透過美洲最初的移民，我們也與條頓民族有所關聯。在歐洲西北地區，早期各種紀錄、傳統、歌謠、故事等等文獻全都被基督教的傳教士徹底摧毀；他們對異教的文化，因為恨之入骨，下手一點也不心軟，清除得十分乾淨徹底。如今只有少數斷簡殘章留下來：英國的《貝奧武夫》（*Beowulf*），德國的《尼伯龍根之歌》（*Nibelungenlied*）和倖存於各處角落的零星片段。如果沒有《古愛達經》（*Elder Edda*）和《新愛達經》（*Younger Edda*）這兩部冰島詩歌集子，我們對自己所屬的民族的宗教思想幾乎一無所知。就地理位置來說，冰島是最後一個接受基督教信仰的北方國家，那裡的傳教士似乎比較溫和，或者比較沒有影響力。拉丁文

在這裡，漢彌敦把北歐人的英雄思想來跟聖保羅的神學思想做一比較，聖保羅相信人具有自由意志，人可以選擇自己要不要相信基督，「人心裡相信，就可以稱義；口裡承認，就可以得救」（〈羅馬書 10: 10〉），就像北歐英雄雖然面對無情的天地，但他們永遠可以在屈服與死亡之間做一選擇，而出自我選擇的死亡並不代表失敗，而是英雄精神的勝利，就像殉道者（例如聖保羅）的死並不代表失敗，而是一種勝利。

並未壓倒古代斯堪地納維亞語，北歐人仍擁有自己的文學語言，仍然用當地俗語講述古老的故事，有些故事甚至還形諸文字，即使作者與時間都不可考。最古老的抄本《古愛達經》大約寫於西元一千三百年，那時基督徒已經進入北歐三百年。不過兩部抄本收集的詩歌都是異教作品。據學者判定，那些詩歌都很古老。《新愛達經》以散文寫成，出於某位史諾里・史都魯森（Snori Sturluson）之手，完成於十二世紀末，主體是一篇討論寫詩的論文，但裡頭也含有一些《古愛達經》沒有的史前神話。

兩部抄本中，《古愛達經》較為重要，由多篇詩歌構成。雖然這些詩篇寫的通常是同一個故事，但每篇各自獨立，彼此沒有關聯。像《伊里亞德》那樣偉大，也許更為偉大的史詩題材就在那裡，可惜北歐不曾出現天才詩人來加以整理，就像荷馬整理《伊里亞德》之前存在的故事那樣，把零落的詩篇加以整合，使之成為力與美的傑作。事實上，連當中粗鄙不文、平凡幼稚、重複繁瑣的部分都無人予以刪除，例如在《古愛達經》中，我們會看到連續好幾頁的名單。話說回來，即使兩部作品有這些文體問題，其所收錄故事仍透出深沉的壯麗色彩。也許看不懂古代北歐語的人不該談所謂的「文體」，不過就所有拙劣煩瑣的譯本看來，我們實在忍不住懷疑原文是否就是如此，或至少部分如此。創作《古愛達經》的詩人似乎都有偉大的想法，但卻缺乏把想法形諸文字的技巧。這些故事都很壯麗。希臘神話當中，除了悲劇詩人加以重寫的那幾篇之外，可說沒有一篇能夠與這些北歐故事相比。所有最好的北歐故事都是悲劇，寫的都是勇敢赴死的男男女女；這群男女往往刻意選擇死亡，或佈置經年，只等赴死的那一刻到來。一片黑暗之中，唯一閃爍的是他們的英雄精神。

第二十二章　席妮與席古德的故事

我選了這兩則故事，因為我覺得這兩則故事比其他故事更能表現北歐人的個性與觀點。席古德（Sigurd）是最著名的北歐英雄；他的故事跟德國史詩《尼伯龍根之歌》的主角齊格飛（Siegfried）大致相同。他是《弗勒頌傳奇》（*Volsungasaga*）最主要的角色，這個北歐版的德國故事因華格納的戲劇而家喻戶曉，但我不用這個版本，我用的是《古愛達經》。在這部作品裡，席古德，布琳希（Brynhild），古德倫（Gudrun）三人的愛情故事是許多詩歌的主題。《弗勒頌傳奇》以散文體寫成，時代比較晚，不過席妮（Signy）故事僅見於這部傳奇。

席妮是弗勒頌（Volsung）的女兒，席格孟（Sigmund）的妹妹。席妮的丈夫策動謀反，殺了弗勒頌並俘虜了弗勒頌所有兒子。每天晚上，他把弗勒頌的兒子一個接一個綁在野狼出沒之處，讓野狼把他們吃掉。最後輪到席格孟，不過席妮想辦法救出席格孟，兄妹倆並發誓要為父親和兄弟報仇。席妮認為席格孟必須有血親幫忙，所以一連三晚，她都喬裝到席格孟的住處陪他過夜。席格孟一直不知道她是誰。等他們的孩子出生，長大到可以離開母親的時候，席妮要那小孩去找席格孟。此後，那位名叫辛菲歐特利（Sinfiotli）的小孩就跟席格孟住在一起。這段期間，席妮始終跟她丈夫住在一起，為他養兒育女。為父報仇的渴望固然強烈，但她一點都沒顯露出來。終於，這一天來了。席格孟和辛菲歐特利突然來襲。他們殺了席妮其他孩子，把席妮的丈夫關在屋裡，然後放火燒屋。席妮始終站在一旁觀望，一言不發。待一切結束後，她跟席格孟和辛菲歐特利說大仇已報，深感光榮。說完她就走入火宅，與丈夫死在一起。等待復仇的這些年來，她早已計畫要這麼做，即殺了丈夫，[27]然後再陪他一起死。北歐如果也有一個埃斯奇勒斯來寫席妮的故事，克萊婷一定會顯得遜色得多。

齊格飛的故事大家都耳熟能詳，所以他的北歐原型席古德我簡單帶過就好。布琳希是天神奧丁（Odin）的女隨從，因為不服從奧丁，所以被罰長睡不醒，直到某個男子來叫醒她為止。受罰之前，布琳希說她希望來喚醒她的男子一定要是個英雄。奧丁於是在她的臥榻四周設置一道燃燒的火圈，除了英雄，沒人有膽闖進。席格孟的兒子席古德勇氣可嘉，他騎著馬，闖入火圈喚醒布琳希。滿懷喜悅的布琳希獻身於他，因為他敢勇闖火圈，這證明他是一位勇者。幾天之後，席古德策馬離去，把布琳希留在火圈裡。

席古德到鳩孔族人（Giukungs）處，與該族的國王甘納爾（Gunnar）發誓結為兄弟。甘納爾的母親葛琳西（Griemhild）相中席古德，想把女兒古德倫嫁給他。她讓席古德喝下魔法藥水，使席古德忘記布琳希，娶了古德倫。由於甘納爾不夠勇敢，所以席古德喝下葛琳西的變身藥水，化為甘納爾，躍入火圈為甘納爾贏得美人。他在火圈內與布琳希相處了三晚，但入睡前，他都把劍擺在兩人之間。他帶布琳希回鳩孔族人處，趁布琳希不注意的時候，變回自己。不知情的布琳希於是嫁給了甘納爾，深信甘納爾就是策馬入火圈的英雄，而之前的席古德是個負心漢。她有一次和古德倫吵嘴，這才發現了真相。她計畫復仇。她跟甘納爾說席古德並未遵守誓言；她說席古德跟她在一起的那三晚裡，雖然席古德自己說他把劍擺在兩人之間，但他其實侵犯過她。她要甘納爾殺了席古德，否則她就要離開甘納爾。甘納爾本人不能殺席古德，因為他與席古德曾結為兄弟，不過他要他弟弟趁席

27 克萊婷是阿格門儂的妻子，其故事見本書第十七章。

古德睡覺的時候把他殺了。古德倫醒來，發現席古德的血灑滿一身。

聽到古德倫的哀嚎，
布琳希笑了；就這一次，
她全心全意地笑了。

雖然如此，布琳希也不想活了，畢竟席古德的死是她害的，所以她跟她的丈夫甘納爾說：

世間男子，我獨愛他一人。
我的心自始至終不曾改變。

接著她才澄清事實；她說席古德當初為甘納爾闖火圈去找她的時候，他其實並沒有背叛他的誓言。

我們睡在一張床上，
彷彿他是我的兄長。
男男女女生於世間，
可歎日子又悲又長。

說完，布琳希就自殺了，死前她懇求他們把她與席古德一起焚化。

古德倫默默地坐在席古德的屍體旁。她無法講話，也無法哭泣。宮裡的女侍擔心她如果一直無法釋然，她的心就會碎掉。她們於是一個接一個告訴古德倫她們經歷的痛苦。

她們曾經遇到的最大的痛苦。

其中有一個女侍說她的丈夫、女兒、姊妹和兄弟全都死了，不過她仍然活著。

但是因為悲傷，古德倫無法哭泣。
在死去的英雄身邊，她的心好硬。

另一個說我的七個兒子都死在南方戰場，我的丈夫也是，共有八個人死在南方。我親手幫他們入殮下葬。六個月的時間而已，我就承受了這麼大的痛苦，而且也沒人來安慰我。

但是因為悲傷，古德倫無法哭泣。
在死去的英雄身邊，她的心好硬。

最後，有一個比較聰明的女侍拉開席古德的裹屍布。

……把他漂亮的頭
放在他妻子膝上。
「看看妳心愛的他，親親他
就像他依然活著那樣。」
古德倫只看了一眼，
看他頭髮凝結的血塊，
他曾經明亮的雙眼緊閉。
古德倫俯身低下頭，
眼淚滴滴落下如雨。

✣ ✣ ✣

以上是早期的北歐英雄故事。人一出生就注定受苦，就像火星注定往上飛。活著就是受苦，解決生命問題的唯一方式就是勇敢面對苦難。席古德第一次去找布琳希的時候，他在路上遇到一位智者。他請那位智者為他指點他的未來：

不要瞞我，無論世態多麼殘酷。

而那位智者的回答是：

你知道我絕不會說謊。
你永遠不會沾染邪惡。
但劫難終究會降臨於你，
憤怒與苦痛的日子也是。
人類的王者啊請永遠記住：
英雄自有英雄的運命。
普天之下，席古德最高尚，
從古至今，無人可及。

第二十三章　北歐諸神

希臘諸神出不了英雄，因為奧林帕斯神都不會死，而且每戰必勝。他們從來不須感覺勇氣的火花，也無須蔑視危險。他們知道自己一出戰，就一定會贏，沒有任何人事物打得過他們。北歐神話裡，阿斯嘎德仙境的情況不同。北歐諸神埃伊爾（Aesir）有一群最大的敵人，即住在約恩海姆城（Jötunheim）的巨人族；巨人族不止是諸神最兇惡、頑強、恆久的敵人，更糟糕的是，諸神清楚知道他們與巨人族的最後一戰中，巨人族會打敗他們，得到全面的勝利。

這樣的認知讓所有阿斯嘎德神心情沉重，不過心情最沉重的是他們的首領和統治者**奧丁**。奧丁就像宙斯，是他們的天父。

身穿雲灰色外衣，頭戴天藍色帽子。

不過奧丁和宙斯的相似處僅止於此。奧丁與荷馬筆下的宙斯差異極大，我們很難想像還有甚麼人事物會比這兩個角色差異更大。奧丁是個奇怪而嚴肅的人物，總是板著臉，即使參加宴會也是這樣；不論是在金色的葛拉慶恩宮（Gladsheim）跟眾神歡聚，或在瓦勒哈拉跟陣亡的英雄亡靈在一起，他幾乎都不吃東西。擺在他前面的食物，他總是餵給蹲在腳下的兩頭狼。他兩肩各棲息一隻烏鴉。這兩隻鴉每日飛越世界一圈，然後回去跟他報告人類做了哪些事。這兩隻鴉，一隻名叫修金（Hugin），意即「思想」；另一隻名叫穆寧（Munin），意即「記憶」。

其他諸神宴飲的時刻，奧丁總思考著修金和穆寧教他的事物。

拉納洛剋（Ragnarok），也就是天地毀滅的末日必定會來，比起其他諸神，奧丁負有更大的責任，盡量推遲這一刻的到來。他是萬物之父，人神之中地位最崇高者，但他始終沒有停止尋找更高的智慧。他去智者密米爾（Mimir）看守的智慧之井，要求喝一口井水。密米爾說代價是一隻眼睛，他竟也同意了。此外，他靠著受苦，學會了北歐古字魯內斯（Runes）。魯內斯是一種神奇的銘文，任何人只要把這文字刻在木頭、金屬、石頭上，都會給他帶來極大的力量。奧丁經歷了神祕的痛苦才學會這些文字。他在《古愛達經》裡是這麼說的：

整整九夜在風中的樹上
我懸著，帶著長矛的傷。
我奧丁自己奉獻給奧丁，
在那棵樹上，無人知曉。

他把辛苦學來的知識傳授給人類，讓人類也能使用魯內斯來保護自己。接著他又再度冒著生命的危險，從巨人族那裡取得古斯堪地納維亞詩人的蜂蜜酒。這酒是好東西，誰喝了都會變成詩人。這件好禮他也賜給了人類和諸神。就各方面而言，他都是人類的大恩人。

他的隨從是一群少女，統稱**瓦勒綺麗**（**Valkyries**）。她們在阿斯嘎德仙境服侍眾神，為眾神把獸角酒杯倒滿酒。不過她們的主要工作是到戰場上，根據奧丁的命令決定戰士的生死，並把勇敢戰死的英雄帶回瓦勒哈拉。「瓦勒」（Val）的意思是「殺死」，瓦勒綺麗這個語詞即指「選擇死者的人」；她們把戰死英雄帶到一個名叫瓦勒哈拉的地方，意即「死者的殿堂」。在戰場上，注定戰死的英雄會看到：

美豔無雙的少女，
騎著馬，穿閃亮甲冑，
神色莊嚴，深思極慮，
揮動雪白的手召喚英雄。

奧丁的日子當然是星期三。在南方，他名字的寫法是沃頓（Woden）。至於其他神祇，只有五位比較重要，他們是：**鮑爾德**（**Balder**）、**索爾**（**Thor**）、**芙麗爾**（**Freyr**）、**希姆達**（**Heimdall**）、**提爾**（**Tyr**）。

鮑爾德在天上人間是最得寵的神。他的死是第一個襲擊眾神的災難。一晚，他做了一個噩夢，預示他將大禍臨頭。他的母親**傅麗嘉**（**Frigga**）聽到這消息，決定設法保護他，使他免於任何可能的危險。她走遍了全世界，要求萬物，不管有無生命，都要發誓絕不傷害鮑爾德。不過她的丈夫奧丁仍然很替鮑爾德擔心，所以他騎馬到死者的國度**尼弗海姆**（**Niflheim**）走一趟。他看到死亡女神**希拉**（**Hela**）（又名**希爾** **[Hel]**）的住處佈置一新，充滿喜氣。一個女智者跟他解釋死亡女神佈置新家的原因：

蜜酒為了鮑爾德而釀。

眾神的希望已然成灰。

奧丁知道這下鮑爾德必死無疑，不過其他神祇都相信傅麗嘉的努力已經使鮑爾德脫險。他們於是玩起一種他們覺得很開心的遊戲。他們試圖打鮑爾德，他們或丟石頭、或擲標槍、或射箭、或以劍刺，不管他們用甚麼武器，那武器總會落空或自動滾落一旁。總之，甚麼都傷不了鮑爾德。這一神奇的免疫力量，使鮑爾德凌駕於一切之上，所有神都特別敬他三分。除了**洛奇（Loki）**例外。洛奇並不是神，而是某個巨人的兒子。他是個麻煩精，去到哪，麻煩就跟到哪。他不斷給眾神帶來煩惱和危險，但他卻可以自由來去阿斯嘎德，因為基於某些從未解釋的原因，他與奧丁曾發誓結為兄弟。他一直很討厭諸神，更忌妒鮑爾德。所以他化成一個婦人，到內宮去找傅麗嘉聊天。傅麗嘉聊到她為了確保鮑爾德的安全而四處旅行，聊到萬物如何發誓不傷害鮑爾德，只除了一種小灌木槲寄生，因為槲寄生太微不足道了，她就忽略過去了。

有這句話就夠了。洛奇帶著槲寄生，去找正在玩樂的眾神。鮑爾德的盲眼兄弟霍德（Hoder）也在那裡閒坐。洛奇問：「怎麼不一起玩？」霍德說：「像我這種瞎子？而且我也沒甚麼東西可以丟鮑爾德呀？」洛奇說：「喔，一起玩嘛。來，這裡有一把小樹枝。你丟，我來給你指點方向。」霍德拿起槲寄生，用力丟向鮑爾德。在洛奇的引導下，那槲寄生迅速飛向鮑爾德，穿透了他的心。鮑爾德馬上倒地死了。

鮑爾德的母親沒有放棄希望。她向眾神呼救，尋求自願者到地獄去找希拉，看有甚麼辦法贖回鮑爾德。她其中一個兒子賀爾默（Hermod）自願走一趟。奧丁把他的天馬史雷普尼爾（Sleipnir）借他，讓他迅速趕赴尼弗海姆一趟。

其他人則準備葬禮。他們在船上搭起火葬柴堆，把鮑爾德的屍體擺在上面。鮑爾德的妻子南娜（Nanna）來看他最後一眼，卻在甲板上心碎而死。他們把她的屍體擺在鮑爾德旁邊。接著他們點起了柴堆，把船往海上推。當船往外海航去的時候，大火迅速往上燒，吞沒了整條船。

賀爾默來到希拉的住處，對希拉說明眾神的請求。希拉說如果世間萬物都哀悼鮑爾德的死，那麼她就把鮑爾德還給眾神。但只要有一個活著的生物不願意為鮑爾德流淚，那麼鮑爾德就歸她所有。眾神於是派遣信使到處去請萬物為鮑爾德一掬傷心之淚。沒有人為難他們。天上人間，所有萬物都願意為他們心愛的神一掬傷心之淚。信使很高興，紛紛開始往回走。就在他們快到家的時候，他們遇到一個女巨人。這位女巨人拒絕為鮑爾德哭泣。這句話，頓時讓信使之前的所有心血化為烏有。那位女巨人說：「你們只能跟我要乾的眼淚。鮑爾德沒給我甚麼好處，我也不會給他好處。」所以死神希拉便留住鮑爾德。

洛奇被嚴重處罰。眾神抓住他，把他關入一個深洞，並在他的頭頂上放了一條蛇。蛇的毒液一直滴在洛奇臉上，讓他痛苦難當。洛奇的太太瑟依茵（Sigyn）來幫忙。她站在洛奇旁邊，拿著杯子接滴下的蛇毒。即使如此，一旦杯子滿了，她不得不離開去倒蛇毒的時候，滴到洛奇臉上的毒液還是讓他痛得渾身打顫，連土地都為之一起震動。

至於另外三位主神，**索爾**是雷電之神，星期四以他的名字命名，他是最強大的神。**芙麗爾**保佑地上的水果。**希姆達**是守衛神，看管通往阿斯嘎德的彩虹橋（Bifröst）。**堤爾**是戰神，星期二曾是他的日子，也以他的名字為名。

在阿斯嘎德，女神不像奧林帕斯女神那樣有地位。沒有一位女神比得上雅典娜，事實上，真正有點名氣的女神只有兩位。一位是奧丁的妻子傅麗嘉。一般認為星期五以她的名字命名，相傳她非常有智慧，但她很沉默，連奧丁都不知道她所知的一切。她的形象很模糊，我們常看到她坐在紡車旁；雖然她紡的是金線，但為何紡織金線卻是個祕密。

菲萊雅（Freya）是愛與美的女神。戰場上半數陣亡的死者屬她管轄，奧丁的女隨從只能帶走半數。對我們來說，這是一個很奇怪的概念。但北歐詩人認為這任務很適合愛神。在他們筆下，菲萊雅騎著馬，親自到戰場上領取她應得的一半死者。也有一說星期五是以她的名字命名。

有一個領域僅託付給女神管理，即死者的國度，其管理者是希拉。男神在這裡沒有立足之地，即使奧丁也一樣。金色的阿斯嘎德屬於眾神，光輝燦爛的瓦勒哈拉屬於英雄；密迦德（Midgard）是世間男人的戰場，與女人無關。在《古愛達經》裡，古德倫說：

堅毅的男人，是女人命運的主宰。

在北歐神話裡，女人掌管的領域是影子般冰冷的死者世界。

北歐創世紀

《古愛達經》裡，有一女智者說：

起初，天地一片空無，

無沙，無海，也無浪。

沒有大地，沒有穹蒼。
只有不斷蔓延的裂縫。
太陽不知她的住處，
月亮也不知他的國土。
星星尚未有立足之處。

那道裂縫雖然不斷延伸，並未延伸到所有地方，最北到尼弗海姆，那是冰冷的死者國度。最南到火之國度**穆斯貝爾海姆**（**Muspelheim**）。從尼弗海姆流出十二條河，河水注入裂縫，並在那裡結冰，慢慢填滿裂縫。從穆斯貝爾海姆飄出熊熊燃燒的火雲，火雲把冰變成霧，霧裡掉出水滴。慢慢的，在這冰與火的交會中，誕生了霜女和第一個巨人**義米爾**（**Ymir**）。義米爾的兒子就是奧丁的爸爸，奧丁的祖母和母親都是霜女。

奧丁和他的兩個兄弟殺了祖父義米爾，開始創造天地。他們用義米爾的血造了大海，用義米爾的身體造了大地，用義米爾的頭骨造了天體。接著他們從穆斯貝爾海姆取來火花，放在天空，創造了太陽，月亮和星星。大地是圓的，四周環繞著大海。他們用義米爾的兩道眉毛造了一道牆，圍住大地，保衛後來給人類居住的中間地帶，這片凡間地帶被稱為密迦德。在凡間，神用樹木造了第一對男女。他們用梣木造了男人，用榆樹造了女人。這對男女就是所有人類的祖先。凡間還住有**侏儒**，他們長得很醜，但手藝很好，通常住在地底。除此之外，凡間還住了一群可愛的**小妖精**，他們的任務是照顧花朵和溪流。

伊格席爾（**Yggdrasil**）是一棵神奇大梣樹，不止撐持宇宙，其樹根還深深穿透了整個世界。

伊格席爾生出三條樹根，
第一枝樹根下住了希爾。
第二枝樹根下住了霜巨人。
人類住在第三枝樹根之下。

據說「還有一枝樹根上通阿斯嘎德」。樹根旁有一道白泉，稱為**尤爾達泉**（Urda's Well）；這是一道聖泉，沒人可以飲用。看守這道泉的是命運女神諾倫姊妹（Norns）；她們：

賜予人類子孫生命，
頒定每位眾生運數。

她們的名字分別是**尤爾達**（Urda）、**薇爾丹蒂**（Verdandi）、**史蔻蒂**（Skuld），分別代表過去、現在、未來。眾神每天都走過搖搖晃晃的彩虹橋到這裡，坐在泉水旁審判人類的行為。**知識之泉**藏在另一條樹根下，由**智者密米爾**看守。

伊格席爾也面臨著毀滅的威脅，就和阿斯嘎德與諸神一樣。有一條大蛇和無數小蛇正在囓咬長在希爾冥府附近的一條樹根，總有一天，那一窩蛇會咬死宇宙之樹。到那天，整個宇宙將會倒塌下來。

霜巨人（Frost Giants）和山巨人（Mountain Giants）住在約恩海姆城，他們是所有良善生靈的敵人。他們是大地殘酷的力量，在與天庭的神聖力量的鬥爭中，他們注定是勝利的一方。

諸神毀滅，大地終結。

這樣的想法顯然與人類根深柢固的信念相牴觸：人類一般相信邪不勝正。不過北歐人平常要面對的是冰凍的土地，漫長陰暗的冬天，這對英雄事業是一種長久的挑戰。即使如此，這些徹底無望的北歐人還是在黑暗當中看到一絲遙遠的微光。《古愛達經》裡，有一則預言非常像《啟示錄》，這段預言提到諸神戰敗後的情景：

太陽變黑，大地沉入海中，
熾亮的星辰從天空掉落，
烈焰燒起，直直竄上天堂。

在這之後，世間會出現一個新世界：

再次誕生於神奇的美。
所有屋頂由黃金打造。
無須耕種，熟果自生。
幸福的生活永永遠遠。

那時會出現一個比奧丁更高貴的唯一真神來統治世界；這位神遠遠凌駕於所有邪惡力量之上。

史上最偉大的統治者。
他的名諱我不敢說。
天神奧丁駕崩之後，
未來如何，無人知曉。

這個幸福遠景看來十分遙遠渺茫，卻是唯一能抵抗絕望的心靈滋養品；這也是《古愛達經》與《新愛達經》所提供的唯一希望。

北歐智慧語錄

在《古愛達經》裡，我們還可看到北歐人性格的另一個面向。很奇怪的，這一面向和英雄性格截然不同。詩集收錄了許多智慧名言，這些名言不只沒有反映英雄行為，反而提供一個完全無需英雄行為的生命觀點。北歐的智慧文學遠比希伯來的《箴言集》淺顯；事實上，這類文學幾乎當不上「智慧」這兩個字。但是無論如何，創造這些名言的北歐人擁有一種明理豁達的精神，這種精神與那永不妥協的英雄精神形成對比，可說大異其趣。像《箴言集》的作者那樣，這些名言的作者似乎都相當年長；他們人生經驗豐富，也思考過人生在世的各種事物。無可否認的，他們一度都是英雄，但現在他們從戰場上退下來，看待人事物的觀點也有所不同。有時他們甚至帶著一種幽默的心情來看待人生：

酒對人的好處極少，
遠遠低於人的預期。

若不知財富令人愚迷的道理，
那他就是一無所知的愚人。

懦夫以為逃過戰爭，
他就可以長生不死。

心事說與一人無妨，慎防第二人。
三人都知道的事，天下人皆知。

愚人長夜失眠，
煩惱思緒縈繞。
天明倦累不堪，
煩惱一絲沒少。

有些名言顯示他們對人性有深刻的了解：

心智貧乏的小人物，
嘲諷一切人事物。

勇者四海為家；
懦夫甚麼事都怕。

有時他們甚至是快樂的，幾乎到了心無掛慮的境地：

年輕時我曾獨自旅行。
遇見另一人就覺得富有。
人的喜悅來自於他人。
把你的朋友當朋友。
為了歡笑，給他歡笑。

縱然好友出門遠行，

通往他家的路仍然筆直。

令人驚訝的是，我們偶爾還可以看到一種寬容的精神：

人並非只有苦難，願他別這麼頹喪。
對於某甲，孩子是他的喜悅，
對於某乙，親人是他的歡樂，
對於某丙，財富是他的至寶。

少女的話，男人千萬別信；
婦人的話，最好也勿聽。
說到男女，我都有了解。
論及女人，男人的心總是難定。

百善而無一過者無；
百惡而無一善者亦無。

有時候，我們看到一種洞見的真正深度：

人要聰明，適度就好；
聰明太過，歡樂反少。

牲畜會死，親人會死，我們也會死。
但人對人的交相指謫永遠不會死。

兩部重要名言選集的結尾附近，我們看到了兩句顯示智慧的詩行：

腦袋僅僅認識，
心靈近處的事。

✣ ✣ ✣

北方人除了有令人敬畏的英雄精神，他們似乎也擁有令人愉悅的常識。這種組合看來似乎不可能，但這裡引錄的詩行證明了這種組合的可能。就種族而論，我們和北歐人息息相關。在文化上，我們得追溯到希臘。在北歐神話和希臘神話裡，我們可以清楚看到那些古人的樣貌，而我們繼承了他們大部分的精神與知識遺產。

附錄

重要人物關係表

重要人名索引

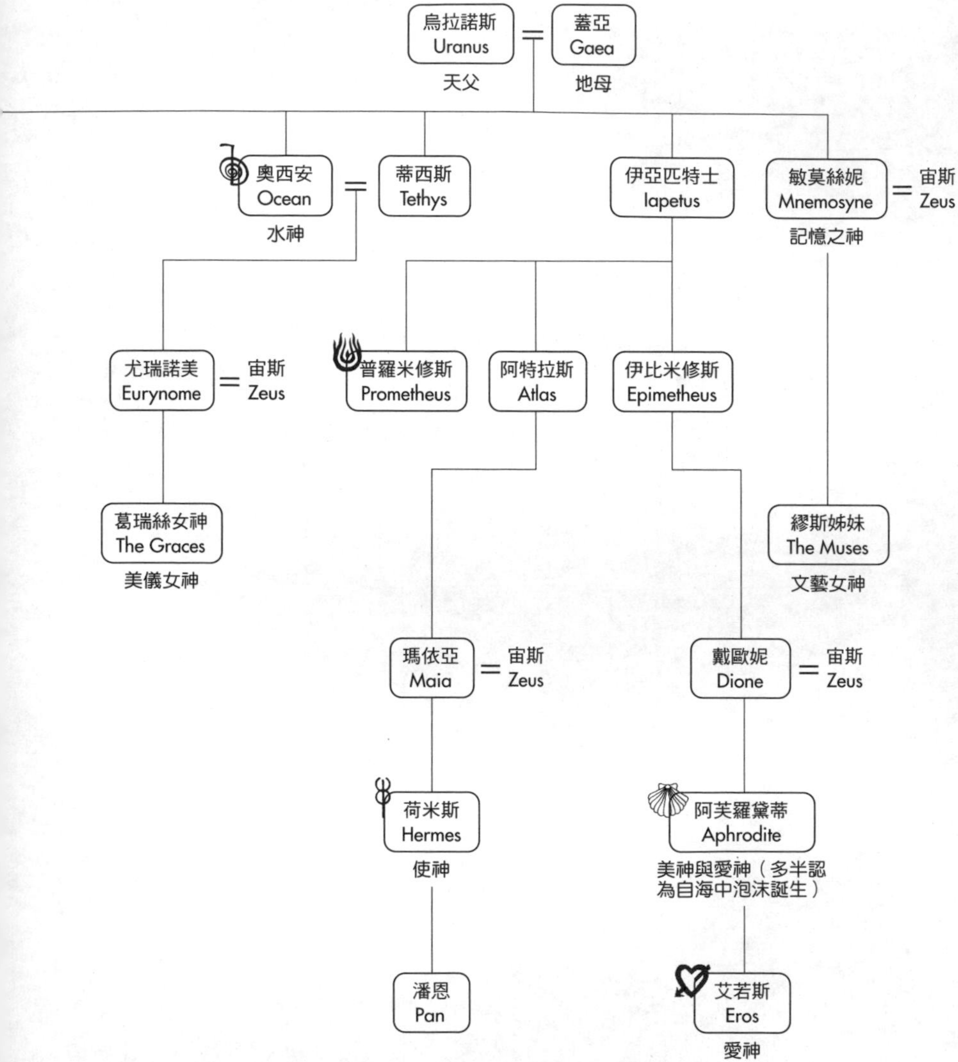
烏拉諾斯
Uranus
天父
蓋亞
Gaea
地母
奧西安
Ocean
水神
蒂西斯
Tethys
伊亞匹特士
Iapetus
敏莫絲妮
Mnemosyne
記憶之神
宙斯
Zeus
尤瑞諾美
Eurynome
宙斯
Zeus
普羅米修斯
Prometheus
阿特拉斯
Atlas
伊比米修斯
Epimetheus
葛瑞絲女神
The Graces
美儀女神
繆斯姊妹
The Muses
文藝女神
瑪依亞
Maia
宙斯
Zeus
戴歐妮
Dione
宙斯
Zeus
荷米斯
Hermes
使神
阿芙羅黛蒂
Aphrodite
美神與愛神（多半認為自海中泡沫誕生）
潘恩
Pan
艾若斯
Eros
愛神

主要神祇
The Principal Gods

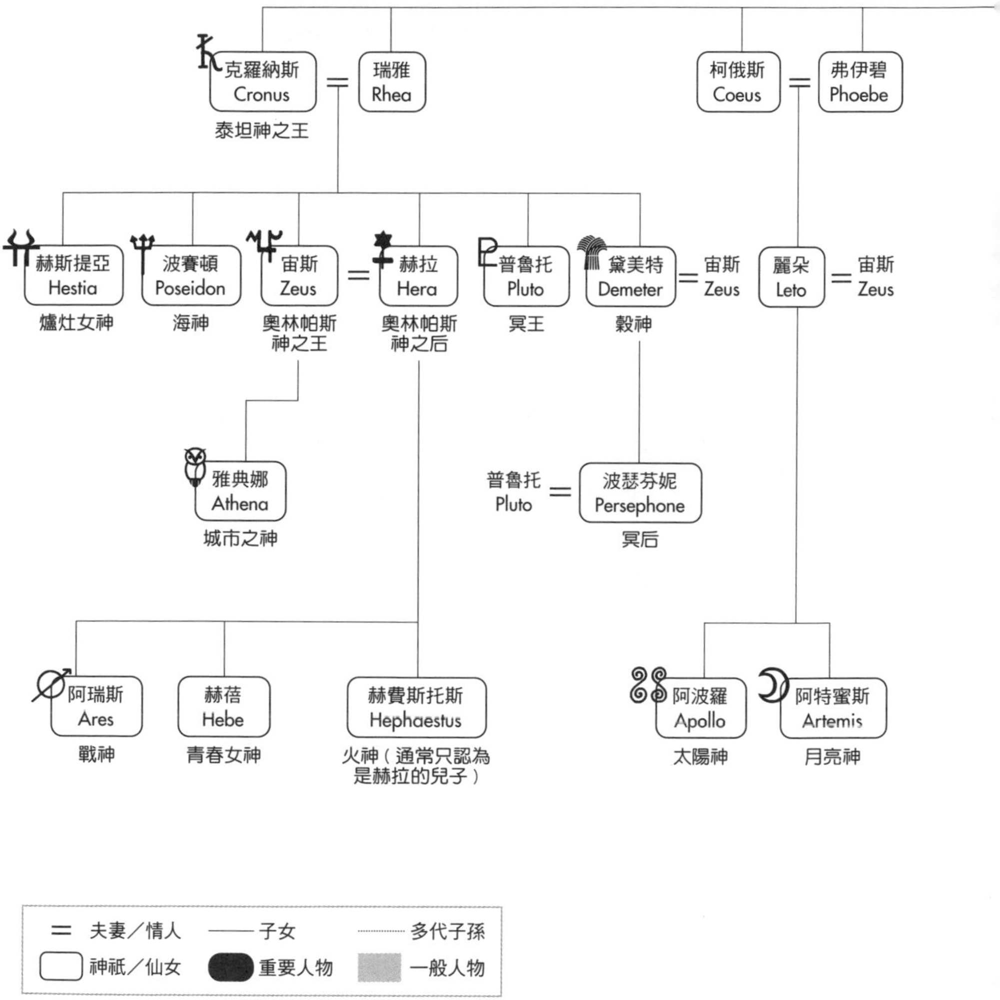

克羅納斯 Cronus
泰坦神之王
瑞雅 Rhea
柯俄斯 Coeus
弗伊碧 Phoebe
赫斯提亞 Hestia
爐灶女神
波賽頓 Poseidon
海神
宙斯 Zeus
奧林帕斯神之王
赫拉 Hera
奧林帕斯神之后
普魯托 Pluto
冥王
黛美特 Demeter
穀神
宙斯 Zeus
麗朵 Leto
宙斯 Zeus
雅典娜 Athena
城市之神
普魯托 Pluto
波瑟芬妮 Persephone
冥后
阿瑞斯 Ares
戰神
赫蓓 Hebe
青春女神
赫費斯托斯 Hephaestus
火神（通常只認為是赫拉的兒子）
阿波羅 Apollo
太陽神
阿特蜜斯 Artemis
月亮神
＝ 夫妻／情人
子女
多代子孫
神祇／仙女
重要人物
一般人物

普羅米修斯後代
Descendants of Prometheus

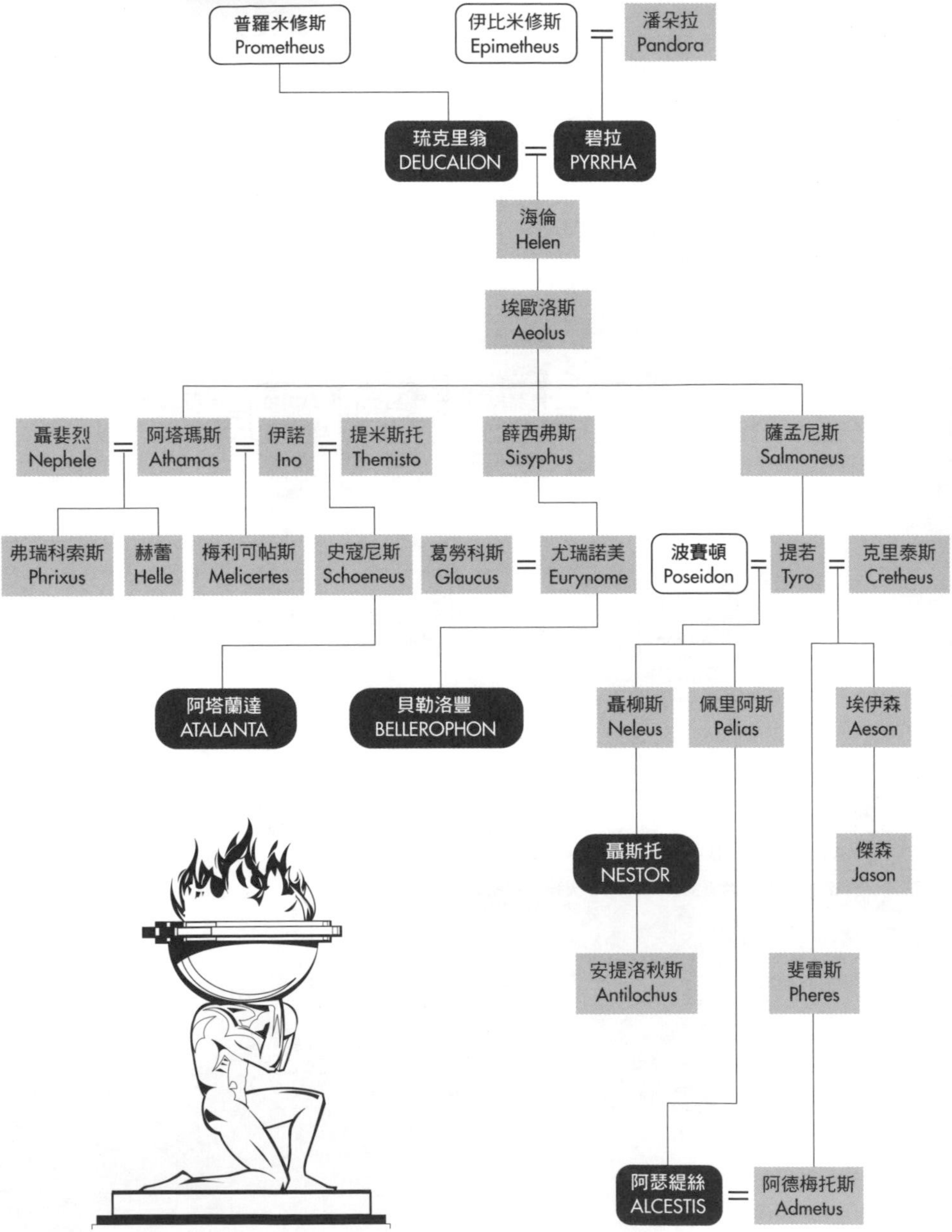

普羅米修斯 Prometheus
伊比米修斯 Epimetheus
潘朵拉 Pandora
琉克里翁 DEUCALION
碧拉 PYRRHA
海倫 Helen
埃歐洛斯 Aeolus
聶斐烈 Nephele
阿塔瑪斯 Athamas
伊諾 Ino
提米斯托 Themisto
薛西弗斯 Sisyphus
薩孟尼斯 Salmoneus
弗瑞科索斯 Phrixus
赫蕾 Helle
梅利可帖斯 Melicertes
史寇尼斯 Schoeneus
葛勞科斯 Glaucus
尤瑞諾美 Eurynome
波賽頓 Poseidon
提若 Tyro
克里泰斯 Cretheus
阿塔蘭達 ATALANTA
貝勒洛豐 BELLEROPHON
聶柳斯 Neleus
佩里阿斯 Pelias
埃伊森 Aeson
聶斯托 NESTOR
傑森 Jason
安提洛秋斯 Antilochus
斐雷斯 Pheres
阿瑟緹絲 ALCESTIS
阿德梅托斯 Admetus

柏修斯與海克力斯的祖譜
Ancestors of Perseus and Hercules

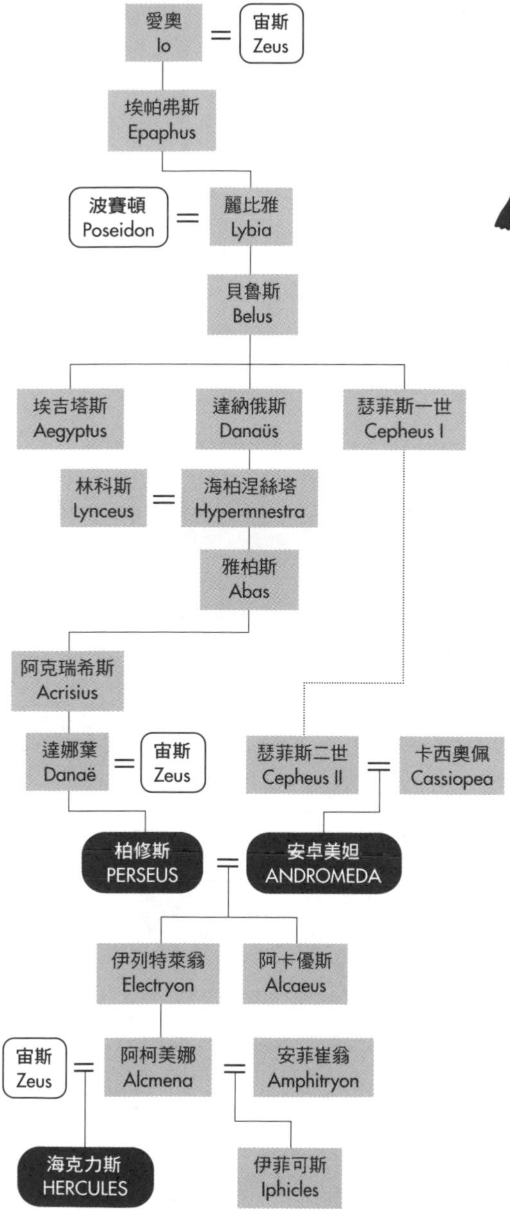

阿基里斯的祖譜
Ancestors of Achilles

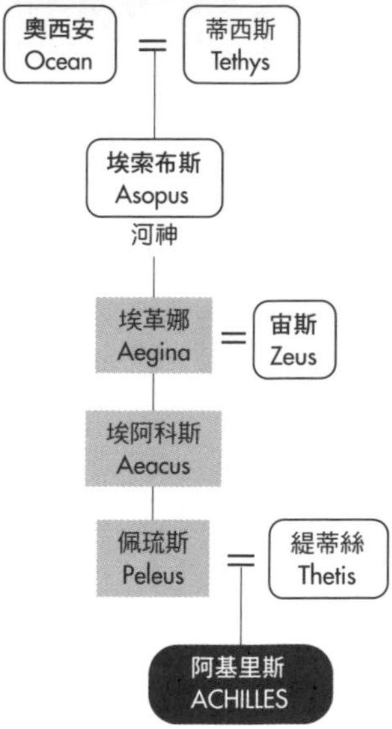

特洛伊家族
The House of Troy

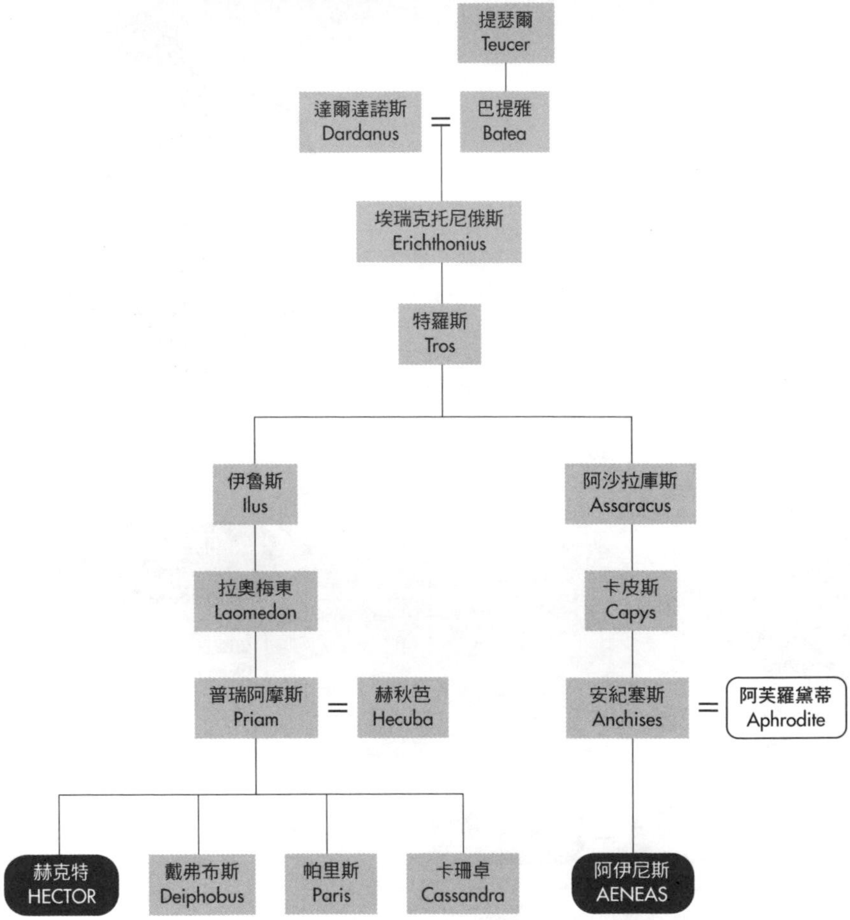
提瑟爾
Teucer
達爾達諾斯
Dardanus
=
巴提雅
Batea
埃瑞克托尼俄斯
Erichthonius
特羅斯
Tros
伊魯斯
Ilus
阿沙拉庫斯
Assaracus
拉奧梅東
Laomedon
卡皮斯
Capys
普瑞阿摩斯
Priam
=
赫秋芭
Hecuba
安紀塞斯
Anchises
=
阿芙羅黛蒂
Aphrodite
赫克特
HECTOR
戴弗布斯
Deiphobus
帕里斯
Paris
卡珊卓
Cassandra
阿伊尼斯
AENEAS

特洛伊的海倫家族
The Family of Helen of Troy

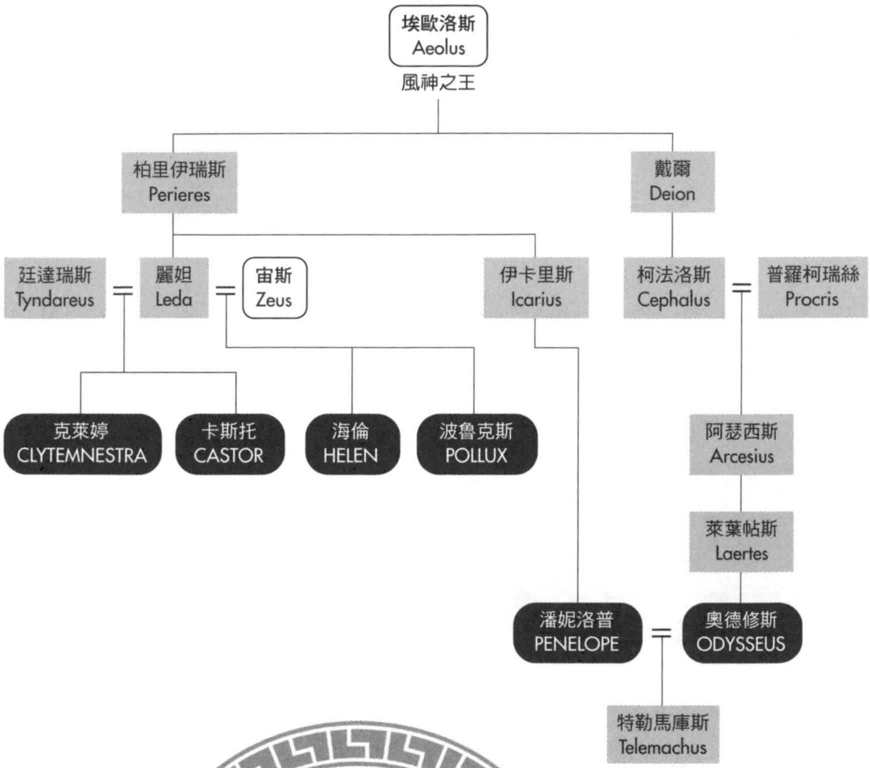

底比斯王室與阿楚斯家族
The Royal House of Thebes and Atreus

宙斯 Zeus = 歐羅芭 Europa

- 瑞達曼托斯 Rhadamanthus
- 米諾斯 Minos = 帕希法娥 Pasipaë
  - 雅瑞安妮 Ariadne
  - 安卓格斯 Androgeus
  - 菲德拉 Phaedra = 翟修斯 THESEUS
  - 卡特魯斯 Catreus
    - 艾羅佩 Aerope

阿楚斯家族 The House of Atreus

宙斯 Zeus

- 譚塔洛斯 Tantalus
  - 佩羅普斯 Pelops = 希波達美雅 Hippodamia
    - 阿楚斯 ATREUS = 艾羅佩 Aerope
      - 阿格門儂 AGAMEMNON = 克萊婷 Clytemnestra
        - 奧瑞斯提亞 ORESTEIA
        - 伊菲吉妮亞 IPHIGENIA
        - 伊蕾特拉 ELECTRA
      - 梅奈勞斯 MENELAUS = 海倫 Helen
        - 賀蜜歐妮 Hermione
    - 堤也斯 Thyestes
      - 埃吉士圖斯 Aegisthus
    - 皮特修斯 Pittheus
      - 艾達拉 Aethra = 愛琴斯 Aegeus
        - 翟修斯 THESEUS
          - 希波呂托斯 Hippolytus
  - 妮歐碧 Niobe

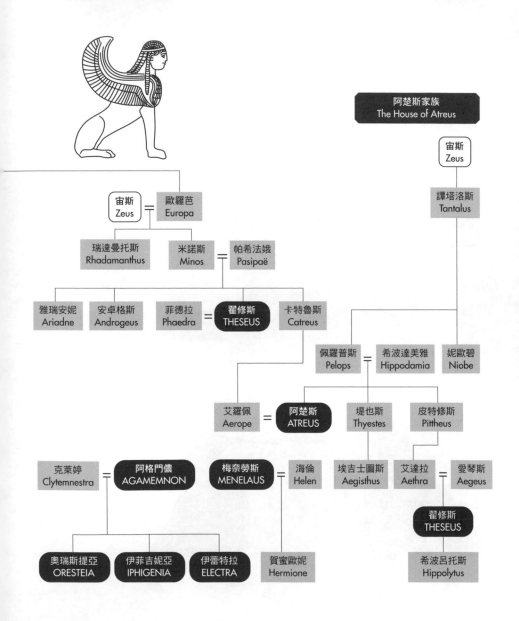

底比斯王室
The Royal House of Thebes

- 宙斯 Zeus = 愛奧 Io
  - 埃帕弗斯 Epaphus
    - 麗比雅 Lybia = 波賽頓 Poseidon
      - 阿格諾爾 Agenor
        - 卡德摩斯 CADMUS = 哈摩妮雅 Harmonia
          - 奧托諾娥 Autonoë
            - 阿克泰翁 Actaeon
          - 伊諾 Ino
            - 梅利可帖斯 Melicertes
          - 阿革薇 Agave
            - 彭透斯 Pentheus
              - 梅諾瑟斯 Menoeceus
                - 克里翁 Creon
                  - 梅諾瑟斯二世 Menoecerus II
                  - 海依孟 Haemon
                - 依奧卡絲達 Jocasta = 賴瑤斯 Laius
                  - 伊底帕斯 OEDIPUS = 依奧卡絲達 Jocasta
                    - 埃堤奧克里斯 Eteocles
                    - 波呂奈瑟斯 Polyneices
                    - 安緹岡妮 ANTIGONE
                    - 伊絲美妮 Ismene
          - 瑟美莉 SEMELE = 宙斯 Zeus
            - 戴奧尼索斯 DIONYSUS 酒神
          - 波里多魯斯 Polydorus
            - 拉達科斯 Labdacus
              - 賴瑤斯 Laius

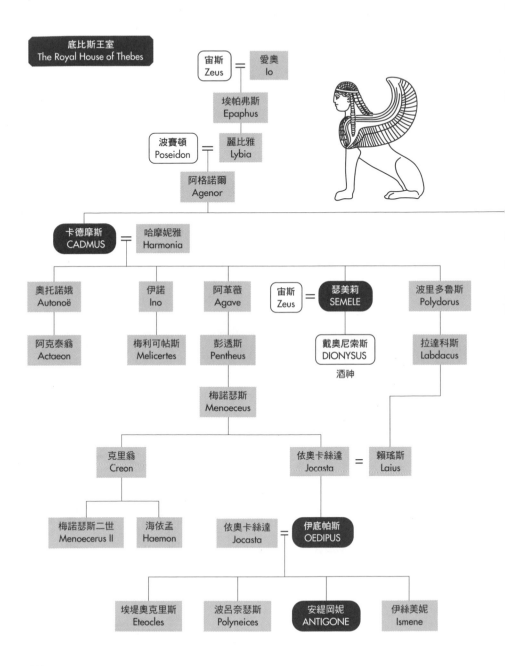

雅典家族
The House of Athens

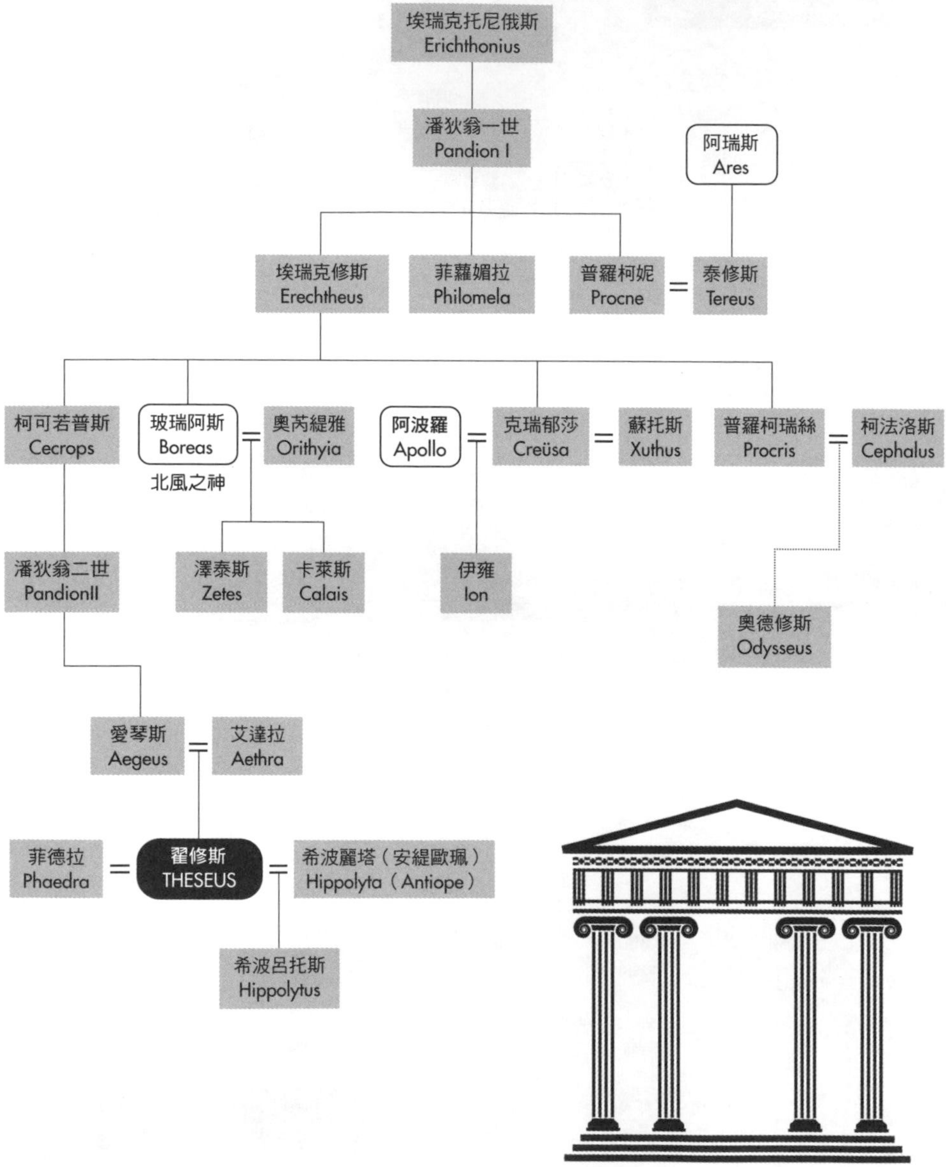
埃瑞克托尼俄斯
Erichthonius
潘狄翁一世
Pandion I
阿瑞斯
Ares
埃瑞克修斯
Erechtheus
菲蘿媚拉
Philomela
普羅柯妮
Procne
=
泰修斯
Tereus
柯可若普斯
Cecrops
玻瑞阿斯
Boreas
北風之神
=
奧芮緹雅
Orithyia
阿波羅
Apollo
=
克瑞郁莎
Creüsa
=
蘇托斯
Xuthus
普羅柯瑞絲
Procris
=
柯法洛斯
Cephalus
潘狄翁二世
PandionII
澤泰斯
Zetes
卡萊斯
Calais
伊雍
Ion
奧德修斯
Odysseus
愛琴斯
Aegeus
=
艾達拉
Aethra
菲德拉
Phaedra
=
翟修斯
THESEUS
=
希波麗塔（安緹歐珮）
Hippolyta（Antiope）
希波呂托斯
Hippolytus

重要人名索引

M

N

O

P

MYTHOS 神話系列・開啟神話探索之門

凱爾特神話

精靈、大法師、超自然的魔法之鄉

作者：龔琛

◎ 歐洲大陸的古老傳說╳最原始純粹的異教文化

◎ 梅林法師、亞瑟王、圓桌騎士、德魯伊、女巫……都來自凱爾特神話。

◎ 深入《魔戒》、《哈利波特》、《納尼亞》、《變形金剛》、《魔獸世界》的故事源頭。

◎ 80 幅插圖╳人物名詞對照表╳神祇系譜

埃及神話

創造、毀滅、復活與重生的永恆循環

作者：龔琛

◎ 源自太陽和尼羅河的多神崇拜，追求永生不死的信仰。

◎《神鬼傳奇》系列、《魔蠍大帝》、《荷魯斯之眼》、《刺客教條：起源》中的文明與傳說。

◎ 三大創世神學體系＋諸神傳說故事＋歷史與文化遺跡溯源

◎ 近百幅插圖╳人物名詞對照表╳神祇系譜

北歐神話

神族、巨人、符文與世界之樹的冰火起源

作者：何鵬

◎ 從冰與火中誕生，有巨人、神族、世界之樹、盧恩符文，還有奇幻詭異生物的神話。

◎ 漫威《雷神索爾》、《魔戒》、《聖鬥士星矢》、《進擊的巨人》、《尼伯龍根的指環》所描繪的神奇世界，都來自於這裡。

◎ 全書搭配古典繪畫插圖，各種人物與場景躍然紙上。

◎ 附神族、各種生物、地名、武器等中英譯名對照表

MYTHOS 神話系列・開啟神話探索之門

日本神話

從創世神話到妖怪物語，奇巧、炫麗的神鬼世界

作者：李潔

◎《犬夜叉》、《火影忍者》、《鬼燈的冷徹》、《流浪神差》、《元氣少女緣結神》、《陰陽師》、宮崎駿動畫中奇幻世界的設定源頭。

◎ 從高天原系統的創造神，到天津神、國津神、三大妖怪、四大怨靈、七福神、付喪神、各種自然神話。

◎ 融合外來文化的諸神╳獨特的陰陽師職業╳百鬼夜行於人間的奇詭傳說

◎ 七十幅插圖╳神祇系譜

中國神話

從崑崙神話到蓬萊仙話，神仙鬥法、凶獸橫行的世界

作者：王新禧

◎ 小說《蜀山劍俠傳》、電影《哪吒之魔童降世》、遊戲《仙劍奇俠傳》、《軒轅劍伍》的背景世界和靈感來源。

◎ 涵蓋九州大地最豐富龐大的神仙系統：從上古創世神話、部落英雄的爭戰，到修煉得道的仙；從西周封神神話、受道教影響的神仙系統，再到財神、食神、愛神等民間傳說信仰的故事。

◎ 收錄 40 幅插圖

印度神話

超越想像的三千世界，奇異而美麗的天竺奇境

作者：楊怡爽

◎《阿凡達》片名的化身語源、佛教中「四大天王」、「天龍八部」的眾神形象，以及俗稱「四面佛」的神明，都來自深深影響東方世界的印度神話。

◎ 多神信仰影響佛教，神的角色和重要性隨時代或典籍改變。

◎ 任性又爭鬥不休的天神與魔神╳不斷轉世與化身的神話觀╳神與人的界線不分明

◎ 近百幅插圖╳物名詞對照表╳神祇系譜

MYTHOS 神話系列・開啟神話探索之門

美索不達米亞神話

西方諸神的原鄉，大洪水、挪亞方舟、伊甸園的創世源頭

作者：席路德

◎《聖經》中神創造人、挪亞方舟、伊甸園、巴別塔……希臘羅馬神話中諸神混戰、愛恨糾葛的原始版本，都來自美索不達米亞神話。

◎ 四處留情的宙斯、任性驕縱的雅典娜、發動大戰的波塞頓、冥界之王黑帝斯……西方龐大神話架構的原型一次看懂。

◎ 主題式介紹重要神祇，從神話故事切入美索不達米亞古文明。

◎ 古美索不達米亞年代簡表╳神祇名稱對照簡表╳神祇譜系╳十二星座神話

腓尼基神話

影響希臘與羅馬神話，地中海紫紅之國的神祕傳說

作者：龔琛

◎ 經典電玩《暗黑破壞神》裡的大魔王巴爾、童話與電影裡的美人魚、希臘神話的阿芙蘿黛蒂、羅馬神話的維納斯，還有西歐字母，全都源於腓尼基。

◎ 他們是發現紫紅色染料的民族，也是古代第一個稱霸地中海的海上霸主。

◎ 腓尼基歷史與故事多已湮沒在時間長河，但他們留下的神話與故事，為西方世界帶來深遠的影響。

◎ 收錄 59 幅插圖

印地安神話

黑色魔幻寫實、善惡神祇大戰，血腥又狂野的異色宇宙

作者：王覺眠

◎ 阿茲特克、馬雅、印加三大古文明的起源，看印地安神話，讀懂古文明。

◎ 電影《黑豹 2》的水底國度「塔洛坎」及守護神納摩的靈感來源，動畫《可可夜總會》的死後世界觀、《帕查嬤嬤》對大地萬物的虔敬，都出自美洲原住民信仰。

◎ 魔幻寫實、萬物有靈、善惡神祇大戰，交織出美洲文明的綺麗色彩。

◎ 收錄近百幅插圖

希臘羅馬神話
永恆的諸神、英雄、愛情與冒險故事〔2024全新封面精裝版〕

作　　者　伊迪斯·漢彌敦（Edith Hamilton）
譯　　者　余淑慧
封面設計　莊謹銘
版型設計　葉佳潾
校　　對　謝惠鈴
製　　表　陳姿秀
內頁構成　高巧怡
行銷企劃　蕭浩仰、江紫涓
行銷統籌　駱漢琦
業務發行　邱紹溢
營運顧問　郭其彬
責任編輯　張貝雯、林芳吟、周宜靜
總 編 輯　李亞南
地　　址　台北市103大同區重慶北路二段88號2樓之6
電　　話　(02) 2715-2022
傳　　真　(02) 2715-2021
服務信箱　service@azothbooks.com
網路書店　www.azothbooks.com
臉　　書　www.facebook.com/azothbooks.read

發　　行　大雁出版基地
地　　址　新北市231新店區北新路三段207-3號5樓
電　　話　(02) 8913-1005
訂單傳真　(02) 8913-1056
初版一刷　2015年1月
五版一刷　2024年4月
定　　價　台幣399元

國家圖書館出版品預行編目 (CIP) 資料

希臘羅馬神話：永恆的諸神、英雄、愛情與冒險故事 / 伊迪絲. 漢彌敦(Edith Hamilton) 著；余淑慧譯. -- 五版. -- 臺北市：漫遊者文化事業股份有限公司, 2024.04
面；　公分
譯自：Mythology : timeless tales of gods and heroes.
ISBN 978-986-489-913-5(精裝)
1.CST: 希臘神話 2.CST: 羅馬神話
284.95　　113001633

ISBN　978-986-489-913-5（精裝）

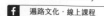